AF533888

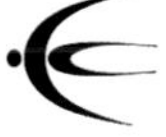

Franziska Elis

Let's keep acting!

Dramapädagogische Verfahren im Englischunterricht am Übergang von der Primar- in die Sekundarstufe

Edition *SCENARIO*
Band VI

Schibri-Verlag Berlin • Milow

Meiner Mutter gewidmet

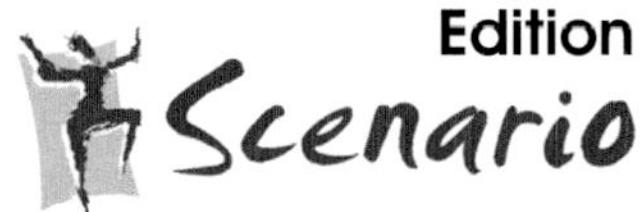

Eine Buchreihe zur Förderung des interkulturellen Dialogs in der Drama- und Theaterpädagogik

A book series for the promotion of intercultural dialogue in drama and theatre pedagogy

herausgegeben von/edited by

Susanne Even & Manfred Schewe

Layout: Martina Goth, Schibri-Verlag

Bestellungen über den Buchhandel, oder direkt beim
© 2024 • 2. ergänzte Auflage • Schibri-Verlag

Milow 60 • 17337 Uckerland
Telefon: 039753/22757 • E-Mail: info@schibri.de • www.schibri.de

Printed in Germany

Bei diesem Buch handelt es sich um die überarbeitete Druckfassung der an der Georg-August-Universität Göttingen eingereichten Dissertation.

ISBN 978-3-86863-264-4

Inhaltsverzeichnis

Zur *Scenario*-Buchreihe

Diese Buchreihe zur Förderung des interkulturellen Dialogs in der Drama- und Theaterpädagogik ist als Ergänzung zur Zeitschrift SCENARIO (http://scenario.ucc.ie) konzipiert, in der seit 2007 eine lebendige Fachdiskussion über die Rolle von Drama und Theater in der Sprach-, Literatur- und Kulturvermittlung stattfindet.

Mit dieser Buchreihe soll die weitere Fundierung der Theorie und Praxis performativen Lehrens, Lernens und Forschens vorangetrieben werden. Veröffentlichungen in dieser Reihe sind nicht auf die Fremd- und Zweitsprachendidaktik begrenzt. Publikationsvorschläge von Forschenden, Lehrenden sowie Künstlerinnen und Künstlern aus Nachbardisziplinen und praxisbezogenen Berufsfeldern sind willkommen, etwa zu folgenden Schwerpunkten:

- Die Wechselbeziehung zwischen Kunst und Bildung/Erziehung: Was genau und auf welche Weise können Lehrende und Studierende von professionellen Akteurinnen und Akteuren in den Bereichen Drama/Theater, Film/Neue Medien, Musik, Tanz, Bildende Kunst lernen? Und umgekehrt: Was können Kunstschaffende von der Pädagogik lernen?
- Performative Ausrichtungen/Genres/Praktiken innerhalb einer spezifischen Disziplin, einer spezifischen Kunstform oder eines spezifischen Praxisfeldes;
- Besondere Merkmale ausgewählter performativer Ansätze;
- Performative Lehr-/Lernpraxis: die Rollen/Herausforderungen für Lehrende/Forschende/Kunstschaffende/Praktizierende; die Wirkung auf Studierende/Publikum/Teilnehmende;
- Theoretische Perspektiven auf performative Lehr- und Lernformen innerhalb des Bildungs-/Erziehungsdiskurses;
- Performatives Lehren, Lernen und Forschen aus interdisziplinärer Perspektive;
- Bisherige, gegenwärtige und zukünftige Forschungsprojekte zu Aspekten des performativen Lehrens und Lernens;
- Performative Forschungsmethoden;
- Performative Ansätze in bi-/multilingualen Bildungskontexten;
- Kulturspezifische performative Traditionen und deren potenzielle Rollen in pädagogischen Praxisfeldern;
- Interkulturelle/postkoloniale Perspektiven auf performative Zugänge zum Lehren, Lernen und Forschen.

Das Herausgabeteam
Susanne Even & Manfred Schewe E-Mail: scenario@ucc.ie

1 Einleitung

> Also, ich find, dass es alles so gut ist und auch so wie es, also find ich, sein sollte, weil es war jetzt auch so, dass man sich beim Englischunterricht auch nicht so umstellen musste, dass es so ganz anders war. Und ja und dass es eigentlich sozusagen so weiter geht wie in der 4. und dann geht das auch ganz gut.[1]

Dieses Zitat aus einem der im Rahmen der vorliegenden Arbeit mit Schüler*innen der 5. Klasse durchgeführten Interviews verdeutlicht das Hauptanliegen dieser Arbeit: Wie kann es gelingen, die methodisch-didaktische Gestaltung des Englischunterrichts der 4. und 5. Klasse so auszurichten, dass den Schüler*innen ein harmonischer Schulwechsel und ein kontinuierliches und erfolgreiches Weiterlernen der Fremdsprache ermöglicht werden? Um dieses Ziel zu erreichen, sind Methoden notwendig, die dem Entwicklungsstand und Alter der Schüler*innen angemessen sind und gleichermaßen geeignet sind, die Ziele des Englischunterrichts in den entsprechenden Klassenstufen zu erreichen. Denn der Englischunterricht in der 4. und 5. Klasse muss so gestaltet werden, dass er von allen Beteiligten – den Schüler*innen und den Lehrer*innen beider Schulformen – als zufriedenstellend und bereichernd wahrgenommen wird. Die dieser Arbeit zugrunde liegende Hypothese postuliert, dass dramapädagogische Methoden genau dieses Potenzial für die Gestaltung von Lehr- und Lernprozessen in der Zeit des Schulwechsels mitbringen.

1.1 Problemstellung, Relevanz und Entwicklung der Fragestellung

Bereits im Jahr 2002 wurde in den Grundschulen Niedersachsens flächendeckend Englisch ab der 3. Klasse unterrichtet. Im Rahmen von zwei Schulstunden pro Woche erlernen die Schüler*innen der 3. und 4. Klassen die englische Sprache (vgl. Thee 2006: 25; Roos 2007: 40). Vereinzelt beginnen Grund-

1 Füllwörter wurden aus dem Zitat entfernt.

schulen auch schon in Klasse 1 mit einer Stunde Englischunterricht pro Woche. In anderen Bundesländern ist der Englischunterricht ab der 1. Klasse mit zwei Wochenstunden flächendeckend eingeführt (vgl. BIG-Kreis 2015: 6). Der frühe Fremdsprachenunterricht folgt in seiner methodisch-didaktischen Gestaltung den Grundprinzipien des Grundschulunterrichts, d. h., er führt die Schüler*innen ganzheitlich, situations- und handlungsorientiert, spielerisch und mit einem Fokus auf die Kompetenzen Hör- und Hör-/Sehverstehen und Sprechen (Primat des Mündlichen) an die Fremdsprache heran. Die Kompetenzen Lesen und Schreiben spielen eine untergeordnete Rolle mit meist unterstützender Funktion. Das übergeordnete Ziel des Englischunterrichts in der Grundschule ist eine „sprachliche und interkulturelle Handlungsfähigkeit" (Niedersächsisches Kultusministerium 2006a: 9). Sie soll in einer Lernatmosphäre entwickelt werden, die den Schüler*innen einen angstfreien Gebrauch der Fremdsprache ermöglicht, um sie so in ihrem Selbstvertrauen und im Vertrauen in ihre fremdsprachlichen Kompetenzen zu stärken und sie, dem Prinzip der funktionalen Fehlertoleranz folgend, dazu zu ermutigen, mit der Fremdsprache zu experimentieren (vgl. ebd.). Sprachliche Mittel wie Grammatik und Wortschatz werden nicht explizit unterrichtet – ihre Funktion ist es, die Schüler*innen in der Realisierung kommunikativer Absichten zu unterstützen (vgl. ebd.: 10). Zum Ende der 4. Klasse verfügen die Lernenden somit meist über beachtliche Kompetenzen in den Bereichen des Hör- und Hör-/Sehverstehens und der mündlichen Sprachproduktion. Zudem verfügen sie oft über eine positive Einstellung zum Fach Englisch und zur englischen Sprache, haben daher eine gesteigerte Motivation zum weiteren Lernen der Sprache und Freude an ihrem Gebrauch:

> Eines der primären Ziele des Englischunterrichts der Grundschule ist es, bei den Kindern Freude am Erlernen einer Fremdsprache zu entwickeln. Spiele, Lieder, Bilderbücher, Storytelling und Reime spielen dabei eine zentrale Rolle. Sie helfen, eine positive Einstellung zur englischen Sprache aufzubauen und vermitteln auf spielerische Weise Wortschatz, kleine Sätze und Sprachbewusstsein (Börner/Edelhoff 2013: 5).

Trotz dieser vermeintlich positiven Ausgangslage stellt der Schulwechsel von der Primar- in die Sekundarstufe die Beteiligten auch heute noch, 17 Jahre nach Einführung des Englischunterrichts in der Grundschule, vor Probleme.

Die Aktualität wird u. a. durch eine Fachtagung mit dem Titel „Den Übergang von Jahrgang 4 nach 5 bewusst gestalten“, die vom 06.09. bis 07.09.2019 in Hamburg stattgefunden hat, sowie eine Sektion zum Übergang bei der 4. FFF-Konferenz 2014 in Leipzig deutlich. Auch in der Ausgabe 1/2018 des Grundschulmagazins Englisch wird weiterhin auf die Problematik des Übergangs hingewiesen (vgl. Rohde et al. 2018: 32 f.). Darüber hinaus finden beispielsweise regelmäßig Fortbildungen für Lehrkräfte am Landesinstitut für Lehrerbildung und Schulentwicklung in Hamburg statt.

Der Schulwechsel im Fach Englisch wird aus verschiedenen Gründen als besonders problematisch empfunden und bereits 2004 werden die offenen Fragen ebenso wie die Schwierigkeiten, vor die die Schüler*innen und Lehrkräfte gestellt werden, von Burwitz-Melzer und Legutke als Übergangsproblematik bezeichnet. Heute wird der Begriff des Übergangs kontrovers diskutiert und von vielen wird die Bezeichnung als „Weiterführung“ (Legutke 2000) und die Definition des „Fremdsprachenunterricht(s) als Kontinuum“ (Mayer 2006) bevorzugt, um sich von den durch das Wort Übergang implizierten Brüchen abzugrenzen. Als einen der Hauptgründe für die besondere Problematik im Englischunterricht nennen Rohde et al. (2018) die Veränderung vom „weitgehend spielerischen, impliziten Lernen zum formorientierten, bewussten (Regel-)Lernen“ (ebd.: 33), die – im Gegensatz zu den anderen Fächern – im Englischunterricht stattfindet.

Immer wieder wurde und wird der Erfolg des Englischunterrichts in der Grundschule in Frage gestellt. In manchen Bundesländern hat dies bereits dazu geführt, dass der Beginn des Englischunterrichts von der 1. Klasse auf die 3. Klasse zurückverlegt wurde (vgl. Keßler 2017 für die Entwicklung in Baden-Württemberg). In anderen Bundesländern, so z.B. in Nordrhein-Westfalen, soll der Erfolg des Englischunterrichts in der Grundschule eingehend geprüft werden (vgl. Rohde 2018: 31). Der Übergang von der Grundschule auf die weiterführende Schule und die mangelnde Kooperation und Abstimmung zwischen den Schulformen stellen weiterhin „das Kernproblem der Debatte“ (Rohde 2018: 31) dar.

Für eine Lösung dieser Problematik gilt es, zum einen alle Beteiligten, d.h. die Schüler*innen und die Lehrer*innen, in den Blick zu nehmen. Zum anderen muss neben dem Englischunterricht der Grundschule auch der Englischunterricht an den weiterführenden Schulen kritisch evaluiert werden (vgl. Rohde et al. 2018: 33):

> So lange […] kein integriertes Modell für einen schulform-übergreifenden Englischunterricht didaktisch-methodischer (und nicht zuletzt politischer) Wille ist, muss der Übergang von der Primar- zur Sekundarstufe in den Blick genommen werden, denn der steht, […], im Verdacht, ein wesentlicher Grund dafür zu sein, dass die Schüler/innen mit ihren Hör- und Leseverstehensleistungen in der Studie Jaekel et al. (2017) hinter den Erwartungen zurückbleiben (ebd.).

Die Schüler*innen werden im Englischunterricht der 5. Klasse vor neue Herausforderungen gestellt und er stellt noch zu oft „[…] einen nicht zu unterschätzenden, psychisch und physisch äußerst schwierigen Umbruch dar“ (Böttger 2010: 21). Auf der inhaltlichen Ebene, im Hinblick auf die Stellung des Faches als Hauptfach und die methodische Gestaltung des Faches ergeben sich erhebliche Unterschiede zum Unterricht der Grundschule (vgl. u.a. Kolb 2009 und 2012). Auf der anderen Seite sehen sich die Lehrer*innen mit Forderungen zur Gestaltung eines harmonischen, d.h. reibungslosen, Schulwechsels konfrontiert. Die Lehrkräfte der Grundschulen sollen im besten Fall ihre Schüler*innen entsprechend vorbereiten und die Lehrer*innen der weiterführenden Schulen die Lernenden mit all ihren Vorkenntnissen und Vorerfahrungen abholen und den Unterricht idealerweise nahtlos weiterführen. Damit fühlen sich die Lehrkräfte der weiterführenden Schulen jedoch überfordert und sie wissen nicht, wie sie den Forderungen nach einem kontinuierlichen Übergang gerecht werden sollen. Um Böttgers Forderung nach einer harmonischen Gestaltung des Schulwechsels nachzukommen, müssen die Lehrkräfte der 5. Klasse an in der Grundschule erworbenes Wissen und die Kompetenzen der Lernenden anknüpfen sowie methodisch-didaktische Gestaltungselemente des Grundschulunterrichts in den Englischunterricht der Sekundarstufe I einbinden. Aber auch die Lehrer*innen der Grundschulen müssen einen Teil dazu beitragen, um den Schulwechsel zu erleichtern und auf diese Weise die Übergangsproblematik zu lösen. Verbindliche Kompetenzformulierungen, eine Förderung des produktiven, kreativen Sprechens und eine Einführung der Schrift in den Englischunterricht der Grundschule (vgl. Doms 2010) stellen Möglichkeiten im Prozess der Annäherung bzw. der Weiterführung dar.

Das in diesem Buch vorgestellte und erprobte Konzept knüpft an die oben genannten Voraussetzungen für eine Lösung der Übergangsproblematik an. Es wird ein Unterrichtskonzept für die Zeit des Schulwechsels, d.h. die letzten Wochen der 4. Klasse und die ersten Monate des Englischunterrichts in der 5. Klasse entwickelt, erprobt und evaluiert, in dem dramapädagogische Verfahren im Englischunterricht beider Schulformen genutzt werden, um ihn über den Schulwechsel hinaus auf der methodisch-didaktischen Ebene kontinuierlich zu gestalten. Kontinuierlich bedeutet in diesem Fall, dass der Schulwechsel ohne gravierende Einschnitte, Motivationsverlust und Leistungsabfall erfolgt und von den Schüler*innen als ein positives Ereignis wahrgenommen wird. Das Potenzial dramapädagogischer Verfahren wird für den Englischunterricht der jeweiligen Schulform sowie für die Gestaltung des Übergangs als Kontinuum untersucht.

Dramapädagogische Methoden eignen sich in Zusammenhang mit der Übergangsproblematik besonders gut, da sie in beiden Klassenstufen gleichermaßen erfolgreich eingesetzt werden können, um zahlreiche fremdsprachliche Fertigkeiten sowie persönliche Kompetenzen zu schulen. Die Schüler*innen der 4. Klasse sollen auf spielerische und altersangemessene Art und Weise Kompetenzen entwickeln, die ihnen den Einstieg in die 5. Klasse erleichtern und an die angeknüpft werden kann. In der Grundschule lassen sich mit ihrer Hilfe authentische und kontextgebundene Sprechanlässe und kommunikative Situationen schaffen, in denen kommunikative Fertigkeiten (Hören und produktives Sprechen) gefördert werden sowie eine Schriftlichkeit (Lesen und Schreiben) zweckgebunden, d.h. im kommunikativen Kontext, angebahnt werden kann. Zu Beginn der 5. Klasse helfen dramapädagogische Verfahren, eine Atmosphäre zu schaffen, in der ohne Hemmungen kommuniziert und gelernt werden kann, um auf diese Weise Kompetenzen der Schüler*innen zu erkennen, sie abzuholen und im Anschluss produktiv mit den unterschiedlichen Lernvoraussetzungen weiterarbeiten zu können, d.h., individuelle Fertigkeiten weiterzuentwickeln. Aber auch in Bereichen des Vokabelerwerbs und der Grammatikarbeit sowie zur weiteren Förderung des Schreibens können dramapädagogische Verfahren andere Methoden des Fremdsprachenunterrichts und die Arbeit mit dem Lehrbuch ergänzen. Im Hinblick auf die Methodenkompetenz der Schüler*innen können sie im frühen Fremdsprachenunterricht auf das szenische Arbeiten im Literaturunterricht in höheren Klassenstufen und auf Rollenspiele beispielsweise im Rahmen des interkulturellen Lernens vorbereiten. In beiden Klassenstufen tragen dramapädagogische Verfahren dazu bei, die Schüler*innen zu motivieren, sie individuell zu stärken und sie zu selbstbewussten Fremdsprachenlernenden zu machen – Faktoren, die für einen erfolgreichen und harmonischen Übergang ebenfalls von Bedeutung sind.

1.2 Aufbau des vorliegenden Buches

In Kapitel 2 werden zunächst die Hintergründe der Übergangsproblematik sowohl mit Blick auf die kindliche Entwicklung als auch auf die Gestaltung des Englischunterrichts betrachtet. Die Forderung nach Kontinuität wird daraus abgeleitet. Ein Schwerpunkt des Kapitels ist die Betrachtung möglicher Ursachen für die bisher entstehenden Brüche beim Wechsel von der Grundschule auf die weiterführende Schule. Diese Betrachtung bildet die Basis für eine sich anschließende Untersuchung verschiedener Möglichkeiten, die Übergangsproblematik zu lösen.

Im dritten Kapitel wird das Potenzial dramapädagogischer Methoden zur Ausbildung von Kontinuitäten im Fach Englisch begründet. Als Grundlage wird zunächst die Rolle von Theater in einem schulischen Kontext vorgestellt. In diesem Zusammenhang wird auch die der Arbeit zugrunde liegende Definition der Dramapädagogik herausgearbeitet. Auf dieser Grundlage werden dramapädagische Methoden, die im Englischunterricht der 4. und 5. Klasse zum Einsatz kommen (sollten), beschrieben. Das Hauptaugenmerk liegt hierbei auf dem Potenzial des Einsatzes der Methoden zur Förderung kommunikativer Kompetenzen sowie zur Stärkung eines positiven Selbstkonzepts. Aus diesen Ausführungen wird das Potenzial dramapädagogischer Methoden für die Phase des Schulwechsels zur Ausbildung von Kontinuitäten abgeleitet und die beiden Kernthemen dieser Arbeit zusammengedacht.

Das vierte Kapitel bildet das Kernstück dieser Arbeit. Die theoretischen Grundlagen werden zusammengeführt und das erarbeitete Konzept für die Gestaltung des Englischunterrichts in der 4. und 5. Klasse wird beschrieben. Zur Bearbeitung der aufgestellten Hypothese – durch den Einsatz dramapädagogischer Methoden lässt sich der Schulwechsel harmonisch und kontinuierlich, d.h also ohne Frustrationserlebnisse und Leistungs- oder Motivationseinbrüche für die Schüler*innen, gestalten – wurde ein Unterrichtskonzept für die 4. und 5. Klasse erarbeitet und erprobt. Es wird gezeigt, wie mit Hilfe dramapädagogischer Methoden im Unterricht der 4. und 5. Klasse den Herausforderungen des Schulwechsels innerhalb des Englischunterrichts begegnet werden kann.

In den Kapiteln 5 und 6 wird die Datenerhebung zunächst beschrieben und dann dokumentiert. Die Daten wurden einem Mixed-Methods-Ansatz folgend erhoben. Sowohl in der Grundschule als auch in der weiterführenden Schule wurden die Schüler*innen der teilnehmenden Klassen mittels Fragebögen befragt. In der weiterführenden Schule wurde der Fragebogen ebenso in zwei Vergleichsklassen hineingegeben. In der zweiten Phase der Datenerhebung wurden zusätzlich zur Fragebogenerhebung Interviews mit Schüler*innen der 5. Klasse durchgeführt. Zum einen handelte es sich dabei um Schüler*innen, die die Versuchsklasse an der Gesamtschule besuchten. Zum anderen um Schüler*innen aus der ehemaligen Versuchsklasse der Grundschule, die nun an verschiedenen weiterführenden Schulen die 5. Klasse besuchten. Die so gewonnenen Ergebnisse werden schließlich im sechsten Kapitel mit den theoretischen Grundlagen abgeglichen. Daraus ergeben sich Implikationen sowohl für die Gestaltung des Englischunterrichts und des Schulwechsels als auch für die Lehrer*innenausbildung.

Zu diesem Buch gibt es einen digitalen Anhang. In diesem befinden sich die aus zwei Teilen bestehende Übergangseinheit, Arbeitsblätter und Unterrichtsmaterialien sowie die Dateien der Datenauswertung (Fragebögen, Auswertungstabellen, Interviewleitfäden, Transkripte, Interviewdateien und eine Übersicht der Kategorienbildung).

2 Forschungsstand

Es folgt ein Überblick über die Forschung in den Themenfeldern ‚Übergang im Fach Englisch' und ‚Dramapädagogik'. Diese beiden Bereiche bilden die theoretische Basis für die Ausarbeitung des in der Praxis erprobten Unterrichtskonzepts.

2.1 Übergang(sproblematik) und Kontinuitäten im Englischunterricht

Für die erziehungswissenschaftliche Forschung ist der Schulwechsel von der Grundschule in die weiterführende(n) Schule(n) bereits seit der „Bildungsexpansion" der 1960er Jahre von Interesse. Dieses verstärkte sich in den 1980ern und 1990ern aufgrund der zunehmenden Eigenständigkeit der Grundschulen, die eigene Grundprinzipien des pädagogischen und methodisch-didaktischen Arbeitens mit sich brachte. Sie unterschieden sich in der Folge zunehmend von denen der weiterführenden Schulen. In diesem Zusammenhang rückten Fragen der Kontinuität von Lernen sowie ein Bemühen um eine Verbesserung der Übergangspraxis in den Vordergrund (vgl. Koch 2004: 551f.). In theoretisch ausgerichteten Arbeiten wurde eine Fortführung von Inhalten, Arbeitsweisen und Methoden der Grundschule in der Sekundarstufe gefordert (Fauser 1992). Das wurde jedoch nicht auf die Praktikabilität im Unterricht der Sekundarstufe geprüft. In verschiedenen quantitativen als auch qualitativen Studiendesigns wurden die Erfahrungen der am Übergang beteiligten Schüler*innen, Eltern sowie Lehrer*innen erhoben, um eine Bestandsaufnahme durchzuführen und auf die Bedeutung dieser Phase hinzuweisen (Weißbach 1985; Mitzlaff/Wiederhold 1989; Wiederhold 1991; Mayr/Hofer/Huemer 1992; Mahr-George 1999; Büchner/Koch 2001; Koch 2001). Die Ergebnisse dieser Studien zeigen, dass der Schulwechsel für die meisten Schüler*innen negativ konnotiert ist und für sie einen Bruch in ihrer Schullaufbahn bedeutet.

Ein gegenteiliges Ergebnis liefert die Studie von Brunsmeier (2018), in der Schüler*innen, die am „Projekt Englisch ab Klasse 1" (PEAK) teilgenommen haben, dahingehend befragt wurden, wie sie den Schulwechsel und den Englischunterricht in Klasse 5 erleben. Diese Schüler*innen nehmen Unterschiede in der Unterrichtsgestaltung zwar wahr und benennen diese, zeigen aber eine Zufriedenheit mit dem Englischunterricht in beiden Klassenstufen. Dem

Schulwechsel begegnen die Schüler*innen mit Offenheit, Zuversicht und einem Vertrauen in die eigenen Kompetenzen. Positive Erfahrungen, die die Schüler*innen im Englischunterricht der 5. Klasse machen können, führen dazu, dass sie den Schulwechsel nicht als Bruch oder Schock erleben. Die an der Interviewstudie teilnehmenden Schüler*innen besuchten jedoch alle Schulen, die Teil des PEAK waren und die Lehrer*innen damit ein besonderes Bewusstsein für die Übergangsproblematik mitbrachten. Als Erkenntnisse aus PEAK und der Interviewstudie formuliert Brunsmeier die Notwendigkeit zur Kooperation zwischen den Schulformen, eine verstärkte Wertschätzung der Leistungen und Kompetenzen der Schüler*innen in Klasse 5, eine „verstärkte und behutsame Berücksichtigung der Schrift bereits im Fremdsprachenfrühbeginn" (ebd. 2018: 102) sowie eine Abstimmung von Aufgabenformaten und Arbeitsweisen. Diese sollten ein altersgerechtes, handlungsorientiertes und spielerisches Lernen und Arbeiten ermöglichen, das die Motivation und Freude der Schüler*innen aufrechterhält und gleichzeitig kognitive Herausforderungen bietet.

Die kindliche Entwicklung des Selbstkonzepts wird in den Studien von Buff (1991) und Sirsch (2000) fokussiert. Alex Buff vergleicht in seiner Studie zwei Klassen, von denen nur eine den Übergang zu bewältigen hatte. Er kommt dabei zu dem Ergebnis, dass die Übergangsphase für die Schüler*innen ein belastendes Ereignis ist, in dessen Folge das Selbstkonzept der Lernenden in Frage gestellt wird, was zu einer Verunsicherung der Schüler*innen führt (ebd.: 263). In der Studie von Ulrike Sirsch nahmen die meisten Schüler*innen trotz Belastungen den Schulwechsel als positiv wahr (ebd.: 172). Ein positives Selbstkonzept gilt in diesem Zusammenhang als „protektiver Faktor" (ebd.: 33).

Auch in den verschiedenen Fachdidaktiken gewann der Schulwechsel von der Grundschule in die Sekundarstufe I in den 1980er und 1990er Jahren an Bedeutung, da sich die Fächer mit einer heterogenen Lerngruppe konfrontiert sahen und sich Fragen einer sinnvollen Anknüpfung im Unterricht der Sekundarstufe I stellen mussten (Klemisch/Sensenschmid 1991; Kunz 1994; Heckel 1996). Innerhalb der Fremdsprachendidaktik[2] wurde die Problematik

2 Die Übergangsproblematik bleibt jedoch kein rein fremdsprachendidaktisches Problem. Auch heute noch sind für die Fächer Mathematik (Neubert 2013) und Deutsch (Mückel 2014, Kleer 2014, Kunze 2014) Beiträge zum Übergang zu finden.

des Schulwechsels von der Grundschule auf die weiterführende Schule zu einer der Kernfragen, da sich mit der Einführung des Englischunterrichts in der Grundschule die Ausgangslage für die weiterführenden Schulen hinsichtlich der Vorerfahrungen der Schüler*innen änderte und es zunächst keine Bildungsstandards für den Englischunterricht in der Grundschule gab (vgl. BIG-Kreis 2015: 6). Auf diese Situation waren die Lehrkräfte in ihrer Ausbildung nicht vorbereitet worden. Darüber hinaus wurde an den Grundschulen der Unterricht oftmals fachfremd erteilt und es gab keine einheitlichen Unterrichtsinhalte und Lehrwerke. Die sich daraus ergebenden Schwierigkeiten resultierten in einer kritischen Wahrnehmung des Grundschulunterrichts in der Öffentlichkeit und durch die Lehrkräfte der weiterführenden Schulen. Eine notwendige Kooperation zwischen den Schulformen konnte zunächst nur schwer erreicht werden und bedarf oftmals individueller Initiativen von Lehrkräften und Schulen (vgl. Blondin et al. 1998; Cameron 2003: 244 f.; Burwitz-Melzer/Legutke 2004: 5 f.; Keßler 2006: 160; Roos 2006: 26; Schmid-Schönßbein 2008: 123; Kolb 2009: 87; Kolb/Mayer 2010: 5; Kolb/Legutke 2016: 10). Im Laufe der Zeit findet die Thematik Einzug in die verschiedenen Einführungen in die Fachdidaktik Englisch beider Schulformen (z.B. Haß 2006: 33-39).

In zahlreichen Aufsätzen geht es darum, nach Ursachen für die Problematik zu suchen und Lösungen zu finden. Neben Darstellungen der Ausgangssituation (oftmals in Form von Bestandsaufnahmen), der Unterschiede zwischen den unterschiedlichen Schulformen und der Darlegung, worin diese begründet sind, sind auch hier die Perspektiven der beteiligten Schüler*innen sowie Lehrer*innen immer wieder von Interesse. Auf dieser Basis werden an verschiedenen Stellen Empfehlungen für eine Verbesserung der Übergangsituation ausgesprochen, die alle auf der Vorstellung von Fremdsprachenunterricht als Kontinuum in den Bereichen der eingesetzten Methoden, der Ausbildung sowie der institutionellen Zusammenarbeit (vgl. Burwitz-Melzer/Legutke 2004: 4; Mayer 2006: 227 ff.; BIG-Kreis 2009: 18 f.; Kolb 2009: 95 f.) beruhen. Die Lehrer*innen der weiterführenden Schulen sollen sich über Lerninhalte und Lernziele des Grundschulunterrichts informieren, ihr methodisches und didaktisches Handwerkszeug um grundschulgemäße Methoden erweitern und ihre Einstellungen und Haltungen bezüglich des Grundschulunterrichts und er Heterogenität zu Beginn des 5. Schuljahres reflektieren (vgl. Börner 2008: 294 ff.). Darüber hinaus gilt es als sinnvoll, wenn die

Lehrkräfte in regelmäßigen Abständen die Erwartungen der Schüler*innen abfragen, um die Lernbereitschaft der Lernenden für den eigenen Unterricht zu nutzen (Marschollek 2007: 142). Dafür ist es grundlegend, dass die Lehrenden eine Diagnosekompetenz entwickeln, Vorwissen der Schüler*innen wertschätzen und differenziert unterrichten (BIG-Kreis 2009: 20f.) In verschiedenen Handreichungen für Lehrkräfte der jeweiligen Schulen werden Anregungen für die Gestaltung der Übergangsphase gegeben, die ihnen eine Umsetzung der in der Literatur formulierten Forderungen nach Kontinuität erleichtern sollen. Es werden Vorschläge zur Dokumentation von Wissen und Kompetenzen sowie zur Lernstandsermittlung sowie konkrete methodische und thematische Vorschläge für beide Klassenstufen gemacht (vgl. Niedersächsisches Kultusministerium 2000; Staatsinstitut für Schulqualität und Bildungsforschung München 2009; Dreßler et al. 2016). Teilweise werden auch konkrete Unterrichtsbeispiele aus der Grundschule inklusive passender Vorschläge für die Weiterarbeit in der 5. Klasse vorgestellt sowie Möglichkeiten zur Kooperation aufgeführt (vgl. z.B. Ministerium für Schule und Weiterbildung des Landes Nordrhein-Westfalen 2012). Es finden sich Anregungen für Übergangsprojekte, für den Einsatz von Ritualen, Spielen, Bilderbüchern und Lernaufgaben (vgl. Dreßler et al. 2016).

Im Bereich des frühen Fremdsprachenlernens gibt es einige empirische Studien, die sich mit Schulversuchen in einzelnen Bundesländern und mit der Evaluierung des Fremdsprachenunterrichts in der Grundschule beschäftigen[3]. Sie fokussieren eine Erhebung des Leistungsstands Schüler*innen am Ende der 4. Klasse, um die Vorverlegung des Anfangsunterrichts zu evaluieren und eine „Erstellung von realistischen Standards" (BIG-Kreis 2015: 6) für das Ende der 4. Klasse zu ermöglichen. Der G-Kreis führte im Schuljahr 2012/2013 eine umfangreiche bundeslandübergreifende Evaluationsstudie

3 Es handelt sich dabei um Studien und Untersuchungen zum Schulversuch in Braunschweig (Doyé/Lüttge 1975; Doyé et al. 1977), zum Hamburger Schulversuch (Kahl/Knebler 1996), zum Modellversuch in Rheinland-Pfalz (Helfrich 1995), zum hessischen Merry-Go-Round-Projekt (Legutke/Lortz 2002), zur Begleitung der Pilotphase in Baden-Württemberg (Teichmann/Werlen 2007), zur KESS-Studie (Kompetenzen und Einstellungen von Schülerinnen und Schülern) in Hamburg (Bos/Pietsch 2006; Börner 2006), die EVENING-Studie (Evaluation Englisch in der Grundschule) aus Nordrhein- Westfalen aus den Jahren 2005 bis 2007 (Engel 2009; Keßler 2009; Groot-Wilken/Husfeldt 2013) (vgl. BIG-Kreis 2015:6).

zum Lernstand im Englischunterricht durch. Für die Erhebung wurden die Testinstrumente der EVENING-Studie verwendet, um eine Vergleichbarkeit zu erreichen (ebd.: 7).

Als Ergebnis konnte festgestellt werden, dass

> die Schülerinnen und Schüler über eine insgesamt sehr gut entwickelte Kompetenz im Hörverstehen und Leseverstehen [verfügen]. In den getesteten Gesprächssituationen zeigt sich, dass sie nicht nur im zusammenhängenden Sprechen hohe Potenziale besitzen. Der aktive und produktive Umgang mit dem Schriftbild, der nicht überall Lernziel ist, gelingt ihnen allerdings nur zum Teil, ist aber entwicklungsfähig (ebd.: 68).

Bestätigt werden kann auch, dass die Schüler*innen motiviert und mit Freude im Englischunterricht der Grundschule lernen und eine positive Haltung dem Fach und der Sprache gegenüber mit in die weiterführenden Schulen nehmen (vgl. ebd.).

Hinsichtlich des Übergangs und der Lösung der Übergangsproblematik gibt es sowohl in der pädagogischen als auch in der fachdidaktischen Literatur wenige empirische Arbeiten, die einer „Fülle an pädagogischen Praxisberichten gegenüber steh[en], die oftmals mit Empfehlungen für eine verbesserte Übergangspraxis verbunden werden“ (Büchner/Koch 2001: 27). Allein in der Studie von Kahl/Knebler (1996) findet die Fortführung in die 5. Klasse Einzug in die Erhebungen (sowie in die Dissertationen von Demircioglu 2008 und Wagner 2009, die weiter unten vorgestellt werden). In dieser Langzeitstudie geht es darum, die Leistungen von Schüler*innen am Ende der 4. Klasse sowie am Ende der Klassen 5 und 6 zu erheben, um festzustellen, inwieweit Kompetenzen aus dem Grundschulunterricht fortgeführt werden. Festgestellt wurde, dass die Schüler*innen mit einer hohen Motivation, einer hohen Lernbereitschaft und Begeisterung für das Fach und die Sprache Englisch die Grundschule verließen und bereits über erkennbare fremdsprachliche Kompetenzen besonders im Bereich der mündlichen Fertigkeiten verfügten (vgl. Kahl/Knebler 1996; Börner 2000; Demircioglu 2008: 63). Ein weiteres Ergebnis ist, dass „die Erfolge des frühen Fremdsprachenlernens durch ungeeignete Weiterführung bzw. das Ignorieren der bereits erworbenen Kenntnisse verloren gehen“ (Demircioglu 2008: 63, basierend auf Börner 2000).

Nikola Mayer formuliert daher 2006 das Bedürfnis nach aktuelleren Studien, die die Ergebnisse von Kahl und Knebler aus dem Jahr 1996 (Evaluierung des Hamburger Schulversuchs Englisch ab Klasse 3) ergänzen und die aktuellen Entwicklungen bei der Gestaltung des Schulwechsels sowohl aus Grundschulals auch Sekundarstufenperspektive in den Blick nehmen. Eine empirische Studie, die sich ähnlich wie die o.g. empirischen Studien aus den Erziehungswissenschaften und der Pädagogik mit der Darstellung des Übergangs aus Sicht der Lehrer*innen im Fach Englisch beschäftigt, hat Annika Kolb 2007 durchgeführt. Die Ergebnisse wurden 2009 in einem Aufsatz in Lütge et al. (2009) veröffentlicht und 2011 in der Zeitschrift für Fremdsprachenforschung (Band 22, Heft 2) in dem Aufsatz *Kontinuität und Brüche: Der Übergang von der Primar- zur Sekundarstufe im Englischunterricht aus der Perspektive der Lehrkräfte* dargestellt. Kolb beansprucht auch 2011 noch Aktualität für ihre Ergebnisse, da es seither weder auf curricularer noch auf institutioneller Ebene Veränderungen im Hinblick auf Kontinuitäten im Fremdsprachenunterricht der Primar- und Sekundarstufe gegeben hat (Kolb 2011: 167f.) und es somit nicht zu erwarten ist, dass sich grundlegende Veränderungen in diesem Bereich ergeben haben. (Dies kann durch Diskussionen auf Tagungen in den letzten Jahren bestätigt werden.) In der Studie, die als Fragebogenstudie mit Lehrer*innen in 4. und 5. Klassen in Baden-Württemberg durchgeführt wurde, geht es um die Erhebung der Lehrendenperspektive auf die Übergangssituation und die Probleme sowie Konsequenzen, die diese mit sich bringt. Des Weiteren werden typische Merkmale des Englischunterrichts in der 4. und 5. Klasse erhoben. Auch Meinungen der beteiligten Lehrkräfte zu geeigneten Gestaltungselementen für die Übergangsphase werden erfasst. In diesem Zusammenhang wird eines der Grundprobleme des Schulwechsels von der Primar- in die Sekundarstufe illustriert: eine scheinbar nicht zu vereinende methodische Gestaltung des Englischunterrichts in den unterschiedlichen Schulformen und ein Festhalten der Lehrkräfte an für ihren Unterricht typischen Methoden, wenn es darum geht, welchen Beitrag die jeweils andere Schulform zur Verbesserung der Übergangssituation beitragen kann: „Bei den Grundschullehrkräften ist auch als Erwartung an die Sekundarstufe ein Schwerpunkt auf ganzheitlichem Lernen und Mündlichkeit, in der Sekundarstufe ein starker Wunsch nach Schriftlichkeit und Kognitivierung im Fremdsprachenunterricht der Grundschule zu erkennen“ (Kolb 2011: 167). Die Lösung dieser methodischen „Passungsprobleme“ stellt Kolb als ein entscheidendes Element in der Ausbildung von kontinuierlichem Fremdsprachenlernen heraus.

In der jüngsten Studie aus dem Jahr 2017 haben Jaekel et al. den Erfolg des frühen Fremdsprachenunterrichts evaluiert. Über 5000 Lernende nahmen an dieser Studie teil. Ziel der Studie war es, herauszustellen, ob und inwiefern die Vorverlegung des Frühbeginns von Klasse 3 auf Klasse 1 sinnvoll gewesen ist. Die Lernerfolge der Lernenden wurden in Klasse 5 und Klasse 7 überprüft. Schien der Frühbeginn in Klasse 5 noch zu Vorteilen geführt zu haben, konnte festgestellt werden, dass diese Schüler*innen in Klasse 7 beim Hör- und Leseverstehen nicht mehr besser abschnitten als die Lernenden, die in Klasse 3 mit dem Englischunterricht begonnen hatten. Sie erzielten sogar schlechtere Ergebnisse (vgl. Jaekel et al. 2017: 631). Als mögliche Ursache wird vermutet, dass die Lernenden, die länger in einem spielerischen, handlungsorientierten, kommunikativen und bedeutungsorientierten Englischunterricht der Grundschule gelernt haben, größere Schwierigkeiten haben, sich an den „regelbasierten und formorientierten“ (ebd.) Unterricht der weiterführenden Schulen zu gewöhnen.

Fragwürdig erscheint in diesem Zusammenhang der Gedanke, den Englischunterricht der Grundschule abzuschaffen, denn niemand würde auf die „absurde Idee kommen, den Deutsch- und Mathematikunterricht auf das fünfte Schuljahr zu verlegen, weil die Lerner dann von ihren kognitiven Vorteilen profitieren können und leistungsfähiger im Vergleich zu den jüngeren Lernern wären“ (Rohde et al. 2018: 33). Vielmehr scheint es notwendig, die Schwächen der Studie in den Blick zu nehmen. So wurde zum einen „nicht kontrolliert, inwieweit die Schüler*innen Englischunterricht von ausgebildeten Englischlehrkräften erhalten haben“ (ebd.: 32). Als Gelingensbedingung für einen erfolgreichen Übergang gilt weiterhin, dass der Englischunterricht in der Grundschule nicht fachfremd erteilt wird. Mittlerweile sollten jedoch ausreichend ausgebildete Lehrkräfte zur Verfügung stehen (vgl. Keßler 2017). Außerdem wurde – anders als in der vorliegenden Arbeit – die Lernendenperspektive nicht betrachtet. Es wurde nicht evaluiert, wie die Schüler*innen den Schulwechsel erlebt haben und auch ihre Haltung dem Unterricht und der Sprache gegenüber wurden nicht erhoben (vgl. Rohde et al. 2018: 32). Darüber hinaus ist zu beachten, dass die Studie „keine Aussagen über den generellen Erfolg von Englischunterricht in der Grundschule [macht]“ (ebd.). Für die Lösung der Übergangsproblematik ist eine reine

Vorverlegung des Unterrichts nicht ausreichend. Neben einer ausreichenden und professionellen Ausbildung von Lehrkräften beider Schulstufen, bedarf es eines methodisch-ddaktischen Konzepts sowohl für die Grundschule als auch für die weiterführenden Schulen (vgl. Jaekel et al. 2017: 650f.).

Die konkrete Lösung der Übergangsproblematik wurde hauptsächlich in Artikeln in Fachzeitschriften sowie in Themenheften (Der fremdsprachliche Unterricht Englisch 69/2004 *Übergang*, Der fremdsprachliche Unterricht Englisch 103/2010 *Englisch in Klasse 5*, Grundschulmagazin Englisch 1/2018 *Fit for 5*) diskutiert. In den Basisartikeln geht es um die Darstellung der Übergangsproblematik und ihrer Ursachen sowie dem Anbieten von möglichen Ansatzpunkten für eine Lösung. Burwitz-Melzer und Legutke stellen heraus, dass es für eine Lösung auf verschiedenen Ebenen Handlungsbedarf gibt. Auf institutioneller Ebene muss es zu einer verstärkten Kooperation zwischen den Schulformen kommen, auf curricularer Ebene müssen Lerninhalte und Methoden abgestimmt werden und auf der Ebene der Ausbildung gilt es, bereits in der Lehrer*innenausbildung auf die Übergangsproblematik hinzuweisen sowie Grundlagen für eine Kooperation, eine Methodenvielfalt und eine Diagnosekompetenz zu legen (Burwitz-Melzer/Legutke 2004: 5ff.). Verstärkt geht es auch um eine Aufforderung zu mehr Kontinuität im Englischunterricht (Kolb/Mayer 2010). In diesem Rahmen werden in den Heften verschiedene Vorschläge für Übergangs- und Kooperationsprojekte gemacht[4]. Langfristig angelegt ist keines dieser Beispiele. Darüber hinaus wurde keines der in den unterschiedlichen Heften vorgestellten Projekte und Praxisbeispiele empirisch und wissenschaftlich begleitet.

In verschiedenen Ausgaben des Grundschulmagazins Englisch (2/2011, 6/2012, 4/2013) werden Ideen für die Gestaltung der Übergangsphase, die eine Kontinuität zugrunde legen, vorgestellt. In der Ausgabe 2/2011 präsentiert Isabel Vollmuth in ihrem Artikel *Building Bridges* Beispiele aus der Praxis für die Gestaltung des Übergangs. Vollmuth schlägt die Brückenbildung beispielsweise mithilfe eines Besuchs eines Gymnasiallehrers in einer 4. Klasse, der dort vom Schulalltag an der weiterführenden Schule berichtete oder eine Stunde mit den Schüler*innen durchführte, vor. In einem anderen

4 Schocker-von Ditfurth 2004; Kugler-Euerle 2005; Behr/Kierepka 2005; Wilkening 2005; Doms 2010; Jünemann/Rudolph/Berit 2011; Haferkamp/Heils 2011.

Beispiel wurde eine 4. Klasse in eine 5. Klasse eingeladen, um dort ein gemeinsames Leseprojekt durchzuführen. Zwei andere Beispiele illustrieren die Vorführung von Theaterstücken, die es den Schüler*innen ermöglichten, die weiterführenden Schulen kennenzulernen. In der Ausgabe 6/2012 präsentieren Annika Kolb, Nikola Mayer und Daniel Stotz *Bridging Tasks*, die „in der Grundschule gelerntes sprachliches Können sichtbar machen, Sprachkenntnisse ausbauen und Kontinuität durch Kooperation schaffen“ (ebd. 2012: 7). Ziel dieser Aufgaben ist es, sowohl methodische als auch inhaltliche Kontinuität zu schaffen. Die Aufgaben sind produkt- und ergebnisorientiert und ermöglichen es den Lernenden, ihr erworbenes Können zu präsentieren.

In einer Studie, die Lehrkräfte der 5. Jahrgangsstudie zur Gestaltung des Übergangs befragte, konnte Isabell Vollmuth (2012) feststellen, dass nur wenige Lehrkräfte vor Beginn des Englischunterrichts in Klasse 5 Kontakt zu den Grundschüler*innen aufgenommen oder in Hospitationen Einblicke in den Unterricht der Grundschule erhalten hatten (Vollmuth 2012: 45). Etwa die Hälfte der Lehrkräfte bindet Lieder aus der Grundschule in ihren Unterricht ein, nur etwa ein Viertel lässt sich Materialien aus der Grundschule zeigen. Eingangstests und Sprachportfolios werden nur von wenigen Lehrkräften genutzt (ebd.). Die meisten Lehrkräfte kennen und nutzen die Pick-up-Einheiten des Lehrbuchs, die von Gisela Schmid-Schönbein (2010) in einem Beitrag betrachtet und evaluiert wurden (Vollmuth 2012: 45f.). Darüber hinaus verwenden „nur wenige Lehrkräfte (12,5 %) über das Buch hinausgehende Materialien“ (Vollmuth 2013: 37). Um die Lehrkräfte zu animieren, lehrwerksunabhängige Materialien für ihren Unterricht zu nutzen, sich so einen „Überblick über die Grundschulthemen [zu] verschaffen“ und die Schüler*innen dabei „beim Meistern der oft immer noch als Bruch (vgl. BIG-Kreis 2009) empfundenen Übergangssituation“ (Vollmuth 2013: 37) zu unterstützen, stellt Vollmuth eine Auswahl dieser vom eingesetzten Lehrwerk unabhängigen Materialien vor. Darunter fallen in erster Linie Arbeitshefte, Materialien und Kopiervorlagen, die sowohl in der Grundschule als auch in der 5. Klasse genutzt werden können.

Nachdem der Unterschied zwischen dem bedeutungsorientierten Unterricht in der Grundschule und dem formorientierten Unterricht in der weiterführenden Schule als eines der Hauptprobleme des Übergangs herausgestellt wurde (vgl. Rohde et al 2018: 32), geht es in den Beitragen der Ausgabe 1/2018 des Grundschulmagazins Englisch darum, wie die Schüler*innen der Grundschule auf verschiedene Weise auf den Unterricht der 5. Klasse vorbereitet werden können. Es werden Vorschläge zum Grammatikunterricht in der Grundschule gemacht (Wanders 2018). Sprachliche Strukturen wie Präpositionen (Strunck 2018) oder das Präsens (Kronisch 2018) sollen spielerisch trainiert werden. Die Arbeit mit dem Wörterbuch wird vorbereitet (Freudenau 2018) und das selbstständige Lesen (Reckermann/Bechler 2018) sowie der Umgang mit literarischen Texten (Müller 2018; Klein 2018) angebahnt. Darüber hinaus stellen Rohde et al. (2018) Möglichkeiten vor, wie der Übergang gestaltet werden kann. Zum einen werden hier die *Bridging Tasks* von Kolb et al. (2012) genannt, zum anderen werden Apps (vgl. Dausend/Nickel 2017) vorgestellt, die sowohl im Englischunterricht der Grundschule als auch im Englischunterricht der weiterführenden Schule – auch in höheren Klassenstufen – eingesetzt werden können und immer wieder „sinnvoller Teil der Spracharbeit" (Rohde et al. 2018: 33) sind. Als Konsequenz formulieren Rohde et al., dass für die Sicherung des Erfolgs in der Grundschule eine erneute Betrachtung des Übergangs notwendig ist. Der Übergang gelingt dann, wenn „Unterrichtsformate und -aktivitäten [eingesetzt werden], die für die Schüler*innen die Kontinuität des Englischlernens unterstützen und die den Wechsel von primär implizitem zu vorwiegend explizitem Unterricht für die Lerner erleichtern" (ebd.: 34). An dieser Stelle setzt die vorliegende Arbeit an.

Von besonderem Interesse für diese Arbeit sind zwei Dissertationen, die sich mit dem Thema des Übergangs im Fach Englisch beschäftigen. Jenny Demircioglu (2008) entwickelt in ihrer Dissertation mit dem Titel „Englisch in der Grundschule – Auswirkungen auf Leistungen und Selbstbewertung in der weiterführenden Schule" eine Konzeption eines Projektunterrichts für das 3. und 4. Schuljahr. Hierbei handelt es sich um ein systematisches Konzept, das im Rahmen einer AG an einer Bonner Grundschule über mehrere Jahre durchgeführt wurde. Der Projektunterricht erfolgt dabei ganzheitlich und spielerisch, zielt aber darauf ab, systematisch auf den Fremdsprachenunterricht in der 5. Klasse vorzubereiten und bezieht daher systematisch den Erwerb von Schrift und Grammatik mit ein. In ihrer Erhebung begleitet Demircioglu einen Teil der Schüler*innen von der Grundschule in die weiterführende Schule und beobachtet diese dort über einen Zeitraum von einem Jahr. Auf diese Weise vergleicht sie, wie Kinder mit systematischer Vorbereitung in dem o.g. Projektunterricht und Kinder ohne systematische Vorbereitung sowie Kinder ohne Englischunterricht in der Grundschule den Englischunterricht in der 5. Klasse erleben. Die Frage, der damit nachgegangen werden soll, ist, „ob – im Zusammenhang mit einem solchen systematischen Unterricht in der Grundschule – und welche kurz- oder längerfristigen Auswirkungen sich im Hinblick auf die Bewältigung der Anforderungen im Englischunterricht der weiterführenden Schule finden lassen“ (Demircioglu 2008: 4). Im Gegensatz zu dem dieser Dissertation zu Grunde liegenden Konzept integriert Demircioglu gezielt Elemente des Englischunterrichts der 5. Klasse (Vokabelheft, systematischer Grammatikunterricht etc.) in die Arbeit der Grundschule. Die Datenerhebung erfolgt zu drei Messzeitpunkten (1. Halbjahr 5. Klasse, 2. Halbjahr 5. Klasse, 1. Halbjahr 6. Klasse) über einen Selbsteinschätzungsbogen sowie Leistungs-messungen (Vokabeltest, schriftliches Arbeitsblatt). Ergänzt werden diese durch Einzelinterviews zur Erhebung der Sprachproduktion (Vokabelinterview) in Kombination mit einer Gruppenaufgabe (Spieleschlacht), in der es um die Bewältigung mündlicher und schriftlicher Aufgaben im Team ging. Als Ergebnisse präsentiert Demircioglu im Bereich der Leistungen, dass jene Schüler*innen, die an dem Projektunterricht teilgenommen haben, in gewissen Teilbereichen (Vokabeltest, Sprachproduktion, Fehlerhäufigkeit) signifikant bessere Ergebnisse erzielten als die Kontrollgruppen (dies relativiert sich etwas zu den späteren Messzeitpunkten). In der Selbstbewertung zeigen die Schüler*innen der Projektklasse „sowohl kurz- wie auch längerfristige Auswirkungen des systematischen Englischunterrichts in der Grundschule“ (ebd.: 223). Typische Probleme des Schulwechsels wie „Sekundarstufenschock“, Leistungsabfall und Motivationsverlust traten bei den Schüler*innen der Projektklasse nicht auf. Demircioglu schlussfolgert, dass ein systematischer Englischunterricht bereits in der Grundschule das Weiterlernen im Englischunterricht der 5. Klasse begünstigt und sich positiv auf die Selbsteinschätzung und Lernmotivation der Schüler*innen auswirkt.

Ute Wagner (2009) beschäftigt sich in ihrer Dissertation „Übergang Englisch“ mit Fallanalysen, die beschreiben, wie Kinder den Wechsel von der Grundschule in die weiterführenden Schulen wahrnehmen. Mit Hilfe von Fallanalysen aus der Sicht von vier am Übergang beteiligten Schüler*innen liefert sie eine Bestandsaufnahme dessen, was der Übergang für die Beteiligten mit sich bringt – Empfindungen, Vorstellungen, Erwartungen und Entwicklung von Fertigkeiten sind dabei Bestandteil der Erhebungen. Die Datenerhebung erfolgte zum Ende des 4. Schuljahres sowie nach dem ersten Halbjahr der 5. Klasse. Erhoben wurden die Daten durch Unterrichtsbeobachtungen in Hospitationsstunden, Leitfaden – Interviews mit Schüler*innen und Eltern, Fragebögen für die jeweiligen Englisch- und Klassenlehrer*innen sowie Lernerfolgskontrollen, die die fremdsprachlichen Kompetenzen der Schüler*innen zu den Messzeitpunkten erheben sollten und im Anschluss an die Interviews durchgeführt wurden. Wagner stellt in ihrer Arbeit zunächst fest, „[d]er exemplarisch betrachtete Englischunterricht entsprach weder an der Grund- noch an den weiterführenden Schulen dem in der aktuellen fachdidaktischen Literatur georderten Standard oder den Vorgaben der Lehrpläne“ (ebd.: 193). Darüber hinaus ist in den Fallanalysen deutlich geworden, dass die vier begleiteten und befragten Kinder den Übergang als weniger problematisch empfunden haben, als er in der Literatur dargestellt wird (vgl. ebd.), obwohl dieser ihnen weder durch die abgebende noch durch die aufnehmende Schule in irgendeiner Weise erleichtert wurde (vgl. ebd.: 327). Wagner deutet dies „als individuelles Vermögen zur Anpassung“ (ebd.: 328). Durch die Lernstandskontrollen konnte bei den Schüler*innen ein Lernzuwachs, der in den unterschiedlichen Kompetenzbereichen deutliche Unterschiede zeigte (z.B. weniger Lernzuwachs im Bereich des Hörverstehens als im Bereich des Sprechens), festgestellt werden.

2.2 Dramapädagogik mit jungen Fremdsprachenlernenden und in der Sekundarstufe I

In der Literatur zur Dramapädagogik im Fremdsprachenunterricht geht es meist um den Einsatz von dramapädagogischen Methoden im Umgang mit fortgeschrittenen Fremdsprachenlernenden (vgl. beispielsweise Maley/Duff 1982; Karbowska Hayes 1984; Tselikas 1999; Berndt 2003; Ronke 2005; Ntelioglou 2008 etc.). Ziel ist dabei oft das Erreichen von literarischen und affektiven Lernzielen – so wie es beispielsweise beim Einsatz von dramapädagogischen Methoden bei der Behandlung der Gattung Drama der Fall ist (vgl. Surkamp/Nünning 2016: 151 ff. und 181 ff.) – oder von Lernzielen im Bereich des interkulturellen Lernens (z.B. Jäger 2011; Wedel 2011). Die in o.g. Werken vorgestellten Drama-Aktivitäten können jedoch meist auch für den Einsatz im Anfangsunterricht modifiziert werden. Den Versuch, Drama-Aktivitäten bereits für den Anfangsunterricht zu etablieren, unternimmt Wettemann (2007). Dabei geht es ihm hauptsächlich darum, auf welche Art und

Weise ein dramapädagogischer Ansatz aufgebaut und modifiziert werden muss, um ihn mit Sprachanfänger*innen von der ersten Stunde an einzusetzen. Wettemann stellt zugleich fest, dass sich durch ein dramapädagogisches Arbeiten ein schneller Spracherfolg bei den Schüler*innen einstellen kann. Sarah Phillips (1999) und Fiona Beddall (2006) stellen ebenfalls Drama-Aktivitäten und Methoden für den Einsatz mit jüngeren Lernenden vor.

Die Ausgabe 04/2007 des Grundschulmagazins Englisch beschäftigt sich mit dem Einsatz von Dramamethoden im früh beginnenden Englischunterricht. In den Artikeln *Vom storytelling zum miniplay: „Winnie the Witch"* von Urban, *Vom Bilderbuch zum Theaterstück: What's that noise?* von Wiggermann und *Schüler spielen Schule – von der Probe zur Premiere: Driven to despair!* von Ertelt werden Möglichkeiten der Umsetzung vorgestellt. Janice Bland legt in ihrem Artikel Why do drama? die Vorteile von dramapädagogischen Arbeitsweisen im Unterricht dar. Die Umsetzung einer Bilderbuchgeschichte in ein Theaterstück zur Förderung der Kommunikationsfähigkeit der Schüler*innen ist bei Nicole Schwarzer zu finden. Schwarzer konnte feststellen, dass sich die Arbeit mit dem Bilderbuch und das Einüben eines Theaterstücks zum einen positiv auf „die Sprechbereitschaft und -freude" (ebd.: 3) der Schüler*innen ausgewirkt hat. Zum anderen konnten die Schüler*innen „das erlernte Sprachmaterial auch in anderen Kontexten nach Abschluss der Einheit selbstständig anwenden und haben ihre kommunikative Kompetenz erhöht [...]" (ebd.).

In der Literatur sind nur wenige Beiträge oder Erhebungen zum Potenzial dramapädagogischer Methoden im Englischunterricht der 4. Klasse (Ulaş 2008) oder 5. Klasse zu finden. Aus dem englischsprachigen Raum gibt es einen Projektbericht (Greenfader/Brouillette 2013) zum Einsatz dramapädagogischer Methoden mit jungen Lernenden (Vorschule bis 2. Schuljahr), die Englisch als Zweitsprache lernen und somit über begrenzte Kompetenzen in der Sprache verfügen. In der Projektarbeit konnte festgestellt werden, dass die jungen Lernenden in der Arbeit mit den Methoden ihre mündlichen Fertigkeiten verbessern konnten. Für den Englischunterricht in der Sekundarstufe I gibt es eine Dissertation von Vlado Jelic (2012), die sich mit der dramapädagogischen Arbeit in Kombination mit dem Lehrbuch zur Förderung mündlicher Kompetenzen beschäftigt, die u.a. praktische Tipps für die Umsetzung in der Unterrichtspraxis liefert. Für die beim Schulwechsel relevanten Unterrichtsinhalte, die oft für Schwierigkeiten sorgen, wie die Grammatik- oder Vokabelarbeit, lassen sich lediglich Veröffentlichungen, die ältere Lernende im Bereich Deutsch als Fremdsprache in den Blick nehmen, finden (Even 2003; Holl 2011). Almut Küppers, Torben Schmidt und Maik Walter (2011) veröffentlichten unterrichtspraktische Beiträge zu verschiedenen Lernzielen des Fremdsprachenunterrichts, die teilweise auch mit jüngeren Lernenden umgesetzt werden können.

Um den Einsatz dramapädagogischer Methoden voranzutreiben und die Wirksamkeit der Methoden nicht nur durch Erfahrungswerte zu stützen, werden empirische Arbeiten, die sich mit dem Einsatz solcher Verfahren im Fremdsprachenunterricht beschäftigen, gefordert. In der Ausgabe 1/2012 der Online-Zeitung *Scenario* werden einige Studien zu diesem Thema vorgestellt. Um junge Lernende oder das Potenzial für den frühen Fremdsprachenunterricht geht es in diesen Studien nicht. Einige Untersuchungen beschäftigen sich jedoch mit der Wirkung des Theaterspielens auf persönlichkeitsbezogene Kompetenzen, die auch im Rahmen des Schulwechsels von Bedeutung sind (Lutzker 2007; DICE [Drama Improves Lisbon Key Competences in Education] Studie 2010; Domkowsky 2008 und 2011; Domkowsky/Walter 2012; Tschurtschenthaler 2013). Nicht alle diese Studien wurden im schulischen oder gar fremdsprachenunterrichtlichen Kontext durchgeführt. Einige Ergebnisse können jedoch auf den Englischunterricht übertragen werden. Für den Fremdsprachenunterricht relevante Aspekte, die als durch den Einsatz von dramapädagogischen Methoden positiv beeinflusst gelten, sind Leistungsmotivation, Extraversion, Offenheit und Aufgeschlossenheit, Perspektivenübernahmeinteresse und Empathie (vgl. Domkowsky/Walter 2012). Andreas Wirag (2019) stellt jedoch heraus, dass nur wenige der im Kontext der Dramapädagogik durchgeführten Studien signifikante Ergebnisse liefern. Von den oben genannten zählen dazu allein die in der DICE-Studie erzielten Ergebnisse hinsichtlich der Förderung der ‚Kreativität' (vgl. Wirag 2019: 104). Für den Fremdsprachenunterricht relevante Ergebnisse liefern darüber hinaus Studien, die sich mit der Beeinflussung der Sprachverwendungsangst (Foreign-Language Anxiety) beschäftigen. Wirag und Surkamp (2020) untersuchen den Einfluss einzelner Elemente der Theaterarbeit, wie die Rollenübernahme sowie das Feedback, auf die *Foreign-Language Anxiety* (FLA) im Kontext einer englischsprachigen Theater-AG. Dabei beobachten sie, dass die Rollenübernahme die FLA reduziert, wobei Feedback zum Schauspielern sowie zur Verwendung der Fremdsprache die FLA erhöhen.

In der Fachliteratur gibt es zahlreiche praktische Ideen für die Gestaltung des Schulwechsels und auch auf Fortbildungen werden Anreize für die schulische Praxis gegeben. Die vorliegende Arbeit soll einen Beitrag dazu leisten, die in diesem Kontext festgestellte Lücke einer fehlenden empirischen Evaluierung eines Praxisbeispiels zu schließen, und gleichzeitig zur Fundierung der Wirksamkeit dramapädagogischer Methoden beitragen. In diesem Kontext wird das Potenzial dramapädagogischer Verfahren für den Fremdsprachenunterricht als Kontinuum dargelegt und es werden Empfehlungen für eine Gestaltung des Englischunterrichts in Sekundarstufe I, der sich methodisch-didaktischer Prinzipien des Grundschulunterrichts bedient, formuliert. Ein Blick in die Schulbücher der 5. Klassen zeigt, dass in den bereits erwähnten *Pick up Units* zwar Themenbereiche der 4. Klasse, wie z.B. Freizeitaktivitäten und Sportarten, Zahlen, Farben, etc., weitergeführt werden. Dies scheint jedoch nicht auszureichen, um die Übergangsproblematik vollständig zu lösen und eine Frustration der Lernenden in Bezug auf ihr Können sowie ein Abnehmen ihrer Motivation zu verhindern. Aus diesem Grund wird der Fokus in dem zu entwickelnden Konzept auf die methodisch-didaktische Gestaltung gelegt. Das Lehrbuch wird in die Konzeptentwicklung eingebunden und dient als Basis der unterrichtlichen Gestaltung. Auch in den Handreichungen zu den Lehrbüchern der 5. Klasse heißt es, dass Methoden und Unterrichtsrituale aus den Grundschulen weitergeführt und in den Unterricht der 5. Klasse integriert werden sollen, um den Schüler*innen den Übergang zu erleichtern. Aufgrund fehlender bzw. geringer Kooperation kann jedoch nicht vorausgesetzt werden, dass die Lehrer*innen der Sekundarstufen in den Methoden und Prinzipien des Grundschulunterrichts ausgebildet sind, oder dass sie wissen, in welcher Form diese Methoden auf die neuen Unterrichtsinhalte bezogen werden können (auch in der universitären Lehramtsausbildung spielen die Stufen 5 und 6 oft eine untergeordnete Rolle). Es geht demnach darum, ein übergreifendes methodisch-didaktisches Konzept vorzuschlagen, das nicht den Englischunterricht der weiterführenden Schulen in die Grundschule vorverlagert oder diesen dort vorbereitet. Es wird der Grundschule keine Zulieferfunktion zugesprochen. Hinsichtlich der methodischen Gestaltung des Unterrichts soll die vorliegende Arbeit einen Weg zur Einbindung des Lehrbuches in die dramapädagogische Arbeit aufzeigen. Darüber hinaus soll die Perspektive der Lernenden in der Übergangsdiskussion gestärkt werden, indem ihre Erfahrungen beim Schulwechsel und hinsichtlich des Potenzials dramapädagogischer Methoden in der 4. Klasse und in der 5. Klasse fokussiert werden. Im Rahmen der Untersuchung der Lernendenperspektive setzt sich die Arbeit zum Ziel, eine Betrachtung des Fähigkeitsselbstkonzepts[5] sowie der Motivation und des Selbstvertrauens der Schüler*innen anzustoßen.

5 Das Fähigkeitsselbstkonzept wird in Kapitel 3.2.1 als theoretisches Konzept eingeführt.

3 Ursachen und Lösungen der Übergangsproblematik im Englischunterricht

Die Einführung des Fremdsprachenunterrichts in der Grundschule, wodurch der Beginn der zweiten Fremdsprache von der 5. Klasse auf die 3. bzw. 1. Klasse vorverlegt wurde, stellte die Primar- und die Sekundarstufe gleichermaßen vor Herausforderungen. Für die Grundschule mussten Konzepte des frühen Fremdsprachenunterrichts entwickelt werden, und die weiterführenden Schulen sahen sich mit einer neuen Ausgangssituation für den Englischunterricht in der 5. Klasse konfrontiert. Die Schüler*innen kamen nun mit Vorwissen, fremdsprachlichen Kompetenzen und Erfahrungen mit der Fremdsprache sowie dem Unterricht selbst in den weiterführenden Schulen an. Die Frage, wie erfolgreich daran angeknüpft werden kann, stellt sich noch heute und lässt sich in die Diskussion um die Ausbildung von Kontinuitäten im Fremdsprachenunterricht, auf die im Laufe dieses Kapitels näher eingegangen wird, einbetten. Zahlreiche dieser Herausforderungen ließen sich – und lassen sich bis heute – nicht erfolgreich meistern und führten dazu, dass das Ziel einer kontinuierlichen Fremdsprachenlerner*innenbiographie bisher nicht erfüllt werden konnte. Die Schüler*innen erlebten nach dem Wechsel auf die weiterführende Schule auch im Englischunterricht Leistungseinbrüche und machten demotivierende Erfahrungen.

3.1 Der Schulwechsel von der Primar- in die Sekundarstufe

Der Wechsel von der Grundschule in die weiterführende Schule erfolgt in Niedersachsen nach der 4. Klasse, d.h. dann, wenn die Schüler*innen 10 bis 11 Jahre alt sind. Trotz ihres jungen Alters müssen die Lernenden bereits weitreichende Entscheidungen treffen, die in den meisten Fällen die Unterstützung ihrer Eltern oder anderer erwachsener Bezugspersonen erfordern. Die Grundschule spricht Empfehlungen für die weiterführende Schule aus, die letztendliche Entscheidung liegt jedoch bei den Familien selbst. Der Zeitpunkt, zu dem diese Empfehlung erfolgt, ist dabei nicht durch die Entwicklung der Lernenden begründet. Für viele Lernende erfolgt die Einteilung in ein dreigliedriges Schulsystem zu früh, da oft „aufgrund mangelnder Stabilität der intellektuellen Leistungsfähigkeiten vor dem 12. bis 13. Lebensjahr noch keine valide Prognose über den zukünftigen Bildungslebenslauf [möglich ist]“ (Treutlein/Zöller/Roos/Schöler 2013: 17 f.).

Es handelt sich bei dem Schulwechsel nach der 4. Klasse also um einen „willkürlich [festgelegten] Einschnitt in den Entwicklungsverlauf der Schüler/-innen“ (ebd.). Welche Bedeutung dieser Entscheidung zukommt, lässt sich an den Auswirkungen, die die Schulwahl haben kann, festmachen. So stellt die Wahl der weiterführenden Schulform – Hauptschule, Realschule, Oberschule, Gymnasium, Gesamtschule – über den zu erreichenden Schulabschluss womöglich bereits die Weichen für Berufspläne und Zukunftsgestaltungen (vgl. Zöller/Treutlein/Roos/Schöler 2013: 15). Auch die Wahl der Schule kann Einfluss auf die Lernbiographie der Schüler*innen nehmen. Je nach Schulprofil können unterschiedliche Schwerpunkte gesetzt werden. So bieten einige Schulen musikalische, sprachliche oder naturwissenschaftliche Zweige an oder bilingualen Unterricht in einigen Fächern. Die unterschiedlichen Angebote der Schule können die Weiterentwicklung und Interessenförderung der Lernenden beeinflussen, eventuell lassen sich sogar neue Talente oder Interessen entdecken.

Neben dem Potenzial zur Weiterentwicklung, das der Schulwechsel so eventuell bieten kann, bringt er einige schwerwiegende Veränderungen für die Schüler*innen mit, die zunächst von ihnen bewältigt werden müssen. Peter Büchner und Katja Koch bezeichnen den Übergang in die weiterführende Schule als „zweite Einschulung“ (ebd. 2001: 15) und zeigen damit, welche Bedeutung diesem Ereignis in der Schulbiographie der Kinder zugemessen wird. Die meisten Menschen können sich an die eigene Einschulung und die Gefühle, die damit verbunden waren, erinnern. Umso bedeutender ist es, dass das Ereignis des Schulwechsels in die weiterführende Schule von den meisten Schüler*innen als „Bruch oder Diskontinuität im Lebenslauf wahrgenommen [wird]“ (ebd.), der „oft [zu] Bruchstellen in den Lernbiografien der Schülerinnen und Schüler [führt]“ (Kolb 2011: 145).

Viele Veränderungen, die sich beim Schulwechsel ergeben und die zu Problemen bei den Schüler*innen führen, sind struktureller Natur (vgl. Büchner/Koch 2001: 17). Nach Hacker (1988: 8) stellen Büchner und Koch fünf Bereiche heraus, in denen die Schüler*innen Brüche erleben und sich daher neu orientieren müssen. Dazu zählen: die Beziehungen, das Sozialgefüge, die Lernformen, die Verhaltensregulierung und der Erwartungshorizont (ebd. 2001: 17f.). Im Folgenden werden diese kurz ausgeführt, da sie mögliche Ansatzpunkte für eine Lösung der Übergangsproblematik darstellen. Die Kategorien Beziehungsbrüche und Brüche im Sozialgefüge beziehen sich auf das unmittelbare schulische Umfeld der Schüler*innen. Das soziale Gefüge der Lernenden verändert sich beim Wechsel auf die weiterführende Schule erheblich. Sie besuchen eine neue Schule, die über einen neuen Schulweg erreicht wird, und an der Lehrer*innen unterrichten, die sie nicht kennen. Haben die Schüler*innen in der Grundschule noch so viel Unterricht wie möglich bei ihrer Klassenlehrerin bzw. ihrem Klassenlehrer, begegnet ihnen in der weiterführenden Schule eine Vielzahl an Fachlehrkräften. Darüber hinaus werden die Lehrer*innen der Grundschule von den Schüler*innen noch viel stärker als Bezugspersonen erlebt (vgl. ebd.: 18). Auch ihr soziales Netzwerk aus Freund*innen und Mitschüler*innen müssen die Schüler*innen in der 5. Klasse neu ordnen. Die meisten ihrer Klassenkamerad*innen – ausgenommen derjenigen, die eventuell mit ihnen gemeinsam auf der Grundschule waren – kennen sie noch nicht. Die Lernenden stehen vor der Aufgabe, ihre neue Klasse kennenzulernen und herauszufinden, mit wem sie neue Freundschaften schließen könnten. Darüber hinaus soll in der gesamten Klasse ein Gefühl der Gemeinschaft entstehen. In dieser Klassengemeinschaft müssen die Schüler*innen ihre eigene Rolle finden. Dies kostet „viel Kraft und Anstrengung" (ebd.).

Unterschätzt wird zumeist der Einfluss, den die Atmosphäre der Schule sowie die Gestaltung der Klassenräume haben (vgl. Mayer 2006: 219). In der Grundschule kommen weniger Schüler*innen in kleineren Schulgebäuden zusammen, die Klassenräume werden individuell und kindgerecht eingerichtet, enthalten meist eine Lese- oder Sitzecke und schaffen so die Möglichkeit, die gewohnte Sitzordnung und den Unterrichtsalltag aufzubrechen bzw. geben Raum für den Einsatz von Methoden, die ein Setting ohne Tische und feste Sitzplätze benötigen.

Zunächst sind es diese allgemeinen Veränderungen der räumlichen, sozialen und organisatorischen Art, – die sicherlich nicht von allen Schüler*innen als gleich belastend und überfordernd empfunden werden –, die von den Schüler*innen bewältigt werden müssen. Zu den unterrichtsspezifischen Veränderungen zählen unterrichtsorganisatorische Brüche, die sich durch mehr Stunden am Tag und schnellere Wechsel zwischen den unterschiedlichen Fächern ergeben. Darüber hinaus verändern sich die Lernformen, die in der Gestaltung des Unterrichts eingesetzt werden. Aufgabenformate und Arbeitsweisen, die den Schüler*innen vertraut sind, werden meist durch weniger ganzheitliche oder spielerische Ansätze abgelöst. Die Schüler*innen müssen sich an neue Arbeitsweisen gewöhnen, denn Lehrkräfte der weiterführenden Schulen schöpfen oftmals aus einem anderen Methodenrepertoire, als es die Schüler*innen aus der Grundschule gewohnt sind. In der Grundschule kommen eine „Vielzahl reformpädagogischer Elemente [zum Einsatz]“. Dazu zählen „Freie Arbeit, Offener Unterricht, Projektarbeit etc.“, die „in der Sekundarstufe häufig nicht mehr zum Tragen [kommen]“ (Büchner/Koch 2001: 18) bzw. weniger selbstverständlich eingesetzt werden, da sie nicht so stark wie in der Grundschule in der pädagogischen Ausrichtung verhaftet sind. Häufiger als in der Grundschule kommen in der weiterführenden Schule sicherlich Frontalunterricht und Gruppenarbeit zum Einsatz (vgl. ebd.), auch wenn der Unterricht keinesfalls auf diese beiden Elemente reduziert werden soll.

Neben den Brüchen bei den Lernformen ergeben sich auch solche im Bereich der Verhaltensregulierung und dem Erwartungshorizont. In den weiterführenden Schulen wird oftmals ein disziplinierteres Verhalten von den Schüler*innen erwartet, als es noch in der Grundschule der Fall war. Damit ist nicht gemeint, dass in der Grundschule Chaos herrscht und die Schüler*innen machen können, was sie wollen, jedoch sieht die Unterrichtsgestaltung beispielsweise mehr bewegte Elemente vor. In der weiterführenden Schule wird Bewegung, Laufen und Toben auf die Pausen verschoben, „[d]as spontane Aufstehen im Unterricht ist nicht mehr möglich“ (ebd.) bzw. weniger erwünscht, es sei denn es findet in Phasen der eigenständigen Arbeit oder Projektarbeit statt.[6]

Die Erwartungen seitens der Eltern und Lehrkräfte – und vielleicht auch seitens der Lernenden selbst – an das Verhalten und an die fachlichen Leistungen der Schüler*innen steigen (vgl. ebd.). Am stärksten mag dieser Effekt auf dem Gymnasium zu spüren sein. Eltern, die ihr Kind an diese Schulform schicken, erwarten, dass es dort gut zurechtkommt und möglichst sein

6 In beiden Schulformen hängt diese Kategorie sicherlich stark von der Persönlichkeit und der Einstellung der jeweiligen Lehrkräfte ab.

Abitur macht. Dieses Ziel ist schon in der 5. Klasse und in dem Druck, von Beginn an gute Noten zu bekommen, spürbar. Die Lernenden finden sich in einer leistungshomogeneren Klasse wieder, als es noch in der Grundschule der Fall war. Und auch wenn Binnendifferenzierung auch in den weiterführenden Schulen eine Rolle spielt, ist in der Grundschule oftmals mehr Zeit zum Bearbeiten von Aufgaben, es wird kleinschrittiger vorgegangen und Aufgaben werden individueller zugeteilt (vgl. ebd.). Die Angst nicht mitzukommen, schlechte Noten zu erhalten – womöglich auch in dem an Bedeutung gewinnenden Hauptfach Englisch –, oder gar die Schule verlassen zu müssen und das Abitur nicht zu schaffen, begleitet die Schüler*innen oftmals schon ab der 5. Klasse (vgl. ebd.: 19). Nicht nur aus diesem Grund erleben viele der Schüler*innen einen „‚Sekundarstufenschock‘ (Weißbach 1986), […] der mit einer gesteigerten Schulunlust einhergeht“ (Büchner/Koch 2001: 19).

3.2 Bedeutung des Übergangs für die kindliche Entwicklung

Der Übergang von der Grundschule in die weiterführende Schule stellt ein „negatives, belastendes Ereignis“ (Ball et al. 2006: 102) für die Lernenden dar und zählt zu den kritischen Lebensereignissen in der Entwicklung eines Kindes (vgl. Aust 2010: 1; Ball et al. 2006: 101; Büchner/Koch 2001: 16; Filipp 1990: 298 ff.). „Filipp definiert kritische Lebensereignisse als Veränderungen ‚der (sozialen) Lebenssituation der Person‘, die ‚mit entsprechenden Anpassungsleistungen durch die Person beantwortet werden müssen‘“ (Büchner/Koch 2001: 16; vgl. auch Treutlein/Zöller/Roos/Schöler 2013: 17). In anderen Kontexten wird er auch „als Entwicklungsaufgabe (Havighurst, 1948; Oerter, 1995), als Entwicklungs- bzw. ökologischer Übergang (Bronfenbrenner, 1981) [oder] als Lebensereignis (Montada, 1995)“ (Treutlein/Zöller/Roos/Schöler 2013: 21) bezeichnet und damit als mehr oder weniger negativ oder positiv herausfordernd markiert. Gemeinsam ist allen Ausführungen, dass „er unbestritten multiple individuelle Anpassungsprozesse als Reaktionen auf veränderte schulische Bedingungen [herbeiführt]“ (ebd.).

Da die Veränderungen beim Schulwechsel sowohl im sozialen als auch im schulischen Bereich als „tiefgreifend“ (ebd.: 17) gelten, kann davon ausgegangen werden, dass auch die entsprechenden Anpassungsleistungen umfangreich und weitreichend sind. Demnach kann nicht selbstverständlich angenommen werden, dass alle Kinder zum Ende der 4. Klasse über „das nötige Entwicklungspotenzial“ (ebd.) verfügen, um mit diesen Veränderungen allein zurechtzukommen. Der einheitliche und für alle verpflichtende Schulwechsel bereits nach der 4. Klasse scheint in diesem Zusammenhang erneut zu früh (vgl. ebd.).

Übergänge bringen für die Schüler*innen immer auch eine „Identitätsveränderung“ (Carle 2007: 18) mit sich, d.h. sie erfordern sowohl eine Neudeutung der eigenen Biographie als auch eine veränderte Repräsentation nach außen (vgl. ebd.: 18f.). Für den Unterricht bedeutet dies gleichzeitig eine Veränderung der Identität im Hinblick auf das Fach und die entsprechenden fachlichen Leistungen des Kindes. Die individuelle Wahrnehmung der eigenen Person, der eigenen Fertigkeiten und Fähigkeiten lässt sich unter dem Begriff des Selbstkonzepts zusammenfassen. Beeinflusst wird das Selbstkonzept von Erfahrungen, die die Lernenden machen und Rückmeldungen, die ihnen von außen in Bezug auf die eigene Person gegeben werden. Von daher ist auch die sich verändernde Außendarstellung der Lernenden in der neuen Lerngruppe, die mit einer Neuorientierung im Hinblick auf die Position und Rolle in der Klasse einhergeht, interessant und zu betrachten. Negative Erfahrungen, die die Schüler*innen beim Übergang machen – eventuell, weil sie dabei nicht ausreichend unterstützt werden, so wie es beim Schulwechsel von der Grundschule in die weiterführende Schule oftmals der Fall ist (vgl. Koch 2001: 16) –, können zu „einem individuellen Scheitern [führen]“ und „negative Auswirkungen auf das kindliche Selbstbild [haben]“ (ebd.). Hinzu kommt, dass nach Erikson (1988) (in: Köhnen 2011: 18) der Übergang als kritisches Ereignis in einer Phase erfolgt – nämlich der Lebensspanne des Schulalters (7–12 Jahre) –, in der sich die Kinder in der Krise „Werksinn[7] vs. Minderwertigkeitsgefühl“ befinden. In dieser Phase „steht laut Erikson die Entwicklung von Werksinn versus Minderwertigkeitsgefühl im Vordergrund, also die Leistungsbereitschaft und Einschätzung eigener Leistungsbefähigung“ (Köhnen 2011: 19). Daraus lässt sich die Bedeutung positiver und per-

7 Der Begriff ‚Werksinn‘ bezeichnet nach Erikson (1988) das Bedürfnis des Kindes etwas Gutes und Nützliches zu tun. Er setzt diesen Begriff auch mit dem der ‚Kompetenz‘ gleich. Für ihre Leistungen wünschen sich die Kinder Anerkennung. Ein Minderwertigkeitsgefühl entwickelt sich dann, wenn der Werksinn des Kindes überstrapaziert wird.

sönlichkeitsstärkender Erfahrungen ableiten, um den Kindern eine positive Entwicklung zu ermöglichen. Aus diesem Grund werden im nächsten Kapitel die Einflüsse des Schulwechsels auf das Selbstkonzept der Lernenden ausführlicher betrachtet.

3.2.1 Das Selbstkonzept der Lernenden

Unter dem Begriff Selbstkonzept wird allgemein eine „multidimensionale, (partiell) hierarchisch geordnete Menge relativ überdauernder, kognitiver Repräsentationen der eigenen Person und ihrer Beziehung zur Umwelt" (Buff 1991: 22) verstanden. Das Selbstkonzept ist dabei kein objektives Bild der eigenen Leistungen und Fähigkeiten, sondern besteht vielmehr aus „subjektive[n] Wahrnehmung[en], Vorstellung[en] und Bewertung[en]" (Daig 2006: 31). Es ist ein sich entwickelndes und veränderndes Konstrukt persönlicher Zuschreibungen, das durch individuelle Erfahrungen beeinflusst wird. Wie groß die Einflussnahme einzelner Erfahrungen ist, hängt dabei von der Bedeutung ab, die ihnen von den betreffenden Personen zugemessen wird (vgl. Buff 1991: 23). Das Selbstkonzept setzt sich aus Zuschreibungen in verschiedenen Bereichen zusammen (vgl. Daig 2006: 29). Unter dem Oberbegriff ‚Selbstkonzept' lassen sich das körperbezogene Selbstkonzept, das emotionale Selbstkonzept, das leistungsbezogene Selbstkonzept und das soziale Selbstkonzept fassen (basierend auf Shavelson/Hubner/Stanton (1976); vgl. Demircioglu 2008: 69; Moschner/Dickhäuser 2006: 687). Für diese Arbeit ist besonders das leistungsbezogene Selbstkonzept von Bedeutung, das sich unmittelbar auf den schulischen Kontext übertragen lässt.

Das leistungsbezogene Selbstkonzept, oder auch akademische Fähigkeitsselbstkonzept, beschreibt die „Gesamtheit der kognitiven Repräsentationen eigener Fähigkeiten" (Stiensmeier-Pelster/Schöne 2008: 63) und kann sich dabei spezifisch auf bestimmte Bereiche oder Fächer beziehen. Dieses fachspezifische Fähigkeitsselbstkonzept, als Teil des akademischen Selbstkonzepts (vgl. ebd.: 64; Aust 2010: 17 nach Shavelson et al. 1976), umfasst „generalisierte fachspezifische Fähigkeitseinschätzungen" (Demircioglu 2008: 70) sowie Einschätzungen bezüglich der Selbstwirksamkeit in diesem Fach (vgl. Helmke et al. 2008: 245). Das akademische Selbstkonzept lässt sich wiederum in das verbale und das mathematische Selbstkonzept unterteilen. Der Bereich der Fremdsprachen ist dabei dem verbalen Selbstkonzept zugeordnet (vgl. Aust 2010: 20).

Die Entwicklung des schulischen bzw. akademischen Selbstkonzepts beginnt mit dem Zeitpunkt der Einschulung (vgl. Demircioglu 2008: 71). Positive – sowie negative – Lern- und Kompetenzerfahrungen, die die Schüler*innen in der Grundschulzeit machen, prägen sie grundlegend für ihre weitere Schulzeit. Die Tatsache, dass das fachspezifische Fähigkeitsselbstkonzept darüber hinaus als einer der wichtigsten Faktoren gilt, wenn es um das Selbstbewusstsein von Schüler*innen geht (vgl. Harter 1987 in: Arens et al. 2013: 443), macht deutlich, dass sich Auswirkungen auf das Fähigkeitsselbstkonzept nicht allein auf den schulischen Kontext beschränken lassen. Die Förderung des allgemeinen Selbstbewusstseins der Schüler*innen und die damit einhergehende Stärkung ihrer Persönlichkeit gehören zu den grundlegenden Aufgaben der schulbildenden Arbeit und stehen in engem Zusammenhang mit dem körperlichen und psychischen Wohlbefinden der Schüler*innen (vgl. Arens et al. 2013: 443, die hier auf Harter: 1999 und Trzesniewski et al.: 2006 verweisen). Dieser Aspekt wird oftmals besonders beim Schulwechsel und zu Beginn der 5. Klasse vernachlässigt.

In der Entwicklung des akademischen Selbstkonzepts beziehen die Schüler*innen Erfahrungen und Erlebnisse, die sie in den verschiedenen Schulfächern mit Blick auf ihre Kompetenzen machen, auf die eigene Person sowie auf das Konzept, das sie bisher von sich selbst und ihren Leistungen entwickelt haben (vgl. Demircioglu 2008: 70). Die akademischen Selbstkonzepte der Lernenden werden erprobt, evaluiert und weiterentwickelt (vgl. Aust 2010: 21). In diesem Prozess werden neue Erfahrungen in ein individuelles Bild von Leistung und Kompetenz in einem Fach integriert und können dieses relativieren oder stärken. Es geht dabei auch um ein Erleben der Selbstwirksamkeit als Teil des Selbstkonzepts (Köhnen 2011: 16). Die Selbstwirksamkeit ist dabei eng mit dem Selbstwertgefühl verbunden. Das Erleben von Selbstwirksamkeit im Fremdsprachenunterricht kann dabei als Kompetenzerleben erfahren werden. Die Schüler*innen handeln kompetent in der Fremdsprache und werden dabei in ihrem Fähigkeitsselbstkonzept gestärkt.

Die Basis für Veränderungen im Fähigkeitsselbstkonzept sind jedoch nicht nur Erfahrungen, die die Kinder im Unterricht machen, z.B. dann, wenn sie Fragen richtig beantworten können oder mit einer Aufgabe gut oder schlecht zurechtkommen, sondern auch Rückmeldungen, die sie von ihren Mitschüler*innen und Lehrer*innen bekommen (vgl. Stiensmeier-Pelster/Schöne: 66). Diese können über direkte oder indirekte Reaktionen, Anerkennung und Lob, oftmals aber auch über Noten erfolgen (vgl. ebd.). Besonders Noten spielen zu Beginn der Sekundarstufe I eine wichtige Rolle, entscheiden sie doch über Lernbereitschaft und Motivation (vgl. Treutlein/Schöler 2013: 121) sowie Erfolg oder Misserfolg an der neuen Schule und somit eventuell über die weitere Schullaufbahn der Schüler*innen. Neben den (vermeintlich) objektiv vergebenen Noten sind es jedoch besonders subjektive Faktoren wie Anerkennung durch Eltern und Lehrer*innen sowie eine den Talenten und Kompetenzen der Schüler*innen, – die also zunächst von den Eltern und Lehrkräften erkannt werden müssen –, angemessene Förderung, die über den Erfolg in der Schule entscheiden (vgl. Treutlein/Zöller/Roos/Schöler 2013: 19). Der Schulerfolg der Lernenden, der sich positiv auf ihr Selbstkonzept auswirkt, ist nicht nur abhängig von „soziokulturellen Variablen", sondern ebenso bedeutsam sind „emotionale und motivatonale Faktoren" (vgl. u.a. Helmke/Weinert, 1997 in: Treutlein/Zöller/Roos/Schöler 2013: 20). Der Wechsel auf die neue Schule kann dabei „Veränderungen in der emotionalen und motivationalen Struktur einer Schülerin bzw. eines Schülers" (Treutlein/Zöller/Roos/Schöler 2013: 20) ergeben. In Ansätzen wird hier bereits der Zusammenhang zwischen Schulwechsel, Erfahrungen und Bewertungen, die das Fähigkeitsselbstkonzept der Lernenden beeinflussen, Leistungen, Schulerfolg und Motivation der Lernenden deutlich. Im Folgenden gilt es, die Auswirkungen des Übergangs auf das Fähigkeitsselbstkonzept der Schüler*innen näher zu beleuchten.

3.2.2 Auswirkungen des Schulwechsels auf das Fähigkeitsselbstkonzept der Lernenden

Für sich betrachtet zieht der Zeitpunkt der frühen Adoleszenz – also die Zeit zu Beginn der Sekundarstufe I – keine grundlegenden Veränderungen des Fähigkeitsselbstkonzepts nach sich (vgl. Demircioglu 2008: 74). Dies sollte jedoch nicht zu der Annahme führen, dass die Einflüsse des Übergangs ohne Auswirkungen auf das Fähigkeitsselbstkonzept der Lernenden bleiben. Der Schulwechsel erfolgt in einer Lebensphase, „die […] für den Aufbau von positiven Lernerfahrungen [besonders wichtig] [ist]" (ebd.: 58). Die Grundschulzeit stellt die Weichen für die Lernmotivation, die Schulfreude und für Kompetenzzuschreibungen, die die Lernenden erfahren und selbst vornehmen. Diese können die Grundlage für Einstellungen zu einzelnen Fächern bilden. Werden in dieser das schulische Selbstkonzept prägenden Phase negative Lernerfahrungen gemacht, werden diese in die weitere Schullaufbahn fortgetragen.

Im Allgemeinen verfügen Schüler*innen in der Grundschule noch über ein positiveres Fähigkeitsselbstkonzept als nach dem Schulwechsel in der weiterführenden Schule. So „glauben die meisten [Kinder vor der Einschulung], dass sie bei allen Tätigkeiten zu den Besten gehören und mit dem nötigen Einsatz alles erreichen können" (Köhnen 2011: 22). Bereits mit dem Zeitpunkt der Schulempfehlung, die in der 4. Klasse ausgesprochen wird, verringert sich das Fähigkeitsselbstkonzept der Lernenden, unabhängig davon, für welche Schule sie eine Empfehlung erhalten. Als Ursache gilt allgemein die Unsicherheit, die Schüler*innen „durch die mit dem Übergang anstehenden Veränderungen" (Treutlein/Schöler 2013: 124) erleben. Die Schüler*innen können nicht genau abschätzen, was von ihnen in der neuen Schule erwartet wird, welche Leistungsansprüche gestellt werden und ob sie diesen genügen können oder mit welchen neuen Mitschülerinnen und Mitschülern sie es zu tun haben werden. Sie wissen nicht, was sie im Hinblick auf Rückmeldungen und Bewertungen erwarten wird.

Darüber hinaus hat der Schulwechsel einen negativen Einfluss auf das Selbstbewusstsein der Schüler*innen. Lernende der 5. Klasse zeigen ein geringeres allgemeines Selbstwertgefühl als Schüler*innen der 4. Klasse (vgl. Arens et al. 2013: 443). Der Zusammenhang zwischen Fähigkeitsselbstkonzept und Selbstbewusstsein ist bereits angeklungen. Und auch wenn der Einfluss des Fähigkeitsselbstkonzepts auf das Selbstbewusstsein nach dem Schulwechsel abnimmt – es wird vermutet, dass sich Schüler*innen der 5. und 6. Klasse weniger stark mit der Schule identifizieren und die schulische und fachliche Leistung demnach weniger Einfluss auf ihre Person nimmt (vgl. Arens et al. 2013: 459 f.) –, lassen die Ergebnisse von Arens et al. eine Verbindung zwischen der Abnahme des Selbstbewusstseins, und somit einer Veränderung des Selbstkonzepts, mit den Erfahrungen beim Schulwechsel zu (vgl. ebd. 2013: 459)[8]. Es kann somit davon ausgegangen werden, dass nicht nur in der 4. Klasse, sondern auch noch zu Beginn der 5. Klasse ein recht starker Zusammenhang zwischen Fähigkeitsselbstkonzept und Selbstbewusstsein besteht und das positive Selbstkonzept der Lernenden aus der

8 Bisherige Forschungsergebnisse aus dem englischsprachigen Raum, die zwar auch einen Einschnitt im Selbstwertgefühl nach dem Schulwechsel, der hier jedoch nach der 6. Klasse erfolgt, feststellten, ließen zunächst vermuten, dass er mit dem Einsetzen der Pubertät in Zusammenhang stehen könnte.

Grundschule „in der weiterführenden Schule ausgebaut [werden sollte]" (Demircioglu 2008: 75).

Der Einfluss des Schulwechsels auf das Selbstkonzept der Schüler*innen ist bisher hauptsächlich in pädagogischen und psychologischen Forschungskontexten betrachtet worden. Dabei konnte die neue Klassenzusammensetzung als einer der Faktoren ausgemacht werden, der das Selbstkonzept der Lernenden nach dem Schulwechsel verändern kann (vgl. Treutlein/Schöler 2013: 124). Schüler*innen, die in der Grundschule zu den Leistungsstärkeren ihrer Klasse gezählt haben, können in der neuen Gruppe Mitschüler*innen begegnen, die besser sind als sie, wodurch ihre eigene Leistung „geschwächt" wird. Andersherum kann ein/e Schüler/in sich auch als leistungsstärker wahrnehmen, wenn die neue Lerngruppe insgesamt weniger stark ist als die der Grundschule. Dieses Phänomen des *Big-Fish-Little-Pond-Effekts* führt dazu, dass das Fähigkeitsselbstkonzept unterschiedlich stark beeinflusst wird, je nachdem in welcher Lerngruppe bzw. Klassengemeinschaft die Beurteilungen und Einschätzungen des eigenen Könnens vor und nach dem Schulwechsel vorgenommen werden. Betrachtet man Lernende mit einem ähnlichen Fähigkeitsselbstkonzept, kann festgestellt werden, dass „[das Kind] [i]n leistungsstarken Klassen [...] zu einem negativeren Fähigkeitsselbstkonzept [gelangt] als in einer leistungsschwachen Klasse" (Treutlein/Schöler 2013: 122). Durch den *Basking-In-Reflected-Glory-Effekt* wiederum wird das Fähigkeitsselbstkonzept meist auf positive Weise beeinflusst. Nehmen Schüler*innen wahr, dass sie in ihrer Lerngruppe im Vergleich zu anderen zu den Leistungsstärkeren zählen, können sie, unabhängig davon, wie gut ihre Leistung tatsächlich ist, von der positiven Reflektion der anderen auf ihre eigene Leistung profitieren und diese positive Erfahrung in ihr eigenes Fähigkeitsselbstkonzept integrieren (vgl. ebd.: 123). Nach dem Übergang „sind die Schüler besonders unsicher bezüglich ihrer eigenen Leistungen beziehungsweise ihrem relativen ‚Rangplatz' innerhalb der neuen Klasse" (Aust 2010: 23). Sie sehen sich eventuell gezwungen, ihr Selbstkonzept anzupassen, und eine Aufrechterhaltung des eigenen fachspezifischen Selbstkonzepts kann mit größeren Lernanstrengungen verbunden sein (vgl. Demircioglu 2008: 59).

Als weiterer Einflussfaktor kann das sich verändernde Bewertungs- und Rückmeldeverhalten der Lehrenden, aber auch der Mitschüler*innen, betrachtet werden. Studien zu den lernpsychologischen Voraussetzungen junger Lernender und ihrer Leistungsentwicklung am Übergang zeigen, dass der Schulwechsel von der Grundschule in die weiterführende Schule mit einem Leistungsabfall, der in schlechteren Schulnoten sichtbar wird, einhergeht. Begründet ist dieser oft durch veränderte „Bewertungsmaßstäbe“ und Ansprüche der Lehrkräfte (Ball et al. 2006: 102). Junge Lernende haben ein recht großes Bedürfnis nach Bestätigung und Lob von außen, das im schulischen Fremdsprachenunterricht meist durch Bewertungen und Rückmeldungen durch die Lehrkraft befriedigt werden will. Oftmals lernen junge Schüler*innen für erwachsene Bezugspersonen wie Lehrer*innen oder Eltern, um ihnen zu zeigen, was sie schon können. Ändert sich mit dem Schulwechsel die Bewertungs- und Feedbackkultur, bleibt die positive Bestätigung durch Erwachsene aus. Bekommen die Schüler*innen vermehrt schlechte Noten[9], kann sich dies negativ auf ihr Selbstkonzept auswirken. Eine Frustration stellt sich auf diese Weise schneller ein, statt dass die noch jungen Lernenden die Rückmeldungen als Ansporn ansehen und sie zum Lernen motiviert werden. Für ein erfolgreiches Weiterlernen in der Sekundarstufe I ist es jedoch wichtig, „den Lernenden selbst zu verdeutlichen, was sie schon können“ (Kolb 2011: 173). Nur wenn sie erkennen, was sie leisten können, und dieses von den Lehrkräften ebenso erkannt wissen, können diese Erfahrungen als positiv markiert werden und sich entsprechend auf das Selbstkonzept der Lernenden auswirken.

Mit der Betrachtung des Fähigkeitsselbstkonzepts ist deutlich geworden, dass die Zeit des frühen Fremdsprachenunterrichts aus entwicklungspsychologischer Sicht eine entscheidende Phase für die Ausbildung und Fortführung einer positiven Einstellung zur Sprache sowie für die Entwicklung einer Lernfreude und -motivation zum Weiterlernen der Fremdsprache darstellt. Darüber hinaus hat ein positives Fähigkeitsselbstkonzept für das Fach Englisch eine unmittelbare Auswirkung auf die Leistungen in diesem Fach, die sogar noch ausgeprägter ist als das reine Lerninteresse (vgl. Helmke et al. 2008: 254 f.). Die Förderung guter Leistungen im Fach Englisch ist demnach unmittelbar auch mit einer Förderung des Fähigkeitsselbstkonzepts der Lernenden verbunden. Sie impliziert nicht nur die Wertschätzung der Leistungen durch die Lehrkraft, sondern auch, dass den Schüler*innen die Möglichkeit

9 In der Studie von Roos/Schöler (2013) werden schlechte Noten von den Lernenden besonders hervorgehoben und auch von den Eltern werden die sich ändernden Leistungsansprüche angesprochen.

gegeben wird, ihre eigenen Kompetenzen zu erkennen und wertzuschätzen. Dafür empfehlen sich sowohl Phasen des individuellen Feedbacks als auch der Einsatz schülerorientierter und ganzheitlicher Methoden, die die Lernenden in ihrer gesamten Persönlichkeit in den Unterricht integrieren. Die Auswirkungen des Übergangs auf das Selbstkonzept und die Persönlichkeit der Lernenden haben eine unmittelbare Relevanz für den Englischunterricht, besonders dann, wenn es als Ziel des Fremdsprachenunterrichts gilt, kompetente, aktive sowie selbstbestimmt handelnde und kommunizierende Fremdsprachenlernende auszubilden. Die bis hierhin eher als allgemein skizzierten Folgen des Schulwechsels für das Selbstkonzept der Lernenden lassen sich auch speziell auf den Englischunterricht beziehen. Diese Auswirkungen werden im Folgenden als Teil der Schwierigkeiten, die sich beim Schulwechsel für den Englischunterricht ergeben, dargestellt.

3.3 Durch den Schulwechsel verursachte Probleme im Englischunterricht

Eines der grundlegenden Probleme beim Schulwechsel ist, dass die Erwartungshaltungen der Lehrer*innen und der Schüler*innen, aber auch die der Lehrer*innen der verschiedenen Schulstufen nicht zusammenpassen. Dieser Aspekt wird an dieser Stelle jedoch nur kurz angesprochen, da er ausführlich im Kapitel 3.7 diskutiert wird. Es sei jedoch bereits erwähnt, dass die Schüler*innen zu Beginn der 5. Klasse oftmals nicht den Vorstellungen der Lehrkräfte von einem angemessenen Fremdsprachenunterricht in der weiterführenden Schule gerecht werden. Die Lehrkräfte bemängeln das Arbeits- und Lernverhalten der Schüler*innen und erachten es als problematisch, dass die Lernenden mit Arbeitsweisen der Sekundarstufe I nicht vertraut sind – so wissen sie beispielsweise nicht, wie ein Vokabelheft zu führen ist oder wie sie Vokabeln für einen Vokabeltest lernen (vgl. Kahl 1998: 50; Kolb 2018: 276; Piepho 2000: 5). Besonders kritisch betrachten die Lehrkräfte die fremdsprachlichen Kompetenzen, die der frühe Fremdsprachenunterricht zu erreichen vermag und bezweifeln dabei sowohl den Effekt als auch seine Nachhaltigkeit[10]

10 Diese Tatsache steht sicherlich auch in Zusammenhang mit dem methodischen Ansatz der Grundschule, der sich nicht mit dem der weiterführenden Schulen deckt.

(Kolb 2011: 170). Darüber hinaus schätzen die Lehrkräfte der weiterführenden Schulen die Kompetenzen der Schüler*innen, besonders im schriftlichen Bereich, als nicht ausreichend ein. Ihrer Meinung nach werden die Bildungsstandards zum Ende der 4. Klasse von den meisten Lernenden nicht erreicht. Dies widerspricht der Einschätzung der Grundschullehrkräfte (vgl. Kolb 2011: 158 f.). Bei den Schüler*innen stellen sich im Laufe der 5. Klasse, oder bereits zu Beginn, oftmals Frustration, Leistungsabfall und Motivationsverlust ein. Darüber hinaus ergeben sich bei vielen Schüler*innen eine vermehrte Schulunlust und eine „Abnahme der Schulfreude“ (Demircioglu 2008: 59).

Die Heterogenität der Lernenden im Hinblick auf ihre Englischleistungen und ihr Vorwissen wird als ein weiteres grundlegendes Problem zu Beginn der 5. Klasse angeführt. Besonders in Englisch scheinen die Schüler*innen stark voneinander abweichende Lernvoraussetzungen mitzubringen (Burwitz-Melzer/Legutke 2004: 2 f.). In den 5. Klassen der weiterführenden Schulen kommen Schüler*innen aus verschiedenen Grundschulen in neuen Klassenkonstellationen zusammen. Gleichermaßen haben es die Schüler*innen mit einem sehr heterogenen Lehrertum zu tun. Auch wenn der Umgang mit Heterogenität im alltäglichen Unterrichtsgeschehen zu den Aufgaben einer jeden Lehrerin bzw. eines jeden Lehrers gehört, kommt den unterschiedlichen Lernvoraussetzungen und Vorwissensständen in der Phase des Übergangs eine besonders gewichtige Rolle zu. Der Englischunterricht zu Beginn der 5. Klasse ist oftmals von einer intensiven Phase des (Neu)Orientierens, Kennenlernens, Aushandelns und (Aus)Sortierens sowohl auf persönlicher als auch auf fachlicher Ebene geprägt. In der Zeit des Schulwechsels werden diese Aspekte Teil der fremdsprachenunterrichtlichen Identität der Schüler*innen. Fragen wie „Was habt ihr im Unterricht der Grundschule gelernt?“, „Was könnt ihr, das die anderen noch nicht können?“, „Habt ihr schon geschrieben, Vokabeln gelernt oder nur gesungen und gemalt?“ werden identitätsbildend und tragen so in großem Maße zum fremdsprachlichen Fähigkeitsselbstkonzept der Schüler*innen bei. Die Tatsache, dass in den meisten Grundschulen ohne Lehrbuch gearbeitet wird bzw. dass unterschiedliche Lehrbücher zum Einsatz kommen, gilt als eine der Ursachen für dieses vermeintliche Problem. Darüber hinaus haben in den letzten Jahren vermehrt fachfremde Lehrer*innen im Englischunterricht der Grundschule unterrichtet (vgl. Burwitz-Melzer/Legutke 2004: 3; Kolb/Mayer 2010: 2 f.; Kolb 2011: 148 f.).

Als ein weiteres Problem bzw. eine weitere Folge des Schulwechsels kann eine Veränderung des Grundschulunterrichts festgestellt werden. Die weiterführenden Schulen stellen Forderungen nach einer besseren Vorbereitung der Schüler*innen auf die Arbeitsweisen der Sekundarstufe durch die Grundschulen. Die Leistungen des Grundschulunterrichts werden in Frage gestellt und deren Lehrer*innen sehen sich regelmäßig mit Kritik der weiterführenden Schulen konfrontiert. Diese Kritik führt mancherorts bereits dazu, dass es in den Grundschulen zu einer „Verlagerung der Schwerpunkte im Unterricht auf den schriftlichen Sprachgebrauch" (Kraft 2005: 153) kommt und beispielsweise auch Vokabeltests geschrieben werden[11]. Gerade diese werden jedoch u.a. explizit im Kerncurriculum[12] der Grundschule erwähnt, wenn es darum geht zu betonen, welche Prüfungsformate ungeeignet sind, um die erworbenen Kompetenzen der Schüler*innen abzubilden – dazu zählen auch Grammatiktests, Diktate und das laute Vorlesen von Texten durch die Schüler*innen (vgl. Niedersächsisches Kultusministerium 2006a: 17). So lange der Einsatz der Schrift im Grundschulunterricht in einem kindgemäßen, ganzheitlichen und handlungsorientierten Setting erfolgt, ist dies sicherlich ein sinnvoller Schritt (vgl. Elsner 2010: 42f.; Frisch 2013). In schriftlichen Lernstandskontrollen jedoch liegt der Fokus sehr schnell allein auf der kognitiven und systematischen Auseinandersetzung mit der Sprache und eine Fokussierung der mündlichen Kompetenzen geht verloren (vgl. auch Diehr/Frisch 2008: 16). Viele Schulen integrieren Arbeitsweisen der weiterführenden Schulen in ihren eigenen Unterricht, obwohl sie sich nicht mit dem Selbstverständnis und den Prinzipien des Englischunterrichts in der Grundschule zusammenführen lassen und nicht den Anforderungen des Grundschulunterrichts entsprechen. Methoden, wie „das Lesen von Geschichten, das Aufschreiben von Wörtern und kurzen Sätzen sowie schriftliche Lernstandskontrollen" (Kolb 2011: 163), die sie in ihrem Unterricht einsetzen, sollen die Schüler*innen mit der Methodik der weiterführenden Schulen bekannt machen. Als Folge beginnt an vielen Schulen eine Veränderung des Grundschulunterrichts.

11 Aus der eigenen Erfahrung: So berichteten Englischlehrerinnen einer Grundschule während einer Fachkonferenz-Sitzung Englisch im Jahr 2014.

12 Diese und folgende Angaben beziehen sich auf die bei Durchführung des Projekts gültigen Versionen der Kerncurricula. Im Jahr 2015 ist ein neues Kerncurriculum für die weiterführenden Schulen und im Jahr 2018 für die Grundschulen erschienen.

Aus diesen Problemen, die für die Schüler*innen nicht ohne Folgen bleiben, ergibt sich für den Englischunterricht die Forderung nach Kontinuität in der unterrichtlichen Gestaltung. Welche Möglichkeiten es für die Herstellung von Kontinuität im Englischunterricht bisher gibt, wird in Kapitel 3.5 angeführt. Bevor die Ursachen für die oben beschriebenen Probleme betrachtet werden, soll im Folgenden kurz eine grundlegende Diskussion um die Begriffe Übergang, Schulwechsel und Kontinuum aufgenommen werden, da diese aufzeigt, welches Verständnis von Englischunterricht für eine Lösung der Übergangsproblematik notwendig ist.

3.4 Die Forderung nach Kontinuität als Folge der Übergangsproblematik

Viele der oben genannten Probleme beim Schulwechsel ergeben sich aus Brüchen bzw. Unterschieden zwischen den Schulformen. Bei der Frage, wie mit diesen Unterschieden umgegangen wird, sind verschiedene Interpretationen des Übergangs möglich. Wird der Übergang als Brücke verstanden, entsteht zwischen den Schulformen eine Kluft, die in der Lösung der Übergangsproblematik zeitweise, aber nicht langfristig überwunden werden kann. Die beiden Schulformen werden dabei in ein Verhältnis gesetzt, das nicht miteinander zu vereinende Unterrichtsformen, Ansätze und Ansprüche impliziert. Der Fokus liegt hierbei immer auf der Lücke und den Unterschieden zwischen den Schulformen (vgl. Legutke 2000: 49). In einem Verständnis des Übergangs, das die Ausbildung von Kontinuitäten fordert, geht es jedoch vielmehr darum, „Übergänge […] nicht zu überbrücken, sondern zu bewältigen“ (vgl. Hoffmann 2007: 257), d.h. sie nicht bestehen zu lassen, sondern mit und an ihnen zu arbeiten. Ziel ist ein „möglichst nahtlose[r] Anschluss des (Fremdsprachen-)Unterrichts“ (ebd.). Dafür bedarf es einer Veränderung des Unterrichts zu Beginn der 5. Klasse, in dem Inhalte und Methoden ebenso wie Kenntnisse und Kompetenzen aufgegriffen und fortgeführt bzw. weiterentwickelt werden. Das Vorwissen der Lernenden gilt hierbei als eine wertvolle Basis, mit der in der weiterführenden Schule gearbeitet wird. Unterschiede und Heterogenitäten werden dabei gewinnbringend genutzt. Die „Didaktik des Übergangs ist **nicht** *bridging the gap* – sie ist ein Blick zurück in die Methodik der Grundschule und ein Blick nach vorn in den Auftrag der weiterführenden Schulen“ (ebd.: 264; Hervorhebungen im Original).

Kontinuität gilt dabei als „entscheidender Gelingensfaktor für den Fremdsprachenunterricht der Primarstufe“ (Kolb 2011: 145), denn nur durch die Fortführung der Kompetenzen, die durch ihn angelegt wurden und der Ziele, die er sich gesteckt hat, erhält er eine volle Daseinsberechtigung (vgl. auch Edelenbos et al. 2006; Engel et al. 2009). Die Anknüpfung im Unterricht zu Beginn der Sekundarstufe entscheidet darüber, ob der Unterricht der Grundschule erfolgreich war oder nicht (vgl. Kahl/Knebler 1996: 109).

Aus demselben Grund „[spielt Kontinuität] [f]ür die Sprachlernkarriere der Schülerinnen und Schüler [...] eine Schlüsselrolle“ (Kolb/Mayer 2010: 2). Kompetenzen, die angebahnt wurden, können nur so weiterentwickelt werden. Darüber hinaus sind die Unterschiede im Englischunterricht der beiden Schulformen nicht in den Entwicklungen oder Bedürfnissen der Schüler*innen begründet – „Kinder in der Grundschule lernen Fremdsprachen nicht grundsätzlich anders als Schüler[Innen] der weiterführenden Schule“ (Doyé 2005: 113 in: Kolb/Mayer 2010: 2) –, sondern resultieren aus den organisatorischen und historischen Bedingungen der jeweiligen Schulform. Da die Entwicklung der Lernenden jedoch im Vordergrund stehen sollte, ergibt sich die Forderung nach einem kontinuierlichen Fremdsprachenlernen über die Schulformen hinweg.

Das Bemühen um Kontinuität bietet den Schüler*innen dabei zunächst in einem fachlichen und methodischen Sinne eine alters- und entwicklungsgemäße Beständigkeit und sichert ihnen damit die Gelegenheit für ein erfolgreiches und motivierendes (Weiter)Lernen. Aber auch in einem umfassenderen Blick auf den frühen Fremdsprachenunterricht und die Übergangsphase, bei dem die individuelle Entwicklung und Förderung der Persönlichkeit und des Selbstkonzepts in all seinen Dimensionen, d.h. nicht nur begrenzt auf das akademische Fähigkeitsselbstkonzept berücksichtigt wird, können Kontinuitäten den Schüler*innen als Orientierungspunkte und Unterstützungsangebot dienen. Kontinuität beim Schulwechsel erhält auf diese Weise eine zusätzliche Bedeutung, die zumeist neben den fachlichen Aspekten vergessen wird.

Die Voraussetzungen für einen kontinuierlichen Fremdsprachenunterricht und einen „,sanfte[n] Übergang“ (Wagner 2009: 327) sind durch die allgemeinen Grundprinzipien und Ziele eines modernen Englischunterrichts gegeben, gelten sie doch gleichermaßen für beide Schulformen – auch der Fremdsprachenunterricht der weiterführenden Schulen soll ganzheitlich, handlungsorientiert und kommunikativ sein –, und lassen sich gemäß der Ziele und Ansprüche des jeweiligen Unterrichts sowie entsprechend den Bedürfnissen der Schüler*innen umsetzen. Die Praxis zeigt jedoch ein gegenteiliges Bild (vgl. ebd.). Das Potenzial zur Herstellung von Kontinuitäten im Englischunterricht der Primar- und Sekundarstufe ist also gegeben, jedoch wird dieses im Unterrichtsalltag oft nur von engagierten Lehrer*innen genutzt (vgl. Schmid-Schönbein 2008: 123; Brunsmeier 2018: 101). Im Folgenden wird es darum gehen, herauszustellen, welche Ursachen für die Übergangsproblematik und somit für die fehlende Kontinuität im Englischunterricht zu finden sind. Dabei geht es also auch darum, Ansatzpunkte für ein mögliches Konzept zur Ausbildung von Kontinuitäten zu finden.

3.5 Gründe für fehlende Kontinuität im Englischunterricht

Als Grundlage für die Darstellung der Unterschiede in der methodisch-didaktischen und inhaltlichen Gestaltung des Englischunterrichts in der Primar- und Sekundarstufe, werden im Folgenden zunächst einige allgemeine Aspekte des Anfangsunterrichts[13] Englisch dargestellt. Es geht dabei nicht darum, einen kompletten Überblick über die Situation des Englischunterrichts der 4. und 5. Klasse zu geben, sondern darum, eine weitere Basis für eine Begründung der Übergangsproblematik zu legen. Aus diesem Grund werden insbesondere die groben Inhalte, Unterrichtsprinzipien und Lernziele und damit einhergehend die Schwerpunktsetzung in den zu fördernden Kompetenzen in der jeweiligen Klassenstufe kurz dargestellt. Anhand dieser Ausführungen lassen sich nicht nur Unterschiede verdeutlichen, sondern auch Möglichkeiten zur Bewältigung der Übergangsproblematik durch das Ausbilden von Kontinuitäten ableiten.

13 Mit den Begriffen Anfangsunterricht und früher Fremdsprachenunterricht sind in dieser Arbeit sowohl der Unterricht der Grundschule, insbesondere der 4. Klasse, als auch der Unterricht zu Beginn der Sekundarstufe I gemeint, auch wenn die 5. Klasse nicht mehr den Beginn des Englischunterrichts für die Lernenden kennzeichnet.

3.5.1 Der Englischunterricht in der Grundschule – das Primat der Mündlichkeit

Im Allgemeinen orientiert sich der früh beginnende Englischunterricht der 3. und 4. Klasse[14] an den Arbeitsweisen und Prinzipien der Grundschuldidaktik und -pädagogik (vgl. Roos 2007: 41; Thee 2006: 11). Als leitende Grundsätze gelten dabei die Ganzheitlichkeit und Handlungsorientierung sowie die Themen-, Situations-, Erlebnis- und Spielorientierung des Unterrichts (vgl. Pfitzer 2006: 127). In der Grundschule wird demnach ganzheitlich und vielfältig mit allen Sinnen gelernt (vgl. Bruse 2008: 171). Im Sinne der Schüler*innenorientierung und der Pädagogik vom Kinde aus gilt es, die „Grundbedürfnisse der Kinder" (Gesing 1997: 226) im Blick zu behalten und zum Ausgangspunkt für die unterrichtliche Planung zu machen. Im früh beginnenden Fremdsprachenunterricht gilt es, diese Ansprüche an die pädagogische Ausrichtung des Unterrichts mit den fachdidaktischen Ansprüchen und Prinzipien des Englischunterrichts zu verbinden.

Mit der Einführung der Fremdsprache in der Grundschule ergaben sich nicht nur für den Fremdsprachenunterricht der weiterführenden Schule Veränderungen – die Schüler*innen kommen nun mit fremdsprachenunterrichtlichen Vorerfahrungen, Vorwissen und fremdsprachlichen Kompetenzen an die Schule –, es mussten sich auch neue fremdsprachendidaktische Unterrichtskonzepte für den Frühbeginn entwickeln. Der Fremdsprachenunterricht der Grundschule sollte „keine ‚bloße Vorverlegung' des fremdsprachlichen Lehrgangs der Sekundarstufe I darstellen" (Roos 2007: 40), sondern in einem „kindgemäßen" (ebd.) Ansatz in einer der Entwicklung und des Alters der Lernenden angemessen Art und Weise gestaltet werden. Für den Grundschulunterricht in Deutschland entwickelten sich drei Ansätze: die „Begegnung mit Sprachen", die „Immersion" und das Konzept des „Frühbeginn[s]" (Klippel 2000: 11).

Beim *Begegnungskonzept* steht der Aspekt des Kennenlernens fremder Sprachen im Vordergrund. Nach Schmid-Schönbein (2001) soll es sich dabei um eine „unverbindliche Begegnung mit Fremdsprachen" (ebd.: 19) handeln, ohne dass eine „Weiterführung in der Sekundarstufe I [unbedingt]

14 Da in der Studie mit einer 4. Klasse gearbeitet wurde, die in der 3. Klasse mit dem Englischunterricht begonnen hat, beschränken sich die Ausführungen auf diese Variante des Frühbeginns.

vorgesehen“ (ebd.) ist. Die Begegnung ist dabei nicht auf eine Fremdsprache beschränkt. Vielmehr soll den Schüler*innen die Vielfältigkeit der Sprachen verdeutlicht werden, um „das Interesse der Kinder für Sprachen ganz allgemein“ (ebd.) zu wecken. Es gibt bei diesem Konzept keine extra für den Fremdsprachenunterricht vorgesehenen Stunden im Stundenplan und auch keine vorformulierten und zu erreichenden Lernziele. In unterschiedlichen und vielfältigen Situationen des Schullebens soll von der fremden Sprache Gebrauch gemacht werden, um so den Schüler*innen eine umfangreiche Beschäftigung mit der Sprache zu ermöglichen (vgl. Roos 2007: 33).

Das Konzept der *Immersion* setzt Schmid-Schönbein (2001) mit dem „bilingualer[n] Unterricht in der Grundschule“ (ebd.: 19) gleich. Es findet eine Verbindung von Fremdsprachen- und Fachunterricht statt, in der die Fremdsprache zur Unterrichtssprache wird. Diese Verbindung garantiert, dass die Schüler*innen mit einem größtmöglichen Maß an Fremdsprache in Berührung kommen (vgl. Roos 2007: 35; Schmid-Schönbein 2001: 20 f.) und wird heute an vielen Schulen durch Ansätze des *Content and Language Integrated Learning* (CLIL) umgesetzt[15].

Mit dem Begriff *Frühbeginn*, der in den meisten Fällen zur Beschreibung des Anfangsunterrichts in der Grundschule herangezogen wird, wird zunächst allgemein ein Ansatz bezeichnet, in dem „Spielen und Lernen“ (Schmid-Schönbein 2001: 21) miteinander verbunden werden. Es erfolgt ein ergebnisorientierter und systematischer Englischunterricht, für den Lernziele und Kompetenzniveaus definiert werden, der jedoch gleichermaßen auf die Arbeitsweisen der Grundschule und die Bedürfnisse der Schüler*innen abgestimmt wird und somit möglichst ohne Leistungsdruck auskommt (vgl. Hellwig 1992 in Klippel 2000: 13 sowie Klippel 2000: 13; Schmid-Schönbein 2001: 21). Die Lernziele und Kompetenzen, die von den Schüler*innen bis zum Ende der 4. Klasse erreicht werden sollen, wurden vom Niedersächsischen Kultusministerium im Kerncurriculum für die Grundschulen in Niedersachsen festgehalten. Dass diese für den Kontext des Schulwechsels jedoch nicht ausreichend definiert sind, und welche Rolle die Kompetenzorientierung allgemein im Unterricht der Grundschule spielt, wird in Kapitel 4.3 herausgearbeitet.

15 In Göttingen z. B. an der Leinebergschule oder an der Wilhelm-Busch-Schule.

Als übergeordnetes Lernziel für den früh beginnenden Englischunterricht in der Grundschule wird im Kerncurriculum[16] die „sprachliche und interkulturelle Handlungsfähigkeit" definiert (Niedersächsisches Kultusministerium 2006a: 9). Es handelt sich dabei um eine „elementare mündliche Kommunikationsfähigkeit" (Mindt/Schlüter 2003: 18 in Thee 2006: 30), die die Schüler*innen dazu befähigt, „die fremde Sprache in kommunikativen Situationen auf elementarem Niveau an[zu]wenden" (Thee 2006: 30) (vgl. auch Klippel 2000: 22). Gisela Schmid-Schönlein geht noch einen Schritt zurück und formuliert zunächst die positive Einstellung zur Fremdsprache als eines der Hauptziele des Englischunterrichts in der Grundschule. Die Schüler*innen sollen zunächst für die Fremdsprache sensibilisiert werden. Darüber hinaus sollen sie die neue Sprache mit positiven Emotionen und Erfahrungen verbinden sowie eine persönliche Relevanz herstellen, um sie so für den weiteren Lernweg zu motivieren und sie mit einem gesunden Maß an Selbstvertrauen und Vertrauen in die eigenen fremdsprachlichen Kompetenzen auszustatten (vgl. Schmid-Schönbein 2008: 37 ff.). Im Englischunterricht der Grundschule sollen die Schüler*innen für den weiteren Erwerb der Fremdsprache sensibilisiert und motiviert werden (vgl. Drese 2008: 14). Die Motivation der Schüler*innen zum Lernen der Fremdsprache kann als grundlegende Voraussetzung für die Entwicklung der kommunikativen Kompetenz, wie sie im Kerncurriculum gefordert wird, angesehen werden. Methoden, die die kommunikative Kompetenz fördern, sollten somit für die Lernenden motivierend und gleichzeitig bestärkend sein, damit sie die Bereitschaft der jungen Lernenden zum Eingehen von sprachlichen und kommunikativen Risiken fördern.

Kommunikation in der Fremdsprache bedeutet jedoch nicht allein, sie sprechen zu können. Alle Kompetenzbereiche des Fremdsprachenunterrichts, Lesen, Schreiben, Hör- und Hör-/Sehverstehen, Sprechen und Sprachmittlung müssen gleichermaßen gefördert werden (vgl. Doff/Klippel 2007: 72; Niedersächsisches Kultusministerium 2006: 15). Hinzu kommen die Bereiche des interkulturellen Lernens sowie der Grammatik und des Wortschatzes. Dem Primat des Mündlichen folgend, liegt der Fokus im frühen

16 Im Folgenden ist mit dem Kerncurriculum das Kerncurriculum für die Grundschule Schuljahrgänge 3–4 Englisch gemeint.

Fremdsprachenunterricht vor allem auf der Förderung von fremdsprachlichen Kompetenzen im Bereich des Hör- und Hör-/Sehverstehens sowie in der verbalen (Re)Produktion, jedoch weniger im Bereich der Schriftsprache oder der Grammatik (vgl. Börner 2008: 290; Mayer 2006: 221). Das Primat des Mündlichen stellt die mündliche Kommunikation in den Mittelpunkt des früh beginnenden Englischunterrichts (vgl. Hardt 2005: 177). Damit geht eine Konzentration auf das gesprochene Englisch und eine höhere Gewichtung der Kompetenzen *Sprechen* und *Hörverstehen* im Unterricht einher (vgl. Thee 2006: 11; Klippel 2000: 77). Oft spricht jedoch die Lehrerin oder der Lehrer und die Schüler*innen hören zu. Den Vorgaben des Kultusministeriums entsprechend, werden aber auch von den Schüler*innen mündliche Leistungen erwartet. Sie sollen in der Lage sein, jemanden zu begrüßen, sich zu verabschieden, sich vorzustellen, sich zu entschuldigen, nach dem Befinden zu fragen, jemanden zu beglückwünschen, jemanden anzusprechen/aufzufordern, etwas zu tun, etwas vorzuschlagen, zuzustimmen, abzulehnen, Vorlieben und Abneigungen auszudrücken, Wünsche vorzutragen sowie Verwunderung und Bedauern auszudrücken (vgl. Haß 2006: 97). Wünschenswert wären zudem Kompetenzen im Bereich des freien und kreativen Sprechens, die die Schüler*innen dazu befähigen würden, das äußern zu können, was sie wirklich mitteilen wollen (vgl. Klippel 2000: 23). Auch wenn die Schriftsprache eine untergeordnete Rolle spielt, bedeutet dies nicht, dass sie komplett aus der Unterrichtsgestaltung ausgeschlossen wird. Auf unterstützende und auf lebensnahe Weise, d.h. im Sinne alltäglicher Begegnung mit Schriftsprache, findet sie im Unterricht beim Einsatz von Bildkarten, auf Postern, in kleinen Dialogen, die von den Schüler*innen gelesen werden können, beim *storytelling* oder auch beim Abschreiben Einzug in den Unterricht. So werden die Lese- und Schreibfertigkeiten als Elemente der kommunikativen Kompetenz angebahnt, ohne sie zum Schwerpunkt des Unterrichts zu machen (vgl. Kolb/Mayer 2010: 3, die auf Edelenbos et al. 2006: 80 und Rymarczyk 2008 verweisen).

Die im Englischunterricht der Grundschule eingesetzten Methoden führen die Kinder spielerisch an die Fremdsprache heran, d.h., sie gebrauchen sie in Spielen, Liedern, Reimen oder Dialogen. Sie verstehen die Fremdsprache, wenn ihnen eine Geschichte erzählt wird oder sie in Bewegungsspielen Anweisungen ausführen. Der aktive und spontane Gebrauch der Fremdsprache, der oftmals von den weiterführenden Schulen als unzureichend gefördert bemängelt wird, wird über Dialoge und Szenen, die ein integraler Bestandteil des Grundschulunterrichts sind, langsam angebahnt. Mit diesem spielerischen Zugang zur Fremdsprache wird dem Alter der Lernenden, besonders im Anfangsunterricht, Rechnung getragen. Die Schüler*innen der Grundschule sind in einem Alter, in dem das Spielen, sei es mit Freunden, allein, angeleitet oder frei, eine bedeutende Rolle und im Unterricht eine Funktionals bekanntes Muster einnimmt. Zu den Methoden, die im Unterricht zum Einsatz kommen können, zählen u.a. Lernspiele (Brettspiele, Vokabelspiele etc.), Formen des darstellenden Spiels (Handpuppen, Dialoge, Sketche), *Total-Physical-Response*-Übungen sowie rhythmisch-musikalische Übungen (vgl. Rück 2004: 33f.). In der daraus resultierenden „Verbindung von verbalem und körpersprachlichem Ausdruck" (ebd.: 34) liegt ein Potenzial, das sich positiv auf den Spracherwerb und den zu stillenden Bewegungsdrang der Schüler*innen auswirken kann (vgl. ebd.; vgl. Bruse 2008: 171f; Klippel 2000: 133). Gleichzeitig wird der Unterricht lebhaft und abwechslungsreich gestaltet. Klippel (2000) betont die Bedeutung von mündlichen Spielen im Unterricht, da dabei die für den Englischunterricht in der Grundschule wichtigen Kompetenzen Hören und Sprechen geschult werden (vgl. ebd.: 132).

Methodisch liegt der Schwerpunkt des Anfangsunterrichts demnach auf dem Hören von Geschichten, Dialogen, Liedern und Reimen, auf dem (Nach)Sprechen von Dialogen und Spielen von Rollenspielen sowie dem Singen von Liedern und manchmal sogar Aufführen von „mini plays" (vgl. Müller-Hartmann/Schocker-von Ditfurth 2004: 168). Auf diese Weise werden „sprachliche Inhalte mit kreativen und/oder rhythmischen Elementen verbunden" (Pfitzer 2006: 195) und sprachliche Aspekte wie die Aussprache und die Intonation spielerisch geschult (vgl. ebd.: 246). Durch diesen kreativen Umgang mit der Fremdsprache wird die Kommunikations- und Handlungsfähigkeit in der Fremdsprache trainiert, die nicht allein durch „das gern geübte Vor- und Nachsprechenlassen mit anschließendem – wie immer spielerisch gemeintem – Einüben" (Rück 2004: 161) erreicht werden kann.

Auch bereits im frühen Englischunterricht sollte darauf geachtet werden, dass die Schüler*innen die Möglichkeit erhalten, sich kreativ in den Unterricht, in die Gestaltung bzw. die Ausführung von Übungen und somit in die Sprachproduktion einzubringen (vgl. Hardt 2005: 183). Die Schüler*innen üben auf diese Weise eine selbstbestimmte, spontane Kommunikation, die dem Alltagshandeln ähnlich ist. Sie trainieren ihr sprachliches Ausdrucksvermögen, bringen eigene Gedanken und Gefühle zum Ausdruck und handeln problemorientiert (vgl. Elis 2017: 179). In einem offenen, lerner*innenzentrierten Unterricht erhalten sie die Möglichkeit, miteinander zu kommunizieren und so die Sprache voneinander und miteinander zu lernen (vgl. Hardt 2005: 183). Durch eine abwechslungsreiche und vielseitige Gestaltung des Unterrichts haben darüber hinaus nicht nur die Schüler*innen Spaß am Lernen, sondern auch die Lehrkräfte am Unterrichten (vgl. Klippel 2000: 21). Je individueller und abwechslungsreicher der Unterricht, umso motivierter sind die Schüler*innen, die Sprache zu lernen und sie aktiv zu gebrauchen (vgl. ebd.: 45).

Inhaltlich orientiert sich der Englischunterricht an der Lebenswelt der Schüler*innen. Es werden Themen behandelt, die ihnen aus ihrem Alltag bekannt sind oder zu denen sie leicht eine Verbindung herstellen können. Es werden Situationen wie z.B. ein Zoobesuch, einkaufen, in den Urlaub fahren, ein Picknick vorbereiten, an den Strand fahren, Geburtstag feiern sowie das Feiern von Festen wie Ostern und Weihnachten (vgl. Hollbrügge/Kraaz 2004: 8f.) aufgegriffen und in den Unterricht integriert. Im Kerncurriculum heißt es zur inhaltlichen Gestaltung des Unterrichts lediglich, dass sich Inhalte und die damit verbundenen sprachlichen Strukturen „auf die eigene Person und die unmittelbare Lebenswelt beziehen" (Niedersächsisches Kultusministerium 2006: 19) sollen. So heißt es z.B. für den Bereich des Wortschatzes, dass „[die Schülerinnen und Schüler] [a]m Ende des vierten Schuljahrgangs [...] über einen elementaren Vorrat an einzelnen Wörtern und Redemitteln in den Themenbereichen Freunde und Familie, Essen und Trinken, Einkaufen, Schule, nähere Umgebung und Hobbys (A1) [verfügen]" (ebd.: 15). Die konkrete inhaltliche Planung wird an die Schulen bzw. die Fachkonferenz übergeben, deren „konkrete Auswahl der zu vermittelnden Lexik [...] sich aus den individuellen Bedürfnissen und Interessen [der Lernenden] [ergibt] (vgl. ebd.: 11).

Im Fremdsprachenunterricht der Grundschule kommen vornehmlich spielerische und visuelle Zugangsformen, handlungsorientierte und oft auch dramapädagogische Methoden zum Einsatz. Die Schüler*innen singen, malen, basteln und spielen auch im Fremdsprachenunterricht, um auf diese Weise über verschiedene Sinneskanäle und ganzheitlich Zugang zur Fremdsprache zu bekommen, sie in vielfältigen Kontexten zu erleben und aktiv handelnd mit ihr umzugehen. Wie sich dieser Zugang zur Fremdsprache vom Unterricht in der Sekundarstufe I unterscheidet, ist Inhalt des nächsten Unterkapitels.[17]

3.5.2 Der Englischunterricht in der Sekundarstufe I – das Primat der Schriftlichkeit

Auch wenn das übergeordnete Ziel der Förderung einer fremdsprachlichen interkulturellen Kommunikations- und Handlungskompetenz für den Englischunterricht der Sekundarstufe I bestehen bleibt und beispielsweise Konzepte der Ganzheitlichkeit und Handlungsorientierung, je nach Unterrichtsstil und Lehrüberzeugung der Lehrkräfte, auch in der Unterrichtspraxis der weiterführenden Schule ihre Gültigkeit behalten, sind sie in der Grundschule viel tiefer in den pädagogischen und methodisch-didaktischen Grundsätzen der Schulform verhaftet. Der Englischunterricht der 5. Klasse erfolgt meist nach anderen unterrichtlichen Prinzipien als in der Grundschule und es lassen sich demnach Unterschiede in der methodisch-didaktischen Gestaltung feststellen (vgl. Börner 2000: 99).

Einige dieser Unterschiede sind sicherlich auf das Selbstverständnis des Faches zurückzuführen. Mit Beginn der Sekundarstufe I zählt das Fach Englisch zu den Hauptfächern und gewinnt somit an Bedeutung: zum einen im Stundenplan der Schüler*innen durch die erhöhte Stundenanzahl, zum anderen aber auch mit Blick auf das Gewicht der Noten. Damit einhergehend steigen auch die Ansprüche und die Erwartungen, die das Fach an die Schüler*innen stellt. So müssen die Schüler*innen z.B. zunehmend auch Hausaufgaben im Fach Englisch erledigen (vgl. Kieweg 2004: 35) und dies hauptsächlich schriftlich (vgl. Burwitz-Melzer/Legutke 2004: 3). Im Allgemeinen werden ihre Leistungen öfter und in stärkerem Maße überprüft und bewertet. Auch dies geschieht hauptsächlich im schriftlichen Bereich

17 An späterer Stelle kann diskutiert werden, inwieweit der Unterricht in der Sekundarstufe I zum Weiterlernen der Fremdsprache motiviert bzw. wie erfolgreich der Unterricht der Grundschule die Schüler*innen für den weiteren Erwerb der Fremdsprache motiviert hat und wie gut die Schüler*innen an die Fremdsprache herangeführt wurden. Mit Absicht wird hier nicht von einer „Vorbereitung" gesprochen, denn es ist nicht die alleinige Aufgabe der Grundschule, die Schüler*innen auf den Unterricht der Sekundarstufe I vorzubereiten. Diese Annahme impliziert eine starke Reduzierung dessen, was die Grundschule leisten kann.

– mündliche Überprüfungsformate sind in der 5. Klasse noch nicht weit verbreitet[18] (vgl. ebd.).

Der vielleicht bedeutendste Unterschied zwischen dem Englischunterricht der Sekundarstufe I und dem der Grundschule ist die „unterschiedliche Gewichtung der Fertigkeiten und der meist abrupt vollzogene Schwerpunktwechsel von auditiven zu schriftlichen Fertigkeitsbereichen“ (Burwitz-Melzer/Legutke 2004: 3), durch welchen sich ebenfalls eine Verschiebung in den Lernzielen des Unterrichts ergibt. Es sollen vermehrt die schriftbasierten Kompetenzen gefördert werden. Diese Schwerpunktverschiebung bedingt, dass im Englischunterricht der weiterführenden Schule andere Methoden zum Einsatz kommen als in der Grundschule.

Annika Kolb hat diese Unterschiede in der methodisch-didaktischen Gestaltung in einer Studie im Jahr 2011 detailliert erhoben. Im Vergleich wird in den weiterführenden Schulen weniger mit Liedern, Reimen, Spielen, Bilderbüchern und Geschichten gearbeitet und es wird auch deutlich weniger gebastelt und gemalt als noch in der Grundschule. Interessant ist auch der Unterschied, der sich in den Punkten „Hörtexte“, „interaktives Sprechen“ und „freies Sprechen“ zeigt. Auch hier geben die Lehrkräfte der weiterführenden Schulen an, dass sie diese Arbeitsformen weniger häufig einsetzen als ihre Grundschulkolleg*innen. Auch wenn die Unterschiede nicht so groß sind wie bei anderen Punkten, sind auch diese Ergebnisse signifikant. Eine größere Methodenvielfalt lässt sich somit für den Englischunterricht der Grundschule ausmachen. Allein die Vokabelarbeit und das Erklären grammatikalischer Strukturen finden in den weiterführenden Schulen häufiger statt als in der Grundschule (vgl. Kolb 2011: 150). Diese Tatsache überrascht nicht und bestätigt die o.g. Verschiebung in der Schwerpunktsetzung des Unterrichts. Für den Aspekt des freien Schreibens konnte kein signifikanter Unterschied festgestellt werden (vgl. ebd.). Dies könnte daran liegen, dass das (orthografisch korrekte) freie Schreiben auch in der Sekundarstufe den Schüler*innen häufig noch nicht zugetraut wird und die Schreibkompetenz zunächst über strukturierte und angeleitete Schreibaufgaben trainiert werden soll. Außerdem werden Formen des kreativen Schreibens bei jüngeren Schüler*innen

18 Henseler und Obst (2015) machen einen Vorschlag für eine mündliche Prüfung zu Beginn von Klasse 5, um damit die erste Klassenarbeit zu ersetzen.

allgemein weniger eingesetzt. Darüber hinaus assoziiert der Begriff des kreativen oder freien Schreibens in den meisten Fällen bei Lehrkräften Vorstellungen von selbstständig produzierten, längeren und komplexen Geschichten bzw. zusammenhängenden Texten, die weder von den Lernenden der 4. noch der 5. Klasse bewerkstelligt werden können. Den Schüler*innen der 5. und 6. Klasse wird jedoch vermehrt die Fähigkeit abverlangt – oder zugesprochen – sowohl im schriftlichen als auch im mündlichen Bereich, kreativ und produktiv mit der Fremdsprache umzugehen. Von den Schüler*innen wird ein höheres Maß an Spontaneität, Kreativität und Produktivität erwartet, wenn es um den selbstständigen Einsatz der Fremdsprache geht. Der überwiegend an einem Lehrbuch orientierte Unterricht wird durch „ein verstärktes Angebot an mündlichen Aufgaben" (Haß 2006: 97) ergänzt, um die individuelle Sprechzeit der einzelnen Lernenden zu erhöhen. In Partner- und Gruppenarbeiten werden Gespräche geführt und Dialoge eingeübt. Die Schüler*innen in der Sekundarstufe I sollen in der Lage sein, „ihre Meinungen zu Sachthemen zu äußern, die bereits in der Grundschule angesprochen wurden, jetzt aber vertieft, kognitiv und interaktiv aufbereitet werden" (ebd.).

Mit Beginn der Sekundarstufe I ändert sich auch die Rolle des Lehrwerks. Für den Grundschulunterricht gibt es, wie bereits erwähnt, zum einen kein einheitliches Lehrbuch. Zum anderen unterscheiden sich die zur Verfügung stehenden Lehrwerke stark von denen, die zu Beginn, meist schon ab der ersten Stunde, der 5. Klasse eingesetzt werden. Die Lehrbücher der 5. Klasse sind umfangreicher, enthalten mehr Text und Aufgaben als viele Werke, die für den Grundschulunterricht konzipiert sind.[19] In der Sekundarstufe I ist das Lehrwerk oftmals zentrales Element der Unterrichtsgestaltung und bestimmt, was in welchem Umfang im Unterricht durchgenommen wird (vgl. Mayer 2006: 222; Wagner 2009: 19). Das Lehrbuch folgt dabei einer grammatischen Progression, die mit einer stärkeren und bewussten Fokussierung sprachlicher Strukturen und Regeln, die in der Grundschule wenn, dann nur unbewusst geschult und genutzt wurden, einhergeht (vgl. Behr

19 Es findet in diesem Bereich jedoch bereits eine Annäherung statt, d.h. dass sich insbesondere die *Pick-Up* Units in den Lehrwerken der 5. Klassen an der Gestaltung und an Aufgabenformaten der im Grundschulunterricht eingesetzten Lehrwerke orientieren.

2005: 20; Drese 2004: 23)[20]. Die Stundenplanung orientiert sich demnach, anders als in der Grundschule, weniger an Kommunikationssituationen (vgl. Behr 2005: 21). Auch wenn die sprachlichen Strukturen in Themen eingebettet werden, mit denen sich die Schüler*innen identifizieren können, steht das Thema nicht im Mittelpunkt der unterrichtlichen (Aus)Handlungen. Das ist anders als z.B. im Konzept des CLIL oder in der inhaltlichen Progression des Englischunterrichts in der Grundschule – hier wird von einer spiralförmigen Aneignung der Sprache ausgegangen, bei der Themen aus der Lebenswelt der Schüler*innen aufgegriffen, wiederholt und vertieft werden (vgl. Burwitz-Melzer/Legutke 2004: 3). Der Fokus liegt auf der Erarbeitung eines neuen grammatischen Phänomens oder eines neuen Wortfelds. Daraus resultierend erfolgt der Spracherwerb durch „Bewusstmachung und die Fokussierung auf Regelwissen [...] durch Sprachreflexion“ (ebd.). Dieser Wandel in der Schwerpunktsetzung und der stärkeren Fokussierung auf eine Bewusstmachung von Regeln sowie der kognitiven Auseinandersetzung mit sprachlichen Strukturen wird beispielsweise auch in dem in der Sekundarstufe I üblichen Einsatz von *workbooks* deutlich, die als Zusatzmaterial die Lehrbücher begleiten und in denen es hauptsächlich um die Förderung der Schreibkompetenz und der Grammatik geht.[21]

In der inhaltlichen Gestaltung des Unterrichts findet die Lebenswelt der Lernenden auch im Unterricht der 5. Klasse Einzug (vgl. Freie und Hansestadt Hamburg 2007: 6, 10). Es zeigt sich, dass die Themen denen der Grundschule zunächst sehr ähnlich sind und diese wiederholt bzw. aufgegriffen werden. Die im Unterricht zu behandelnden Bereiche umfassen „Zahlen, Alphabet, Farben, Familie, Zimmer, Schule, Hobbys, Haustiere, Wochentage, Monatsnamen, Tagesablauf, Schulweg, Stadt, Ausflüge etc.“ sowie „Themen

20 Ziel des Unterrichts ist es dennoch, die Grammatik in Anwendung zu lehren und lernen, um auf diese Weise den Sprachlernprozess und die Sprachproduktion zu erleichtern. In diesem Zusammenhang ist es entscheidend, dass Grammatik und Wortschatz in Klassenarbeiten nicht mehr einzeln abgefragt werden dürfen (Niedersächsisches Kultusministerium 2006b: 26) und sich ihre Funktion im Fremdsprachenunterricht demnach verändert.

21 So gibt es zwar auch zu den Lehrwerken des Grundschulunterrichts *writing* und *activity books*, jedoch sind in dem *writing book* zum Lehrwerk Ginger 2 hauptsächlich einzelne Wörter, zum Ende des Heftes vereinzelt auch kürzere Sätze, zu schreiben. Hinzu kommt, dass die Wörter oder kurzen Sätze zumeist als Teil der Aufgabe vorgegeben sind und so von den Schüler*innen abgeschrieben werden können. Das *activity book* verbindet Schreibaufgaben mit anderen Aktivitäten wie Malen und Basteln.

des Alltags [wie] Schulereignisse, Einkaufen, Geburtstage, Einladungen, Ausflüge“[22]. Inhalte der Grundschule werden wiederholt (Farben, Zahlen, Telefonnummern, über sich selbst sprechen, andere vorstellen, Schulsachen, Wochentage), ergänzt und erweitert. Der thematische Bezug zur Lebenswelt der Schüler*innen bleibt relevant. Der mit den Themen verbundene Wortschatz und neu zu erlernende grammatikalische Strukturen werden in diese Themen eingebettet, dabei kann sicherlich nicht ausgeschlossen werden, dass sich die ausgewählten Themen teilweise auch an den einzuführenden grammatikalischen Phänomenen orientieren.

Die Ursachen für die Übergangsproblematik sind demnach weniger in den behandelten Themen und Inhalten zu suchen. Diese unterscheiden sich in der 5. Klasse kaum von denen der Grundschule. Im Sinne einer inhaltlichen Kontinuität werden Inhalte bewusst wieder aufgegriffen und fortgeführt. Als Ursache für eine fehlende Kontinuität im frühen Fremdsprachenunterricht müssen vielmehr die Schwierigkeiten in der methodischen Schwerpunktsetzung sowie in der Progression (inhaltliche vs. grammatische) gelten.

Hier zeigt sich, dass sich der Englischunterricht in der Grundschule vom Englischunterricht in der weiterführenden Schule weniger im Hinblick auf die inhaltliche Schwerpunktsetzung, sondern vielmehr in der Zielsetzung bei der Förderung fremdsprachlicher Kompetenzen unterscheidet sowie in der Bedeutung, die der Förderung bestimmter Kompetenzen zugeschrieben wird. Neue Aspekte des Unterrichts in der Sekundarstufe I sind die zunehmende Bedeutung der schriftlichen Sprachproduktion, die steigenden Erwartungen an die mündliche Sprachproduktion mit Rückgang der langen Sprachrezeptionsphasen, der größer werdende Stoffumfang und eine daraus resultierende Steigerung des Lernpensums sowie der Einsatz einer größeren Variabilität an Textsorten (vgl. Kieweg 2004: 41). In der Sekundarstufe I geht es vermehrt darum, die Sprache systematisch zu lernen, Regeln zu kennen und die Sprache entsprechend in kommunikativen Situationen anwenden zu können. Kompetenzen, die in der Grundschule noch nicht von grundlegender Bedeutung waren, rücken immer mehr in den Fokus und bestimmen Unterrichtsgestaltung, Methodenwahl und Testformate (vgl. Mayer 2006: 219 ff.). Es lassen sich demnach auch noch Jahre nach der Einführung des frühen

22 Fachinformation Englisch der weiterführenden Projektschule.

Fremdsprachenunterrichts „Passungsprobleme“ zwischen den Schulformen besonders im Hinblick auf die Schwerpunktsetzung und die methodisch-didaktische Gestaltung feststellen (vgl. Kolb 2011: 169).

3.6 Die Auslegung des Kompetenzbegriffs als Ursache für die Übergangsproblematik

Im Zusammenhang mit der sich verändernden Schwerpunktsetzung in den geförderten Kompetenzen steht die Auslegung des verwendeten Kompetenzbegriffs. Dem Kompetenzverständnis dieser Arbeit wird der Weinert'sche Kompetenzbegriff (Weinert 2001: 27f.) zu Grunde gelegt. Dieser umfasst neben Kenntnissen, Fertigkeiten und Strategien ebenso die individuellen Haltungen, Einstellungen der Schüler*innen sowie ihre Motivation und ihre Emotionen. Die Auslegung dieses Begriffs hat bisher im Kontext des frühen Fremdsprachenunterrichts und der Übergangsproblematik kaum Beachtung gefunden. Die verkürzte oder verengte Interpretation des Kompetenzbegriffs kann jedoch als eine weitere Ursache der Übergangsproblematik ausgemacht werden. In diesem Unterkapitel wird daher die Notwendigkeit einer umfassenden Auslegung des Kompetenzbegriffs nach Weinert sowohl im Kontext des frühen Fremdsprachenunterrichts als auch für die Förderung kommunikativer Kompetenzen herausgearbeitet. Der Fokus liegt dabei auf den (funktional) kommunikativen Kompetenzen, da deren Förderung im frühen Fremdsprachenunterricht eine grundlegende Rolle spielt und sie somit die Gestaltung des Unterrichts zu großen Teilen bestimmen.

Wie bereits im vorherigen Kapitel deutlich wurde, ist es Ziel des Fremdsprachenunterrichts, eine fremdsprachliche Handlungs- und Kommunikationskompetenz auszubilden. Die Schüler*innen sollen dazu befähigt werden, in interkulturellen Begegnungs- und Kommunikationssituationen angemessen und erfolgreich sprachlich zu handeln. Eine Definition der kommunikativen und interkulturellen Kompetenzen finden die Lehrkräfte in den Bildungsstandards und Kerncurricula, die besonders in der Sekundarstufe I eine Grundlage für die Organisation und Planung des Fremdsprachenunterrichts bilden. Das eingesetzte Lehrbuch entspricht in seiner inhaltlichen Gestaltung sowie in der Formulierung der Aufgaben den Vorgaben der Bildungsstandards. Im Folgenden geht es zunächst darum zu erläutern, welche Definition des Kompetenzbegriffs den Anforderungen des Fremdsprachenunterrichts zugrunde liegt, um sich dann kritisch damit auseinanderzusetzen.

Im Hinblick auf die für diese Arbeit zentrale Thematik der Übergangsproblematik ist die Betrachtung der Rolle der in den Kerncurricula definierten funktional-kommunikativen Fertigkeiten insofern interessant, als dass sich die sich verändernde Schwerpunktsetzung beim Schulwechsel auch in den Kompetenzformulierungen des Kerncurriculums für die Sekundarstufe I zeigt und sie sogar zum Ziel des Fremdsprachenunterrichts der 5. Klasse wird. Darüber hinaus hat die verengte Interpretation des Kompetenzbegriffs in den Kerncurricula unmittelbare Auswirkungen auf die Förderung der kommunikativen Kompetenzen von jungen Lernenden sowie auf ihr Selbstbild.

3.6.1 Kommunikative Kompetenzen im frühen FSU

In den Bildungsstandards und Kerncurricula werden Kompetenzen „in Anlehnung an den Gemeinsamen europäischen Referenzrahmen für Sprachen (GeR), der im Auftrag des Europarates erstellt wurde, um das Lehren und Lernen von Sprachen in Europa zu koordinieren und vergleichbar zu machen“ (Niedersächsisches Kultusministerium 2006a: 11; KMK 2004: 11), beschrieben. Der GeR definiert für den Fremdsprachenerwerb unterschiedliche Kompetenzstufen, die wie folgt festgelegt sind und auch in der Beschreibung von Kompetenzerwartungen für den Fremdsprachenunterricht zu finden sind (vgl. Europarat 2001: 34):[23]

A1: Breakthrough	B1: Threshold	C1: Effective Proficiency
A2: Waystage	B2: Vantage	C2: Mastery

Tabelle 1 Kompetenzerwartungen für den Fremdsprachenunterricht

Im GeR werden Kompetenzen als „Summe des (deklarativen) Wissens, der (prozeduralen) Fertigkeiten und der persönlichkeitsbezogenen Kompetenzen und allgemeinen kognitiven Fähigkeiten, die es Menschen erlauben, Handlungen auszuführen“ (Europarat 2001: 21) beschrieben. Auch wenn dieser

23 Es werden an dieser Stelle die bei Durchführung der Studie gültigen Dokumente und daher nicht die neuesten Versionen verwendet.

nicht explizit benannt wird und „der [den Bildungsstandards] zugrunde liegende Kompetenzbegriff unklar bleibt“ (Hallet 2011: 42), kann davon ausgegangen werden, dass sich die Kompetenzbeschreibungen in den Kerncurricula damit, zumindest theoretisch, auf den Weinert'schen Kompetenzbegriff beziehen. In den Kerncurricula heißt es:

> Kompetenzen umfassen Fähigkeiten, Kenntnisse und Fertigkeiten, aber auch Bereitschaften, Haltungen und Einstellungen, über die Schülerinnen und Schüler verfügen müssen, um Anforderungssituationen gewachsen zu sein. Kompetenzerwerb zeigt sich darin, dass zunehmend komplexere Aufgabenstellungen gelöst werden können. Deren Bewältigung setzt gesichertes Wissen und die Kenntnis und Anwendung fachbezogener Verfahren voraus (Niedersächsisches Kultusministerium 2006: 5).

Explizit werden hier neben den kognitiven Aspekten zunächst auch motivationale, affektive und attitudinale Dimensionen der Kompetenz benannt.

Die funktionalen kommunikativen Kompetenzen werden in den Bildungsstandards definiert, indem sie zunächst in kommunikative Fertigkeiten (Hör- und Hör-/Sehverstehen, Leseverstehen, Sprechen, Schreiben, Sprachmittlung) und das Verfügen über sprachliche Mittel (Wortschatz, Grammatik, Aussprache und Intonation, Orthografie) unterteilt werden (vgl. KMK 2004: 8). Für die einzelnen Dimensionen der kommunikativen Kompetenz werden im Folgenden Kompetenzstufen definiert. Diese werden durch Könnensbeschreibungen ergänzt.

In den konkreten Kompetenzbeschreibungen für die Grundschule wird zunächst der Fokus auf die verbalen und audio-visuellen Dimensionen der kommunikativen Kompetenz deutlich (s. Tabelle 2, die Kompetenzlevel entsprechen denen des GeR).

Darüber hinaus erweitern die Schüler*innen ihren fremdsprachlichen Wortschatz und lernen nebenbei, d.h. nicht bewusst, erste grammatikalische Strukturen kennen (vgl. Niedersächsisches Kultusministerium 2006: 15). Konkret bedeutet dies, dass die Schüler*innen zum Ende der Grundschulzeit im Bereich des Hör- und Hör-/Sehverstehens „vertraute Wörter und grundlegende Satzmuster wieder [erkennen] und verstehen […], wenn langsam und deutlich gesprochen wird (A1)“ (ebd.: 12).

Schul-jahrgang	Hör- und Hör-/Seh-verstehen	Sprechen		Lesen	Schreiben
		Zusammen-hängendes Sprechen	An Gesprächen teilnehmen		
Am Ende des 4. Schul-jahrgangs	A1	A1	Annäherung an A1	An-näherung an A1	An-näherung an A1

Tabelle 2 Erwartete Kompetenzen am Ende des 4. Schuljahres (Niedersächsisches Kultusministerium 2006: 11)

Die Lernenden

- unterscheiden die englische Sprache in authentischen Situationen von anderen Sprachen,
- erkennen Schlüsselwörter wieder, die sich auf die eigene Person und die unmittelbare Lebenswelt beziehen,
- verstehen einfache Anweisungen im Unterrichtsalltag,
- verstehen einfache Fragen und Aussagen, die sich auf die eigene Person und die unmittelbare Lebenswelt beziehen,
- verstehen den groben Handlungsablauf einfacher Dialoge und Geschichten,
- entnehmen Hörtexten wesentliche Informationen, wenn Schlüsselwörter und Strukturen bekannt sind.

Für die Kompetenz Sprechen wird im Kerncurriculum für den Teil des zusammenhängenden Sprechens ebenfalls das Kompetenzniveau A1 definiert: „Am Ende des vierten Schuljahrgangs sprechen die Schülerinnen und Schüler in einfacher Form zu Themen, die sich auf die eigene Person und die unmittelbare Lebenswelt beziehen (A1)“ (ebd.).

Die Lernenden

- sprechen zuvor eingeführte, gefestigte kurze Texte,
- sprechen mit Hilfe eingeführter, gefestigter und geübter Redemittel über die eigene Person und die unmittelbare Lebenswelt,

- benennen und beschreiben vertraute Gegenstände und Tätigkeiten aus ihrer unmittelbaren Lebenswelt mit Hilfe einfacher, bekannter Redemittel,
- verwenden einfache, bekannte Redemittel der alltäglichen Unterrichtssprache.

Für die Teilnahme an Gesprächen wird lediglich eine Annäherung an das Kompetenzniveau A1 erwartet:

> Am Ende des vierten Schuljahrgangs verständigen sich die Schülerinnen und Schüler in einfacher Form über Themen, die sich auf die eigene Person und die unmittelbare Lebenswelt beziehen, wenn andere sich darauf einlassen, Dinge zu wiederholen, in langsamer Form zu paraphrasieren und ihnen bei der Formulierung zu helfen (Annäherung an A1) (ebd.: 13).

Das bedeutet, die Lernenden können
- sich oder andere Personen vorstellen,
- einfache Gruß- und Abschiedsformeln verwenden,
- Gespräche beginnen und beenden,
- um etwas bitten,
- kurze Fragen zu persönlichen Themen und der unmittelbaren Lebenswelt setellen,
- kurze Fragen zu Themen der eigenen Person und der unmittelbaren Lebenswelt mit Hilfe einfacher bekannter Redemittel oder in Einwortsätzen beantworten (vgl. ebd.).

Auch für die Kompetenzbereiche des Lesens und Schreibens wird eine Annäherung an das Niveau A1 definiert. Die Lernenden sollen in der Lage sein, „das Wortbild vertrauter Wörter und grundlegender Satzmuster ganzheitlich wieder [zu erkennen] und [zu] verstehen […] (Annäherung an A1)“ (ebd.: 13). Es geht nicht darum, dass die Schüler*innen lange Texte sinnentnehmend lesen und verstehen, sondern darum, dass sie ihnen bekannte Wörter und kurze Sätze erkennen und daraufhin verstehen. Das Schreiben beschränkt sich ausschließlich auf das Schreiben „bekannte[r] Wörter und kurze[r] Sätze nach Vorlage“ (ebd.: 14) Sie „kommunizieren […] unter Zuhilfenahme von Vorlagen, Mustern und Bildern auf einfache Weise schriftlich (Annäherung an A1)“ (ebd.). Für den Wortschatz – „einen elementaren Vorrat an einzelnen Wörtern und

Redemitteln in den Themenbereichen Freunde und Familie, Essen und Trinken, Einkaufen, Schule, nähere Umgebung und Hobbys" (ebd.: 15) – sowie Aussprache und Intonation – „die Schülerinnen und Schüler [beherrschen] die Aussprache ihnen bekannter Wörter und Satzstrukturen so weit, dass sie verstanden werden" (ebd.) – wird ebenfalls die Niveaustufe A1 festgelegt.

Es sind demnach elementare kommunikative Kompetenzen, die noch keinen großen Anteil an spontaner Sprachproduktion von den Schüler*innen erwarten, die bis zum Ende der 4. Klasse entwickelt werden sollen. In den Kompetenzbeschreibungen der Kerncurricula wird noch einmal der starke Fokus auf die mündlichen Kompetenzen deutlich. Im Hinblick auf die Weiterentwicklung der Kompetenzen in der 5. Klasse gelten die teils nicht ausreichend konkreten und wenig aussagekräftigen Kompetenzformulierungen für das Ende der 4. Klasse als problematisch (Hallet 2011: 22). So bleibt beispielsweise unklar, was mit der Formulierung „Annäherung an A1" genau gemeint ist. Wie weit nähern sich die Schüler*innen an dieses Kompetenzniveau an? Welche Teilkompetenzen umfasst diese Annäherung? Für eine kontinuierliche Fortführung des Fremdsprachenunterrichts auch im Hinblick auf die Kompetenzniveaus und realistische Erwartungen an die Kompetenzen der Lernenden wäre es notwendig, genau zu definieren, mit welchen Kompetenzen die Schüler*innen die Grundschule verlassen, um diese entsprechend in der 5. Klasse fortzuführen und wertzuschätzen. Dafür muss den Lehrkräften jedoch ein realistisches Bild der Kompetenzen vermittelt werden oder aber sie müssen in der 5. Klasse zunächst diagnostiziert werden.

Im Kerncurriculum für die Sekundarstufe I werden die zu erreichenden Kompetenzstufen jedoch nur für das Ende der 6. Klasse und nicht für das Ende der 5. Klasse definiert. Für die einzelnen Teilbereiche der kommunikativen Kompetenz heißt es dort:

Schuljahrgang	**Hör- und Hör-/ Sehverstehen**	**Leseverstehen**	**Sprechen**	**Schreiben**
6	A2	A2	A1+	A1+
8	A2+	A2+	A2+	A2+
10	B1+	B1+	B1+	B1+

Tabelle 3 Kompetenzstufen am Ende des 6., 8. und 10. Schuljahrgangs (Niedersächsisches Kultusministerium 2006b: 12)

In den Kompetenzbeschreibungen wird deutlich, dass von den Schüler*innen ein kreativer und umfassender Umgang mit der Fremdsprache erwartet wird. So beschränkt sich ihr Hör- und Hör-/ Sehverstehen beispielsweise nicht mehr nur auf das Erkennen einzelner vertrauter (Schlüssel)Wörter und kurzer Sätze. Die Schüler*innen sollen „einfache Sätze, Wendungen und Wörter verstehen, wenn es um Dinge von ganz unmittelbarer Bedeutung geht (z.B. grundlegende Informationen über Personen, Familie, Einkaufen, Schule, nähere Umgebung), sofern deutlich und langsam gesprochen wird (A2)" (Niedersächsisches Kultusministerium 2006b: 12).

Dabei sollen sie
- „einfache Aufforderungen und Dialoge im classroom discourse verstehen,
- das Wesentliche von kurzen, klaren und einfachen Durchsagen und Mitteilungen erfassen,
- in den meisten Fällen das Thema von Gesprächen, die in ihrer Gegenwart geführt werden,
- erkennen,
- die Hauptinformationen von kurzen Hörtexten über vorhersehbare alltägliche Dinge entnehmen,
- wesentliche Merkmale einfacher Geschichten und Spielszenen (Figuren- und Handlungsablauf) erfassen" (ebd.).

Im Bereich des Leseverstehens sollen „die Schülerinnen und Schüler kurze, einfache Texte aus ihrem unmittelbaren Erfahrungsbereich lesen und verstehen, die einen eng begrenzten, häufig wiederkehrenden Grundwortschatz und einen gewissen Anteil international bekannter Wörter enthalten (A2)" (ebd.: 14)

Das heißt, dass die Schüler*innen
- „Aufgabenstellungen, Anleitungen und Erklärungen im Unterrichtskontext verstehen,
- leichte private und öffentliche Alltagstexte, wie Einladungen, Briefe, Anzeigen und Anweisungen, verstehen und diesen wesentliche Informationen entnehmen,
- Lehrbuch- und Lektüretexte global verstehen und mit Hilfen wichtige inhaltliche Aspekte entnehmen,

- einige unbekannte Wörter und Formulierungen mit Hilfen aus dem Kontext erschließen,
- unter Anleitung mit einem zweisprachigen Wörterbuch umgehen" (ebd.).

Hier wird die steigende Komplexität der erwarteten fremdsprachlichen Kompetenzen besonders deutlich und es zeigt sich, in welchem Maße die Erwartungen an die Lernenden steigen. Im Rahmen dieser Arbeit ist es wichtig anzumerken, dass dies wahrscheinlich die Vorstellungen sind, die Lehrer*innen als Ziele im Hinterkopf haben und die sicherlich ihre Erwartungen prägen.

Weniger stark als für die rezeptiven Kompetenzen ist diese Veränderung im Bereich der produktiven Kompetenzen, d.h. für das Sprechen und Schreiben in der Fremdsprache. Hier heißt es für den Teilaspekt des Teilnehmens an Gesprächen. dass sich die „Schülerinnen und Schüler auf einfache Art verständigen [können]; die Kommunikation hängt weitgehend davon ab, dass Äußerungen in angemessenem Tempo wiederholt oder umformuliert werden. Sie können einfache Fragen stellen und beantworten, einfache Feststellungen treffen und auf solche reagieren, sofern es sich um unmittelbare Bedürfnisse oder um vertraute Themen handelt (A1+)" (ebd.: 15). So können die Lernenden
- „am classroom discourse aktiv teilnehmen,
- auf einfache Sprechanlässe reagieren und einfache Sprechsituationen bewältigen (z.B. Begrüßungs-, Höflichkeits- und Abschiedsformeln verwenden, jemanden einladen und auf Einladungen reagieren, Verabredungen treffen, um Entschuldigung bitten und auf
- Entschuldigungen reagieren, Zustimmung oder Ablehnung ausdrücken und sagen, was sie gern haben und was nicht),
- auf einfache Weise vertraute Themen des Alltags besprechen, wenn sie klar, langsam und direkt angesprochen werden,
- sich in einfachen Routinesituationen (z.B. Einkaufen, Essen, Benutzung öffentlicher Verkehrsmittel) verständigen und Grundinformationen geben und erfragen,
- in einem Dialog einfache persönliche Fragen stellen und beantworten und auf einfache Feststellungen reagieren" (ebd.: 15f.).

Bis auf die aktive Teilnahme am Klassengespräch in der Fremdsprache scheint hierbei keine der Erwartungen stark von dem abzuweichen, was Schüler*innen bis zu einem gewissen Maße auch bereits in der Grundschule bewältigen können. Die beschriebenen Situationen, in denen ein Gebrauch der Fremdsprache von den Schüler*innen erwartet wird, sind ihnen bekannt und werden bereits in der Grundschule geübt. Dasselbe gilt für den Bereich des zusammenhängenden Sprechens, wenn es dort heißt, dass die Lernenden zum Ende der 6. Klasse in der Lage sein sollen, sich „mit einfachen Wendungen über Menschen, Tiere, Dinge und Orte [zu] äußern (A1+)“ (ebd.: 16). Auch hier sind die Könnensbeschreibungen nicht so komplex, als dass sie nicht auch für Grundschüler*innen gelten könnten. Der Unterschied liegt in dem Unterstützungsangebot, das für die Sekundarstufe I nicht in den Ausführungen des Kerncurriculums festgehalten wird, und sicherlich in der erwarteten Länge der Äußerungen. So können die Lernenden zum Ende der 6. Klasse

- „sich und andere beschreiben und über sich und andere Auskunft geben,
- kurz über Tätigkeiten und Ereignisse sprechen und in einfacher Form aus dem eigenen Erlebnisbereich erzählen,
- eine kurze, einfache und eingeübte Präsentation zu einem vertrauten Thema geben“ (ebd.).

Aufgrund der Bedeutung, die der Förderung des Schreibens und der Rolle der Schrift im Rahmen der Übergangsproblematik zukommt, lässt sich eine große Veränderung in den Kompetenzbeschreibungen zur Förderung des Schreibens vermuten. Tatsächlich sind hier Unterschiede in der Bedeutung, die dieser Kompetenz zugeschrieben wird, festzustellen. Diese Unterschiede beziehen sich dabei weniger auf Themen und Inhalte, sondern vielmehr auf die Art und Weise, wie mit der Schriftsprache umgegangen wird. In der Grundschule schreiben die Schüler*innen hauptsächlich nach Vorlage, sie schreiben Wörter und Sätze ab, es wird von ihnen jedoch keine kreative Schriftproduktion gefordert. Zum Ende der 6. Klasse sollen die Lernenden dagegen in der Lage sein, „einfache Sätze und Dialoge [zu] schreiben, die sich auf vertraute Themen wie Familie und Schule beziehen (A1+)“ (ebd.: 18). Sie können demnach

- „kurze, einfache Mitteilungen schreiben,
- über sich selbst und fiktive Personen schreiben und ausdrücken, wo sie leben und was sie tun,
- schriftlich Informationen zur Person wie den eigenen Namen, die Nationalität, das Alter und das Geburtsdatum erfragen und weitergeben,
- unter Anleitung zweisprachige Wörterbücher und die Wörterverzeichnisse der Lehrwerke zur Textproduktion verwenden“ (ebd.).

Auch die Ausführungen zum Wortschatz und zur Grammatik sind besonders im Rahmen der Übergangsthematik interessant, da auch in diesen Bereichen oftmals Veränderungen in der Schwerpunktsetzung erfolgen, die die Lernenden vor Probleme stellen. Zum einen lässt sich feststellen, dass die Ausführungen umfangreicher und detaillierter werden und für den Bereich der Grammatik eigene Kompetenzbeschreibungen auftauchen. Da in der Grundschule kein expliziter Grammatikunterricht erfolgt, können für den Englischunterricht dort keine grammatikalischen Lernziele und Kompetenzen formuliert werden.

Der Wortschatz für die 5. und 6. Klasse wird zudem spezifisch durch „*phrasal verbs, idioms, collocations, quantifiers, grammatical terms* und *fillers*" (ebd.: 19) erweitert. Dies ist auf der einen Seite irritierend, da besonders in der Grundschule *chunks* gelernt werden, auf der anderen Seite verwundert es nicht, dass grammatikalische Begriffe explizit in den Wortschatz der Schüler*innen aufgenommen werden. Dies lässt sich auf die Bedeutung der Grammatik im Unterricht der Sekundarstufe I zurückführen[24]. Auch die weiteren Ausführungen zur Bedeutung des rezeptiven und potenziellen Wortschatzes – neben dem produktiven Wortschatz der Schüler*innen – sind ausführlicher und lassen auf eine von den Schüler*innen erwartete aktive und selbstständige Wortschatzarbeit schließen. Der rezeptive Wortschatz ist in der Grundschule meist noch größer als der produktive, wenn die Schüler*innen z.B. durch Mimik etc. in der Worterschließung unterstützt werden. Die Beschreibung des Wortschatzes in Klasse 5 und 6 umfasst dieselben Themenbereiche wie in der Grundschule. Hinzu kommt die konkrete Forderung, dass die Schüler*innen diesen Wortschatz in kommunikativen Situationen anwenden können (vgl. ebd.: 19). „Die Schülerinnen und Schüler können

- ein begrenztes sprachliches Repertoire, mit dem sie einfache häufig wiederkehrende Alltagssituationen bewältigen, verstehen und verwenden. In nicht routinemäßigen Situationen kommt es häufig zu Abbrüchen und Missverständnissen,
- einfache grammatische Begriffe verstehen und verwenden,
- unter Anleitung zweisprachige Wörterbücher und Wörterverzeichnisse der Lehrwerke sachgerecht verwenden" (ebd.: 20).

24 Es bleibt zu fragen, ob die Schüler*innen wissen, welche Rolle dem Wissen über diese Begriffe – und den dazugehörigen Regeln – im Rahmen der grammatikalischen Kompetenz zukommt.

Im Bereich des Grammatikunterrichts sollen die Schüler*innen nun bewusst grammatikalische Strukturen (kennen)lernen und lernen, diese in kommunikativen Situationen „intentions- und situationsangemessen anzuwenden“ (ebd.: 21). Dabei „entwickeln sie allmählich ein elementares Strukturbewusstsein für die englische Sprache“ (ebd.). Der Fokus auf die kommunikative Funktion von Grammatik geht in den Beschreibungen verloren, wenn es dort heißt, dass die Schüler*innen „eine begrenzte Beherrschung einiger einfacher grammatischer Strukturen und Satzmuster in einem auswendig gelernten Repertoire [zeigen]“ (ebd.). Dem Kompetenzniveau A1 entsprechend werden den Lernenden dabei „elementare Fehler“ (ebd.) zugestanden. Nach der 6. Klasse können sie

- „einfache Satzstrukturen für Aussagen, Fragen und Aufforderungen in bejahter und verneinter Form verstehen und verwenden,
- grundlegende Strukturen, die Anzahl, Art und Zugehörigkeit von Gegenständen, Lebewesen und Sachverhalten ausdrücken, erkennen und mit einfachen Satzmustern beschreiben,
- ein grundlegendes Repertoire an Zeitformen für ihnen vertraute gegenwärtige, vergangene oder zukünftige Handlungen, Ereignisse und Sachverhalte verstehen und verwenden,
- ein begrenztes Spektrum von Strukturen zum Ausdruck von Handlungsaspekten (Gewohnheit, gerade ablaufende Handlungen, Fähigkeit, Wunsch, Erlaubnis und Verbot) verstehen und verwenden“ (ebd.).

Für die Bereiche Aussprache und Intonation wird keine neue Kompetenzstufe festgelegt. Beide Aspekte bleiben jedoch Bestandteil des Unterrichts und auch wenn es nicht um eine *native-like performance* geht, soll den Schüler*innen eine „weitgehend störungsfreie Kommunikation ermöglich[t] [werden]“ (ebd.: 22). Durch die Integration der Lautschrift in den Unterricht sollen die Schüler*innen befähigt werden, sich eigenständig „die Aussprache von Wörtern [...] zu erschließen“ (ebd.).

Im Laufe der 5. und 6. Klasse wird die größte Kompetenzsteigerung demnach in den rezeptiven Bereichen Hör- und Hör-/Sehverstehen sowie Lesen erwartet. In beiden Kompetenzbereichen soll am Ende der 6. Klasse das Niveau A2 erreicht sein. Zum Ende der 4. Klasse wird die Kompetenz der Schüler*innen im Bereich des Lesens noch mit einer Annäherung an das Kompetenzniveau A1 beschrieben. Es lässt sich in diesem Bereich also eine erhebliche Weiterentwicklung erwarten. In den produktiven Bereichen Sprechen und Schreiben wird am Ende der 6. Klasse das Kompetenzniveau A1+ erreicht. Das bedeutet für den Bereich des Sprechens eine Kompetenzsteigerung von A1 (zusammenhängendes Sprechen) bzw. der Annäherung an A1 (an Gesprächen teilnehmen) auf A1+ und im Bereich des Schreibens von einer Annäherung an A1 ebenfalls auf A1+. Der nächste „Kompetenzsprung“ findet dann von der 6. zur 8. Klasse in den Bereichen Sprechen und Schreiben statt, wohingegen die rezeptiven Bereiche der kommunikativen Kompetenz weniger stark weiterentwickelt werden. Dieser Vergleich der Kompetenzniveaus ist für diese Arbeit interessant, weil er Rückschlüsse auf die jeweils in der Formulierung der Kompetenzniveaus angenommene Unterrichtsgestaltung bzw. die Schwerpunktsetzung im Unterricht der 5. Klasse zulässt – auch wenn die Kompetenzdefinitionen im Kerncurriculum für das Gymnasium für das Ende von Klasse 6 formuliert sind. Demnach müssen im Unterricht der 5. (und der 6. Klasse) besonders die Kompetenzen des Lesens und Schreibens sowie das Hör-/Hör-Sehverstehen gefördert werden. Dies lässt zum einen auf eine Fokussierung auf geschriebene Fremdsprache schließen und zum anderen spiegelt sich die Tatsache wider, dass den Schüler*innen im frühen Fremdsprachenunterricht weniger im Bereich der Sprachproduktion als der -rezeption zugetraut wird.

3.6.2 Kritik an den Kompetenzbeschreibungen und dem verwendeten Kompetenzbegriff

In der Betrachtung der Kompetenzformulierungen zeigt sich zum einen deutlich, dass sie eine veränderte Schwerpunktsetzung beim Schulwechsel in die Sekundarstufe I hin zu schriftbasierten Kompetenzen – und demnach auch Methoden – sowie zu einem stärkeren Fokus auf strukturelle Aspekte der Fremdsprache begünstigen. Grammatik und Wortschatz sollen zwar in kommunikative Situationen eingebettet erworben werden, jedoch sind sie nicht explizit als Teil der kommunikativen Kompetenz aufgeführt. Hinzu kommt, dass dieser Wechsel in der Schwerpunktsetzung nicht erst im Laufe der 5. Klasse erfolgt, sondern recht zügig zu Beginn und damit grundlegend zur Übergangsproblematik beiträgt. Auch wenn das Schriftbild in der Grundschule eine unterstützende Funktion hat und die Kompetenzen des Lesens und Schreibens angebahnt werden, können Lehrkräfte der Sekundarstufe I nicht erwarten, dass die Lernenden unmittelbar in die für sie bis dahin eher ungewohnte Text- und Lehrbucharbeit einsteigen und beispielsweise selbstständig Texte lesen und schreiben (vgl. Legutke 2014: 6)[25]. Gleiches gilt für die Fokussierung der Grammatik- und Wortschatzarbeit, die ebenfalls durch die vornehmlich textbuchorientierte Gestaltung des Unterrichts gefördert wird (vgl. Legutke 2014: 5; Keller 2013: 95 ff.). Daraus lässt sich eine grundlegende und bedeutende Rolle der Mündlichkeit im frühen Fremdsprachenunterricht und insbesondere zu Beginn der Sekundarstufe ableiten, die beim Versuch der Lösung der Übergangsproblematik eingehender betrachtet werden muss.

Neben der von den Kerncurricula begünstigten Fokussierung schriftbasierter Kompetenzen und struktureller Aspekte der Fremdsprache ist eine Reduzierung des Kompetenzbegriffs bereits in den Kompetenzbeschreibungen angelegt. Sowohl im Kerncurriculum der Grundschule als auch des Gymnasiums werden die Begriffe ‚Kompetenz' und ‚Fertigkeit' nicht trennscharf und vielfach scheinbar synonym verwendet.[26] Als Folge wird das komplexe Kompetenzgefüge, das Weinert beschreibt, auf einen seiner Teilaspekte reduziert und dabei werden „Kompetenzen auf sehr verschiedenen Ebenen angesiedelt […], das heißt, dass sie sowohl Kompetenzen höherer Ordnung wie zum Beispiel ‚verständnisvollen Umgang' als auch sehr basale Fertigkeiten wie zum Beispiel ‚Orthografie' umfassen" (Hallet 2011: 42).[27] Dabei fallen grundlegende Dimensionen der ursprünglichen Kompetenzdefinition, wie die motivationalen, volitionalen und affektiven Dimensionen der Kompetenz, sowohl in den einzelnen Könnensbeschreibungen als auch in der Beschreibung dessen, was in den Kerncurricula unter Kompetenzerwerb verstanden wird, weg (vgl. Hallet 2011: 30). So wird beispielsweise im Hinblick auf die Lösung komplexerer Aufgaben, als die die Anforderungssituationen

25 Eine Lösung dieser Problematik kann es nicht sein, dass nun in Grundschulen bereits Vokabellernen und ihr Abtesten als Vorbereitung auf die 5. Klasse eingeführt werden – so wie es die Verfasserin dieser Arbeit von Lehrkräften einer Grundschule erfahren hat –, weil sich die Lehrkräfte dieser Schulen beschweren, dass die Lernenden sich mit Textrezeption und -produktion nicht auskennen.

26 So zumindest noch in der Fassung von 2006, die zum Zeitpunkt der Studie gültig war.

27 Hallet gibt zurecht zu bedenken, ob dieser Definition folgend nicht alles, was im Fremdsprachenunterricht an Übungen und Aufgaben gemacht wird, kompetenzorientiert ist, und fügt hinzu, dass „[e]s […] aufgrund dieses Konstruktes von fremdsprachlicher Kompetenz nicht unbedingt einleuchtend [ist], warum sich der Fremdsprachenunterricht durch die Kompetenzorientierung verändern sollte" (ebd. 2011: 43).

definiert zu sein scheinen, lediglich auf das Verfügen über deklaratives und prozedurales Wissen sowie die Handlungs- und Problemlösefähigkeit verwiesen. Deutlicher wird dies noch in der folgenden Beschreibung dessen, wann Schüler*innen als kompetent gelten. Hier werden die motivationalen, attitudinalen und affektiven Dimensionen gar nicht mehr berücksichtigt und es wird deutlich, dass sich die Ausführungen in den Kerncurricula (und auch in den Bildungsstandards) fast ausschließlich auf die Bereiche des Wissens, der Fähigkeiten und Fertigkeiten sowie den Strategieeinsatz beziehen:

> Schülerinnen und Schüler sind kompetent, wenn sie zur Bewältigung von Anforderungssituationen auf vorhandenes Wissen zurückgreifen, die Fähigkeit besitzen, sich erforderliches Wissen zu beschaffen, zentrale Zusammenhänge des jeweiligen Sach- bzw. Handlungsbereichs erkennen, angemessene Handlungsschritte durchdenken und planen, Lösungsmöglichkeiten kreativ erproben, angemessene Handlungsentscheidungen treffen, beim Handeln verfügbare Kenntnisse, Fähigkeiten und Fertigkeiten einsetzen, das Ergebnis des eigenen Handelns an angemessenen Kriterien überprüfen (Niedersächsisches Kultusministerium 2006b: 5).

In ihrer Grunddefinition sind Kompetenzen „komplex und mehrdimensional“ (Hallet 2011: 30). Eine Reduzierung auf Teildimensionen oder auch nur ihrer Aspekte werden weder der Kompetenz an sich noch einem Unterricht, der sich einer Kompetenzorientierung verschreibt, gerecht (vgl. ebd., auch Hu/Leupold 2008: 55 ff.).

Die Reduzierung des Kompetenzbegriffs in den Kerncurricula, und daraus folgend auch in der praktischen Umsetzung im Unterricht, ergibt sich meist aus Gründen der Testbarkeit. Im Unterricht müssen Ergebnisse nachgewiesen werden. Es müssen Leistungen gemessen, bewertet und mit Noten beurteilt werden. Nicht alle Dimensionen einer Kompetenz lassen sich gleichermaßen gut messen und evaluieren. Veränderungen von Einstellungen, persönlichen Haltungen, Empfindungen und Motivation gelten als schwer greifbar und können weniger gut bewertet werden als Entwicklungen im Bereich des Wissens und der Fertigkeiten (vgl. Hallet 2011: 33; Fäcke 2013: 36). Wird eine Kompetenzorientierung im Unterricht mit dem Ziel der Standarisierung umgesetzt, so wie es in den Bildungsstandards geschieht, geht damit fast unvermeidlich die Reduzierung des Kompetenzbegriffs auf kognitive Dimensionen einher. Standardisierung ist nur möglich, wenn sie einheitliche, überprüfbare und testbare Ergebnisse mit sich bringt (s.o. Schmenk 2015). Mit einem standardisierten Blick auf Kompetenz lassen sich nicht alle ihre Dimensionen fassen.

Der Begriff der kommunikativen Kompetenzen wird in den Kompetenzbeschreibungen hauptsächlich verwendet, „um [die] Beherrschung der sprachlichen Mittel zu kennzeichnen" (Hallet 2011: 34). Dieses reduzierte Verständnis kommunikativer Kompetenz wird weder dem Weinert'schen Kompetenzbegriff noch der Definition einer interkulturellen kommunikativen Kompetenz als Ziel des Fremdsprachenunterrichts gerecht. Nach Canale und Swain (1980) (in: Schmenk 2010: 136) umfasst eine fremdsprachige kommunikative Kompetenz verschiedene Teilkompetenzen wie:

- **grammatische Kompetenz** als die Fähigkeit, formal korrekte fremdsprachliche Äußerungen zu formulieren
- **soziolinguistische Kompetenz** als die Fähigkeit, der jeweiligen Situation und den Gesprächspartner*innen angemessene Äußerungen zu formulieren
- **strategische Kompetenz** als kompensatorische Fähig- und Fertigkeiten; Wissen (auch Handlungswissen) um Kommunikationsstrategien
- **Diskurskompetenz** als die Fähigkeit, auch über die Satzebene hinaus korrekte, angemessene und verständliche Texte zu produzieren

In den Kerncurricula werden besonders die erste und zweite Dimension der Definition oben gefördert[28]. Das interkulturelle Lernen wird von der kommunikativen Kompetenz getrennt (vgl. Hallet 2011: 34). Diese Tatsache ist mit Recht kritisch zu betrachten (vgl. ebd.), wurde die kommunikative Kompetenz doch im Rahmen der kommunikativen Wende, d.h. mit der Abkehr von einem Unterricht, der den Erwerb und das Beherrschen sprachlicher Strukturen fokussiert, zum Ziel des Fremdsprachenunterrichts erklärt.

Es empfiehlt sich, in einem didaktischen Verständnis von Kompetenzförderung diesen Blick zu erweitern und Kompetenz im Sinne einer Handlungskompetenz zu fassen, die viel mehr erfordert als reines testbares Wissen (vgl. Hallet 2011: 30f.; Bonnet/Breidbach 2013: 24). Da es im Fremdsprachenunterricht um fremdsprachliches Agieren und Kommunizieren geht, muss ein

28 ... und diese dann auch nicht als Kompetenz, sondern reduziert auf Fertigkeiten.

kompetenzorientierter und kompetenzentwickelnder Fremdsprachenunterricht:
- Fähigkeiten entwickeln (physisch und psychisch),
- Wissen aufbauen (Sachwissen, Sprachwissen, Sozialwissen, Strategiewissen, Kulturwissen …),
- Fertigkeiten entwickeln (sachliche, sprachliche, strategische, kulturelle …),
- Bereitschaften entwickeln (Motivation und Volition) und
- Situationsbewältigung trainieren (Haß 2012: 21).

In einem ganzheitlichen Verständnis von Kompetenzförderung reicht es nicht aus, die einzelnen Teildimensionen einer Kompetenz (Wissen, Fähigkeiten, Fertigkeiten und Bereitschaften) zu fördern und davon auszugehen, dass die anderen Dimensionen sich automatisch mitentwickeln – wenn denn ein Bewusstsein für die Notwendigkeit der Förderung dieser Dimensionen besteht (vgl. ebd.: 22). Eine fremdsprachliche Handlungs- und Kommunikationskompetenz, die die kompetente Bewältigung fremdsprachlicher Kommunikations- und Interaktionssituationen mit einschließt, lässt sich nicht allein durch die Förderung kognitiver Fertigkeiten entwickeln.

Der Begriff der kommunikativen Kompetenz, so wie er in den Bildungsstandards gebraucht wird, bezeichnet darüber hinaus kein „übergeordnetes Leitziel" (Hallet 2011: 43) des Fremdsprachenunterrichts mehr – dieses wäre die Befähigung der Lernenden zu einer „erfolgreichen und reflektierten kommunikativen Interaktion des Individuums" (ebd.). Wenn Fertigkeiten, Fähigkeiten, Einstellungen, Motivation und Wissen der Kompetenz[29] untergeordnet werden und sie somit dem Erreichen dieses komplexen Lernziels dienen (vgl. Haß 2012: 22), entsteht in den Ausführungen der Bildungsstandards der Eindruck, dass die funktional kommunikativen Kompetenzen selbst eine dienende Funktion haben. Ihre Komplexität wird reduziert, indem sie mit ihren Teildimensionen Fertigkeiten und Wissen bzw. der Verfügung über sprachliche Mittel gleichgesetzt werden (vgl. Hallet 2011: 43; Elis 2015: 90; Fäcke 2013: 37). In einem ganzheitlichen Verständnis kommunikativer Kompetenz unter Annahme eines weiten Kompetenzbegriffs ist es notwendig, funktional-dienende Elemente wie Fertigkeiten als ebensolche untergeordnete

29 Vgl. Kompetenzbegriff nach Weinert (2001).

Dimensionen zu verstehen und sie nicht mit dem Begriff der Kompetenz gleichzusetzen (vgl. Haß 2012: 22). Dann sind kommunikative Kompetenzen funktional, weil sie die Schüler*innen sowohl zur „umfassenden, mündigen Teilhabe [...] als auch zur selbstbestimmten Gestaltung ihres eigenen Lebens und ihrer unmittelbaren Lebenswelt“ (Hallet 2011: 30) befähigen, die nur über kommunikative und interaktive Lernsituationen trainiert werden kann (vgl. Haß 2012: 22).

Für eine motivierende und kommunikationsfördernde Gestaltung des Englischunterrichts gilt es, die Bildungsstandards kritisch zu hinterfragen (vgl. Keller 2013: 41), um zu erkennen, dass in ihnen ein solch reduziertes und limitierendes „Verständnis von fremdsprachiger Kommunikation vermittelt [wird], dass sich unter dieser Maßgabe kein motivierender, anspruchsvoller und kognitiv anregungsreicher Englischunterricht entwickeln lässt“ (Hallet 2011: 53). Auf dieser Basis sollen entsprechende unterrichtliche Konsequenzen gezogen werden, denn durch geeignete Methoden und Unterrichtsarrangements kann versucht werden, der verengten Auslegung der kommunikativen Kompetenzen entgegenzuwirken. Auch in einem kompetenzorientierten Unterricht lassen sich auf diese Weise Räume schaffen, in denen komplexe Kompetenzen gefördert werden, die sich nicht in das starre Korsett der „Operationalisierung [und] Überprüfbarkeit“ (Fäcke 2013: 44) pressen lassen. Kommunikative Kompetenz lässt sich nur dann sinnvoll als Ziel des Fremdsprachenunterrichts formulieren, wenn sie als komplexe und umfassende Handlungskompetenz im Unterricht verstanden und gefördert wird (vgl. Keller 2013:41). Dazu gehört auch, dass im Unterricht „innovative [...] didaktische Ansätze“ (ebd.: 16) zum Einsatz kommen können und müssen, die sich ebenso wenig wie Teildimensionen der kommunikativen Kompetenz mit den Ansprüchen der Standardisierung zusammenbringen lassen, weil sich ihre Lernziele nicht mit standardisierten Verfahren messen lassen. Hier ist es notwendig, dass eine Umorientierung im Bereich der zum Einsatz kommenden Verfahren der Evaluation und Bewertung stattfindet (vgl. ebd.).

Die fremdsprachliche Kommunikation selbst, die komplex, situativ und kulturell geprägt ist, wird durch die verengte Auslegung des Kompetenzbegriffs „auf pragmatische Alltagskommunikation reduziert“ (Hallet 2011: 44). All die Formen authentischer und umfassender Interaktion, die sich schlecht messen und bewerten lassen, da sie sich nicht auf formelhafte Strukturen und phrasenhafte Interaktion reduzieren lassen, werden auf diese Weise aus dem Fremdsprachenunterricht ausgeschlossen (vgl. ebd.). Immer dann, wenn Schüler*innen in der Fremdsprache komplexe Inhalte verhandeln, Probleme lösen, Inhalte diskutieren oder reflektieren, können standardisierte Testverfahren nur schwer die komplexen Dimensionen der Kommunikationsvorgänge fassen. Dazu gehören z.B. auch die Bereitschaft zur Kommunikation, die Motivation, das Einstellen auf Gesprächspartner*innen sowie Elemente der nonverbalen Kommunikation – Dimensionen der kommunikativen Kompetenz, die im Kerncurriculum ausgeklammert werden. Dabei sind es oftmals besonders diese Elemente, die über den Erfolg der fremdsprachlichen Kommunikation entscheiden (vgl. Hallet 2011: 30f.). Kommunikative Kompetenz umfasst neben der Fähigkeit auch die Bereitschaft zu kommunizieren, die Motivation, grammatikalisch korrekte Sätze zu bilden, weil es der Sprecherin bzw. dem Sprecher ein Bedürfnis ist, verstanden zu werden – z.B. weil ein Bezug zum Gesprächspartner bzw. zur Gesprächspartnerin besteht. Kommunikation findet dabei in möglichst authentischen Situationen aus sich selbst heraus motiviert statt. Sollen im Fremdsprachenunterricht also ganzheitlich und handlungsorientiert kommunikative Kompetenzen ausgebildet werden, reicht das in den Bildungsstandards vermittelte Bild dieser Kompetenzen nicht aus. Die Bereitschaft und Motivation der Lernenden zur Kommunikation muss genauso Teil des Lernens sein wie die Fähigkeit zu einer bedeutungsvollen und sinntragenden Interaktion. Aus diesem Grund müssen gerade „auch solche Fähigkeiten und Kenntnisse als Kompetenzen gelten […], die, wie beispielsweise die Interkulturelle Kommunikative Kompetenz, nicht auf einfache Weise testbar oder psychometrisch messbar sind“ (Hallet 2011: 38). Dieser Argumentation liegt eine ganzheitliche Definition der kommunikativen Kompetenz zugrunde, die auf einem ganzheitlichen Verständnis von Kommunikation basiert (vgl. Hallet 2011: 115). Dabei werden den formallinguistischen Kompetenzen auch ‚persönlichkeitsbezogene Kompetenzen‘ sowie ‚Fertigkeiten und prozedurales Wissen‘ zur Seite [gestellt], da Kommunikation den Menschen als Ganzes in Anspruch nimmt (Keller 2013: 35).

Ein solches Verständnis kommunikativer Kompetenz setzt ein kommunikatives Lernen voraus, das den Schüler*innen im Unterricht die Möglichkeit gibt, kommunikative Interaktionsformen aktiv einzuüben (vgl. Hallet 2011: 55; Elis 2015: 90). Als Konsequenz müssen authentische Kommunikationssituationen, an denen die konkrete Situationsbewältigung geübt wird, Einzug in den Unterricht finden, denn „[n]ur in der Ausführung (Performanz) zeigt sich, ob die entsprechende Kompetenz wirklich vorhanden ist" (Haß 2012: 22).[30] Im Unterricht werden komplexe, sinn- und bedeutungsvolle sowie situativ kontextualisierte Formen der fremdsprachlichen Kommunikation in lebensweltlichen Diskursen modelliert, in denen die Schüler*innen ihre fremdsprachliche kommunikative Teilhabe erproben können (vgl. Elis 2015: 90; Hallet 2011: 43 f.). Eine umfassende Auslegung von Kompetenz und Kompetenzorientierung hat demnach auch Auswirkungen auf die Methoden und Testverfahren, die im Unterricht zum Einsatz kommen, denn die Fokussierung auf die Testbarkeit von Kompetenzen führt „zu einem *backwash*-Effekt" (Schmenk 2015: 43), der den Testverfahren und Noten eine noch stärkere Bedeutung zukommen lässt. Nur das, was sich durch standardisierte Testverfahren – denn sollen Standards nachgewiesen werden, müssen auch die Testverfahren bestimmten Standards genügen (vgl. ebd.: 42) – erheben lässt, hat einen Wert und eine Berechtigung im Fremdsprachenunterricht: „Was nicht skaliert und deskriptiv erfasst wird, findet womöglich auch gar nicht den Weg in den FSU" (ebd.). Dies lässt sich u.a. an der Vernachlässigung ästhetischer, literarischer und dramapädagogischer Bereiche und Lernziele sowie allgemein an der Nichtbetrachtung von Inhalten in den Bildungsstandards und Kerncurricula festmachen (vgl. ebd.: 43). Methoden, die im Unterricht zum Einsatz kommen, müssen alle Dimensionen von Kompetenz fördern. Testverfahren müssen angepasst und erweitert werden, um beispielsweise auch performative und affektive Dimensionen fremdsprachlichen Handelns zu erfassen. Diese beiden Dimensionen beziehen sich zum einen auf die „Inszeniertheit allen sozialen Handelns" (Hallet 2010: 5) und die Rollen, die die Lernenden in verschiedenen Kommunikationssituationen spielen, sowie ihre Einstellungen, Emotionen, Haltungen, die fremdsprachliches Handeln begründen, beeinflussen und verändern können. Dazu ist es notwendig, dass Wege gefunden werden, von einer zu starken Standardisierung des Fremdsprachenunterrichts wegzukommen.

30 Hier deutet sich bereits das Potenzial dramapädagogischer Methoden zur Förderung kommunikativer Kompetenzen in einem weiten Verständnis des Kompetenzbegriffs an. Das wird im Verlauf der Arbeit noch einmal aufgegriffen und weiter ausgeführt. Dabei wird auch der Frage nachgegangen, inwieweit sich eine Reduzierung des Kompetenzbegriffs in einem dramapädagogischen Ansatz verhindern lässt.

Ganz im Sinne des handlungsorientierten und ganzheitlichen Lernens, das im Rahmen des frühen Fremdsprachenunterrichts eine besondere Relevanz erhält, werden die Lernenden zum eigenständigen kommunikativen Handeln befähigt. Dabei wird deutlich, dass es nicht nur um die Verfügbarkeit sprachlicher Mittel, korrekte grammatikalische Strukturen und eine fehlerfreie Aussprache gehen kann, sondern auch darum, dass die Schüler*innen in der Lage sein müssen, Kommunikationsprozesse selbst zu initiieren und aufrechtzuerhalten, die Situation einzuschätzen, dementsprechend sprachliche Mittel zu benutzen, ein Kommunikationsziel zu fassen und zu verfolgen sowie Kommunikationsprozess und -erfolg zu reflektieren (vgl. Hallet 2011: 34). Aufgabe der Lehrkräfte ist es, die Lernenden durch geeignete Methoden und Unterrichtsstrukturen in diesem Vorgehen zu unterstützen (vgl. Keller 2013: 16).

So setzt sich diese Arbeit zum Ziel, besonders im Kontext des frühen Fremdsprachenunterrichts von einem rein funktional-dienenden Verständnis der kommunikativen Kompetenzen wegzukommen. Besonders für den frühen Fremdsprachenunterricht – und die Situation des Schulwechsels – ist eine Zusammenschau der reduzierten Interpretation des Kompetenzbegriffs, die dadurch resultierende Unterrichtsgestaltung und Fokussierung bestimmter Teildimensionen von Kompetenz im Unterricht sowie der Beeinflussung des Selbstbilds der jungen Lernenden interessant. Zum einen richten sich die Ausführungen im Gemeinsamen europäischen Referenzrahmen „an erwachsene Lerner und [sind] somit für den Grundschulunterricht nur eingeschränkt relevant (vgl. Schlüter 2004)“ (Frisch 2013: 41). Zum anderen ist bereits deutlich geworden, dass durch die Verengung des Kompetenzbegriffs Fähigkeiten des affektiven und volitionalen Bereichs von Kompetenzen in den Zielformulierungen – und damit einhergehend höchstwahrscheinlich auch in der Auswahl von Methoden und Testverfahren – vernachlässigt werden. Oftmals sind dies jedoch genau die Ebenen, auf denen junge Lernende, bedingt auch durch den ganzheitlichen methodischen Ansatz des Grundschulunterrichts, über ausgeprägte Fähigkeiten verfügen.

Der frühe Fremdsprachenunterricht ist in großem Maße ganzheitlich und handlungsorientiert und fördert einen intuitiven, persönlichen, eher wenig systematischen Zugang zur Fremdsprache. Es kommen Methoden zum Einsatz, die oftmals nicht-standardisierbare Ziele verfolgen. Darüber hinaus werden kaum Testverfahren eingesetzt, die systematisch Wissen abfragen.

Als Konsequenz würde dies für den frühen Fremdsprachenunterricht bedeuten, dass er im Sinne der Standardisierung nur unzureichend Kompetenzen ausbildet und den vorherrschenden Ansprüchen nicht gerecht werden kann. Dabei werden jedoch grundlegende Ziele, die der frühe Fremdsprachenunterricht leisten kann und leistet, ignoriert. Persönliche und affektive Dimensionen des Fremdsprachenlernens spielen hier eine essentielle Rolle. Die Schüler*innen sollen u.a. motiviert werden, einen Bezug zur Fremdsprache finden und ein „*positive mind-set*" (Schmid-Schönbein 2008: 37) entwickeln (s. Kapitel 3.5.1). Diese Ziele lassen sich nicht durch eine Reduzierung fremdsprachlicher Kompetenzen junger Lernender auf testbare Fertigkeiten erreichen. Generell lässt sich feststellen, dass, obwohl die Bedeutung der affektiven und persönlichen Dimensionen der fremdsprachlichen Kompetenzen als grundlegend und bestimmend für den weiteren fremdsprachlichen Lernprozess der Schüler*innen erkannt ist[31] – Schüler*innen sollen motiviert werden für ein lebenslanges Fremdsprachenlernen, sie sollen eine positive Haltung der fremden Sprache und Kultur gegenüber entwickeln etc. –, es genau diese Ebenen sind, die beim Wechsel von der Grundschule in die weiterführende Schule schnell an Bedeutung verlieren. Für die Schüler*innen hat dies aus zweierlei Sicht negative Konsequenzen: zum einen im Hinblick auf die richtige Einschätzung ihrer fremdsprachlichen Kompetenz und zum anderen für ihr Selbstwertgefühl.

Junge Lernende werden oftmals in ihrer kommunikativen Kompetenz unterschätzt. Begründet mit ihren noch wenig ausgebildeten fremdsprachlichen Kompetenzen – so können Schüler*innen im Grundschulunterricht oftmals weniger gut korrekte Sprache produzieren, da ihnen beispielsweise sprachliche Mittel fehlen und ihre messbare Kompetenz daher geringer ausfällt – wird ihnen meist lediglich eine Kommunikation in formelhaften, fragmentarischen Satzstrukturen zugetraut. Das bedeutet gleichzeitig, dass ihnen keine komplexeren Kommunikationssituationen ermöglicht werden. Den jungen Lernenden wird damit eine geringere Kompetenz zugesprochen, sich kom-

31 In dem Bericht „*Fremdsprachen in der Grundschule – Sachstand und Konzeptionen 2013*" der Kultusministerkonferenz, das zu einer guten „Basis für das lebenslange Fremdsprachenlernen", neben dem Erwerb von Sprachlernstrategien sowie Lern- und Arbeitstechniken, auch das „Vertrauen in die eigenen sprachlichen Fähigkeiten" zu zählen ist (KMK 2013: 4).

munikativ-handelnd mit der Fremdsprache auseinanderzusetzen. Demgegenüber steht jedoch der Wunsch der jungen Schüler*innen, in der Fremdsprache zu kommunizieren, sich zu unterhalten, d.h. fremdsprachlich zu handeln und zu interagieren, und so an fremdsprachigen Diskursen teilzuhaben. Für den Grundschulunterricht folgt, dass das geltende Primat der Mündlichkeit in einer produktiven Auslegung neben reproduktiven sprachlichen Äußerungen der Lernenden auch kreative Formen der verbalen fremdsprachlichen Kommunikation umfassen sollte, „damit selbständige Sprachproduktion als entscheidende Bedingung für Spracherwerb gefördert werden kann“ (Legutke 2014: 5). Oftmals jedoch, so zeigen es von Legutke (2014) aufgeführte Studien, bleiben kreative und freie Formen der Sprachproduktion bei jungen Lernenden unterrepräsentiert (ebd.: 4f.). Anders als die Lehrenden, schätzen sich die Lernenden, laut eigener Beobachtungen, in vielen Fällen als ausreichend kompetent für die von ihnen gewünschten authentischen Kommunikationssituationen ein – können sie doch bereits viele Situationen erfolgreich meistern oder in einem dramapädagogischen Kontext Szenen und Theaterstücke überzeugend ausgestalten –, wenn sie durch geeignete Methoden und Szenarien in diesem Vorhaben ausreichend unterstützt und motiviert werden (vgl. Schmid-Schönbein 2008: 38). Es sollte ihnen daher im Unterricht oft die Möglichkeit gegeben werden, sich und ihre kommunikativen Kompetenzen in kontextualisierten und bedeutungsvollen Kommunikationssituationen zu erproben und somit sprachliche Risiken einzugehen, die mit kommunikativem Erfolg gekrönt, zu weiterem spontanen und kreativen Sprachgebrauch motivieren können (vgl. Legutke 2014: 4).

Nicht nur in der Grundschule, auch zu Beginn der 5. Klasse werden die produktiven Kompetenzen der Lernenden von den Lehrkräften zu Beginn als eher gering eingeschätzt. Den Schüler*innen der Sekundarstufe I wird eine schnellere und effizientere Entwicklung der kommunikativen Kompetenzen zugestanden als den Lernenden der Grundschule[32]. Die Frage ist, ob den jungen Lernenden dadurch tatsächlich die Möglichkeit und Kompetenz des authentischen Kommunizierens in der Fremdsprache abgesprochen wird – oder

32 Dies wird in den Kompetenzbeschreibungen zum Ende der 4. Klasse – die im Kerncurriculum beschriebene Annäherung an das Kompetenzniveau A1 kann in der momentanen Auslegung auch sehr klein sein – im Vergleich mit denen zum Ende der 6. Klasse und der dabei angenommenen Kompetenzentwicklung deutlich.

ob es sich vielmehr um eine realistische Einschätzung ihres Könnens handelt, das sicherlich noch nicht als umfassende kommunikative Kompetenz bezeichnet werden kann – und welche Folgen sich daraus ergeben würden. In kritischen Äußerungen der Lehrkräfte der weiterführenden Schulen, die in der Zeit des Schulwechsels die Leistungen der Grundschüler*innen bewerten, zeigt sich jedoch, dass ihre Einschätzung der mündlichen bzw. kommunikativen Kompetenz auf Fehleinschätzungen basiert. Die Lehrkräfte fokussieren „Bereiche von Sprachrichtigkeit und Literalität und bringen damit ein grundlegendes Missverständniss [sic] zum Ausdruck" (Legutke 2014: 5). Die Englischlehrkräfte der weiterführenden Schulen erwarten von den ehemaligen Grundschüler*innen einen systematischen Einsatz der Fremdsprache. Im Unterricht der 5. Klasse werden somit oftmals genau die Dimensionen der kommunikativen Kompetenz betont, die bei den Lernenden noch nicht so gut ausgeprägt sind. Daraus resultiert eine Defizitorientierung, die sich in den Erwartungen der Lehrkräfte und ihrer Bewertung der kommunikativen Kompetenz der Lernenden zeigt. Bewertet wird in diesem Zusammenhang nicht die Gesamtheit der mündlichen Kommunikationskompetenz, sondern, basierend auf dem reduzierten Kompetenzbegriff, nur die Bereiche, wie z.B. die Sprachrichtigkeit oder der Umfang des Wortschatzes, die sich gut messen lassen. Die Verengung des Kompetenzbegriffs führt zu einer falschen Einschätzung der kommunikativen Kompetenz junger Lernender.

Dadurch, dass eine Fokussierung auf bestimmte Ebenen der kommunikativen Kompetenz stattfindet, wird nicht erkannt, dass die jungen Lernenden besonders auf den anderen Ebenen der Kompetenz einiges an (unbewusstem) Wissen und Können mitbringen. Die affektiven, persönlichen und volitionalen Dimensionen der kommunikativen Kompetenz sind gerade bei jungen Lernenden in starkem Maße ausgeprägt. Junge Lernende sehen sich selbst als kompetente Sprecher*innen der Fremdsprache, wenn sie in ihrem bisherigen Unterricht positive Erfahrungen gemacht und Bestätigung erfahren haben[33]. Sie sind oftmals noch sehr viel motivierter, die Fremdsprache in verschiedenen Kontexten anzuwenden, als ältere Schüler*innen. Sie haben weniger Angst vor Fehlern und sind bereit, Risiken einzugehen. Darüber hinaus können sie sich leicht und schnell in verschiedene Rollen und Situationen ein-

33 Vgl. hierzu die Ausführungen zum Fähigkeitsselbstkonzept.

finden. Sie haben eine ausgeprägte Vorstellungskraft und begeben sich gern und mit einer stark ausgeprägten Imaginationskraft in Als-ob-Situationen. Dabei sind sie sich rollenspezifischer Verhaltensregeln und -muster bewusst, kennen verschiedene Rollenstrukturen und verfügen über ausgeprägte Kompetenzen im adäquaten Rollenhandeln.[34] So können sie nicht nur ihre körpersprachlichen Handlungen (Mimik, Gestik, Körpersprache etc.), sondern auch ihr sprachliches Verhalten (Betonung, Aussprache etc.) bestimmten Rollen anpassen. Das (unbewusste) Können der jungen Lernenden auf meta- und parasprachlicher Ebene – vielmehr als das Wissen darüber – trägt dabei zu ihrer kommunikativen Kompetenz bei. Es führt zu einer Anreicherung der Kommunikation – durch Gestik, Mimik, Bewusstsein für die Rolle, die Schüler*innen in dieser Situation spielen – und macht sie somit zu kompetenten Akteur*innen in der entsprechenden Kommunikationssituation. Ihre Kom petenz zeigt sich auf anderen Ebenen der kommunikativen Kompetenz als auf der rein linguistischen oder kognitiven. Es lässt sich die Vermutung anstellen, dass sie gerade auf diesen Ebenen evtl. sogar noch kompetenter sind als ältere Lernende – in jedem Fall aber genauso kompetent. So mögen sie z.B. einen kleineren Wortschatz haben als Schüler*innen weiterführender Klassenstufen, können diesen aber genauso gut in unterschiedlichen Betonungen und Emotionen vortragen und auf diese Weise verschiedenste kommunikative Situationen (aus)gestalten. Dabei profitieren sie von den Erfahrungen und Kompetenzen, die sie in ihrer Erstsprache gemacht bzw. erworben haben. Angereichert werden sie durch Erfahrungen, die sie in der Fremdsprache sammeln konnten, die über die linguistische Dimension kommunikativer Kompetenz hinausgehen. An dieser Stelle wird die positive Auswirkung der erlebnis- und handlungsorientierten Ausrichtung des frühen Fremdsprachenunterrichts noch einmal deutlich. Umgekehrt kann auch die Kommunikationskompetenz in der Erstsprache von Erfahrungen, die die Lernenden in der Fremdsprache machen, profitieren. In der Bewertung der kommunikativen Kompetenz der jungen Lernenden muss demnach immer auch beachtet werden, wie viel Wissen über kommunikative Verhaltensregeln und über Kommunikationsstrategien oder wie viel Erfahrung im Intui-

34 Diese Ausführungen gehen auf diverse Erfahrungen der Autorin aus Theaterprojekten zurück, die mit Lernenden im Grundschulalter durchgeführt wurden.

ren und Weiterführen kommunikativer Prozesse sie bereits aus ihrer alltäglichen Erfahrungswelt mitbringen, damit ihnen weder mit zu hohen noch mit zu niedrigen Erwartungen begegnet wird.

Die Kompetenzen der jungen Lernenden werden in einem Unterricht, der die kognitiven und strukturellen Dimensionen von Lernen fokussiert, nicht sichtbar, von den Lehrenden nicht beachtet und nicht weiter gefördert. Besonders für den Beginn der 5. Klasse, wenn sich die methodische Gestaltung des Unterrichts ändert, weg von eben diesen ganzheitlichen Methoden, ist diese Tatsache von Bedeutung und bringt Implikationen für die Lehrer*innen in dieser Klassenstufe mit sich. Die zu Beginn der 5. Klasse vornehmlich eingesetzten Methoden und Testverfahren lassen sich als Resultat der Reduktion des Kompetenzbegriffs und der Fokussierung schriftlicher Kompetenzen betrachten. Mit Eintritt in die Sekundarstufe I erleben die Schüler*innen hauptsächlich schriftliche Klassenarbeiten und Vokabeltests. Diese Entwicklung ist besonders dann problematisch, wenn es darum geht, am Anfang der 5. Klasse Kompetenzen der Lernenden zu erkennen, zu diagnostizieren und wertzuschätzen. Für eine korrekte Kompetenzerhebung zu Beginn der 5. Klasse müssen die Testformate den Schüler*innen bekannt sein, und sie müssen kompetent mit ihnen umgehen können. Ein Vokabeltest oder eine schriftliche Lernkontrolle erweisen sich dabei nicht als geeignete Testinstrumente. Zum einen kennen die Lernenden sie noch nicht aus dem Unterricht der Grundschule und zum anderen bilden sie ihre Kompetenzen nicht zuverlässig ab. In schriftlichen Testverfahren können die vornehmlich mündlichen Kompetenzen der Schüler*innen nicht erkannt werden (vgl. Legutke 2000:49; Schmid-Schönbein 2008: 121; Kolb 2011: 170). Aus diesem Grund plädieren Roswitha Henseler und Inga Obst dafür, die erste Klassenarbeit in der 5. Klasse durch eine mündliche Prüfung zu ersetzen (vgl. Henseler/Obst 2015: 12 ff.). Auf diese Weise „kann an die mündlichen Kompetenzen, die die Lernenden in der Grundschule erworben haben, angeknüpft und der Stellenwert des Mündlichen betont werden“ (ebd.: 12). Zu Beginn der 5. Klasse müssen Bewertungsmaßstäbe also an die der Grundschule angenähert werden und zunächst eben solche Kompetenzen der Schüler*innen erhoben werden, die sie mitbringen und nicht die, die sie noch trainieren müssen. Geeignete Diagnostikverfahren zu Beginn der 5. Klasse unterstützen die Lehrkräfte bei einer kontinuierlicheren methodischen Gestaltung des Schulwechsels und dabei eine angemessene Erwartungshaltung zu entwickeln (vgl. Rück 2004: 66). Durch positive Rückmeldungen kann es gelingen, das Selbstvertrauen der Lernenden in ihre fremdsprachlichen Kompetenzen zu stärken, sie in ihrem Fähigkeitsselbstkonzept zu bestätigen und eine positive Weiterentwicklung zu fördern sowie einen Motivationsverlust zu verhindern (vgl. Henseler/Obst 2015: 12). Auch die Fremdsprache selbst wird durch positives Feedback mit positiven Emotionen besetzt (vgl. Schmid-Schönbein 2008: 26). Von den meisten Lehrkräften werden mündliche Lernstandserhebungen aber dennoch nicht eingesetzt (vgl. Kolb 2011: 163).

Neben den fachlichen Auswirkungen hat der reduzierte Kompetenzbegriff auch Auswirkungen auf das Selbstkonzept und Selbstwertgefühl der Lernenden. Da die fachlichen Kompetenzen als Teil des fachspezifischen Selbstkonzepts gelten, kann hier eine direkte Verbindung hergestellt werden. Es wurde bereits deutlich, dass das Selbstkonzept der Lernenden abhängig ist von Erfahrungen und Rückmeldungen, die sie von Bezugspersonen, zu Beginn der 5. Klasse also ihre Lehrer*innen, bekommen. Problematisch wird es, wenn sich das von den Lehrkräften wahrgenommene Bild nicht mit dem der Lernenden deckt. Aufgabe des Fremdsprachenunterrichts ist es, junge Lernende in ihrem fremdsprachlichen Selbstkonzept zu stärken. Dafür sind sie, vielmehr noch als ältere Lernende, auf positive Rückmeldungen von Bezugspersonen angewiesen. Bleiben diese aus und fühlen sich die Schüler*innen nicht wertgeschätzt, kann dies negative Auswirkungen auf ihre weitere Motivation für das Fach Englisch haben. Gilt es Fähigkeitsselbstkonzepte zu stärken und einen Leistungsabfall zu vermeiden, müssen sowohl Bewertungsmethoden als auch Methoden zur Förderung der Kompetenzen an Bedürfnisse und Erfahrungen der Schüler*innen angepasst werden.

Hinzu kommt, dass ein direkter Zusammenhang zwischen den Englischleistungen, die sich hauptsächlich aus Bewertungen schriftbasierter Fertigkeiten ergeben, und dem Fähigkeitsselbstkonzept hergestellt werden kann. Allgemein gilt, „dass sich Selbstkonzepte und Leistungen gegenseitig beeinflussen“ (Aust 2010: 15) – die Beeinflussung funktioniert also in beide Richtungen. Zu Beginn der 5. Klasse ergeben sich oft Leistungseinbrüche, die in schlechteren Englischnoten und an der Mehr-anstrengung, die die Schüler*innen erbringen müssen, um im Unterricht mitzukommen, sichtbar werden. Diese Leistungseinbrüche lassen sich durch die eingesetzten Testverfahren und die sich verändernde Unterrichtsgestaltung, die vermehrt schriftliche Kompetenzen fokussieren, begründen. In diesem Zusammenhang soll noch einmal in Erinnerung gerufen werden, dass das Selbstkonzept einen stärkeren Einfluss auf die Leistung im Fach Englisch ausübt als das Lerninteresse (vgl. Helmke et al. 2008: 254 f.).

Die Bedeutung der Englischnote als Maß der Englischleistung zu Beginn der 5. Klasse wird dadurch verstärkt, dass sie den Schüler*innen oftmals als Vergleichsinstrument untereinander dient. Darüber hinaus ist sie eine Grundlage für die individuelle Einschätzung der eigenen Kompetenz (vgl. ebd.: 252). Zu Beginn der 5. Klasse dient die Note als Hilfsmittel zur Rollen- und „Rangfindung" in der neuen Gruppe und beeinflusst somit auch den weiteren Lernerfolg und die Lernbereitschaft der Schüler*innen. Bedenkt man, dass in der Sekundarstufe die Englischnoten, im Vergleich zur Grundschule, allgemein an Bedeutung gewinnen und darüber hinaus mehr Noten auf unterschiedliche Test- oder Klassenarbeitsformate verteilt werden, gewinnt der Zusammenhang zwischen Englischleistungen, Selbstkonzept und Motivation der Lernenden zum Weiterlernen der Sprache noch mehr an Bedeutung. So führt beispielsweise der Vokabeltest als unbekanntes Testformat bei den Schüler*innen zu Beginn der 5. Klasse oftmals und schnell zu schlechten Noten, ohne dass die unmittelbare Wirkung auf das fremdsprachliche Selbstbild und die Selbsteinschätzung der Leistungen von Seiten der Lehrkräfte in Betracht gezogen wird. Vokabeltests gelten noch heute als einfache und unkomplizierte Möglichkeit, Wissen abzutesten und die Schüler*innen zum Lernen zu bringen – es scheint dabei weniger darum zu gehen, sie nachhaltig zu motivieren.

Ein positives Fähigkeitsselbstkonzept beeinflusst die Lernleistung positiv, und besonders in Phasen „nach einem Bezugsgruppenwechsel" (Aust 2010: 15) ist diese Korrelation stärker als umgekehrt (vgl. ebd.). Gelingt es also, das Selbstkonzept der Lernenden zu stärken, können auch die Leistungen im Fach Englisch gefördert werden. Aus diesem Grund ist es verwunderlich, dass die Entwicklung des Fähigkeitsselbstkonzepts der Schüler*innen im Fach Englisch am Übergang bisher noch nicht mehr Beachtung gefunden hat, wäre dies doch eine Möglichkeit, den Leistungseinbrüchen und der Frustration der Lernenden entgegenzuwirken. Eines der Ziele des Fremdsprachenunterrichts der 5. Klasse sollte demnach, neben der Weiterentwicklung der fremdsprachlichen Kompetenzen, auch die positive Entwicklung des Fähigkeitsselbstkonzepts sein. Denn nicht nur im Fach Englisch, sondern allgemein gilt, dass „eine günstige Selbstkonzeptentwicklung nach dem Grundschulübergang eine wichtige Voraussetzung für eine weitere erfolgreiche Schullaufbahn zu sein [scheint]" (ebd.) (vgl. auch Kolb 2011: 173).

Nach dem Schulwechsel müssen die Lernenden ihr Selbstkonzept, auch das fachspezifische Fähigkeitsselbstkonzept, überdenken, überarbeiten und anpassen (vgl. Carle/Grabeleu-Szczes/Leverman 2007). Um in dieser Zeit negative Auswirkungen auf das eigene Selbstbild und die fremdsprachlichen Kompetenzen zu vermeiden, müssen in einem umfassenden, d.h. ganzheitlichen, Verständnis von Kommunikation und Kompetenz all die Dimensionen fremdsprachlicher kommunikativer Kompetenz erkannt und gewürdigt werden, die die Lernenden aus der Grundschule mitbringen. Das bedeutet nicht, dass die kognitive Dimension zugunsten einer stärkeren Fokussierung von motivationalen und affektiven Aspekten vollständig vernachlässigt werden soll. Genauso wenig dürfen jedoch zu Beginn der 5. Klasse – oder in höheren Klassenstufen – plötzlich affektive, motivationale und persönliche Dimensionen von Kompetenz vollständig ausgeblendet werden, wenn tatsächlich Kompetenzen und nicht isolierte Fertigkeiten gefördert werden sollen. Darüber hinaus sind die Lernenden auch zu Beginn der 5. Klasse noch jung und bringen dementsprechend ein Bedürfnis nach ganzheitlichen Arbeitsweisen sowie nach Bestätigung und Motivation durch die Lehrkraft mit. Nicht zu vergessen ist, dass auch der Übergang ein Ereignis ist, dass die Lernenden in allen Dimensionen (heraus)fordert – nicht nur fachlich und kognitiv, sondern vor allem auf persönlicher und affektiver Ebene. In einem ganzheitlichen Verständnis von Lehren und Lernen müssen diese Dimensionen daher auch in die Unterrichtsgestaltung und die Formulierung von Lernzielen Einzug finden.

3.7 Erwartungen und Haltungen der Lehrer*innen und Schüler*innen

Im Zusammenhang der Auswirkungen des Schulwechsels auf das Selbstkonzept der Lernenden ist bereits deutlich geworden, welche Rolle die subjektiven Haltungen und Erwartungen der Lehrkräfte spielen. In diesem Unterkapitel soll noch einmal auf die Bedeutung von Erwartungshaltungen und Einstellungen eingegangen werden, da ihnen in der Diskussion um die Lösung der Übergangsproblematik meines Erachtens noch zu wenig Beachtung beigemessen wird. Zunächst geht es dabei um einen Vergleich der Erwartungen der Lehrkräfte der 5. Klassen mit denen der Schüler*innen. Bereits in Kapitel 2.3 ist angeklungen, dass eines der Probleme des Schulwechsels ist, dass sich zu Beginn der 5. Klasse die Erwartungshaltungen der Lehrer*innen oftmals nicht mit denen der Schüler*innen decken. Die Lernenden der 4. Klasse stehen dem Englischunterricht an den weiterführenden Schulen zunächst mit positiven Erwartungen gegenüber, negative Einstellungen zeigen sich meist nicht (vgl. Marschollek 2007: 140). Sie sehen die neuen Herausforderungen als Chance für „Lernfortschritte und Erfolgserlebnisse“ (Schmid-Schönbein 2008: 122) (vgl. auch Müller-Hartmann/Schocker-von Ditfurth 2004: 169) und sind motiviert, das Lernen der Fremdsprache zu vertiefen, haben sie doch ein sprachliches Können erworben, das es zu erweitern gilt (vgl. Marschollek 2007: 139f.). Darüber hinaus stehen sie der fremden Sprache und Kultur in der Regel positiv gegenüber (vgl. Börner 2000: 101). Gleichzeitig verbinden sie auch den Unterricht in der 4. Klasse mit positiven Erfahrungen, was sich u.a. in den Wünschen nach Fortführung von Methoden zeigt, und empfinden ihn als gute Vorbereitung auf den Unterricht in der 5. Klasse (vgl. Vollmuth 2000: 17). Diese positive Erwartungshaltung der Schüler*innen zum Ende der 4. Klasse stellt dabei eine gute Basis für die Fortführung des Englischunterrichts in der 5. Klasse dar, vorausgesetzt, dass die Lehrkräfte der weiterführenden Schulen diese Erwartungshaltungen (er)kennen und den Unterricht der Grundschule anerkennen.

Die meisten Schüler*innen sind im Englischunterricht der Grundschule selbstsicher, wenn es um den Einsatz der Fremdsprache geht. Darüber hinaus haben sie, bedingt durch positive Erfahrungen, die sie mit der Fremdsprache machen konnten, meist ein ebenso positives Fähigkeitsselbstkonzept (vgl. Demircioglu 2008: 58). Auch wenn sie eine Tendenz dazu haben, sich in ihren Leistungen und Kompetenzen zu überschätzen, sind sie sich darüber bewusst, was sie in der Fremdsprache schon können und bereit, ihre Kompetenzen zu erproben (vgl. Wilkening 2005: 22). Dieses positive Fähigkeitsselbstkonzept bringen die Schüler*innen mit in den Englischunterricht der 5. Klasse und blicken somit meist motiviert auf das, was sie erwartet. Dies ändert sich jedoch oft im Laufe der 5. Klasse. Motivationsverlust und eine geringere Einschätzung der fremdsprachlichen Leistungen durch die Schüler*innen selbst gehen oft Hand in Hand (vgl. ebd.). Verursacht werden kann dies zum einen durch enttäuschte Erwartungen oder aber durch nicht erkannte und unterschätze Kompetenzen.

Das gestärkte Vertrauen der Schüler*innen in ihre fremdsprachlichen Leistungen und Kompetenzen wird zu Beginn der 5. Klasse auf die Probe gestellt werden, wo sich herausstellen muss, ob sie den Ansprüchen der Lehrkräfte gerecht werden. Die Erwartungen, die die Lehrkräfte zu Beginn der 5. Klasse mit Blick auf die Kompetenzen und Leistungen der Schüler*innen haben, sind dabei oftmals entweder zu hoch – weil sie Ansprüche der weiterführenden Schulen auf die Grundschule übertragen – oder zu niedrig – weil die Arbeit der Grundschule in Frage gestellt wird.

Sind die Erwartungen der Lehrkräfte zu hoch (vgl. Behr/Kierepka 2005: 18; Kolb 2018: 276) liegen Aufgaben, die sie den Schüler*innen stellen, womöglich über dem, was sie an Kompetenzen aus der Grundschule mitbringen und somit leisten können. Die Lehrer*innen setzen Dinge als bekannt voraus, die den Schüler*innen in der Grundschule noch nicht begegnet sind. Der Fokus rückt dabei weg von dem, was die Schüler*innen tatsächlich können, und hin zu Defiziten, die im Grunde gar keine sind. Können die Schüler*innen den hohen Erwartungen nicht gerecht werden, entsteht sowohl auf ihrer als auch auf Seiten der Lehrkräfte Frustration. Die Schüler*innen werden in ihrer Motivation gebremst, die Lehrer*innen haben das Gefühl, noch einmal ganz von vorne beginnen zu müssen, um all das nachzuholen, was in der Grundschule versäumt wurde.

Die Lernenden sehen sich oftmals jedoch auch mit einer zu geringen Wertschätzung ihrer Leistungen und Kompetenzen konfrontiert. Die Haltung der Lehrkräfte, die oftmals Mängel in der Vorbereitung der Grundschule fokussieren und das Gefühl haben, die Schüler*innen nun „an einen [‚]ernsthaften‘ Englischunterricht […] gewöhnen [zu müssen]“ (Marschollek 2007: 142) steht den positiven Erwartungen der Schüler*innen gegenüber. In der Konfrontation dieser beiden Positionen kann nicht nur die Einschätzung der eigenen Kompetenzen durch die Schüler*innen negativ beeinflusst werden, auch der Unterricht in der Grundschule kann so im Nachhinein als negativ bewertet werden. Bezweifeln die Lehrkräfte, dass der frühe Fremdsprachenunterricht tatsächlich gute Arbeit leistet, vielleicht auch im Vergleich zu anderen Fächern, in denen die Übergangsproblematik weniger stark ausgeprägt ist, unterschätzen sie womöglich, wie in einer Art *self-fulfilling prophecy*, die Leistungen und Kompetenzen der jungen Lernenden (vgl. Keßler 2009: 161). Auf diese Weise wird den Schüler*innen durch ständiges Wiederholen das Gefühl vermittelt, das, was sie in der Grundschule gelernt haben, sei nicht wichtig oder es wird nicht erkannt. Auch dies kann zu einem Motivationsabfall führen (vgl. Börner 2004: 10).

Weitere Probleme können sich aus den recht hohen Erwartungen ergeben, die die Lernenden selbst an sich und ihre Weiterentwicklung haben. Oftmals scheinen die hohen Erwartungen der Schüler*innen an die eigene Leistung, die Kompetenz der Lehrkräfte (vgl. Marschollek 2007: 139) und die Lernziele des Unterrichts durch Eltern und eventuell ältere Geschwister, die bereits Englischunterricht in der Sekundarstufe erlebt haben, geprägt zu sein (vgl. Wagner 2009: 119). Aus einem entwicklungspsychologischen Blickwinkel stellt sich die Frage, ob diese Erwartungen sich mit dem decken, was „gut" für die Schüler*innen ist, und was sie sich für sich selbst wünschen würden, wenn sie keinen Beeinflussungen von außen ausgesetzt wären. Dies gilt besonders dann, wenn die hohen Erwartungen der Schüler*innen so ausgelegt und interpretiert werden, dass sie sich selbst einen auf systematische und auf formale Aspekte fokussierten Fremdsprachenunterricht wünschen und damit eine Rechtfertigung für die Veränderung des Englischunterrichts zu Beginn der 5. Klasse liefern. Vielmehr sollten die „ausgeprägte Lernzielorientierung" (Zöller/Treutlein 2013: 106) und die erhöhte Motivation und Leistungsbereitschaft der Lernenden so im Unterricht genutzt werden, dass sie in positiven Lernerfahrungen für die Lernenden münden und nicht als Rechtfertigung für Umbrüche im Unterricht genutzt werden. Ansonsten können Selbstsicherheit und Risikobereitschaft schnell in Unsicherheiten, Motivationsverlust und Inkompetenzerlebnisse umschlagen. Deutlich wird dies erneut an Haltungen der Lehrer*innen in konkreten Situationen. Oftmals werden die jungen Lernenden zu Beginn der 5. Klasse dafür gelobt, dass sie eine hohe Sprechbereitschaft zeigen (vgl. Jünemann/Rudolph 2011: 300). Gleichzeitig bemängeln die Fremdsprachenlehrer*innen der weiterführenden Schulen aber, dass sie nicht in der Lage seien, sprachliche Phänomene grammatikalisch zu begründen – ein Aspekt, der in der Grundschule nicht trainiert wurde – und relativieren damit die kommunikativen Kompetenzen der Lernenden (vgl. Behr/Kierepka 2005: 18f.). Bleibt die Bestätigung aus, können sich schnell Sprechhemmungen aufbauen. Junge Lernende sind in der Regel zwar noch unbefangener und risikobereiter im Umgang mit der Fremdsprache als ältere Lernende und trauen sich spontan mehr zu. Sie sind dabei aber in großem Maße auf Anerkennung und Bestätigung durch die Lehrkraft angewiesen.

Auch die bisher fehlende Abstimmung und nicht ausreichende Zusammenarbeit zwischen den Schulformen kann durch Unterschiede in den Erwartungshaltungen und Einschätzungen ihrer Lehrkräfte erschwert werden. Unterschiede zwischen den beiden Schulformen werden von den Lehrer*innen beider Schulen erkannt und besonders „die Bereiche Grammatik und Schriftsprache“, die „Rolle von Regelwissen und Bewusstmachung“, die „Gewichtung von Mündlich- und Schriftlichkeit“ und „Differenzen in der Unterrichtsmethodik“ werden genannt, und „[n]ur etwas über die Hälfte aller Lehrkräfte beider Schulen meint, dass sich die Lernstandskontrollen unterscheiden“ (Kolb 2011: 151f.). Allgemein scheinen die Unterschiede in der methodischen Gestaltung des Unterrichts den Grundschullehrkräften eher bewusst zu sein als den Lehrkräften der Sekundarstufe (vgl. ebd.: 169). Dass die Unterschiede in der methodischen Gestaltung erkannt sind, ist eine notwendige Voraussetzung für eine erfolgreiche Gestaltung des Schulwechsels. Das Potenzial, das eine Annäherung der Methoden hat, ist ebenfalls von den Lehrkräften beider Schulformen erkannt, wird jedoch besonders von Seiten der Grundschullehrkräfte betont (vgl. ebd.: 163).

Erfreulich ist in diesem Zusammenhang, dass die Lehrkräfte beider Schulformen Methoden und Aufgaben im Bereich der Förderung mündlicher Kompetenzen eine hohe Bedeutung zumessen (vgl. Kolb 2011: 172). Zum einen wird (an)erkannt, dass die Schüler*innen in der Grundschule hauptsächlich im mündlichen Bereich Kompetenzen erwerben und diese im Unterricht der weiterführenden Schule nutzen und erweitern können. Damit ist eine gute Grundlage für die Weiterführung geschaffen, an die sich mit einem Konzept für die langfristige Gestaltung des Übergangs ansetzen ließe.

Uneinigkeit besteht darüber, wie eine solche Annäherung aussehen kann und welchen Beitrag die jeweilige Schulform leisten muss. Die Lehrkräfte der Sekundarstufe I wünschen sich eine stärkere Integration formaler und systemlinguistischer Aspekte in den Grundschulunterricht und sprechen sich besonders für eine stärkere Fokussierung auf Wortschatz- und Grammatikarbeit und eine verstärkte Förderung der Schreib- und Lesefertigkeiten aus, auch um diese in Klasse 5 im Rahmen von Tests und Bewertungen nutzen zu können (vgl. ebd.: 170). Zum anderen sehen sie in der Schriftsprache eine Möglichkeit, in ihrem Unterricht an den Englischunterricht der Grundschule anzuknüpfen, indem sie fremdsprachliche Strukturen, die den Schüler*innen bisher nur mündlich bekannt sind, verschriftlichen (vgl. ebd.: 163). Es werden Anforderungen an den frühen Fremdsprachenunterricht gestellt, die nur über eine stärkere Fokussierung auf kognitive, systematische und hauptsächlich schriftbasierte Zugänge zur Fremdsprache zu erreichen sind. Die Grundschullehrkräfte hingegen wünschen sich einen ganzheitlicheren Ansatz auch für den Unterricht in der 5. Klasse (vgl. ebd.: 170). Dafür müssen sie Unterrichtsgestaltung und -prinzipien „selbstbewußt [sic] […] vertreten" (ebd.: 50) und sie nicht an Methoden der 5. Klasse anpassen.

Die Frage bleibt, aus welchen Motiven heraus die Wünsche an den jeweils anderen Unterricht formuliert werden. Eine Lösung der Übergangsproblematik kann nicht aus einem Vorverlegen des Unterrichts der Sekundarstufe I in die Grundschule und somit aus einer rückwirkenden Kontinuitätsentwicklung bestehen. Das heißt nicht, dass die alleinige Verantwortung auf die weiterführenden Schulen übertragen werden soll. Auch die Grundschulen können einen Beitrag zur Lösung der Übergangsproblematik leisten (vgl. oben Christiane Doms), jedoch übernimmt die Grundschule weder für die inhaltliche noch die methodische Dimension der Kontinuität eine „Zulieferfunktion" (Kolb 2011: 172). Eine Vorverlagerung der Ziele und Arbeitsweisen aus der 5. Klasse in die 4. Klasse gilt als wenig sinnvoll (ebd., Roos 2007: 40). Die Aufgabe des Fremdsprachenunterrichts in der Grundschule ist es somit nicht, die Kinder auf den Englischunterricht der weiterführenden Schule vorzubereiten – auch wenn dies oftmals von den Lehrkräften der weiterführenden Schulen als wünschenswert empfunden wird.

Die Einstellungen und Haltungen der Lehrenden, besonders der Sekundarstufe I, haben einen entscheidenden Einfluss, wenn es darum geht, Gründe und Lösungen für die Übergangsproblematik zu finden. Fehlende Kontinuität geht „häufig mit der falschen Vorstellung einher […], daß [sic] nach dem lediglich spielerisch-unsystematischen Lernen in der Grundschule in der Sekundarstufe I der richtige, systematische Fremdsprachenunterricht einsetze" (Legutke 2000: 49). Eine Annäherung der Unterrichtsformen ist nur möglich, wenn sowohl auf der persönlichen als auch auf der fachlichen Ebene eine gegenseitige Wertschätzung erfolgt. Auf diese Weise wäre, auch in der Wahrnehmung der Beteiligten, die Phase des Schulwechsels keine Ausnahmesituation mehr, die auf beiden Seiten zu Problemen führt, sondern es könnte an und in einem gemeinsamen Unterrichtskonzept gearbeitet werden. Dafür ist jedoch auch eine Einigkeit darüber nötig, auf welchen Zeitraum sich die Phase des Übergangs beläuft. Handelt es sich dabei um kurzzeitige Änderungen des gewohnten Unterrichts oder geht es darum, langfristig etwas an der Unterrichtsgestaltung zu verändern? Dieser Frage wird im Folgenden nachgegangen.

3.8 Die Dauer der Übergangsphase

Eine weitere Ursache für Schwierigkeiten, die sich beim Schulwechsel ergeben, ist die Uneinigkeit darüber, wie lang die Übergangsphase, in der sich eventuelle Abweichungen vom regulären Unterricht ergeben, dauern kann und muss. Dieser Frage muss im Kontext der Diskussion um die Lösung der Übergangsproblematik meines Erachtens mehr Aufmerksamkeit geschenkt werden. Zum einen kann dies daran liegen, dass die Frage unter Umständen als zu trivial gilt, zum anderen hat die Übergangsphase, sobald sie länger als nur ein paar Wochen dauert, grundlegende Auswirkungen auf das Selbstverständnis des Englischunterrichts zu Beginn der 5. Klasse, für dessen Änderung die weiterführenden Schulen noch nicht bereit zu sein scheinen.

Für die weiterführenden Schulen definiert bisher das Schulbuch Zeit und Umfang der Übergangsphase. Es handelt sich um den Zeitraum, in dem die erste Unit des Buches, in der Inhalte aus der Grundschule aufgegriffen und vertieft werden, behandelt wird. Für die Grundschule gibt es bisher keine Angaben, ob, wie lange und wie die Schüler*innen auf den Wechsel in die weiterführende Schule vorbereitet werden sollen[35].

Betrachtet man die Forschung zum Übergang, wird schnell deutlich, dass die Phase länger sein sollte als die Zeit, die zur Bearbeitung einer Unit benötigt wird. Es kann nicht davon ausgegangen werden, dass die Schwierigkeiten der Schüler*innen nach einigen Wochen in der 5. Klasse aufhören, ohne dass dafür etwas von Seiten der Schule und der Lehrkräfte unternommen wird. Kirsten Aust z.B. definiert das gesamte „erste[...] Halbjahr nach dem Übergang [als] [...] eine[...] für die Bewältigung des Grundschulübergangs sehr wichtige[...] Phase“ (ebd. 2010: 33). Kugler-Euerle geht sogar noch weiter und beschreibt den Zeitraum von der 3. bis zur 6. Klasse als „eigentliche[n] Übergang“ (ebd. 2008: 278) und verdeutlicht damit, was unter einem kontinuierlichen Eng-

35 Es geht hierbei nicht um das „Zuarbeiten“, das sich von vielen weiterführenden Schulen gewünscht wird.

lischunterricht zu verstehen ist, der Phasen des Übergangs und damit einhergehende Brüche vermeidet. Hans Bebermeier (2007) erweitert die Forderung nach Kontinuität auf die gesamte Zeit von der 1. bis zur 10. Klasse (ebd.: 275).

Mit der Definition der Dauer der Übergangsphase geht die Definition dessen, was die Übergangsphase ist und umfasst, einher. In diese Definition spielt auch das Selbstverständnis der Lehrenden und ihrer Aufgaben mit hinein. Bisher stellt die Phase zu Beginn der 5. Klasse in den meisten Fällen einen Ausnahmezustand dar. Dass sich daran in den meisten Fällen „eine völlige Neuorientierung" (Mayer 2006: 218) anschließt, ist wenig sinnvoll, wenn es um die Ausbildung von Kontinuitäten geht. Es genügt nicht, in der Übergangsphase vereinzelt Methoden des Grundschulunterrichts einzusetzen, wenn sich an der grundlegenden Gestaltung des Fremdsprachenunterrichts nichts ändert. Ein Lied oder ein Rollenspiel in einem ansonsten textbuchorientierten Unterricht mit vornehmlich schriftlichen Aufgaben tragen nicht zur Lösung der Übergangsproblematik bei. Es reicht auch nicht, nur in einigen Stunden zu Beginn der 5. Klasse kurzzeitig Methoden aus der Grundschule einzusetzen und den Schüler*innen dadurch vermeintlich ein kontinuierliches Lernen zu ermöglichen. Zum Lösen der Probleme des Schulwechsels müssen zwei Bedingungen erfüllt sein: Erstens muss ein Umdenken stattfinden, das die Übergangsphase als „Schonraum" (Vollmuth 2011: 38) und Zeit der Eingewöhnung anerkennt, in der es z.B. noch keine Noten gibt, ohne dass dabei der Unterricht der 5. Klasse im Gegensatz zum Unterricht der Grundschule steht (vgl. ebd.). Denn zweitens geht es darum, dass sich Kontinuitäten nicht auf einen kurzen Zeitraum zu Beginn der 5. Klasse beschränken. Im Wesentlichen muss es um die Gestaltung des Fremdsprachenunterrichts in der 5. und 6. Klasse gehen (vgl. auch Kahl/Knebler in Börner 2008: 292). Mit dem Ende der 6. Klasse, das sich ungefähr mit dem Eintritt der Pubertät deckt, ist sicherlich ein nochmaliges Überdenken der pädagogischen und methodisch-didaktischen Ausrichtung des Unterrichts nötig, sodass er methodische Ansätze auf altersangemessene Weise fortführt. In dieser Arbeit wird daher als Länge der Übergangsphase ein Zeitraum zugrunde gelegt, der mindestens das erste Halbjahr, auf jeden Fall aber die ersten Monate der 5. Klasse umfasst.[36] Darü-

36 In der 5. Klasse, die an der Studie beteiligt war, wurde der Unterricht in der Zeit von Schuljahresbeginn bis zu den Weihnachtsferien begleitet.

ber hinaus werden allgemeine Empfehlungen für die methodische Gestaltung des Unterrichts in der Sekundarstufe I ausgesprochen. Im folgenden Kapitel sollen zunächst die Ideen für die Gestaltung der Übergangsphase, die bisher in der Literatur zu finden sind, kurz vorgestellt werden.

3.9 Möglichkeiten zur Lösung der Übergangsproblematik

Geht es darum, die Übergangsproblematik zu lösen, gilt es zunächst, Möglichkeiten zur Ausbildung von Kontinuität im Fremdsprachenunterricht zu finden. Entscheidend ist dabei, dass eine erfolgreiche kontinuierliche Gestaltung des Schulwechsels Aufgabe beider Schulformen ist. Nikola Mayer fasst die Ergebnisse aus den Studien von Kahl/Knebler (1996) und Legutke/Lortz (2002) zusammen und benennt grundlegende Elemente der Kontinuität an den weiterführenden Schulen. Auch Hans Bebermeier (2007: 275) hat in den drei Kategorien – *lasting, decreasing, increasing* – Anforderungen an den Fremdsprachenunterricht zusammengefasst. Basierend auf diesen Prinzipien ergeben sich für den Fremdsprachenunterricht der 5. Klasse Forderungen nach einer Fortführung:

- eines handlungsorientierten Unterrichts
- eines intuitiven und ganzheitlichen Zugangs zu Sprache
- grundschulgemäßer Methoden und Prinzipien
- der Methodenvielfalt
- eines erlebnis-, emotionsgestützten Lernens und Lehrens
- des Primats des Mündlichen (Beachtung individueller Sprechzeit)
- des Prinzips der situationsangemessenen Einsprachigkeit
- der Selbsteinschätzung z.B. durch den Einsatz von Portfolios

sowie einer vermehrten Forderung nach einer langsamen und graduellen Einführung:

- der Schrift und des systemlinguistischen Zugangs zur Sprache
- längerer und umfangreicherer mündlicher Sprachproduktion
- dem Umgang mit unterschiedlichen Texten
- einer umfangreicheren Wortschatzarbeit
- sowie des Angebotes und Einsatzes von Lerntechniken und Lernstrategien (vgl. Mayer 2006: 227; Bebermeier 2007: 275; Kieweg 2004: 35ff.).

Ergänzt werden diese Aspekte durch die Forderung an den Englischunterricht in der Grundschule, eine verstärkte Förderung des produktiven und kreativen Sprechens sowie eine einheitliche Einführung der Schrift umzusetzen (vgl. Doms 2010: 8).

Ansätze für die kontinuierliche Gestaltung des Übergangs lassen sich entweder der konzeptuellen Ebene mit Möglichkeiten der Kontinuität im Unterricht oder der institutionellen Ebene, die sich auf die Institutionen Schule und Universität bezieht, zuordnen (vgl. Mayer 2006: 228 ff.). Im Unterricht lässt sich sowohl auf inhaltlicher als auch auf methodisch-didaktischer Ebene Kontinuität herstellen. Auf der inhaltlichen Ebene werden Themen, die in der Grundschule behandelt wurden, in der 5. Klasse wieder aufgegriffen bzw. fortgeführt und erweitert. Dies wird in den meisten Schulbüchern im Rahmen von Einführungseinheiten bereits realisiert. Inhalte, die in der Grundschule für Schüler*innen relevant waren und in denen sie bereits Wissen und Kompetenzen erworben haben, werden aufgegriffen und wiederholt und sollen den Schülerinnen und Schülern den Einstieg in den Unterricht der 5. Klasse erleichtern (vgl. auch Schmid-Schönbein 2010). Oftmals geht es dabei auch darum, dass sich die Lernenden Themen, mit denen sie sich bisher unter einem Fokus der Förderung mündlicher Kompetenzen beschäftigt haben, nun auch schriftlich erschließen. Das heißt, dass sie nicht nur vermehrt kurze Texte zu diesen Themen lesen, sondern auch schriftliche und vor allem grammatikalische Übungen dazu bearbeiten. Es erfolgt eine systematische Auseinandersetzung mit Themenbereichen, die ganz grundlegend eine Behandlung von Grammatikphänomenen beinhalten sowie den systematischen Aufbau von Wortschatz einschließen. Entscheidend für eine erfolgreiche Weiterführung des Unterrichts ist jedoch, dass mit den Inhalten dann tatsächlich produktiv weitergearbeitet wird und es nicht nur um eine reine Wiederholung geht, um die Inhalte z.B. noch einmal richtig zu behandeln. Die Wiederholung von Inhalten birgt die Gefahr, den Schüler*innen ein Gefühl zu vermitteln, dass all das, was sie in der Grundschule bisher gelernt haben, nicht ausreichend, ihr Können weder anerkannt noch gewürdigt wird, und dass dadurch Frustration und Langeweile aufkommen. Handeln die Lehrer*innen lerner*innenorientiert, können sie die Lehrbücher zunächst auf auszulassende Themenbereiche überprüfen (vgl. Hellwig 1995: 85 f.). In diesem Kontext besteht jedoch die Gefahr, dass nach der Einführungseinheit der Unterricht unverändert weitergeht und all das, was am Anfang vermeintlich nicht geschafft wurde, in die späteren Units ausgelagert wird.

Kontinuitäten im Bereich der methodisch-didaktischen Gestaltung von Unterricht sind ebenfalls auf der konzeptuellen Ebene anzuordnen. Dass eine Annäherung der Schulformen auch im methodisch-didaktischen Bereich sinnvoll ist, ist bereits in den vorherigen Kapiteln deutlich geworden (vgl. auch Hellwig 1995: 85). Die Fortführung grundschulgemäßer Methoden im Englischunterricht der weiterführenden Schulen kann zur Aufrechterhaltung der Motivation der Lernenden sowie ihrer Lernfreude beitragen (vgl. Kahl/Knebler 1996 in Mayer 2006: 221 und 226). Die Lernfreude, die die Schüler*innen mit in den Unterricht der 5. Klasse bringen, ist ein Ergebnis des Englischunterrichts in der Grundschule und kann somit „[...] als Hinweis auf die Wirksamkeit der angewendeten Methoden [...]" (Börner 2008: 295) verstanden werden. Hinzu kommt, dass die Lernenden auch aus lern- und entwicklungspsychologischer Sicht nach der 4. Klasse noch nicht bereit sind für einen Wechsel in der unterrichtlichen Gestaltung hin zu systematischen, die Strukturen von Sprache fokussierenden Methoden (vgl. Büchner/Koch 2001: 17; Mayer 2006: 216):

> Dem Stufenmodell der intellektuellen Entwicklung (nach Piaget) zufolge haben Kinder vor dem Übergang in eine weiterführende Schule die Stufe der konkreten Denkoperationen noch nicht vollständig erreicht und können so logische Denkprozesse noch nicht angemessen durchführen. Erst mit elf oder zwölf Jahren gelingt es ihnen, in abstrakten Kategorien zu denken, die losgelöst sind von konkreten Objekten (Büchner/Koch 2001: 16f.).[37]

Daraus ergeben sich unmittelbar Konsequenzen für die methodisch-didaktische Gestaltung des Unterrichts der 5. Klasse. Auch die Schüler*innen selbst wünschen sich eine Fortführung der Methoden der Grundschule, wie beispielsweise Spiele, Lieder und Geschichten (vgl. Marschollek 2007: 138).

37 Dies konnte auch während einer Hospitation in einer Grammatikstunde in der 5. Klasse beobachtet werden. Dabei ging es um die Fragebildung mit Formen von ‚to be'. Die Lehrerin schrieb zwei Sätze an die Tafel: I am happy. Are you happy? und fragte die Schüler*innen, worin sich die beiden Sätze unterscheiden, um damit herauszuarbeiten, wie Fragen gebildet werden. Eine Schülerin meldete sich und sagte: In dem einen Satz steht I und in dem anderen you. Sie war also in der Lage, die offensichtlichen Unterschiede zu erkennen, jedoch konnte sie nicht unmittelbar abstrahieren, wie Fragen mit Formen von ‚to be' gebildet werden.

Sie erwarten gleichzeitig allerdings neue Aufgaben und Methoden, die sie fordern und in ihrer fremdsprachlichen Entwicklung voranbringen (vgl. ebd.). Auch wenn Schüler*innen der 5. Klasse weiterhin einen intuitiv-ganzheitlichen Zugang zur Sprache haben (vgl. Mayer 2006: 226), heißt dies nicht, dass sich ihre Ansprüche an den Fremdsprachenunterricht und seine Gestaltung nicht verändern (vgl. Ergebnisse von Marschollek 2007). Sie wollen herausgefordert werden und allzu kindliche Elemente des Grundschulunterrichts erscheinen auch ihnen nicht mehr geeignet (vgl. Mayer 2006: 229).

Die Lösung der Problematik liegt demnach sowohl in der Forderung nach Fortführung als auch nach Anpassung von „Routinen und Methoden der Grundschule" (Mayer 2006: 228) an die Anforderungen der Sekundarstufe I sowie das Alter und die Entwicklung der Kinder. Es müssen also Methoden gefunden werden, die den Ansprüchen eines ganzheitlichen, handlungsorientierten, spielerischen und kommunikativen Fremdsprachenunterrichts gerecht werden und deren Komplexität sich entsprechend den Anforderungen und Lernzielen des Fremdsprachenunterrichts der jeweiligen Klassenstufen steigern lässt.

Ganz konkret lässt sich eine altersangemessene Fortführung von Methoden des Grundschulunterricht z. B. am Einsatz des *storytelling* und von TPR-Methoden zeigen, die zunächst wahrscheinlich hauptsächlich als Methoden für den Grundschulunterricht gelten und von den meisten Lehrkräften als ungeeignet und zu kindlich für den Einsatz in der Sekundarstufe I eingeschätzt werden. Angepasst an Lernziele und Anforderungen, sind sie jedoch geeignete Elemente für eine Ausbildung von Kontinuitäten im Fremdsprachenunterricht (vgl. auch Nikola Mayer 2006: 228). Bilderbücher und Geschichten haben im Englischunterricht der Grundschule einen festen Platz. Je nach Inhalt und Gestaltung des Bilderbuchs lassen sich diese auch zu Beginn der 5. und in der 6. Klasse einsetzen (Schmid-Schönbein 1998: 121; Burwitz-Melzer 2004; Elis 2013). Die Komplexität der eingesetzten Geschichten lässt sich in den folgenden Schuljahren über Comics und Graphic Novels weiter steigern. Ganzheitliche Methoden, die den Einsatz von spielerischen und nachahmenden Bewegungen im Unterricht fordern, wie beispielsweise Pantomime oder *Total-Physical-Response*-Übungen (TPR), lassen sich ebenso gut mit jüngeren Lernenden der Grundschule einsetzen wie auch mit älteren Lernenden der Sekundarstufe I (vgl. Mayer 2006: 228; Schönbein 1998: 119).

Leider besteht allzu leicht die Gefahr, dass Methoden der Grundschule als spielerisch und zu kindlich abgetan werden und aus dem Unterricht der weiterführenden Schulen verschwinden. So führt Bebermeier als Methoden, die im Unterricht der weiterführenden Schulen abnehmen sollen, die „Arbeit mit Handpuppen", das „kleinschrittige[...] Bearbeiten von *exercises*", die „regelmäßige Integration von Lied, Spiel, Reim" sowie „lange Sprachaufnahmephasen" (ebd. 2007: 275; vgl. auch Kieweg 2004: 41) an. Der pauschal formulierte Punkt beispielsweise, dass der Einsatz von Liedern, Spielen und Reimen im Unterricht der weiterführenden Schulen abnehmen sollte, unterstützt viele Sekundarstufenlehrer*innen in ihrer Skepsis einem spielerischen und ganzheitlichen Zugang zur Sprache gegenüber. Es werden Gestaltungselemente, die für den grundsätzlichen methodischen Ansatz des Grundschulenglischunterrichts stehen, explizit aus dem Unterricht der 5. Klasse ausgeklammert. Eine altersangemessene Weiterführung von Methoden und Prinzipien des Grundschulunterrichts kommt so nicht zustande. Darüber hinaus haben Lieder und Musik auch im Unterricht der Sekundarstufe I eine Berechtigung und werden zur Schulung des Hörverstehens oder im Grammatikunterricht eingesetzt. Lieder können im Unterricht der weiterführenden Schule – ebenso wie in der Grundschule auch – also nicht nur selbst gesungen, sondern auch angehört werden (vgl. Mayer 2006: 229). Reime, in Form von längeren Gedichten oder Raps z. B., sind ebenso auch für ältere Schüler*innen geeignete Methoden. Rhythmus und Melodie können als unterstützendes Element zur Förderung des Sprechens oder beim Lernen von Vokabeln und grammatikalischen Strukturen genutzt werden (vgl. auch Mayer 2006: 229).

Von methodisch-didaktischer Kontinuität kann nur gesprochen werden, wenn die Übergangsphase nicht allein auf eine kurze Zeit begrenzt wird und so zu einem Ausnahmezustand vom regulären Unterricht wird. Zum Ankommen der Schüler*innen in der neuen Schule können diese kurzen Projekte jedoch hilfreich sein und zu einem guten Start in der 5. Klasse beitragen. Entscheidend ist, dass es nicht dabei bleibt. Nikola Mayer fordert dementsprechend „beides: Ansätze und konkrete Maßnahmen für eine zeitlich begrenzte Phase des Übergangs und die grundsätzliche Weiterführung dessen, was im Fremdsprachenunterricht der Grundschule begonnen wurde" (Mayer 2006: 218.).

Für ebendiese zeitlich begrenzten Projekte gibt es in der Fachliteratur bereits einige konkrete Anregungen. Dabei handelt es sich meist um unterrichtspraktische Ideen, die z.B. in zwei Ausgaben der Zeitschrift „Der fremdsprachliche Unterricht Englisch" veröffentlicht wurden (vgl. DFUE 60/2004, DFUE 103/2010). Der Fokus liegt dabei auf der inhaltlichen Anknüpfung bzw. Weiterführung dessen, was die Schüler*innen in der Grundschule bereits behandelt haben, ohne dass es bei der bereits diskutierten reinen Wiederholung von Inhalten bleibt. Vielmehr geht es darum, Vorwissen zu aktivieren und zu nutzen und dabei Kompetenzen der Schüler*innen zu erkennen und zu diagnostizieren. In den meisten Beiträgen werden daraus folgende Anregungen für den Unterricht zu Beginn der 5. Klasse gegeben, die sich auf mündliche Kompetenzen und spielerische bzw. bewegte Zugänge konzentrieren. Darüber hinaus gibt es Anregungen für Kooperationsprojekte, bei denen Klassen der 4. und 5. Jahrgangsstufe zusammenarbeiten und die so die Kommunikation zwischen den verschiedenen Schulformen fördern. Auch Anregungen für die Gestaltung von Brückenaufgaben, wie sie vornehmlich in dem Projekt Pri-Sec-Co (vgl. Kolb/Mayer 2009) zum Einsatz kamen, werden gegeben. Bei diesen Aufgaben handelt es sich um *tasks* im Sinne des *task-based language learning*, die zumeist zum Ende der 4. Klasse in der Grundschule vorbereitet und zu Beginn der 5. Klasse fortgeführt oder fertiggestellt werden. Andere Vorschläge beschäftigen sich mit dem Einsatz von Bilderbüchern (Burwitz-Melzer 2004) oder der Vermittlung von Wortschatz nach den Prinzipien des Grundschulunterrichts, d.h. gestützt durch den Einsatz von Bildern, Bewegungen, Spielen und Geschichten (Gerngross 2004). Allen Beiträgen gemeinsam ist die Fortführung von methodisch-didaktischen Elementen des Grundschulunterrichts.

Dennoch wird die Weiterführung von grundschulgemäßen Methoden, im Gegensatz zu der von Inhalten, bisher meist nicht zufriedenstellend in die Tat umgesetzt – obwohl sie als Lösungselement der Übergangsproblematik erkannt ist (s.o., vgl. Kolb 2011: 165) und sich dazu bereits Empfehlungen in den Handreichungen der Lehrbücher finden. Neben diesen allgemeinen Empfehlungen und den Hinweisen zur Ausbildung von Kontinuität fehlt es an weitreichenden konkreten Anregungen für die langfristige methodisch-didaktische Gestaltung des Fremdsprachenunterrichts. Konkrete methodische und unterrichtspraktische Empfehlungen scheinen notwendig, um sie herbeizuführen. Neben den bereits diskutierten Vorteilen der methodischen

Kontinuität kann so die Methodenkompetenz der Schüler*innen schon in der Grundschule gefördert und im Laufe der Schulzeit aus- und aufgebaut werden[38] (vgl. auch Behr 2005: 19).

Im Sinne der Ausbildung von Kontinuitäten im Englischunterricht und der damit einhergehenden Wertschätzung der Kompetenzen der Lernenden, ist es notwendig, die in der Grundschule verfolgten bzw. erreichten Lernziele aufzugreifen und weiterzuführen (vgl. Thee 2006: 47) sowie Kompetenzen, die im Englischunterricht der Grundschule hauptsächlich wichtig waren, weiterhin im Unterricht zu fördern (vgl. von Reinersdorff 2004: 42). Grundschulgerechte Methoden tragen dazu bei, dass die Schüler*innen von ihnen erworbene Kompetenzen besser nutzen und demonstrieren können (vgl. Kolb 2011: 170). Werden im Unterricht Methoden eingesetzt, die den Schüler*innen vertraut sind und erhalten vertraute Unterrichtsroutinen und Rituale Einzug in den Unterricht, werden in der Anfangszeit der 5. Klasse Gelegenheiten geschaffen, bei denen die Schüler*innen ihre Kompetenzen demonstrieren können (vgl. Legutke 2000: 49).

Wird die Lösung der Übergangsproblematik als gemeinsames Ziel beider Schulformen verstanden, müssen Kontinuitäten nicht nur auf der konzeptuellen, sondern auch auf der institutionellen Ebene ausgebildet werden. Gemeint ist hier die Zusammenarbeit sowohl im schulischen als auch im universitären Bereich (vgl. Mayer 2006: 229 f.). So kann bereits in der Ausbildung der Lehrkräfte auf die Notwendigkeit des Unterrichtens als Kontinuum hingewiesen werden. Lehramtsstudierende sollten die Gelegenheit bekommen praktische Erfahrungen in beiden Schulformen mit möglichst verschiedenen Altersklassen und methodischen Ansätzen zu sammeln (vgl. auch ebd.) und verstärkt in „Diagnosefähigkeiten" (ebd.: 230) trainiert werden. Zum einen würden sie auf diese Weise befähigt, die Kompetenzen ihrer Schüler*innen besser und gezielter zu erkennen. Zum anderen würden sie dazu angehalten, ihren eigenen Unterricht und ihr eigenes Verhalten zu reflektieren und

38 Dies hat sich z. B. in den Theaterprojekten gezeigt, die über Jahre hinweg in einer Kooperation der Fachdidaktik Englisch der Universität Göttingen und der VHS Göttingen durchgeführt wurden. Jugendliche, die bereits als Kinder angefangen haben, Theater zu spielen, konnten im Laufe der Jahre auf ihre Erfahrungen aufbauen und fanden sich ohne große Erklärungen in neuen Übungen zurecht. Darüber hinaus konnten sie verstärkt auch spontan und improvisierend mit der Fremdsprache umgehen.

zu erforschen (vgl. ebd.). Gegenseitige Wertschätzung und zunehmende Zusammenarbeit von Lehrkräften beider Schulformen würde das Kontinuum Fremdsprachenunterricht vorantreiben (vgl. von Reinersdorff 2004: 42), und diese Haltung sollte auch Teil der Lehramtsausbildung werden.

In Brunsmeiers Studie (2018) wurde deutlich, dass Schüler*innen den Schulwechsel dann als positiv erleben, wenn sie mit einem gestärkten Vertrauen in ihre Fähigkeiten am Englischunterricht der weiterführenden Schule teilnehmen und an ihr Vorwissen und ihre Kompetenzen anknüpfen können (vgl. ebd.: 101). Im folgenden Kapitel gilt es daher, das Potenzial dramapädagogischer Methoden zur Ausbildung methodisch-didaktischer Kontinuität, zur Umsetzung eines weiten Kompetenzbegriffs sowie zur Förderung des Selbstbewusstseins und Selbstkonzepts der Lernenden aufzuzeigen.

4 Dramapädagogische Verfahren zur Ausbildung von Kontinuitäten im Fach Englisch

Zunächst den alternativen Lehr- und Lernformen zugeordnet, wird dem dramapädagogischen Konzept mittlerweile ein eigenständiger Platz in der fachdidaktischen Welt eingeräumt und „die Dramapädagogik ist zu einer wichtigen Bezugsdisziplin für die Fremdsprachendidaktik avanciert" (Schewe 2015: 31). Sie lieferte Impulse zur Entwicklung einer performativen Fremdsprachendidaktik (vgl. Haack 2010; Schewe 2011) sowie einer performativen Literaturdidaktik (Schewe 2019). Im Sinne einer performativen Fremdsprachendidaktik geht es zum einen um die pädagogische Nutzung der Künste im Unterricht und damit um eine Verbindung von Fremdsprachenunterricht und beispielsweise Musik oder Theater geht. Zum anderen „geht es um eine neue Lehr- und Lernkultur, in der Formen ästhetischen Ausdrucks ein zentraler Stellenwert eingeräumt wird" (Schewe 2015: 31). Dabei geht es um den Einsatz von Körpersprache, um das Spiel mit Sprache und die (künstlerische) Verbindung von Wort, Klang, Text und Bewegung (vgl. ebd.). Welche Lernziele in der dramapädagogischen Arbeit im Fremdsprachenunterricht im Vordergrund stehen, wird im Folgenden Unterkapitel dargestellt.

4.1 Lernziele der Dramapädagogik im Fremdsprachenunterricht

Im Allgemeinen geht es im dramapädagogischen Kontext darum, die Imagination und Kreativität der Schauspielenden und Zuschauenden zu aktivieren und zu nutzen – sie stellen dar, stellen sich etwas vor und tun so als ob – so auch im Fremdsprachenunterricht. Das Lernen erfolgt in Als-ob-Situationen, die möglichst authentische Kommunikations- und Interaktionssituationen nachempfinden.

Dramapädagogische Methoden werden zur Förderung des dialogischen und freien Sprechens, inklusive der Förderung der Aussprache, eingesetzt (vgl. Elis 2015: 93 ff.). Dabei erproben die Schüler*innen „in fiktiven dramatischen Situationen, die durch das magische ‚wenn' (wenn ich in dieser Situation wäre) auf die Realität des Ichs bezogen sind" (Esselborn 1988: 22

in: Ronke 2005: 21) Kommunikations- und Handlungsstrategien für zukünftige reale Kommunikationssituationen und trainieren interkulturelle kommunikative Kompetenz (vgl. zum interkulturellen Lernen u.a. Kessler/Küppers 2008; Jäger 2011). Im Fremdsprachenunterricht fördert der Einsatz dramapädagogischer Methoden bei den Lernenden also den freien, kreativen und flexiblen Umgang mit der Fremdsprache sowie sowohl ihre Imagination und Vorstellungskraft als auch ihr Einfühlungsvermögen. Noch zu wenig genutzt wird das Potenzial der Methoden zur Förderung der nonverbalen Kommunikation als Teil der fremdsprachlichen kommunikativen Kompetenz (vgl. Surkamp 2014) sowie ihrer Teilkompetenzen – grammatische Kompetenz, soziolinguistische Kompetenz, strategische Kompetenz und Diskurskompetenz (Schmenk 2010: 136).

Auch zur Förderung der anderen funktionalen kommunikativen Fertigkeiten[39] (Hör- und Hör-/ Sehverstehen, Leseverstehen, Schreiben, Sprachmittlung) und im Bereich der Verfügung über sprachliche Mittel (Wortschatz, Grammatik[40], Aussprache und Intonation sowie Orthografie) werden die Methoden kaum eingesetzt (vgl. Elis 2015: 89f.). Darüber hinaus ist das Potenzial der Methoden des Theaters zur Förderung persönlicher und sozialer Kompetenzen zwar allgemein erkannt und teilweise belegt (vgl. Domkowsky 2011; Domkowsky/Walter 2012; Wirag 2019), ein bewusster Einsatz zur Förderung dieser Kompetenzen im Kontext des Englischunterrichts ist jedoch eher selten. Domkowsky und Walter zeigen in ihrem Artikel allerdings eine Relevanz für den Fremdsprachenunterricht auf. Für den frühen Englischunterricht und im Rahmen der Übergangsproblematik soll dies im Rahmen dieser Arbeit noch weiter ausgeführt werden (vgl. Kapitel 4.3). Allgemein wird den Methoden eine positive Auswirkung auf die Motivation der Schüler*innen zum Fremdsprachenlernen und damit auf die sprachlichen Leistungen der Lernenden zugeschrieben (vgl. Surkamp/Nünning 2016: 151ff.; Berndt 2003: 4).

Vergleichbar etabliert wie zur Förderung des Sprechens oder des interkulturellen Lernens sind die Methoden auch in der literaturdidaktischen Arbeit

39 Bezeichnung und Definition nach den Ausführungen der Niedersächsischen Kultusministerkonferenz in den Kerncur- ricula und Bildungsstandards (vgl. z.B. KMK 2004: 11).

40 An dieser Stelle sei auf die Arbeiten von Susanne Even (2003) zur Dramagrammatik verwiesen, die sich aber hauptsächlich mit älteren Lernenden beschäftigen.

(vgl. z.B. Surkamp/Nünning 2016: 181 ff.; Walter 2012). In diesem Kontext werden z.B. Dramentexte oder, wie bei Walter, Prosatexte nicht nur analytisch als Genre behandelt, sondern auch ihre Aufführungsdimension wird im Unterricht sowohl rezeptiv als auch produktiv betrachtet. Dabei lassen sich nicht nur literarische Lernziele, sondern ebenso (theater)ästhetische als auch affektive und soziale Kompetenzen fördern (vgl. hierzu Delius/Surkamp 2015 sowie Surkamp 2012: 84; Diehr/Surkamp 2015: 26f.).

Dramen sind Texte, die für die Bühne verfasst wurden. Vollkommen gerecht wird man ihnen demnach also nur, wenn die Dimension der Inszenierung im Fremdsprachenunterricht mitgedacht wird (vgl. Delius/Surkamp 2015: 117). Setzen sich die Lernenden, in verschiedenen Rollen, als Schauspieler*innen, Regisseur*innen, Dramaturg*innen, Bühnenbilder*innen, Masken- und Kostümbildner*innen im Unterricht selbst mit der Inszenierung eines dramatischen Textes auseinander, bekommen sie einen Zugang zum Drama, der es in seiner Vollständigkeit erfasst und nicht auf die textuelle Ebene reduziert, sondern mindestens die (non)verbal sprachliche und kommunikative Ebene hinzufügt. Diese Integration der Theaterästhetik in den Fremdsprachenunterricht unterstützt die Schüler*innen dabei, die Wirk- und Funktionsweisen des Theaters zu verstehen. Nur wenn ein Zugang zur Ästhetik des Theaters geschaffen wird, kann das ihm innewohnende Potenzial zur Förderung der Diskursfähigkeit im Hinblick auf das Theater ausgeschöpft werden. Die Lernenden müssen die Wirkweisen des Theaters verstehen, um über den Text, dessen Wirkung auf sie selbst, ihre Erfahrungen beim Lesen etc. sprechen oder schreiben zu können. Bedingt durch die performative Ebene, die das Drama an sich mitbringt, sollte der Verstehensprozess nicht nur auf seine rezeptive Dimension reduziert werden: „Understanding in drama comes from knowing and doing and sometimes that occurs at the same time" (Anderson 2012: 56). Um Drama und Theater in seiner vollen Form zu verstehen, ist es also erforderlich, sich selbst aktiv in theaterästhetische Kontexte hineinzugeben oder diese beispielsweise im Theater als Ort des Schauspiels unmittelbar zu erleben. Im Klassenzimmer können die Schüler*innen aktiv an gestalterischen und ästhetischen Prozessen beteiligt werden und so ein Bewusstsein und Verständnis für eben diese entwickeln (vgl. Schonmann 2007: 597 in: Anderson 2012: 58).

Die Arbeit im Theater ist ein Prozess, der aktive Teilnahme erfordert (vgl. Anderson 2012: 57f.). Die Aufführung eines Theaterstücks lebt von Bewegungen der Schauspielenden, von Gesichtsausdrücken, Geräuschen, Musik, Bewegungen und Bildern im Raum, die ganz essentiell zur Geschichte des Stückes beitragen bzw. teilweise auch eine erzählende Funktion übernehmen. Darüber hinaus wird das Publikum, in dem Fall die Lernenden, direkt affektiv angesprochen und in die Geschichte des Stücks eingebunden (vgl. Brekle 1995: 116 in: Delius/Surkamp 2015: 117).

Für den Fremdsprachenunterricht sind die performative Ebene des Theaters sowie die Beteiligung der Lernenden an gestalterischen und ästhetischen Prozessen auch insofern relevant, als dass fremdsprachliche Kommunikation und Handlungen von den Lernenden ebenso eine Performanz erfordern. Der ästhetische und performative Umgang mit dramatischen Texten ermöglicht den Schüler*innen ein Verstehen performativer Aspekte in Alltagshandlungen und -situationen. Setzen sich die Lernenden mit der Inszenierung in einem theaterästhetischen Kontext auseinander, entwickeln sie auch ein Gefühl für die Inszeniertheit des alltäglichen Lebens und für die Rollen, die sie selbst und andere Personen in ihrem Alltag spielen. Dabei entwickeln die Schüler*innen eine performative Kompetenz, die Hallet (2010: 4) „als ein Bündel von Fähigkeiten des Individuums, die Inszeniertheit allen sozialen Handelns zu verstehen, selbst soziale Interaktionssituationen zu initiieren, diese selbstbestimmt mitzugestalten und die eigene Rolle darin kritisch zu reflektieren" definiert. In diesem Zusammenhang beschreibt er eine enge Wechselwirkung zwischen dem Drama des Alltags (*social drama*) und dem auf der Bühne stattfindenden, auf literarischen Texten basierenden Drama (*stage drama*) (vgl. ebd.: 7). Performative Kompetenz bezieht sich also nicht (nur) auf das Agieren in theaterästhetischen Kontexten, sondern ganz wesentlich auch auf das alltägliche Leben der Lernenden.

Wird diese Beziehung zwischen Inszenierungen im Fremdsprachenunterricht, sei es durch dramatische Texte oder die Inszeniertheit des Fremdsprachenunterrichts selbst (vgl. z.B. Hallet 2010: 10, 14), hergestellt, können sowohl kleinere dramatische Handlungen, wie z.B. Rollenspiele oder Dialoge, als auch ganze dramatische Texte als „generische Muster" (ebd.: 14) für Alltagshandlungen im Unterricht dienen. So können die Lernenden sprachliche Handlungsmuster erfahren und einüben, die es ihnen ermöglichen, „aktiv an fremdsprachigen Diskursen der Konstitution von Wirklichkeit (also an fremdsprachigem staging lives) teilzuhaben" (ebd.). Im Rahmen der Förderung performativer Kompetenz lernen die Schüler*innen, sowohl fremdsprachige als auch muttersprachliche Kommunikations- und Interaktionssituationen zu initiieren und aufrechtzuerhalten, sowie ihre eigene Rolle in dieser Inszenierung von Wirklichkeit zu finden und auszufüllen (vgl. ebd.: 10). Ein Fremdsprachenunterricht, der sich der Förderung performativer Kompetenz als Lernziel sowohl im Kontext des Sprach- als auch des Literaturunterrichts bewusst ist, verbindet sprachliche und literarische Formen mit ihrer kommunikativen Funktion in sozialen Begegnungssituationen. Ebenso „sind die Ästhetik des literarischen Textes und die Rhetorik der sozialen Situation nicht zu trennen" (ebd.: 16). Auf diese Weise „ist auch die ästhetische Bildung zugleich soziale und kulturelle Bildung, und umgekehrt" (ebd.). Eine Trennung ästhetischer, kommunikativer und sozialer Lernziele erscheint an dieser Stelle weder möglich noch sinnvoll.

Bei der Auflistung der Lernziele wird deutlich, dass es also auch im Fremdsprachenunterricht nicht um eine Instrumentalisierung der Methoden zu rein fremdsprachendidaktischen Zwecken geht. Vielmehr wird das Potenzial der Methoden auf einen weiteren Bereich, nämlich den der Fremdsprachendidaktik ausgeweitet. In der Diskussion um die Relevanz der einzelnen Lernzielbereiche (sprachlich vs. pädagogisch vs. theaterästhetisch) und damit einhergehend die Rolle der theater-ästhetischen Dimension im dramapädagogischen Arbeiten im Fremdsprachenunterricht scheint oftmals in Vergessenheit zu geraten, dass darin nicht nur rein formal sprachliche Lernziele von Bedeutung sind, sondern auch ästhetische und performative Lernziele gefördert werden sollen (s.o.).

Wird die Ästhetik als Unterscheidungsmerkmal theater- und dramapädagogischer Arbeit herangezogen, wird der Dramapädagogik ein Bezug zur Ästhetik oftmals abgesprochen und eine Opposition ästhetischer und pädagogischer Lernziele hergestellt. Geht es darum, beide Lernzielbereiche zu vereinen, scheint dieses Potenzial eher der Theaterpädagogik zugesprochen zu werden (vgl. Passon 2015: 70 f.). Die Dramapädagogik hingegen widme sich fremdsprachlichen Lernzielen (vgl. ebd.: 72). Falsch wäre es, an dieser Stelle zu folgern, dass ästhetische Lernziele keine Rolle spielen. Schewe (1993) betont den künstlerischen Anspruch dramapädagogischer Lernprozesse. Vielmehr ist für einen erfolgreichen Lernprozess nicht das ästhetische Produkt ‚Aufführung' entscheidend, sondern fremdsprachliche Lernprodukte, die unterschiedlicher Natur sein können. In Passons Ausführungen zur Dramapädagogik klingt die Ästhetik immer nur kurz an (ebd. 2015: 73 f.) und ihre eigenständige Rolle innerhalb des Ansatzes wird u.a. dadurch relativiert, dass sie auch für den Einsatz dramapädagogischer Methoden im Unterricht eine „theaterpädagogische Grundausbildung“ (ebd.: 73) der Fremdsprachenlehrkräfte fordert. Abschließend spricht sich jedoch auch Jenny Passon dafür aus, dass es für beide Ansätze darum geht, eine Balance zwischen pädagogischen und ästhetischen Lernzielen und Ansprüchen zu finden (ebd.: 2015: 73), schließt jedoch auch hier allein mit dem Hinweis, dass „[...] vermieden werden [sollte], dass der künstlerisch-ästhetische Aspekt in der Dramapädagogik dem Fremdsprachenlernen gänzlich untergeordnet wird“ (ebd.: 74).

Aus diesen Ausführungen resultiert meines Erachtens, dass die Rolle, die die Ästhetik in der Arbeit mit den Methoden des Theaters spielt, kein geeignetes Kriterium ist, um die Dramapädagogik von der Theaterpädagogik abzugrenzen (vgl. zu dieser Art der Unterscheidung beispielsweise Kempe/Winkelmann 1998: 18). Die Entwicklung der Dramapädagogik zeigt, dass diese ihre theaterästhetischen Ursprünge integriert und Tselikas (1999: 21) führt explizit alle Dimensionen – die physische, ästhetisch (sinnliche), emotionale und kognitive – des Lernprozesses an, wenn es darum geht, das Potenzial der Dramapädagogik herauszustellen[41]. Hinzuzufügen ist dieser Aufzählung, für den Fremdsprachenunterricht, noch die sprachliche Dimension. Wird dem dramapädagogischen Arbeiten der ästhetische Anspruch abgesprochen, führt dies zu einem verengten Blick sowohl auf das dramapädagogische als auch das theaterpädagogische Arbeiten.

Auch Bolton wies in seinen Veröffentlichungen bereits darauf hin, dass *drama in education* und Theater sich nicht gegenseitig ausschließen, sondern voneinander profitieren und sich stützen können (vgl. Anderson 2012: 40). Dies gilt besonders dann, wenn nach Jonothan Neelands und Tony Goode Theater als unmittelbare und von Menschen geteilte Erfahrung definiert wird, bei der Menschen sich vorstellen und so tun, als wären sie jemand anderes als

41 Nicht zuzustimmen ist der Differenzierung in Prozess- und Produktorientierung, die Elektra Tselikas (1999: 21) und ebenso Astrid Ronke (2005: 21) in ihren Definitionen der Dramapädagogik vornehmen. Dieser Differenzierung entsprechend läge in der Dramapädagogik der Fokus auf dem Lernprozess in seinen verschiedenen Ebenen und nicht auf dem Ergebnis bzw. dessen Qualität. Jedoch ist der Lernprozess in der Theaterpädagogik ebenso wichtig. Es wäre auch möglich, dass an dieser Stelle der Lernprozess im Unterricht im Gegensatz zum theaterästhetischen Prozess gemeint ist. Jedoch wäre auch dieser Unterscheidung nicht uneingeschränkt zuzustimmen.

sie selbst, an einem anderen Ort und zu einer anderen Zeit (übersetzt gemäß: Neelands/Goode 2000: 4). Es erfolgt dann eine Definition des Begriffs, unter die sich sowohl theater- als auch dramapädagogische Prozesse und Arbeitsweisen fassen lassen. So wie sich also die Theaterarbeit an Schulen im Raum zwischen Pädagogik und Ästhetik einordnen muss, wird das Spektrum für die Dramapädagogik zusätzlich um den Bereich der Fremdsprachendidaktik erweitert.

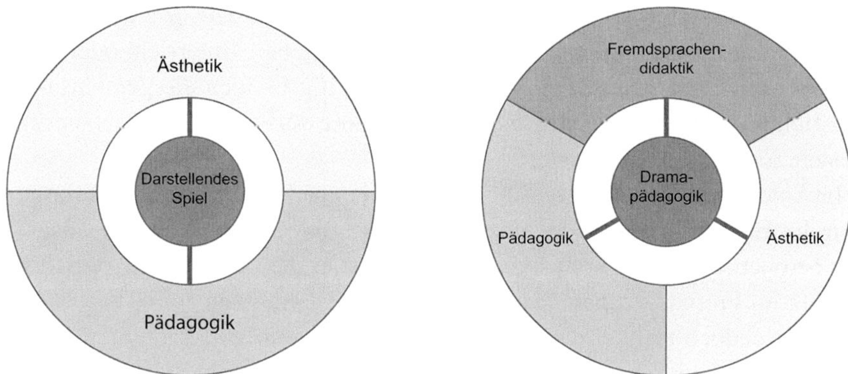

Abbildung 1 Vergleich Darstellendes Spiel und Dramapädagogik

Die Darstellungen zeigen, dass es nicht darum geht, das Darstellende Spiel, als stellvertretendes Beispiel für einen theaterpädagogischen Ansatz, oder die Dramapädagogik einem der sie beeinflussenden und inspirierenden Bereiche zuzuordnen. Vielmehr geht es darum zu zeigen, dass sich die Konzepte im Fluss befinden und sich, je nach Kontext, Situation oder Ziel, mehr dem einen oder dem anderen Bereich bzw. bei der Dramapädagogik auch zwei der drei Bereiche, zuordnen können, ohne dass der/die jeweils andere/n in Vergessenheit geraten. Alle Bereiche sind in einer unterstützenden, umrahmenden und Basis gebenden Funktion immer präsent. Daraus ergibt sich auch, dass Lernziele nicht in einer Hierarchie stehen (vgl. Nowoczien 2012: 111). Für das dramapädagogische Arbeiten im Fremdsprachenunterricht bedeutet dies: Auch wenn fremdsprachendidaktische Ziele erreicht werden sollen, sind theaterpädagogische Übungen nicht allein Mittel zum Zweck. Obwohl sich die Differenzierung in Drama- und Theaterpädagogik, besonders für den schulischen Kontext, oftmals als schwierig erweist, ist sie für den Fremdsprachenunterricht dennoch sinnvoll, da mit einem dramapädagogischen Ansatz ein Fokus auf fremdsprachliche Lernziele gelegt werden kann, ohne dass dies gleichzeitig eine Vernachlässigung ästhetischer Ziele bedeutet. Für Lehrkräfte kann dieses Wissen um die divergierenden Schwerpunkte von Dramapädagogik und Theaterpädagogik zudem handlungsleitend für die Planung sein. Es können Schwerpunkte in der Arbeit gesetzt werden, die auch davon abhängig sein können, in welchem Kontext die Lehrkraft sich bewegt. So unterscheiden sich diese z.B. je nachdem, ob die Lehrkraft dramapädagogischen fremdsprachlichen Unterricht oder eine englischsprachige Theater-AG plant. Gleichzeitig bleiben die gemeinsame Ausrichtung der Ansätze sowie die gemeinsame Auswahl an Zielsetzungen bestehen.

In Anlehnung an Anderson (2012) lässt sich nach den obigen Ausführungen die Eigenständigkeit des *dramas in education* bzw. der Dramapädagogik betonen. Anderson geht sogar so weit, dass er dem dramapädagogischen Ansatz im Fremdsprachenunterricht nur wenige Parallelen zum Theater zuschreibt. Jedoch zieht er daraus keine negativen Konsequenzen und plädiert dafür zu akzeptieren, dass Theater und Schulen unterschiedliche Rahmen für die Arbeit mit der Kunstform Theater bieten und die Dramapädagogik die Methoden und Ästhetik des Theaters in die Schulen bringen kann, um sie dort den Bedürfnissen und Fähigkeiten der Schüler*innen anzupassen. In dem daraus resultierenden Zusammenspiel aus Ästhetik, Pädagogik und Didaktik kann die Dramapädagogik eine sowohl für die Lernenden relevante und bedeutsame als auch gut strukturierte und dramatisch bedeutungsvolle *performance* – hier im Sinne von Leistung und Darbietung – erreichen (vgl. Anderson 2012: 61).

Ebenso wenig wie die Rolle der Ästhetik ist die Unterscheidung in Produkt- und Prozessorientierung geeignet, um die beiden Ansätze trennscharf zu definieren. Weder wird in der Theaterpädagogik ausschließlich auf ein Produkt hingearbeitet, das Prozesse unwichtig macht, noch ist das Produkt in einem dramapädagogischen Setting völlig unwichtig. Denn auch wenn die Dramapädagogik ihr Arbeiten als prozessorientiert beschreibt, bedeutet dies nicht, dass es in einem dramapädagogischen Unterricht keine Aufführung geben darf. Schewe (2015) ordnet eine solche Theateraufführung, die im Rahmen von Unterricht und Schule stattfindet, den dramapädagogischen

Großformen zu, die er von den dramapädagogischen Kleinformen, wie z.B. Standbilder, Dialoge, Rollenspiel, Improvisationen, unterscheidet (ebd.: 27 f.). Entscheidend für diese Einteilung ist, dass es vielfältige zeitliche Rahmungen für dramapädagogisches Arbeiten im Fremdsprachenunterricht gibt – diese reichen von einer Übung in einer Phase einer Unterrichtsstunde über eine dramapädagogisch gestaltete (Doppel)Stunde hin zu dramapädagogischen Unterrichtseinheiten von mehreren Tagen, Wochen oder Monaten (vgl. Almond 2005: 10; Schewe 2010: 40; Wedel 2015: 316 f.) –, die unterschiedliche Produkte hervorbringen können:

> [M]al geht es mehr ums Theaterspielen, wenn eine packende Handlung gefunden ist, oder Themen eine Rolle spielen, die den Schüler[*innen] gerade auf den Nägeln brennen. Oder aber es werden kleine und kleinste Szenen gespielt, die stark an Fachinhalten orientiert sind. Auch wenn es sich nur um kurze Szenen oder ein ‚Miniprojekt' handelt, so ist diese Form der Arbeit für die Schüler interessanter und produktiver als ein Frontalunterricht, der ausschließlich mit Texten arbeitet (Schafhausen 1995: 23).

Wie Maley und Duff (1982) betonen, können, wenn der Wunsch der Schüler*innen in diese Richtung besteht, kleinere Aufführungen im Klassenzimmer stattfinden. Auch Burke und O'Sullivan (2002: xiv) weisen auf das motivationale Potenzial einer Aufführung, die tatsächlich oftmals auch in größerer Form von den Schüler*innen eingefordert wird, hin, solange das Produkt nicht die Gestaltung des Arbeitsprozesses dominiert und den Lerneffekt der einzelnen Übungen beeinträchtigt. Aufführungen, die in einem sicheren Rahmen, d.h. vor den Schüler*innen bekannten und vertrauten Personen wie Eltern, Parallelklassen oder Mitschüler*innen im Klassenzimmer, stattfinden können darüber hinaus als authentischer Lernanlass für die Förderung sprachlicher und kommunikativer Kompetenzen dienen. Sowohl für die Theaterarbeit (vgl. Henschel in Nowoczien 2012: 111) als auch für die Dramapädagogik geht es also darum, Prozesse und Produkte miteinander zu verbinden und Lernziele in einem integrierten Ansatz zu betrachten. Sobald Theater Einzug in Schulen erhält und somit neben einer ästhetisch-künstlerischen Funktion auch pädagogische Ziele hat, ist es genauso prozess- und erfahrungsorientiert wie die Dramapädagogik es für sich beansprucht (vgl. Vaßen 2012: 57).

Ein ganz wesentlicher Unterschied zwischen der Theater- und Dramapädagogik sind jedoch die Personen, die mit den Ansätzen arbeiten. In der Theaterpädagogik sind es Theaterpädagogen, im Darstellenden Spiel Lehrer*innen, die eine Ausbildung in Theaterpädagogik oder im Zusatzfach Darstellendes Spiel erworben haben und in der Dramapädagogik meist Fremdsprachenlehrende. Diesen fehlt es oftmals an einer Ausbildung, im Rahmen derer sie Kompetenzen in den Bereichen „elementarer, theatraler Praxisgrundlagen, didaktischer Gesichtspunkte sowie der Aneignung theaterwissenschaftlicher Hintergründe" erwerben (Nowoczien 2012: 113), wenn sie nicht in ihrem Studium bereits an dramapädagogische Arbeitsweisen herangeführt wurden. Prinzipiell kann jede*r Fremdsprachenlehrende in seinem bzw. ihrem Unterricht dramapädagogisch arbeiten, was für das Nutzen des Potenzials dieser Methoden im Fremdsprachenunterricht von Vorteil ist (s.o.), aber auch zu Problemen führen kann, wenn sich Lehrende der Grundprinzipien der dramapädagogischen Arbeit (vgl. dazu Kapitel 4.2) nicht bewusst sind und die Methoden als Teil ihres Repertoires allein als Mittel zum Zweck einsetzen. Lehrende, die in ihrem Fremdsprachenunterricht dramapädagogisch arbeiten wollen, müssen dazu befähigt werden, grundlegende Theatertechniken im Kontext Schule und Fremdsprachenunterricht umzusetzen und anzuleiten. Den Grundsätzen der Dramapädagogik entsprechend, erarbeiten sie Lernziele und schaffen einen ästhetisch-ganzheitlichen Rahmen, in dem diese erreicht werden können. Soweit es ihnen möglich ist, „nutzen sie [gemeinsam mit den Schüler*innen] das methodische Know-how einer Dramatikerin, Regisseurin und Schauspielerin zur Inszenierung von Lernprozessen" (Schewe 1993: 112). Schewe stellt in diesem Zusammenhang das Erreichen pädagogischer Lernziele bzw. „die pädagogische Qualität von Lernprozessen" (ebd.) über ästhetische Ziele und die „künstlerische Qualität einer Aufführung" (ebd.), um zu legitimieren, dass Lehrende nicht über dasselbe Wissen und Können wie das eines Theaterpädagogen verfügen müssen. Auf der Basis dessen, was bisher zu den Lernzielen in dramapädagogischen Kontexten gesagt wurde, gilt es jedoch, diese Hierarchisierung von Lernzielen kritisch zu sehen, auch wenn der Grundaussage hinsichtlich der theaterpädagogischen Qualifizierung zuzustimmen ist. Entscheidender ist, dass die Lehrkräfte ein Bewusstsein dafür entwickeln, dass es sich bei der Dramapädagogik nicht nur um einen weiteren Pool an aktivierenden und motivierenden Methoden handelt, sondern vielmehr um ein Unterrichtskonzept, dass ein ganz eigenes Verständnis von Lehren und Lernen mitbringt. Dramapädagogisch Lehrende verstehen sich also in einem gewissen Maße auch als Künstler*innen, als Schauspieler*innen sowie als Schaffende von ästhetischen Lernumgebungen und sie befähigen ihre Lernenden, diese Lernumgebungen als solche wahrzunehmen, wertzuschätzen und als Lernangebote zu nutzen. Welches dramapädagogische Wissen Fremdsprachenlehrende sich aneignen und über welches Methodenrepertoire sie verfügen müssen, um in dramapädagogischen Prozessen Räume der Imagination und Ästhetik zu schaffen sowie Räume, in denen sich Lernende in anderen Rollen in einer inszenierten Situation bewegen und gleichzeitig die Fremdsprache erleben, erfahren und erlernen, ist Teil des nächsten Kapitels.

4.2 Der dramapädagogische Prozess – Prinzipien der dramapädagogischen Arbeit

Im dramapädagogischen Prozess werden die Lernenden durch geeignete Methoden in die Welt des Theaters, der Imagination und Kreativität geführt. Dadurch kann im Fremdsprachenunterricht eine fremdsprachige Realität erzeugt werden, die den Schüler*innen eine sinn- und bedeutungsvolle Kommunikation und Begegnung mit der Sprache ermöglicht. Der dramapädagogische Prozess wird im Folgenden in seinen Phasen kurz erläutert, da die einzelnen Schritte auch für die dieser Arbeit zugrunde liegende Studie strukturgebend sind.

In Anlehnung an Tselikas (1999: 23ff) gliedert sich der dramapädagogische Prozess in drei Phasen: das Ankommen und Aufwärmen, die Arbeit in szenischen Formen und das „Abkühlen" bzw. die Reflexionsphase. Die Phasen beschreiben also den Übergang von der Alltagsrealität in die dramatische/ästhetische Welt sowie die Rückkehr in die Alltagsrealität. Im dramapädagogischen Prozess werden „Körper, Stimme und Vorstellungskraft […] aktiviert, um das Lernen auf der physischen, emotionalen und kognitiven Ebene in Gang zu setzen und zu fördern" (ebd.: 24). Lernen findet dabei in der dramaästhetischen Realität statt. Da dies den Schüler*innen jedoch in dem Moment nicht unmittelbar bewusst ist bzw. sie auf andere Aspekte fokussiert sind, ist die sich anschließenden Reflexionsphase, in der Lernprozesse bewusst gemacht werden können, integraler Bestandteil der dramapädagogischen Arbeit[42] (vgl. Küppers 2009: 48).

In der ersten Phase, Tselikas nennt diese Phase „Verkörperung" (ebd. 1999: 23), wird den Beteiligten, in diesem Falle also den Schüler*innen, über nonverbale und verbale Aufwärmübungen, „die auch zu erhöhter Selbstwahrnehmung und Konzentration führen" (ebd.), die Möglichkeit gegeben, sowohl in die drama-ästhetische Realität als auch die fremdsprachliche Welt des Fremdsprachenunterrichts einzusteigen. Der Körper und die Stimme werden aufgewärmt sowie spiel- und sprechbereit gemacht. Die Schüler*innen werden sich ihrer Stimme und ihres Körpers sowie deren Ausdrucksmöglichkeiten bewusst und erhalten darüber hinaus die Möglichkeit, sich in der Fremdsprache einzufinden. Rituale erleichtern dabei auf der einen Seite den Ausstieg aus der Schulsprache und der eigenen Kultur in die Fremdsprache und die damit verbundene Kultur. Auf der anderen Seite können ritualisierte Ein- und Ausstiege in die dramapädagogische Arbeit Strukturen schaffen, die den Lernenden Sicherheit und Vertrautheit im Umgang mit der Fremdsprache geben. Sie können helfen, die Schüler*innen dazu zu bringen, Risiken im Umgang mit der Fremdsprache einzugehen, d. h. kreativ und aktiv mit ihr umzugehen, auch wenn die Möglichkeit besteht, dass dabei Fehler passieren (vgl. Tselikas 1999: 29).

Diese erste Phase ist essentiell für die dramapädagogische Arbeit und schließt auch die Vorbereitung auf weitere Übungen, wie beispielsweise die dramapädagogische Erarbeitung eines grammatischen Phänomens oder die Arbeit in (auch kürzeren) Dialogen und Szenen, mit ein. Durch diese Vorbereitung wird nicht nur ein bedeutungsvoller Kontext für die nachfolgenden Übungen geschaffen, die Schüler*innen können auch nicht einfach mit Anweisungen wie *Now act out the dialogue* in das kalte Wasser der Dramapädagogik geworfen werden (vgl. Wedel 2008: 472; Wedel 2015: 307). Eine sinnvolle und damit auch zielführende dramapädagogische Arbeit bedarf einer gewissen sprachlichen als auch unbedingt einer emotionalen und kör-

42 Dabei geht es nicht darum, den Stellenwert der dramapädagogischen Arbeit an sich zu schmälern bzw. in Frage zu stellen. Vielmehr erhalten so Methodenreflexion und Reflexion der Lernprozesse als ein integraler Bestandteil des Lernens Einzug in den Fremdsprachenunterricht.

perlichen Vorbereitung. Oftmals fehlt genau diese, wenn es darum geht, dass Schüler*innen im Unterricht Dialoge oder Geschichten inszenieren (vgl. Wedel 2015: 307). Es kann nicht vorausgesetzt werden, dass für die Lernenden der Einsatz von dramapädagogischen Übungen selbstverständlich ist. Sie müssen mit den verschiedenen Aspekten einer Inszenierung, die auch im Klassenzimmer Einsatz finden können, wie beispielsweise Mimik, Gestik, Sprache, nonverbale Aspekte, Bewegungen im Raum oder dem Einsatz von einfachen Requisiten, vertraut gemacht werden. Gleiches gilt für das Wissen über das kommunikative Potenzial dieser Aspekte und darüber, wie sie diese für ihre Inszenierung, sei sie auch noch so klein, einsetzen können (vgl. auch ebd.: 473f. sowie Hedge 2000: 62; Schafhausen 1995: 23). Besonders im alltäglichen Unterrichtsgeschehen besteht ansonsten die Gefahr, dass die Vorwürfe im Hinblick auf die bereits diskutierte Funktionalisierung der Methoden tatsächlich begründeter Natur sind (vgl. Even 2003: 64; Jelic 2012: 112). Nur allzu schnell kann es passieren, dass beispielsweise die Aufwärmphase aufgrund von Zeitmangel weggelassen wird und die Schüler*innen das ästhetische Potenzial der Übungen nicht wahrnehmen und ausschöpfen können. Dieser Vorwurf ist für die dramapädagogische Gestaltung des Fremdsprachenunterrichts auch insofern relevant, als dass eine reine Funktionalisierung theaterpädagogischer Methoden zur Erreichung fremdsprachlicher Lernziele ein Grund dafür sein mag, dass einige Schüler*innen dramapädagogische Methoden nicht ernst nehmen oder gar ablehnen und Lehrer*innen das Gefühl haben, dass Theater mit ihren Klassen nicht funktioniert bzw. sich nicht die gewünschten Ergebnisse in Form von Produkten erzielen lassen (vgl. auch Even 2003: 474ff.).

Darüber hinaus können durch das Durchlaufen des dramapädagogischen Prozesses und die damit verbundene Integration theaterspezifischer Strukturen in die Arbeit Schwierigkeiten, mit der sich Lehrende und Lernende konfrontiert sehen können, überwunden werden. Zum einen werden Hemmungen im Umgang mit der Fremdsprache, zum anderen mit dem ungewohnten Kontext Theater abgebaut. Durch eine entsprechende Vorbereitung kann so auch bei den Schüler*innen, die der dramapädagogischen Arbeit eher skeptisch gegenüberstehen, (zumindest) die Bereitschaft geschaffen werden, sich auf dramapädagogische Methoden und Situationen einzulassen. Wird den Schüler*innen in dieser Phase deutlich, dass auch die dramapädagogische Arbeit eine ebenso sinnvolle Arbeitsform ist wie z.B. die ihnen häufig geläufigere Textbucharbeit, kann es ihnen leichter fallen, an für sie ungewohnten Unterrichtsformen zu partizipieren. Zusätzlich zu den oben genannten Ritualen und Strukturen, die den Schüler*innen das Betreten des unsicheren Terrains des Theaters und der Dramapädagogik erleichtern, können gemeinsame Regeln, Strukturen, Prinzipien und Grundlagen der dramapädagogischen (Zusammen)Arbeit sowie zum Gebrauch der Fremdsprache in einem *Drama Contract* vereinbart werden (vgl. u.a. Küppers 2009: 48). Die Regeln, die gemeinsam mit den Lernenden erarbeitet werden und so an Bedeutung und Verbindlichkeit gewinnen, formen ein zusätzliches Gerüst, das den Schüler*innen, aber auch der Lehrkraft Unterstützung und Halt auf den Wegen in die und innerhalb der Welt der Dramapädagogik bietet.

In diese erste Phase des dramapädagogischen Prozesses fällt neben dieser attitudinalen Vorbereitung und Motivation der Schüler*innen auch eine emotionale Einbindung. Auf diese Weise erhalten die Schüler*innen die Möglichkeit zu erleben, dass ein Lernen in dramapädagogischen Settings auf ganz unterschiedlichen Ebenen gewinnbringend und zielführend[43] sein kann, es dabei also nicht nur um kognitive, inhaltliche und sprachliche, sondern auch um persönliche, affektive und ästhetische Ziele geht, die ebenso einer Vorbereitung bedürfen wie der Umgang mit der Fremdsprache.

Neben den verschiedenen Aufwärmübungen finden auch Vertrauensübungen und Übungen zur Gruppenbildung in dieser Phase Einzug in die gemeinsame Arbeit. Für den erfolgreichen Einsatz dramapädagogischer Verfahren im Klassenzimmer ist eine entspannte und vertrauensvolle Atmosphäre – gemeint ist damit sowohl Selbstvertrauen als auch Vertrauen in die Gruppe – notwendig, in der persönliche Grenzen geachtet werden und ein verständnis- und respektvolles Miteinander gewährleistet ist. Das daraus resultierende Gefühl der Zusammengehörigkeit in der Gruppe sowie eine Atmosphäre der Wertschätzung stellen einen weiteren Beitrag im Umgang mit Hemmungen im Hinblick auf die Methoden sowie auf die Fremdsprache dar. In dem dramapädagogischen Vertrag sollten somit auch Regeln zum verantwortungsvollen Umgang miteinander sowie mit den individuellen Grenzen der Teilnehmer*innen festgehalten werden. Dramapädagogische Kontexte

43 Dies muss ggf. in der Reflexionsphase noch einmal aufgegriffen und den Schüler*innen bewusst gemacht werden.

sind dann durch eine wertschätzende Atmosphäre, in der eigene und fremde Grenzen respektiert werden und in der Arbeitsprozesse gemeinsam gestaltet und reflektiert werden, gekennzeichnet. Diese erste Phase des dramapädagogischen Prozesses, in der Hemmungen abgebaut werden und sowohl eine Spielbereitschaft als auch -fähigkeit erzeugt wird, ist essentiell, denn

> Bedingungen für das Theaterspiel sind [...] immer die Bereitschaft zu Spielen und damit die Freude am Spiel. Nur wer sich auf das Spiel einlassen will, kann etwas erfahren, was tiefen Eindruck hinterlassen mag und neues hervorzubringen in der Lage ist. Dies erfordert Mut. [...], sich mit Offenheit in Ungewissheit zu begeben, eben nicht zu wissen, was zu erwarten ist, wenn ich mich auf das Spielen einlasse (Bidlo 2006: 19f.).

Genau dieses Spielen findet in der zweiten Phase des dramapädagogischen Prozesses statt, die sich mit den zwei Hauptaspekten einer jeden dramatischen Situation beschäftigt: den Kontexten oder Szenen und den Rollen. Im ersten Teil, der „Projektion“ (ebd.: 23), entstehen zunächst bildliche und sinnliche Kontexte in Form von Geschichten und Szenen für das fremdsprachliche Handeln. Diese können entweder vorgegeben, beispielsweise über eine Fantasiereise, oder mit den Schüler*innen gemeinsam entwickelt werden. Im zweiten Teil steht die Auseinandersetzung mit der Rolle und dem szenischen Spiel im Vordergrund. Über Übungen zur Schulung der Ausdruckskraft, zur Rollenübernahme und Charakterfindung nähern sich die Schüler*innen den zu übernehmenden Rollen an, denn „[d]ie emotionale und geistige Identifikation mit einer Rolle ist nach Auffassung von Vertretern und Vertreterinnen der Dramapädagogik die einzige Möglichkeit des wirklichen Lernens und Verstehens“ (Kempe/Winkelmann 1998: 16). Darüber hinaus entwickelt sich aus diesen Rollen heraus das gemeinsame szenische Spiel. Lernende treten in Rollen in Interaktion miteinander, Beziehungen werden deutlich und die Lernenden erhalten die Möglichkeit, unterschiedliche fremdsprachliche Handlungsoptionen auszuprobieren.

Die dritte und letzte Phase des dramapädagogischen Prozesses bildet das Gegenstück zur ersten Phase. In einem *cool-down* steigen die Teilnehmer*innen aus der drama-ästhetischen Realität aus, sie legen ihre Rollen ab und kehren zurück in die Alltagsrealität. Der dramapädagogische Prozess endet mit einem *cool-down*, das den Lernenden die Rückkehr in die muttersprachliche

Alltagswelt erleichtert (vgl. Tselikas 1999: 23ff.). Der letzte Schritt des dramapädagogischen Prozesses schließt die o.g. Reflexionsphase ein, in der die Schüler*innen Gelegenheit bekommen, ihre persönlichen Erfahrungen in der Übung oder mit der Szene zu äußern (Wie habt ihr euch gefühlt? Was war gut? Was war nicht so gut?), und sich darüber hinaus ihres eigenen Lernprozesses bewusst zu werden sowie diesen zu reflektieren (Warum haben wir diese Übung gemacht? Was habt ihr gelernt?). Neben dem Lernprozess der Schüler*innen und dem Erfolg der Übung sind demnach auch Erfahrungen und Gefühle Teil der Reflexion (vgl. Surkamp/Nünning 2016: 179; Küppers 2009: 48; Elis 2015: 98).

Im dramapädagogischen Prozess kommen verschiedene Formen dramapädagogischer Methoden zum Einsatz, die den Schüler*innen ermöglichen, sich aktiv, handlungsorientiert, ganzheitlich, d.h. mit Kopf, Herz und Hand (und Fuß) und kreativ am Prozess des Fremdsprachenlernens zu beteiligen (vgl. auch Berndt 2003: 7; Schewe 1998: 335). Im Rahmen dieser Arbeit werden gemäß der Einteilung von Schewe (2015: 27f.) sowohl performative Kleinformen als auch Großformen unter den Begriff der dramapädagogischen Methoden gefasst, die je nach ihrem Ziel in den unterschiedlichen Phasen des dramapädagogischen Prozesses zum Einsatz kommen können. Die performativen Klein- und Großformen können auch mit anderen Künsten, z.B. Tanz, der Einsatz von Musik, Storytelling etc. verbunden werden.

Unterschiedliche verbale und nonverbale Übungen und Aktivitäten sollen zunächst die Vorstellungskraft der Schüler*innen fördern und ihnen die Möglichkeit geben, eigene Gedanken, Meinungen sowie Emotionen auszudrücken[44]. Mit ihrer Hilfe lassen sich ganzheitliche, handlungs- und lerner*innenorientierte sowie kommunikative Lernumgebungen schaffen, in denen die Lernenden angeregt werden, kreativ und selbstständig (verbal, nonverbal und schriftlich) mit der Sprache umzugehen. Nach kleineren Übungen zum Aufwärmen kommen in der Hauptphase der dramapädagogischen Arbeit Lernziel und Kontext entsprechend meist aufwendigere szenische Verfahren (Dialoge, Rollenspiele, aber auch Aktivitäten wie *Hot Seat*, die einen Perspektivwechsel erfordern) zum Einsatz. Unabhängig davon je-

44 Für eine Übersicht über verschiedene Übungen: Elis/von Blanckenburg/Haack 2016: „Methode im Fokus. In die dramapädagogische Arbeit ein- und aussteigen“ + Methodenkarten.

doch, wie aufwendig und lang die Übungen bzw. Verfahren dauern, allen sind, als zentrale verbindende Elemente, die handlungsorientierte und ganzheitliche Ausrichtung sowie die „sinnlich erfahrbare Gestaltung[...]" (Schewe 1998: 337) gemeinsam (vgl. Kapitel 4.1). Heike Wedel (2015: 312 ff.) ordnet die in zahlreichen methodischen Handreichungen zu findenden Übungen in die folgenden Kategorien ein: Kennenlernübungen, Körperübungen, Sprech- und Stimmübungen, Improvisationsübungen, Spiel mit Requisiten, Nachbereitungsübungen.

4.3 Das Potenzial dramapädagogischer Methoden im kompetenzorientierten frühen Fremdsprachenunterricht

Nun gilt es, das besondere Potenzial dramapädagogischer Methoden für den frühen Fremdsprachenunterricht und die Förderung kommunikativer Kompetenzen detailliert zu betrachten. Im 2. Kapitel dieser Arbeit ist die Bedeutung der Förderung kommunikativer Kompetenzen im frühen Fremdsprachenunterricht und in der Zeit des Schulwechsels bereits deutlich geworden. Ihre kontinuierliche dramapädagogische Förderung kann einen wichtigen Beitrag im Umgang mit der Übergangsproblematik leisten.

4.3.1 Lebensweltnahe Kommunikationssituationen erzeugen

Lebensweltnahe Kommunikation ist an verschiedene Parameter gebunden, die ein gewisses Maß an Freiheit erfordern. So kann authentische Kommunikation im Gesprächsverlauf Wendungen nehmen, die nicht vorhergesehen werden können, sie lässt persönliche Reaktionen und Empfindungen zu – ja fordert diese gar ein –, sie erfolgt aus einem Mitteilungsbedürfnis heraus und hat somit immer ein Motiv. Gesprächspartner*innen wird dabei die Wahl gelassen, ob und in welcher Form sie sich auf eine Kommunikation einlassen. Die Rollen, die den Gesprächspartner*innen in einer Gesprächssituation zukommen bzw. zugewiesen werden (verständnisvolle/r Zuhörer*in, kritische Gesprächspartner*in, Berater*in etc.), gilt es, oftmals spontan, anzunehmen und entsprechend den situativ bedingten Anforderungen auszufüllen. Dabei können sie von den Beteiligten im Laufe der Kommunikationssituation neu definiert werden (vgl. Maley/Duff 1982: 10 f.). Um eine authentische Kommunikation zu fördern, müssen im Unterricht Lernumgebungen geschaffen werden, in denen Lernende selbstbestimmt, kreativ, produktiv und angstfrei mit der Fremdsprache umgehen und experimentieren können. Es geht darum, den Schüler*innen in authentischen und realistischen Kommunikationssituationen „Erfahrungen des Risikos und des Umgangs mit Sprachnotsituationen zu ermöglichen (Tselikas 1999: 39 f.).

Mit Hilfe von dramapädagogischen Methoden können im Unterricht authentische Kommunikationsanlässe geschaffen werden, die die Lernenden zum Agieren in der Fremdsprache motivieren. Im Spiel entstehen die geforderten Sprachnotsituationen, auf die „unmittelbar und spontan reagiert werden muss“ (Tselikas 1999: 35). Dies ist ebenso motivierend wie die unmittelbare Relevanz der Kommunikationsinhalte, entweder für die Lernenden selbst oder aber für die Kommunikationssituation an sich – „[es sind] Inhalte im und für das Spiel geschaffen worden [...], die mitgeteilt werden wollen“ (ebd.). Durch die individuelle Ausgestaltung von Rollen, die Verbindung von Szenen zu Alltagshandlungen oder den Spaß am Spiel können die Lernenden persönlich in Lerninhalte involviert werden und es wird ihnen eine individuelle Relevanz aufgezeigt – beides Aspekte, die als lern- und kommunikationsfördernd betrachtet werden können (vgl. Sambanis 2013: 131). Hemmungen werden dann abgebaut, wenn die Lernenden etwas zu sagen haben oder sagen müssen und dies auch tatsächlich wollen. Gleichzeitig wird so die individuelle Sprechzeit erhöht. Entscheidend ist, dass die Lernenden das Gefühl haben, mit ihren Äußerungen etwas zu erreichen, und dass ihr Gegenüber wirkliches Interesse an dem hat, was sie zu sagen haben (vgl. Taubenböck 2007: 2; Bleyhl 2000: 38). Nach Bleyhl (2000) geht es darum, „lebende erfahrbare Sprache“ (ebd.: 38) in den Unterricht zu holen und für die Schüler*innen erfahrbar zu machen. Die Fremdsprache wird für die Lernenden zu einem „echten Kommunikationsmittel“ (Weier 2008: 525), mit dem die Schüler*innen ausdrücken können, was sie sagen wollen, und nicht das nachsprechen bzw. zu formulieren versuchen, was die Lehrkraft ihnen aufträgt. Sie kommunizieren aus einem persönlichen und genuinen Interesse heraus.

Um die Lernenden auf den Einsatz der Fremdsprache in der fremdsprachlichen Alltagswelt vorzubereiten und nicht zu überfordern, erhalten sie die Möglichkeit, Handlungsoptionen für den ‚Ernstfall‘ in „rehearsals for life“ (Almond 2005: 11) zu üben und Kommunikationsmuster zu erproben und einzuüben (vgl. u.a. Ronke 2005: 91 ff.; Tselikas 1999: 41 f.). Im Kontext dramapädagogischer Arbeit werden oftmals authentische Kommunikationssituationen nachempfunden. Es werden Möglichkeiten der Interaktion geschaffen, die „einer natürlichen Sprechsituation sehr nahe kommen“ (Weier 2008: 525). In diesen Momenten wird die Fremdsprache in ihrer natürlichen Funktion eingesetzt und bleibt kein abstraktes Medium, das es zu entschlüsseln, analysieren oder zu bewältigen gilt. Die Sprache wird „nicht mehr losgelöst von ihrer kommunikativen Komponente verwendet“ (ebd.). Mit Hilfe dramapädagogischer Methoden lassen sich dementsprechend Übungssituationen erzeugen, die als Vorbereitung auf fremdsprachliche Kommunikation als Teil der Lebenswelt der Schüler*innen dienen können (vgl. Porter Ladousse 1987: 6). Die Schüler*innen erhalten so auch die Möglichkeit, verschiedene „fremdsprachliche Gesprächsrollen“ (Hohmann 2003: 336) und Handlungsoptionen zu erproben.

4.3.2 Unterstützungsmaßnahmen

Die für eine lebensweltnahe Kommunikation notwendigen Sprachnotsituationen können einschüchternd wirken. Sollen von den Schüler*innen im Unterricht Risiken zur Erprobung authentischer Kommunikationssituationen eingegangen werden, bedarf es geeigneter Unterstützungsangebote. Die Dramapädagogik bietet verschiedene Möglichkeiten der Unterstützung an. Die Methoden werden in einen Prozess eingebettet, Notausgänge, die es den Schüler*innen ermöglichen bei Bedarf aus den Situationen auszusteigen, werden zur Verfügung gestellt und Methoden abschließend reflektiert.

Darüber hinaus können dramapädagogische Methoden dabei helfen, sich in Rollen einzufinden und diese auszugestalten. Auf diese Weise kann es gelingen, für folgende Phasen der fremdsprachlichen Kommunikation eine neue Identität zu übernehmen, die als Schutz der eigenen Identität und Person dient (vgl. Tselikas 1999: 35; Doff/Klippel 2007: 287). Die Idee dahinter ist, dass die übernommene Rolle als sicherer Rahmen für kommunikative Handlungen in der Fremdsprache, die in den meisten Fällen Teil der übernommenen Rolle ist, fungiert. Fehler, die in einer Rolle gemacht werden, fallen weniger schnell auf die Lernenden selbst zurück, Handlungen und Kommunikationssituationen können ohne Konsequenzen für die eigene Person erfahren und erprobt werden, was besonders für Sprachanfänger*innen wichtig sein kann (vgl. ebd.). Die Fremdsprache als Teil der übernommenen Rolle und der erlebten drama-ästhetischen Realität kann zu diesem Schutzraum beitragen (vgl. Tselikas 1999: 35; Doff/Klippel 2007: 287).

Des Weiteren kann die im dramapädagogischen Prozess erzeugte dramaästhetische Realität als Schutzraum dienen. Auch wenn, oder gerade weil, die Schüler*innen wissen, dass sie nur so tun als ob wirken dramapädagogische Methoden äußerst motivierend für den Einsatz der Fremdsprache. Dadurch, dass eine Situation „nur" nachgespielt wird, werden Fehler als weniger gravierend empfunden und die Schüler*innen können freier agieren. Die Schüler*innen – und die Lehrer*innen – nutzen ihre Imaginationskraft, um sich in verschiedene Situationen zu begeben. Die Imaginationskraft der Lernenden kann dabei z.B. durch Requisiten und Kostüme unterstützt werden (vgl. Bland 2007: 6).

Das Besondere an dramapädagogischen Kontexten ist, dass ein Spielen und Experimentieren mit der Fremdsprache gewünscht ist. In dieser Umgebung läuft niemand Gefahr, sich zu blamieren, ausgelacht zu werden oder von anderen kritisiert zu werden (vgl. Tselikas 1999: 28f.). Diese positive Arbeitsatmosphäre, die in der Vorbereitunsphase des dramapädagogischen Prozesses erzeugt wurde, trägt ebenso wie Rituale zu einem Gefühl der Sicherheit im Umgang mit der Fremdsprache und mit dramapädagogischen Methoden bei (vgl. Tselikas 1999: 27). Dazu zählen z.B. ritualisierte Ein- und Ausstiege und die Aufführungskonventionen des Theaters. Ähnlich wie die übernommene Rolle können Rituale die Lernenden ermutigen, Risiken im Umgang mit der Fremdsprache einzugehen, kreativ, produktiv und aktiv mit ihr umzugehen, auch wenn die Möglichkeit besteht, dass dabei Fehler passieren (vgl. ebd.: 29). Besonders schüchterne, unsichere oder zurückhaltende Lernende scheinen oftmals von dramapädagogischen Strukturen und Ritualen zu profitieren, die ihnen die Möglichkeit geben, sich selbst in neuen, ungewohnten Situationen wahrzunehmen und auszuprobieren. Sie werden in ihrem Selbstvertrauen und dem Vertrauen in ihre eigenen fremdsprachlichen Fähigkeiten gestärkt (vgl. Porter Ladousse 1987: 6). Gefühle von Angst und Unsicherheit werden vermieden und ein angstfreies Lernen ermöglicht. Mangelndes Selbstvertrauen ist oft das größte Hindernis im Fremd-sprachenunterricht, wenn es um das Sprechen in der fremden Sprache geht. Ausbleibende Erfolge und ständige Korrekturen sind in diesem Zusammenhang wenig förderlich (vgl. Berndt 2003: 14). Viel mehr noch muss die Förderung des „Mut[s] zu sprechen" (Tselikas 1999: 29) in den Fokus von Lehrenden gerückt werden. Gleichzeitig stellen die Methoden für zurückhaltende – oder dem Ansatz skeptisch gegenüberstehende – Lernende eine Herausforderung dar. Auch für diese Lernenden kann ein langsamer Einstieg in die dramapädagogische Arbeit über niedrigschwellige Übungen und Spiele – inklusive der Reflexionsphase, in der die Lernenden die Möglichkeit erhalten, ihre Gefühle und Meinungen zu äußern – von Vorteil sein.

Geht es darum, im Fremdsprachenunterricht positive Emotionen zu erzeugen, lässt sich an verschiedenen Stellen ansetzen:

> Das Vermeiden von Angst und die Minimierung oftmals unnötigerweise Druck auslösender Faktoren, ein Klima der Wertschätzung, das ehrliche Rückmeldungen ermöglicht, die Schaffung von Transparenz, gute Orientierung und eine Kultur des Anerkennens und Lobens sind einige wesentliche Merkmale eines Unterrichts, der sich dem Zusammenwirken von Emotionen und Kognition als einer wichtigen Herausforderung stellt (vgl. *ko-aktives* Konzept, Sambanis 2007: 137ff.) (Sambanis 2013: 41).

Die meisten dieser Aspekte lassen sich auf das dramapädagogische Arbeiten übertragen. Des Weiteren sind Anerkennung und Lob ein wesentlicher Bestandteil der dramapädagogischen Arbeit. Und Theater macht Spaß: In kreativen Prozessen erfolgt Lernen in einer lockeren Atmosphäre, in der sich die Lernenden ausprobieren können. Nicht selten wird gemeinsam gelacht, sei es in Aufwärmübungen oder wenn lustige Elemente in Szenen eingebaut werden. Darüber hinaus stellt die Dramapädagogik Dinge auf den Kopf. Lehrer*innen- und Schüler*innenrollen werden neu interpretiert. So gestaltet sich nicht nur das Verhältnis von Lehrer*innen und Schüler*innen evtl. anders als in traditionellen Unterrichtsformen, es ergibt sich die Möglichkeit für verschiedene Schüler*innen-Interaktionen. Die Dramapädagogik gibt an vielen Stellen Raum für Neues, für Individualität und Kreativität. Einige dieser Aspekte werden von Sambanis (2013 in Rückbezug auf Willis 2010) als lernförderliche Elemente formuliert (vgl. ebd.: 52f.). Dramapädagogische Kommunikationssituationen werden zu Erlebnissen, die Lernende im Lernprozess machen. Diesen kann eine lernförderliche Wirkung zugeschrieben werden, da sie positive Emotionen erzeugen, die wiederum in Erinnerung bleiben und somit Lernprozesse positiv beeinflussen (vgl. Sambanis 2013: 30). Kommunikationssituationen, die an diese Erlebnisse geknüpft sind, werden positiv konnotiert und können eventuell leichter von Lernenden wieder abgerufen werden.

Wenn es gelingt, durch die zuvor genannten Aspekte – die übernommene Rolle, die Als-ob-Realität, eine wertschätzende Atmosphäre, Strukturen und Rituale – einen sicheren Rahmen für Sprachnotsituationen zu kreieren, kann durch den Einsatz dramapädagogischer Methoden bei den Schüler*innen eine Kommunikationsbereitschaft als grundlegende Bedingung für die fremdsprachliche Kommunikation geschaffen werden (vgl. Weier 2008: 526; Elis 2015: 93 f.). Viel zu oft gerät diese in Vergessenheit, wenn der Fokus auf der Schulung der Kommunikations*fähigkeit* liegt. Es zeigt sich an dieser Stelle erneut die Dominanz der kognitiven Dimension von Kompetenz im Vergleich zu motivationalen und affektiven Aspekten. Zum erfolgreichen Kommunizieren in der Fremdsprache gehört aber auch die Bereitschaft, sich auf eine Kommunikationssituation und die an ihr beteiligten Gesprächspartner*innen einzulassen. Diese Bereitschaft zur Kommunikation kann im auf verschiedene Weise erzeugt werden.

Da in der dramapädagogischen Arbeit oftmals die Sprachproduktion wichtiger ist als die Sprachkorrektheit (vgl. Porter Ladousse 1987: 9), wird neben der Flüssigkeit der Schülersprache ein positiver Umgang mit Fehlern gefördert, der die Interaktion zwischen den Schüler*innen sowie ihre Sprechmotivation positiv beeinflusst (vgl. ebd.: 7; auch Hayes 1984: 6). Das bedeutet nicht, dass die Sprachkorrektheit komplett vernachlässigt wird. Vielmehr werden Fehler im dramapädagogischen Lernprozess nicht als ein Hindernis, sondern als eine willkommene Begleiterscheinung im Fremdsprachenlernprozess gesehen (vgl. Berndt 2003: 15; Kleppin 2010: 225).

4.3.3 Emotionen, Bewegungen, nonverbale Kommunikation

Persönliche und affektive Dimensionen von Lehren und Lernen sind aufgrund des zugrunde liegenden ganzheitlichen Menschenbilds und der Orientierung an den Prinzipien der Ganzheitlichkeit und Handlungsorientierung ein fester Bestandteil der Dramapädagogik. Im Sinne der Ganzheitlichkeit wird neben der kognitiven Dimension von Kompetenz beispielsweise der Einfluss von Emotionen auf Lern- und Kommunikationsprozesse unmittelbar mitgedacht (vgl. Neelands/Goode 2000: 3; Fleming 2003: 2). Die allgemeine Relevanz von Emotionen im Lernprozess wird bei der Aufnahme von Wissen – positive Gefühle wirken sich lernförderlich aus (vgl. Sambanis 2013: 27) – und zur Erhöhung der Behaltensleistung, beispielsweise bei der Enkodierung neuer Wörter im Langzeitgedächtnis, genutzt. Positive Emotionen spielen jedoch nicht nur bei der Speicherung gelernter Vokabeln, sondern auch in der Situation des Abrufens, d.h. bei der Sprachproduktion z.B. in Kommunikationssituationen, eine Rolle (vgl. ebd.: 29). Werden neue Wörter in Situationen gelernt, die durch negative Emotionen wie Angst, Stress, Notendruck etc. geprägt sind, werden „die Vokabeln [...] wie Fakten auswendig gelernt und als Wissen abgelegt“ (ebd.). Ein „Übertragen auf Beispiele und variable Kommunikationssituationen“ (ebd.) – ein Ziel, das der Fremdsprachenunterricht im Sinne der Förderung einer kommunikativen Kompetenz haben sollte – ist in diesem Falle nicht möglich.

In einer authentischen lebensweltlichen Kommunikationssituation sind Gefühle und Haltungen unmittelbar Teil dessen, was und wie kommuniziert wird. Auch im Fremdsprachenunterricht treffen Personen mit eigenen Gedanken, Emotionen und Einstellungen aufeinander (vgl. Surkamp 2020: 225). Mit der Hilfe von Drama-Aktivitäten lernen die Schüler*innen Einstellungen und Gefühle sowohl nonverbal als auch verbal auszudrücken (vgl. Surkamp 2020: 230f.). Dabei geht es nicht darum, das Wortfeld der Emotionen zu beherrschen, sondern Gefühlszustände kommunizieren zu können und sich der Rolle, die verschiedene Gefühlslagen in einer Kommunikationssituation spielen können, bewusst zu sein: „Speaking isn't just about verbal accuracy and the production of the right sounds – it is an expression of personality and manifests itself as much if not more than the verbal components, through facial expressions and body language“ (Sturrock 1999: 10 in: Berndt 2003: 34). Wird den Lernenden die Möglichkeit gegeben, ihre eigenen Emotionen, Empfindungen und Persönlichkeiten in den Unterricht einzubringen, und erfolgt dies in einem sinnvollen Kontext, folgt daraus eine Involviertheit, die nicht nur für die Förderung der fremdsprachlichen Kompetenzen genutzt werden kann. Dadurch, dass die Lernenden in ihrer Gesamtheit in den Lernprozess eingebunden werden und ein authentisches Interesse an ihrer Person, ihren Gedanken, Meinungen und Gefühlen besteht, können die Lernenden zum einen einen direkten Bezug zur Fremdsprache aufbauen, der sich motivierend auswirken kann, zum anderen können persönliche Dimensionen von Kompetenz gefördert werden. Die Lernenden gewinnen an Selbstvertrauen und Vertrauen in ihre kommunikativen Fertigkeiten (vgl. die Ergebnisse von Domkowsky 2008 und 2011). An dieser Stelle lässt sich die Brücke zurück zur Förderung der Sprechbereitschaft schlagen. Sehen und erfahren die Lernenden einen persönlichen Bezug zur Fremdsprache, steigt die Bereitschaft, diese als Kommunikationsmittel einzusetzen. Die Hemmschwelle und die Angst vor Fehlern sinken.

Neben den Emotionen sind es auch die Bewegungen, die als integrale Bestandteile von Kommunikation und Lernen in einem dramapädagogischen Kontext Beachtung finden. „Bewegungen [besitzen] ein Ausdruckspotential, das in enger Verbindung zu Emotionen steht“ (Sambanis 2013: 104). Und auch zwischen Sprache und Bewegung besteht eine direkte Verbindung, die sich im Fremdsprachenunterricht nutzen lässt. Zunächst ist das Sprechen an sich bereits ein motorischer Prozess (vgl. ebd.: 90). Darüber hinaus kommunizieren wir tagtäglich über Bewegungen und Positionen unseres Körpers. Sitzhaltungen, Gestik, Mimik, unsere Position im Raum, all das ist Bewegung, all das ist Kommunikation (vgl. ebd.: 104; Surkamp 2014: 28).

Die Dramapädagogik kann ein Weg sein, Bewegung in den Fremdsprachenunterricht, nicht nur mit jungen Lernenden, zu bringen. In ihr wird die Verbindung zwischen Bewegungen, Sprache und Emotion unmittelbar erfahrbar. In einem dramapädagogischen Kontext kann es gelingen, dass Lernen „bewegt und bewegend“ (Sambanis 2013: 112) ist und sich dies auf die Verwendung der Fremdsprache überträgt. Im dramapädagogischen Unterricht „werden [...] Elemente des affektiv-sozialen Lernens freigesetzt, einschließlich der darin enthaltenen motorischen Bedürfnisse sowie eine Kreativität und ästhetische Fähigkeiten“ (Berndt 2003: 34). Die Lernenden erfahren in einem dramapädagogischen Unterricht unmittelbar das kommunikative Potenzial von Bewegungen. In dessen Methoden wird der Körper als Kommunikationsmittel eingesetzt (vgl. hierzu auch Sambanis 2013: 131). Lernende erfahren, wie ‚aussagekräftig‘ ihr Körper sein kann. Wie viel sie allein mit Gestik, Mimik und Körperhaltungen zum Ausdruck bringen können, müssen sie durch den Einsatz ihres Körpers lernen und erfahren (vgl. Tselikas 1999: 28; Surkamp 2014: 20).

Kommunikation wird auf diese Weise ganzheitlich und authentisch. Drama-Aktivitäten sind „im Fremdsprachenunterricht ein wichtiges Instrument [...], um ganzheitliche Kommunikation zu entwickeln und zu fördern“ (Bludau 2000: 15). Ein Unterricht, dem dieses ganzheitliche Verständnis von Kommunikation zugrunde liegt, beschränkt sich damit nicht auf verbale Aspekte, wie z.B. beim Vorlesen oder Vortragen von Dialogen, sondern ergänzt diese durch nonverbale Elemente von Kommunikation, die noch in vokale und non-vokale Elemente unterteilt werden (vgl. Surkamp 2014:

30; Wiggermann 2007: 13; Bollinger 1999: 3; Almond 2005: 64; Reisener 2005: 20; Weier 2008: 526). Beide Elemente sind essentielle Komponenten jeder Kommunikationssituation (vgl. Surkamp 2014). In der alltäglichen Kommunikation bedienen sich die Lernenden ganz natürlich des kommunikativen Potenzials paralinguistischer Aspekte wie Intonation und Betonung, Sprechtempo, Lautstärke, Sprachmelodie und Rhythmus sowie Mimik, Gestik, Körperhaltungen und Proxemik, d.h., „die Art und Weise, wie man in einer Begegnung körperliche Zuwendung, Nähe und Distanz regelt" (Tselikas 1999: 28). Oftmals muss in Begegnungssituationen gar nicht ausgesprochen werden, was eine Person u.a. mit Körperhaltungen, Tonfall, Sprechtempo zum Ausdruck bringen möchte (vgl. Surkamp/Nünning 2016: 186; Elis 2015: 100). Das kommunikative und bedeutungstragende Potenzial nonverbaler Kommunikation ist fremdsprachen- und kulturspezifisch und muss mit der Fremdsprache mitgelernt und im Fremdsprachenunterricht erlebt und erprobt werden (vgl. Tselikas 1999: 28; Elis 2015: 100; Surkamp 2014: 16f.). Dramapädagogische Methoden bieten Gelegenheit, verschiedene Elemente non-verbaler Kommunikation und ihre Funktionen (vgl. Surkamp 2014: 31f.) im Unterricht zu erleben. Das Spiel mit diesen Aspekten wird dabei zu einem sinnvollen Ereignis, da sie als gestalterisches Element bewusst eingesetzt werden und die Schüler*innen das bedeutungsverändernde bzw. -vermittelnde Moment unmittelbar erleben. Dies geschieht z.B. dann, wenn Situationen gestisch und mimisch erzählt und ausgestaltet werden, Gesprochenes verstärkt, unterstützt oder ersetzt wird sowie Gefühle über Sprache transportiert werden. Es kann ebenso mit der Bedeutung von Sätzen gespielt werden, indem Tempo, Lautstärke und Gefühl, mit dem sie gesprochen werden, variiert werden (vgl. Schewe 1993: 175). Darüber hinaus wird in Drama-Aktivitäten „die Fremdsprache in Interaktion angewandt" (Surkamp/Nünning 2016: 151), d.h., immer in einem Aufeinandertreffen mit anderen Gesprächspartner*innen trainieren die Lernenden neben der verbalen Komponente auch die nonverbale Kommunikation in der Fremdsprache (vgl. Elis 2015: 100; vgl. auch Surkamp 2014).

Zusätzlich gilt, dass neben der affektiven Ebene auch die motorische zur Motivation im Fremdsprachenunterricht sowie zur Kommunikationsbereitschaft beitragen kann. Sind die Lernenden erst einmal in Bewegung, fällt es ihnen leichter, sich auf Methoden und Aufgaben sowie auf Kommunikationssituationen einzulassen. Darüber hinaus darf der Aspekt, dass Kommunikation auch Bewegung ist, in einem ganzheitlich und handlungsorientiert ausgerichteten Fremdsprachenunterricht nicht vernachlässigt werden. Erleben die Lernenden, dass Bewegung Teil von Kommunikation ist, kann nicht nur ihr Lernprozess unterstützt werden, indem sich Phrasen oder Satzstrukturen besser einprägen, sie werden sich darüber hinaus des bedeutungstragenden Potenzials von Bewegungen bewusst. Bewegung motiviert, Bewegung unterstützt Lernprozesse, Bewegung gibt den Lernenden Gelegenheit zum „Einschwingen in die Fremdsprache" (Sambanis 2013: 92 nach Jaffke 1992), Bewegung und Sprache sind unmittelbar miteinander verbunden (vgl. ebd.: 112).

Bewegung im Unterricht hat außerdem, ähnlich wie die Emotionen, einen lernförderlichen Effekt. Zum einen kann sie als Ausgleich zu sitzenden Tätigkeiten, als Bewegungspause, eingesetzt werden. Zum anderen kann sie Lernprozesse unterstützen (vgl. Sambanis 2013: 93). Bewegungen helfen z.B. ebenso bei der Enkodierung und beim Abrufen neuer Vokabeln (vgl. Haß 2006; Sambanis 2013: 103). Oftmals wird das Potenzial von bewegtem Unterricht eher mit jungen Lernenden genutzt, da ihnen ein größerer Bewegungsdrang zugeschrieben wird (vgl. Sambanis 2013: 91). Auch wenn es richtig ist, dass die motorische Entwicklung bei Jugendlichen als abgeschlossen angesehen werden kann und sie daher über ein geringeres Verlangen nach regelmäßiger und vielfältiger Bewegung verspüren, gilt es als ebenso erwiesen, dass Kinder und Jugendliche in Schulen zu viel sitzen (vgl. ebd.: 92; Hoppstädter/Hoppstädter 2005; Rampillon/Reisener 2005). Für die Implementierung von Bewegung in den Unterricht der Sekundarstufe gilt, dass auch ältere Lernende von einem bewegten Lernangebot profitieren. Bewegung ist lernförderlich und muss an der Arbeit mit Jugendlichen vielleicht eher als „Aufgabe [...], etwas, das es zu fördern und zu pflegen gilt" (Sambanis 2013: 93), gesehen werden. Ähnliches gilt für die Spielfreude, die Kinder als ganz natürlich mit in den Unterricht bringen und die bei älteren Lernenden zunächst erst wieder geweckt werden muss.

4.3.4 Monologisches Sprechen und Aussprache

Die Förderung einer ganzheitlichen kommunikativen Kompetenz umfasst neben der Integration von Emotionen und Bewegung und damit der Förderung nonverbaler Kommunikationsmittel auch die möglichst integrierte, und daher sinnvolle, Förderung der Aussprache. In Kommunikationssituationen im Klassenzimmer müssen sich die Lernenden, genauso wie es

Schauspieler*innen bewusst tun und jede*r Sprecher*in in der alltäglichen Kommunikation unbewusst, um eine bestmögliche Aussprache und Betonung – neben dem passenden Einsatz von Gestik, Mimik, Emotionen – in unterschiedlichen Kontexten bemühen (vgl. Klippel 1998 in Schultes 2008: 546). Dabei geht es nicht um eine drillähnliche Schulung einer fehlerfreien Aussprache oder Betonung, die sich an erstsprachlichen Standards und Idealen orientiert. Vielmehr geht es darum, den Lernenden eine erfolgreiche Kommunikation zu ermöglichen, d.h., solche Situationen zu vermeiden, in denen eine inkorrekte Aussprache zu Missverständnissen und einem Abbruch der Kommunikation führt. Da die Produktion fremder, unbekannter Laute gezielte Übung braucht, sollte sie von Beginn an zu einem festen Bestandteil des Fremdsprachenunterrichts werden (vgl. Elis 2015: 99f.). In der Arbeit mit dramapädagogischen Methoden kann die Förderung der Aussprache integriert in Rollen- und Szenenarbeit erfolgen. In diesem Kontext kann „die Aussprache [...] auch in Reflexionsgesprächen diskutiert werden und somit auf einer Metaebene Einzug in den Fremdsprachenunterricht finden" (Elis 2015: 99). Bis hierhin wurden Voraussetzungen für echte Kommunikation im Unterricht und Aspekte von Kommunikation, die sich durch dramapädagogische Methoden fördern lassen, dargestellt. Abschließend werden nun Formen der Kommunikation bzw. Bestandteile der kommunikativen Kompetenz – dialogisches Sprechen, monologisches Sprechen, Hör-/Hör-Seh-Verstehen, Schreiben, Lesen, Verfügung über sprachliche Mittel – beschrieben, die sich im dramapädagogischen Kontext trainieren lassen.

In vielen dramapädagogischen Methoden geht es vornehmlich um die Förderung des freien und flüssigen dialogischen Sprechens (vgl. u.a. Schewe 1993: 172). Neben dem dialogischen Sprechen können zudem Kompetenzen im monologischen Sprechen geschult werden, wenn Lernende z.B. in ihren Rollen einen längeren Redeanteil haben (vgl. von Blanckenburg/Haack 2016). In einem inneren Monolog, der evtl. sogar von den Schüler*innen zuvor selbst verfasst wurde, trainieren die Lernenden ihre Präsentationskompetenz und üben, vor einem Publikum zu sprechen. Eine besondere Form des monologischen Sprechens stellt das Vortragen von Gedichten oder das Erzählen bzw. Vorlesen einer Geschichte dar. In beiden Fällen wird der Text durch Stimme und Körpersprache beim Vortragen inszeniert. Leichter kann dieser performative Akt sein, wenn für den Vortrag des Gedichts bzw. das Erzählen der Geschichte eine Rolle übernommen wird (vgl. Elis 2015: 98f.).

4.3.5 Förderung der anderen Teilkompetenzen

Sowohl in der Förderung des dialogischen als auch des monologischen Anteils der Sprechkompetenz kommt den Zuhörer*innen bzw. dem Publikum eine zentrale Rolle zu. Damit erfolgt die Förderung des Hör-/Hör-Seh-Verstehens in einem dramapädagogischen Kontext integriert in kommunikative Kontexte (vgl. Elis 2015: 107 f.). Des Weiteren lässt sich das Hörverstehen z.B. in TPR-Methoden wie *Simon says* oder in einem Raumlauf (vgl. Surkamp/Nünning 2016: 184 f.) schulen. Werden Hörtexte produktiv erschlossen, indem Lernende dazu Standbilder oder kurze Szenen entwerfen und diese im Anschluss beschreiben und reflektieren (vgl. Schewe 1993: 290; Elis 2015: 108), kann auch dies zu einer produktiv-handlungsorientierten Schulung des Hör-/Hör-Seh-Verstehens beitragen. Ebenfalls geeignet sind Theaterbesuche, in denen die Lernenden sowohl visuelle als auch auditive sprachliche Zeichen erfahren und verstehen müssen (zum Theater als außerschulischem Lernort vgl. König/Surkamp 2010; Delius/Surkamp 2015: 117 ff.).

Zu einer umfassenden Förderung kommunikativer Kompetenz gehört auch die Integration schriftlicher Kommunikation. Sowohl das Schreiben als auch das Lesen lassen sich als Kompetenzen in einem dramapädagogischen Unterricht fördern. Texte müssen gelesen werden, ehe sie inszeniert werden, Rollenbeschreibungen werden gelesen, verstanden und umgesetzt oder selbst geschrieben. Auch Dialoge werden von den Schüler*innen selbst verfasst (vgl. Elis 2015: 108 ff.). Diese Teilbereiche kommunikativer Kompetenz sind besonders im Kontext des frühen Fremdsprachenunterrichts und des Übergangs interessant, da sich, wie bereits deutlich geworden ist, zu Beginn der 5. Klasse Probleme im Umgang mit der Schrift sowie im Vokabel- und Grammatikunterricht ergeben können.

An dieser Stelle soll nur kurz auf das Potenzial dramapädagogischer Methoden in diesem Bereich des Fremdsprachenunterrichts eingegangen werden, da sie im Zuge der Darstellung und Auswertung der durchgeführten Studie noch einmal in den Fokus der Ausführungen rücken werden. Zunächst sei angemerkt, dass das Potenzial dramapädagogischer Methoden für den integrierten Vokabel- und Grammatikunterricht über die ihnen in den meisten Fällen zugeschriebene „formgebende" Funktion hinausgeht. Oftmals dienen Dialoge, die in Lehrbüchern zum Inszenieren und Nachspielen angeboten werden, lediglich dazu, neue grammatische Strukturen oder Vokabeln einzuführen bzw. sie zu festigen. Die eigentlichen Inhalte und Gesprächssituationen sind zweitrangig. Das Potenzial der Dramapädagogik zum Einüben und Erproben von authentischen kommunikativen Situationen und somit zur Förderung der Kommunikations- und Sprechkompetenz der Schüler*innen wird, wenn überhaupt, nur in Ansätzen genutzt.

Innerhalb dramapädagogischer Methoden werden sprachliche Strukturen und Vokabeln der fremden Sprache in einem Kontext eingebettet dargeboten und angewendet. Dieser erleichtert deren Erwerb und die Übertragung in zukünftige Kommunikationssituationen und Kontexte und somit den situativ angemessenen Gebrauch der Sprache (vgl. Schultes 2008: 546; Maley/ Duff 1982: 9; Porter Ladousse 1987: 9). *Chunks*, die von den Schüler*innen während des dramapädagogischen Arbeitens auswendig gelernt und genutzt werden, werden oft auch im Nachhinein im alltäglichen Leben in Kommunikationssituationen verwendet (vgl. Almond 2005: 11; Urban 2007: 10; Bland 2007: 6).

Auch zur Festigung von neuem Sprachmaterial können dramapädagogische Methoden eingesetzt werden, da sie den Schüler*innen die Möglichkeit bieten, Vokabeln und Satzstrukturen anzuwenden, zu wiederholen und auf neue Situationen zu übertragen (vgl. Maley/Duff 1982: 16; Rück 2004: 94). Neu gelernte Wörter bleiben den Lernenden besser in Erinnerung, da sie mit Bewegungen verknüpft werden können (vgl. Schultes 2008: 546; Sambanis 2013, s.o.). Die Verknüpfung von Sprache und Bewegung sorgt darüber hinaus für eine „entspannte und konzentrierte Lernatmosphäre" (Surkamp/ Nünning 2016: 151), in der den Schüler*innen ein freier und unbefangener Umgang mit der Sprache ermöglicht wird (vgl. Reisener 2005: 20).

Auch Grammatikunterricht kann handlungs- und produktionsorientiert, kommunikativ und dramapädagogisch gestaltet werden (vgl. Kieweg 2006; Tselikas 1999; Butterfield 1998; Elis 2015: 105 ff.). Zumeist handelt es sich dabei um einzelne Übungen, die „dazu verhelfen, sprachliche Ausdrücke bzw. grammatische Phänomene auf alternative Weise zu thematisieren" (Tselikas 1999: 67) und so zu einem handelnden Umgang mit diesem ansonsten eher kognitiv-systematisch behandelten Teil des Fremdsprachenunterrichts führen. Ein umfassendes Konzept für die dramapädagogische Gestaltung des Grammatikunterrichts findet sich bei Susanne Even (2003). In Kapitel 4 sowie in der Auswertung der Daten wird das Potenzial dramapädagogischer Methoden im Grammatik- und Vokabelunterricht der 5. Klasse noch einmal aufgegriffen und näher erläutert.

4.4 Vereinbarkeit von Dramapädagogik und Standardisierung

Das Potenzial dramapädagogischer Methoden zur Förderung eines umfassenden Kompetenzbegriffs ist am Beispiel der Förderung kommunikativer Kompetenzen bis hierhin deutlich geworden. Die scheinbare Unvereinbarkeit von dramapädagogischen Methoden und geforderter Standardisierung, verwehrt den Methoden jedoch bisher einen festen Platz in den Kerncurricula und in deren Umsetzung im Fremdsprachenunterricht (vgl. Schmenk 2004 und 2015). Wird diese Frage aus der Perspektive der Lehrkräfte betrachtet, ist die eventuelle Unvereinbarkeit von Dramapädagogik und Standardisierung nur ein Grund unter anderen Gründen wie „Ich spiele selbst ungern Theater“, „Theater ist mir zu aufwendig/chaotisch/laut“, „Andere Dinge sind wichtiger“. Gerade der wahrgenommene Gegensatz zur Standardisierung mag jedoch ein bedeutsamer Grund sein, da er in den Augen der Lehrkräfte – ggf. auch nur für Außenstehende – eine Basis bilden kann, um die Qualität des eigenen Unterrichts inklusive des Erreichens von geforderten Lernzielen in Frage zu stellen.

In ihrer momentanen Auslegung schaffen die Bildungsstandards keinen fruchtbaren Rahmen für die Förderung persönlicher oder ästhetischer Lernziele (vgl. Schmenk 2004: 21). Interessant ist, dass das im GeR angelegte Verständnis von Kompetenz und Kompetenzförderung ein viel weiteres ist und dass in der Übersetzung in die Bildungsstandards die verkürzte Interpretation erfolgt sein muss. Hinsichtlich der Gründe kann an dieser Stelle nur spekuliert werden, aber wenn betrachtet wird, welche Teile übernommen wurden, nämlich hauptsächlich die Aspekte, die skaliert werden und somit Niveaustufen zugeordnet werden können, lässt sich vermuten, dass das Hauptaugenmerk auf vergleichbaren und gut testbaren Teilfertigkeiten von Kompetenz lag und immer noch liegt. So finden sich beispielsweise im GeR Ausführungen zu affektiven und persönlichen Dimensionen von Lernen und Kommunikation, deren Berücksichtigung auch für den Fremdsprachenunterricht empfohlen wird (Europarat 2001: 154 und 157). Darüber hinaus finden sich Ausführungen zu spielerischer und ästhetischer Sprachverwendung (ebd.: 61) und zum Einsatz von Interaktionsstrategien sowie non-verbaler Kommunikation (ebd.: 91f.). Beim Lesen des GeR entsteht der Eindruck einer umfassenden Abbildung von kommunikativer Kompetenz und es wird gar nicht versucht, alles in Skalen und Kompetenzniveaus zu fassen – so

z. B. bei den soziolinguistischen Kompetenzen (ebd.: 118), die als schwer zu skalieren gelten (ebd.: 121). Auch der immer wieder als schwierig geltende Aspekt der Bewertung von Kompetenz wird im GeR angesprochen und es werden verschiedene Bewertungsformate, u. a. auch Formen der Selbstbeurteilung, angeboten (ebd.: 175). In diesem Zusammenhang wird auch deutlich, dass die Bewertung der verschiedenen Aspekte kommunikativer Kompetenz zwar komplex, aber möglich ist (ebd.: 187 f.). Interessant ist in diesem Zusammenhang die Anmerkung dazu, dass sich wahre Kompetenz nicht testen lässt, sondern es sich meist um eine Beurteilung von Performanz (in diesem Fall im Sinne von Leistung) handelt, von der Rückschlüsse auf die zugrunde liegende Kompetenz gezogen werden sollen (ebd.: 182, vgl. auch hierzu Kapitel 2 und Haß 2012).

In den Bildungsstandards findet eine Reduzierung der Kompetenzen auf Fertigkeiten und messbare *Outcomes* statt. Lernziele, die in einem dramapädagogischen Ansatz als grundlegend betrachtet werden, wie die oben beschriebene Bereitschaft zum Handeln und Kommunizieren in der Fremdsprache, die Förderung des Selbstvertrauens der Lernenden, werden nicht in den Kerncurricula abgebildet. In einem dramapädagogischen Lernkontext werden Lernprozesse initiiert, die sich nicht unbedingt mit Hilfe der Bildungsstandards fassen und beschreiben lassen (vgl. Schmenk 2015: 44). Es sind gerade „all diejenigen Bereiche, die Kritiker des GeRS [Gemeinsamer europäischer Referenzrahmen für Sprachen] und der BS [Bildungsstandards] als fehlend oder unzureichend berücksichtigt bezeichnen" (Schmenk 2015: 43), die durch dramapädagogische Methoden gefördert werden können. Es werden individuelle und mehrdimensionale Bildungsprozesse initiiert, die weit über das hinausgehen, was ein rein kognitiv ausgerichteter Unterricht bewirken kann (vgl. Breidbach 2008: 119 in: Schmenk 2015: 44). Betrachtet man die grundsätzliche Ausrichtung der Dramapädagogik, ihre Prinzipien der Ganzheitlichkeit, Handlungsorientierung, Performativität und ihre, neben den linguistischen, sowohl kommunikativen als auch ästhetischen Lernziele, scheint dies zunächst unvereinbar mit der Förderung standardisierter Kompetenzen (vgl. Schmenk 2015: 43). Kreative Prozesse lassen sich nicht vollständig in Standards fassen. Es werden jedoch bereits Schritte in Richtung einer stärkeren Möglichkeit der Operationalisierung von Kreativität mithilfe generischer Merkmale unternommen (vgl. Delius 2016).

Romi Domkowsky konnte in einer Studie mit älteren Lernenden für das Fach Darstellendes Spiel jedoch einige Effekte der dramapädagogischen Arbeit nachweisen. Sie erhielt signifikante Ergebnisse für die Bereiche der Extraversion und der Förderung von Offenheit und Aufgeschlossenheit. Nicht signifikante, aber trotzdem bedeutsame Ergebnisse ließen sich für die Entwicklung der Empathie und die Förderung von Motivation feststellen (vgl. Domkowsky/Walter 2015). Für den Fremdsprachenunterricht sind diese Aspekte besonders für das interkulturelle Lernen, aber auch für die Förderung des freien Sprechens interessant. So konnten Grotjahn et al. (2004) feststellen, dass extrovertiertere Schüler*innen nicht nur weniger Hemmungen im Umgang mit der Fremdsprache haben, sondern dass sie diese in mündlichen Kontexten flüssiger verwenden. Ebenso ist die Motivation zum Lernen der Fremdsprache höher je größer das Maß an Extraversion ist (ebd.: 132 in: Domkowsky/Walter 2015: 116). Und auch wenn dies oft nur auf Beobachtungen und Wahrnehmungen basiert, kann man in der Theaterarbeit mit Kindern und Jugendlichen feststellen: „Theater spielen begeistert, motiviert und aktiviert Spieler wie auch Spielleiter. Die Spieler entwickeln sich, wenn sie über einen längeren Zeitraum Theater spielen, in ihrer Persönlichkeit und auch in ihrem Sozialverhalten, sie verändern sich. [...] (vgl. beispielsweise Walter 2011 oder viele der Beiträge in Scenario)“ (Domkowsky/Walter 2015: 103).

Es wäre also falsch zu sagen, dass ein dramapädagogischer Ansatz keine messbaren Ergebnisse liefert. Mit dramapädagogischen Methoden lassen sich fremdsprachliche Kompetenzen fördern und Lernziele in verschiedenen Bereichen (Sprechen, Grammatik, interkulturelles Lernen etc.) erreichen. Gleichzeitig, d.h. integrativ, lassen sich die persönlichen, affektiven und motivationalen Dimensionen der Kompetenzen fördern. Fremdsprachliche Kompetenzen erhalten so einen persönlichen Bezug und eine emotionale Komponente, die für die Nachhaltigkeit des Fremdsprachenunterrichts entscheidend ist. In Bezug auf Helmke et al. (2008) lässt sich, meiner Meinung nach, argumentieren, dass das Fördern verschiedener Kompetenzdimensionen zu einer höheren Verarbeitungstiefe und verbesserten langfristigen Lernleistung führt, da die Schüler*innen zum einen, bedingt durch eine ganzheitliche Ansprache, motivierter sind und zum anderen Lerninhalte auf verschiedenen Ebenen verankert werden.

Geht es nun aber darum, dramapädagogische Methoden in einem kompetenzorientierten Fremdsprachenunterricht und den Kerncurricula zu etablieren, reichen diese Ergebnisse jedoch offenbar nicht aus. Das volle Potenzial dramapädagogischer Methoden kann mit standardisierten Testverfahren nicht erfasst werden. An diesem Punkt lässt sich die Frage stellen, an welcher Stelle eine Umorientierung erfolgen müsste, wenn die Integration von Dramapädagogik in den kompetenzorientierten Unterricht für Lehrkräfte vereinfacht werden soll. Ist es die Dramapädagogik, die sich mehr auf die Förderung standardisierbarer *Outcomes* konzentrieren sollte oder sind es die Ansprüche einer standardisierten Kompetenzförderung, die überdacht und in dem Sinne erweitert werden sollten, dass auch die Anteile von Kompetenz eine Rolle spielen müssen, die nicht unmittelbar durch die üblichen Testverfahren erfasst werden können?

Barbara Schmenk macht dazu folgenden ersten Vorschlag: „Will man Drama in den standardisierten FSU integrieren, zieht das folglich einige konzeptuelle und praktische Umdeutungen der […] Formen und Funktionen von Dramapädagogik nach sich" (Schmenk 2015: 44). Bereits dramapädagogisch arbeitende Personen würden diesem Vorschlag sicher widersprechen, wenn damit gemeint ist, dass die Dramapädagogik in ihrem verschiedene Dimensionen von Lernen umfassenden Ansatz reduziert werden soll (vgl. ebd.: 45), denn dieser Vorschlag birgt eine „Gefahr der Standardorientierung für die Dramapädagogik" (ebd.).[45] Zum einen würden damit die Lernziele drastisch reduziert werden, zum anderen würde das ganzheitliche (Selbst)Verständnis der Dramapädagogik aufgelöst werden und die Dramapädagogik lediglich als Pool von Methoden dienen, die „als Vehikel zum Erreichen eines bestimmten, zuvor festgelegten *output* aufgefasst werden könnte[n]" (ebd.: 44).

Die Dramapädagogik würde damit in Konkurrenz treten zu anderen Methoden, die einem anderen Ansatz entspringen und die eventuell sogar schneller, einfacher, ohne viel methodisch-didaktisches Hintergrundwissen seitens der Lehrkräfte, und vermeintlich besser, zum Ziel – d.h. zur Förderung bestimmter isolierter Teilfertigkeiten – führen (vgl. ebd.: 45). Damit dramapädagogische Methoden ihr volles Potenzial entfalten können, muss ihnen mit einem Verständnis von Lehren und Lernen begegnet werden, das die Methoden in ihrem vollen Umfang in den Unterricht integriert, ohne dass

45 Auf diese Gefahr weist Barbara Schmenk bereits 2004 hin, wenn sie die Randstellung von ästhetischem Lernen und dramapädagogischen Methoden im GeR herausstellt.

sie dafür in ihrer Komplexität reduziert werden müssen. Nicht zuletzt ist es daher wichtig, Lehrkräften und Lehramtsstudierenden zu ermöglichen, die Methoden in Lehr-Lern-Kontexten zu erproben, um im eigenen Unterricht dramapädagogische Prozesse besser verstehen und begleiten zu können[46].

Wie lassen sich Dramapädagogik und Standardisierung zusammenbringen, ohne dass sich dabei allein die Dramapädagogik anpassen und verändern muss? Sollte sich nicht genauso etwas in den Bildungsplänen und im dort verankerten Verständnis von Lehren und Lernen ändern? Schmenk (2015: 46) argumentiert, dass die Lernprozesse, die durch dramapädagogische Methoden ausgelöst werden, ganz genau beobachtet und dokumentiert werden müssten, um sie zu evaluieren (sie fordert „handfeste Nachweise") und sie somit in den „Standardisierungsdiskurs einbringen" zu können. So könnte nicht nur die Dramapädagogik als Methode an Stellenwert gewinnen, sondern auch eben solche „Kompetenzbereiche, die bislang im GeRS und den BS gar nicht erwähnt sind" (ebd.: 47), Einzug in diese finden.

Die Lösung kann nicht sein, dass die Dramapädagogik sich für ihre Grundsätze, Prinzipien und Lernziele rechtfertigen muss, indem sie Beweise für ihre ‚Erfolge' liefert, bzw. diese reduzieren muss, um „im derzeitigen *mainstream* des Bildungsmonitoring und der Kompetenz-*accountability* zur Kenntnis genommen und gehört [zu werden]" (Schmenk 2015: 45). An dieser Stelle sei auf die grundsätzliche Schwierigkeit der Erhebung einer Wirkkraft von Methoden verwiesen. Eine Hierarchisierung von Methoden, die auf Beweisen wie „Task-Based Language Teaching funktioniert 1,4x so gut wie Total Physical Response" basiert, ist nicht möglich. Auf der anderen Seite können alle Methoden immer nur an ihren *Outcomes* gemessen werden, so eben auch die Dramapädagogik[47]. Dennoch kann es nicht allein darum gehen, stärker empirisch nachzuweisen, welche Ziele und Kompetenzen der Bildungsstandards bzw. des Referenzrahmens mit dramapädagogischen Methoden erreicht werden können (vgl. ebd.: 46), wenn ihnen ein verkürztes Verständnis von Kompetenzen zugrunde liegt. Das besondere Potenzial dramapädagogischer Methoden liegt in der Förderung des von Schmenk angeführten „Mehr an Bildung" – den individuellen, ästhetischen, affektiven und

46 Siehe hierzu beispielsweise Seminare an den Universitäten Göttingen und München.

47 Vgl. Sarah Mercer, die Unterricht mit der *complexity theory* anschaut.

motivationalen Lernprozessen. Diese lassen sich nicht auf standardisierte Weise genau beschreiben und empirisch erfassen. Zum einen muss das den Bildungsstandards zugrunde liegende Verständnis von Kompetenz erweitert werden – so wie es für die Ausbildung kommunikativer Kompetenzen bereits gefordert wurde. Mit einem weiten Kompetenzbegriff wäre das „Mehr an Bildung" schon dort integriert. Gleichzeitig müsste mit diesem weiten Verständnis von Kompetenz eine Erweiterung der anerkannten Testverfahren einhergehen. Eine Motivationssteigerung der Lernenden zur Kommunikation in der Fremdsprache, eine Bereitschaft zur Rollenübernahme sowie ein gestärktes Selbstvertrauen lassen sich sehr wohl im Unterricht beobachten oder können von den Schüler*innen selbst eingeschätzt werden. Prozessorientierte Prüfungsformate wie z.B. Portfolios gewinnen an dieser Stelle an Bedeutung.

Dramapädagogische Methoden fördern Kompetenzen in all ihren Dimensionen. Ihr volles Potenzial können sie aber erst beweisen, wenn ihnen mit einem umfassenden Verständnis von Kompetenz begegnet wird. Dabei geht es nicht nur um die „Überraschungen [und] persönliche[n] Erkenntnismomente", die Schmenk erwähnt, und von denen sie sagt, dass sie sich „nicht durch *Output*-Kompetenzdeskriptoren und Standardisierungsmodelle ‚einfangen' und ‚zähmen' lassen [...] und somit dafür sorgen [...], dass das Drama im FSU nicht im Standardisierungsdiskurs aufgeht, sondern diesen überleben wird" (Schmenk 2015: 47). Es geht vielmehr auch um die Dimensionen kommunikativer Kompetenz – nämlich die affektive, motivationale, persönliche und performative Dimension. Es kann für die Dramapädagogik nicht darum gehen, gegen die Standardisierung zu bestehen. Vielmehr kann sie eventuell einen Impuls für ein ganzheitliches Verständnis von Lehren und Lernen in den Bildungsstandards und deren Umsetzung im Unterricht geben, die auf einem weniger instrumentellen Verständnis von Fremdsprachenlernen basiert.

Der Bezug zum GeR und die Diskussion um das Verhältnis von Standardisierung und Dramapädagogik haben gezeigt, dass im Fremdsprachenunterricht und in den ihm zugrunde liegenden offiziellen Bildungsdokumenten ein weiter Kompetenzbegriff angelegt werden muss, wenn ganzheitliche Methoden zum Einsatz kommen sollen, die oft vernachlässigte Dimensionen von Kompetenz, wie die persönliche, affektive und motivationale Ebene, fördern, und Bereiche des Fremdsprachenunterrichts betonen, die oftmals vergessen werden, wie das ästhetische Lernen und die Bedeutung von Emotionen und die Einbindung des Körpers in den Lernprozess. Welches Potenzial die Methoden insbesondere für junge Lernende mitbringen, ist Thema des nächsten Unterkapitels.

4.5 Das Potenzial dramapädagogischer Methoden für junge Lernende

Dramapädagogische Verfahren wie Pantomime, die szenische Erarbeitung von kurzen Dialogen und spielerische Zugänge zur Fremdsprache durch Rollenspiele – z.B. mit Hilfe einer Handpuppe – oder durch (non)verbale dramapädagogische Übungen haben in der methodisch-didaktischen Gestaltung des frühen Fremdsprachenunterrichts einen festen Platz. Zum einen werden sie den in der Grundschule vorherrschenden Prinzipien der Ganzheitlichkeit, der Handlungs- und Lerner*innenorientierung in vollem Maße gerecht (vgl. Weier 2008: 523). In der Arbeit mit Geschichten, Liedern, Spielen, Dialogen oder szenischen Formen können die Kinder ihrem natürlichen Bewegungsdrang nachkommen, werden ganzheitlich angesprochen und gehen kreativ und in einer angenehmen Atmosphäre mit der Fremdsprache um. Mit Hilfe dramapädagogischer Methoden können Lehrkräfte Lernumgebungen schaffen, die den Bedürfnissen der Schüler*innen, d.h. auch ihrem natürlichen Bewegungsdrang und ihrer Spielfreude sowie ihrer Imaginationsfreude gerecht werden.

Zum anderen entsprechen die Methoden dem Primat der Mündlichkeit, sowohl im rezeptiven als auch im produktiven Sinne. Auch jungen Lernenden ermöglichen sie einen erfolgreichen kommunikativen, agierenden Umgang mit der Fremdsprache und sind somit sowohl sprachlich als auch im Hinblick auf die Aktivierung und ganzheitliche Einbindung der Schüler*innen motivierend. Durch den Einsatz dramapädagogischer Methoden lassen sich die Kompetenzen des Sprechens und des Hör-/Hör-Seh-Verstehens auch bei jungen Lernenden fördern (vgl. Kapitel 4.3).

Dramapädagogische Methoden lassen sich im frühen Fremdsprachenunterricht aber auch einsetzen, um den Forderungen nach einer Integration des Schriftbilds in den Unterricht der Grundschule zu begegnen. So kann zum einen fremdsprachiger Wortschatz kontextualisiert präsentiert werden. Die Schüler*innen können Dialoge oder Szenenvorlagen lesen, können diese aber auch selbst schreiben. Da dies, aufgrund der dramapädagogischen Arbeitsweise in einem ganzheitlichen und handlungsorientierten Rahmen geschieht, erfolgt die Integration des Schriftbilds auf altersgerechte und grundschulgemäße Art und Weise, ohne dass es zu einer Vorverlagerung der Arbeitsweisen der Sekundarstufe kommt. Besonders in der Arbeit mit dem Schriftbild lassen sich zudem methodische Implikationen für die Fortführung in den weiterführenden Schulen ableiten.

Die dramapädagogische Arbeit mit Texten, d.h. die Einbindung von Dramentexten im Kleinformat, Geschichten oder Bilderbüchern in den Unterricht, kann Schüler*innen schon im frühen Fremdsprachenunterricht die Begegnung und Auseinandersetzung mit authentischen, fremdsprachlichen Produkten ermöglichen. Auch bei jungen Lernenden können so bereits fremdsprachliche literarische und ästhetische Kompetenzen angebahnt werden. Bevor, in Ergänzung zum vorherigen Unterkapitel, auf das besondere Potenzial dramapädagogischer Methoden in der Förderung kommunikativer Kompetenzen bei jungen Lernenden eingegangen wird, gilt es zunächst, eine kurze Kategorisierung der im frühen Fremdsprachenunterricht eingesetzten dramapädagogischen Methoden vorzunehmen.

4.5.1 Dramapädagogische Methoden für den frühen Fremdsprachenunterricht

Im frühen Englischunterricht kommen zunächst verschiedene Methoden aus dem Bereich der Übungen zum Einsatz. Niedrigschwellige Aufwärmübungen ermöglichen es den Lernenden, sich zunächst in die Fremdsprache einzuhören und immer mehr in diese einzutauchen. Über Bewegungen, die zu nonverbalen Übungen ausgeführt werden, können sich die Lernenden die Sprache erschließen, neue Wörter werden motorisch vernetzt. In verbalen Übungen wärmen die Schüler*innen ihre Stimme nicht nur auf, sie erfahren sie außerdem in der Fremdsprache und erleben, wie die Fremdsprache klingt, wenn sie von ihnen selbst gesprochen wird. Sie erhalten die Möglichkeit, Laute zu üben und mit ihnen zu experimentieren.

In *action songs* oder *action rhymes* werden Melodie und Rhythmus genutzt, um den Lernprozess zu unterstützen. So verbindet sich ganzheitliches Lernen mit darstellerischen Elementen (vgl. Weier 2008: 528) und Sprache wird unmittelbar mit Bildern und Bewegungen verknüpft. Zum einen werden dabei bildliche und klangliche Assoziationen geschaffen, die das Fremdsprachenlernen, d.h. das Aufnehmen, Verarbeiten und Erinnern sprachlicher Strukturen, erleichtern. Das gemeinsame Singen und Sprechen hilft dabei, Hemmungen abzubauen. Wiederholungen, die in der Arbeit mit Liedern, Reimen und Geschichten ganz natürlich sind, helfen beim Einschleifen des Sprachmaterials. Zum anderen werden spielerisch nonverbale Kommunikationselemente geübt, die von den Lernenden auf spätere Kommunikationssituationen übertragen werden können. In der körperlichen Auseinandersetzung mit der Sprache werden sich die Lernenden allmählich der Ausdruckskraft ihres Körpers bewusst. Darüber hinaus können sie in der Erfahrung bildlicher und musikalischer Reize ästhetische Kompetenzen entwickeln, indem das ästhetische Potenzial, das in Texten, Reimen und Liedern steckt, explizit gemacht wird.

In kleineren dramapädagogischen Übungen lassen sich mit jungen Lernenden also bereits das Hörverstehen, das Anwenden bestimmter sprachlicher Strukturen sowie die Aussprache, Intonation etc. trainieren (vgl. ebd.: 529). In *mime activities* (Beddall 2006: 3) wird besonders der nonverbale Ausdruck geschult.[48] Aber auch größere szenische Verfahren lassen sich bereits mit jungen Lernenden einsetzen. Beddall zählt hierzu *group plays* und *class plays* (ebd.).

Auch Rollenspiele werden oft im früh beginnenden Fremdsprachenunterricht eingesetzt. Die Definition des Begriffs *Rollenspiel* ist dabei vielseitig und oft nicht eindeutig. Meist dient er als Sammelbegriff für eine Vielzahl darstellerischer Tätigkeiten. Maley fasst im Vorwort zu Porter Ladousses Buch *Role Play* verschiedene Aktivitäten unter diesem Begriff zusammen. Seiner Meinung nach reichen Rollenspiele von stark kontrollierten Konversationen oder geübten Dialogen bis hin zu Improvisationen und komplexen Simulationen (vgl. Porter Ladousse 1987: 3). Schultes (2008) beschreibt damit alle „Formen der Darstellung […], bei denen die Lerner eine vorgegebene Situation szenisch umsetzen, indem sie entweder direkt in Rollen schlüpfen oder diese mittels Hilfsmitteln wie Puppen ausfüllen und gegebenenfalls versprachlichen“ (ebd.: 544). In der Grundschule sind damit meist Inszenierungen von Dialogen gemeint. Diese sind in den Unterrichtsmaterialien des Anfangsunterrichts oft zu finden, da sie den Schüler*innen einen annähernd authentischen Umgang mit der Fremdsprache ermöglichen und sie sich so dem Ziel des Kommunizierens in der Fremdsprache annähern können.

48 Beispiele zu den genannten Übungsformen können u.a. in Berndt (2003); Karbowska Hayes (1984); Maley/Duff (1982) und für jüngere Schüler*innen in Phillips (1999) oder Beddall (2006) gefunden werden.

Die Methode des *storytelling* ist im Grundschulunterricht geläufig. Der Einsatz von Geschichten im Fremdsprachenunterricht kann die Schüler*innen zum Mit- und Nachspielen anregen (vgl. Weier 2008: 539). Dabei gehen sie handlungsorientiert und kreativ mit dem Inhalt der Geschichte sowie beispielsweise mit zentralen, sich wiederholenden Sätzen um, „während der Lehrer die Geschichte erzählt" (ebd.). Als Weiterführung des *storytelling* ist es möglich, dass die Schüler*innen die Geschichte szenisch erarbeiten und auch die sprachliche Präsentation in Form von Dialogen selbst übernehmen (vgl. auch Weier 2008: 541). Mit Hilfe dieser kleinen „*dramatic performances* verbessern [die] Schüler ihre linguistische und sozio-linguistische Kompetenz" (Berndt 2003: 38). Geeignet für diese Art der Darstellung sind neben Bilderbüchern und Geschichten auch kurze Sketche oder Minidramen (vgl. auch ebd.).

Dramapädagogische Methoden sind also bereits für die Arbeit mit Sprachanfänger*innen geeignet – und können nicht nur bei der Arbeit mit fortgeschrittenen Fremdsprachenlernenden, beispielsweise im Literaturunterricht bei der Interpretation von Dramentexten, eingesetzt werden (vgl. auch Wettemann 2007). Als Gegenargument könnte gelten, dass die Lernenden im Anfangsunterricht kaum fremdsprachliche Fähigkeiten mitbringen. Trotz ihrer weniger gut ausgebildeten Kompetenzen wollen sie in bedeutungsvollen Kontexten in der Fremdsprache kommunizieren und sind äußerst motiviert und risikobereit, wenn es darum geht, sich in kommunikative Situationen zu begeben. Auf welche Weise mit dramapädagogischen Methoden diesem Wunsch nachgekommen – und die Bereitschaft zur Kommunikation genutzt – werden kann, gilt es im Folgenden zu erläutern.

*4.5.2 Kommunikative Kompetenzen bei Sprachanfänger*innen fördern*

Neben dem, was in Kapitel 4.3 bereits zur Förderung kommunikativer Kompetenzen im Fremdsprachenunterricht dargelegt wurde, gibt es einige Aspekte, die besonders für den frühen Fremdsprachenunterricht und die Arbeit mit jungen Lernenden herauszustellen sind. Im Folgenden geht es nicht noch einmal darum, alle Dimensionen der Förderung kommunikativer Kompetenzen aufzugreifen, sondern darum, das besondere Potenzial für junge Lernende aufzuzeigen. An einigen Stellen werden jedoch Rückbezüge zu den vorherigen Ausführungen hergestellt.

Das Primat des Mündlichen und der daraus resultierende Fokus auf die mündlichen Kompetenzen des Sprechens und Hör-/Hör-Seh-Verstehens sind in den Herausforderungen, vor die sie sowohl die Lehrenden als auch die Lernenden im frühen Fremdsprachenunterricht stellen, nicht zu unterschätzen. Besonders für fachfremd unterrichtende Lehrkräfte stellt dies oft eine Schwierigkeit dar, da sie sich möglicherweise weniger kompetent im Gebrauch der Fremdsprache sowie hinsichtlich der methodisch-didaktischen Prinzipien des Unterrichts fühlen (vgl. BIG-Kreis 2015: 22 ff.). Daher greifen sie auf „lehrerzentrierten Frontalunterricht" (Porsch 2016: 26) zurück und „[zeigen] eine eingeschränkte Methodenvielfalt" (ebd.). Sie wählen Methoden aus, die ihnen Sicherheit und Struktur im Umgang mit dem unbekannten Fach und der Fremdsprache geben, was dazu führt, dass die Schüler*innen seltener Gelegenheit erhalten, sich im freien und interaktiven Sprachgebrauch zu erproben (vgl. Kolb 2011: 168). Zudem ist das Sprechen in der Fremdsprache ein komplexer Prozess. Den Lernenden fällt es oft schwer, die fremden Laute zu produzieren, sie auf der Wort- und Satzebene zusammenzufügen und flüssig zu verwenden. Worte, die Ähnlichkeiten zur Erstsprache aufweisen, sind zwar leichter zu erinnern, können aber auch zu Verwechslungen (*false friends*) oder falschen Aussprache- und Betonungsmustern führen (vgl. Mindt 2008: 13).

Um ein Gefühl für die neue Sprache, ihre Sprachmelodie und ihren Rhythmus zu entwickeln, sprechen die Lernenden im Anfangsunterricht oftmals zunächst im Chor nach oder sagen auswendig gelernte Texte auf. Sprachliche Äußerungen beschränken sich meist auf kurze, reproduzierte Strukturen und Dialoge. Die Fremdsprache wird kaum frei und spontan produziert. Besonders jungen Lernenden wird selten die Möglichkeit gegeben, in Sprachnotsituationen zu kommunizieren. Ein wirklich freies und spontanes Kommunizieren kann von ihnen nicht erwartet werden (vgl. Wettemann 2007), jedoch lässt es sich mit Hilfe dramapädagogischer Methoden anbahnen.

Die Schüler*innen haben zumeist den Wunsch, möglichst schnell in der Fremdsprache Unterhaltungen zu führen und tatsächlich zu kommunizieren (vgl. Jünemann/Rudolph 2011: 300). Sprachliche Äußerungen, die von ihnen im Unterricht verlangt werden, bleiben oftmals hinter ihren Erwartungen zurück. Im frühen Fremdsprachenunterricht besteht „[e]ine der Hauptschwierigkeiten insbesondere für Anfängerinnen und Anfänger [...] darin, dass die fremde Sprache nur zu oft als blo[ß]er Lernstoff erscheint und der lebendige, ganzheitliche Bezug zur Sprache fehlt" (Tselikas 1999: 67), und dies im Gegensatz zu den Erwartungen der Lernenden an den Unterricht und im Gegensatz zu ihrer Motivation zur ganzheitlichen Kommunikation steht.

Dramapädagogische Methoden bieten die Möglichkeit, Gelegenheiten für strukturierte und geleitete Sprachproduktion zu schaffen, in denen die Schüler*innen die Sprache üben können und dennoch das Gefühl haben, als kompetente Sprecher*innen der Fremdsprache zu gelten. Ähnlich formuliert es Kurtz, indem er das Potenzial von Improvisationen für den Anfangsunterricht so beschreibt, dass die Schüler*innen von Anfang an „als *successful communicators* angesehen [werden], die sich mit ihren begrenzten fremdsprachlichen Ausdrucksmöglichkeiten zwar nicht durchweg fehlerfrei, aber durchaus erfolgreich untereinander verständigen können, wenn entsprechend arrangierte Sprechgelegenheiten angeboten werden“ (Kurtz 1998: 42). Kommunikationsprobleme müssen dabei nicht unbedingt zum Abbruch der Kommunikation führen, sondern können mit Hilfe der Unterrichtenden und der gesamten Klasse gelöst werden (vgl. ebd.).

Das Sprechen nach Vorlagen hat in einem Theaterkontext eine grundlegende und bedeutsame Rolle. Skripte – im Fremdsprachenunterricht meist Dialoge und kurze Szenen – werden auswendig gelernt und inszeniert. So kann eine Textvorlage die Schüler*innen durch eine Gesprächssituation leiten und ihnen durch das Bereitstellen von Phrasen und *chunks* in einem kommunikativen Kontext sprachliche Unterstützung anbieten (vgl. Wettemann 2007: 74). Gleichzeitig erleben die Schüler*innen diese Unterstützung als sinnvoll, da ihnen ein Kompetenzerleben ermöglicht wird, und gehen nicht demotiviert oder frustriert aus einer Übung heraus.

Dem kreativen und spontanen Sprachgebrauch geht also eine Phase des geleiteten und gestützten Sprechens voran, die auch Sprachanfänger*innen trotz des begrenzten Umfangs der ihnen zur Verfügung stehenden sprachlichen Mittel ein Kommunizieren in der Fremdsprache ermöglichen soll. In Spielen und Übungen können die Lernenden zunächst in einem sicheren Rahmen mit der Fremdsprache experimentieren und schrittweise – um eine Überforderung zu vermeiden – an das freie und spontane Sprechen in der Fremdsprache herangeführt werden (vgl. Almond 2005: 11; Doff/Klippel 2007: 284; Legutke 2014: 4). Dramapädagogische Methoden können im Kontext des Anfangsunterrichts einen wertvollen Beitrag leisten, indem sie den spielerischen Gebrauch von Sprache (in Aufwärmübungen oder Sprachspielen) und das Sprechen nach Vorlage, z.B. in Form von gelenkten Dialogen (*guided* bzw. *scripted dialogues*), in einen sinnvollen, weil bedeutungsvollen und motivierenden, Kontext einbetten (vgl. Bland 2006: 131). Die Anforderungen an die

Spontaneität und Kreativität sowie die Risikobereitschaft der Schüler*innen können langsam gesteigert werden, sodass die Schüler*innen Gelegenheit haben, Selbstvertrauen im Umgang mit der Fremdsprache zu gewinnen. Schließlich können sie die Fremdsprache immer eigenständiger kreativ einsetzen und flüssiger artikulieren (vgl. Walter 2011: 129). Wünschenswert wäre es, ein freies Sprechen anzubahnen, bei dem die Schüler*innen das äußern können, was sie gerne mitteilen würden (vgl. Klippel 2000: 23). Dies gilt aus zweierlei Sicht: Die Lernenden selbst wünschen sich, frei in der Fremdsprache kommunizieren zu können, und in den weiterführenden Schulen wird ein produktiver Umgang mit der Fremdsprache vorausgesetzt. Die Förderung des zusammenhängenden, spontanen, freien und kreativen Gebrauchs der Fremdsprache in der Grundschule gilt als einer der Gelingensfaktoren im Rahmen der Ausbildung von Kontinuitäten im Fremdsprachenunterricht.

Für die Arbeit mit jungen Lernenden bedeutet dies, dass weder die Erwartungen an die kommunikative Kompetenz noch an die methodische Kompetenz, d.h. den kompetenten Umgang mit verschiedenen dramapädagogischen Methoden – um alle Ebenen und Dimensionen kommunikativer Kompetenz trainieren zu können und verschiedene Lernziele zu erreichen – zu stark reduziert werden sollten. Auch junge Lernende können sich kompetent in drama-ästhetischen Kontexten bewegen und mit Methoden des Theaters umgehen. Dramapädagogische Methoden, die in der Arbeit mit jungen Lernenden eingesetzt werden, müssen sich nicht auf Dialoge oder TPR-Aktivitäten beschränken. Möglichst vielfältige dramapädagogische Settings bieten den Schüler*innen die Möglichkeit, Sprache auszuprobieren, die außerhalb ihrer Alltagssprache liegt (vgl. Phillips 1999: 6), indem sie sie in imaginative Welten führen oder sie Zukunftsszenarien schaffen lassen. Die Lernenden können Erfahrungen sammeln, die ihnen einerseits vielleicht verwehrt blieben (vgl. Hayes 1984: 9) und die sie andererseits auf die nicht vorhersehbaren und spontanen sprachlichen Anforderungen außerhalb des Klassenzimmers vorbereiten (vgl. Holden 1981: 2). Auch für junge Lernende werden die Methoden so zur Übung für den Ernstfall und können aus dem ganzheitlichen, bedeutungsvollen Kontext im Klassenzimmer in die reale Welt übertragen werden (vgl. Almond 2005: 10).

Die Kommunikationssituationen sind im Anfangsunterricht meist noch viel stärker in thematische Einheiten oder Geschichten eingebettet. Auf diese Weise bieten sie den Schüler*innen nicht nur auf der sprachlichen Ebene, indem sie einen sprachlich überschaubaren Rahmen für die fremdsprachliche Kommunikation schaffen, sondern auch auf der emotionalen, körperlichen und persönlichen Ebene einen sicheren Rahmen für die fremdsprachliche Kommunikation. Durch die Integration in Geschichten und ansprechende Kontexte können sich die Schüler*innen mit der fremdsprachlichen Welt, in der sie sich bewegen und agieren sollen, identifizieren, sie erscheint ihnen nicht fremd, sondern mehr und mehr vertraut. Dabei steht das Bewältigen von Kommunikationssituationen im Vordergrund, und eine unmittelbare Verbindung zwischen dem Sprechen und dem Handeln in der Fremdsprache wird ermöglicht, auch wenn die Methoden zunächst stärker vorstrukturiert und geleitet sind (vgl. Schafhausen 1995: 18).

Oftmals stehen Lehrer*innen jedoch vor dem Problem, wie sie geeignete Sprachnotsituationen (vgl. Tselikas 1999: 15, 4), die auch jungen Lernenden einen freien und spontanen Sprachgebrauch ermöglichen (vgl. Legutke 2014: 4), in ihrem Unterricht kreieren können. Das Lehrbuch scheint in den meisten Fällen die Lehrer*innen nicht in diesem Vorhaben zu unterstützen. Isabell Vollmuth (2004) hat verschiedene Lehrwerke des Grundschulunterrichts, u. a. im Hinblick auf die Förderung der einzelnen fremdsprachlichen Kompetenzen untersucht. Da das Sprechen, wie im vorangegangenen Kapitel bereits verdeutlicht, einen hohen Stellenwert im frühen Englischunterricht einnimmt, wird der Schulung dieser Kompetenz in den meisten Lehrwerken eine entsprechend hohe Bedeutung zugemessen. In 40–80 % der Übungen werden „Sprechphasen“ initiiert (ebd.: 114). Auffallend ist hierbei, dass es sich bei den meisten Übungen zum Sprechen um Reime und Lieder handelt, womit sich die Lehrbücher auf den „imitativ-reaktiven“ (ebd.: 115) und reproduktiven Sprachgebrauch konzentrieren. Als besonders aufschlussreich im Zusammenhang mit der Förderung der Kommunikationsfähigkeit der Schüler*innen hat sich Vollmuths Analyse der Lehrbücher im Hinblick auf das Vorkommen von gebundenen, halboffenen und offenen Übungen gezeigt (vgl. ebd.: 168 ff.). Aufgaben zum gebundenen Üben sind dadurch charakterisiert, dass sie „den Lernenden in linguistischer Hinsicht keinerlei Wahl lassen“ (ebd.: 171). Die sprachliche Produktion der Lernenden ist demnach durch die Lehrkraft vorherbestimmt. Diese Übungen machen in den betrachteten Lehrwerken den Hauptanteil aus und sind zumeist „Nachahmungen und Lieder“ (ebd.: 184). Halboffene Übungen beschränken sich nicht vollständig auf eine imitative Sprachproduktion, sind dieser jedoch sehr ähnlich, da von den Schüler*innen

„trotz individueller Gestaltungsmöglichkeiten keine freien, eigenständigen Sprachleistungen eingefordert werden“ (ebd.: 185). Die in imitativen, gebundenen Übungen erworbenen Sprachmittel werden hierbei angewendet. Sprache wird reproduziert und die Lernenden handeln in gewissem Maße selbstständiger als bei den imitativen Übungen, indem sie über die Sprachanwendung mitbestimmen können (vgl. ebd.: 185f.). Zum Einsatz kommen angeleitete oder geführte Dialoge in Form von Lernspielen oder Rollenspielen (vgl. ebd.: 187f.). Der Nachteil der halboffenen und gebundenen Übungen ist, dass die sprachliche Aktivität der Schüler*innen wenig variiert wird und sie sich kaum bewusst Gedanken über den Einsatz der Sprache machen müssen (vgl. ebd.: 194). Offene Übungen verlangen von den Schüler*innen eine freie und kreative Sprachproduktion, in denen die von ihnen aufgestellten Hypothesen zum Gebrauch der Fremdsprache getestet werden können (vgl. ebd.: 195). Diese Übungen sollten im früh beginnenden Englischunterricht genauso Anwendung finden wie die Übungen zum imitativen Sprachgebrauch (vgl. ebd.; Frisch 2015). Eine Möglichkeit, diese Forderung umzusetzen, sind den Lernenden vorgegebene Szenarien, in denen sie Rollen übernehmen und sprachlich ausgestalten sollen (vgl. ebd.: 196). Andere geeignete Übungen sind u.a. *information-gap* activities oder Umfragen (vgl. ebd.: 197). Außerdem können für die Lernenden realitätsnahe Situationen im Unterricht geschaffen werden, in denen sie in englischer Sprache handeln und kommunizieren müssen. Als Beispiel führt Vollmuth eine Aufgabe aus einem Lehrbuch an, in der die Schüler*innen eine Tauschbörse im Klassenraum organisieren und durchführen und versuchen, dabei Englisch zu sprechen (vgl. ebd.: 198). Vollmuth stellt zusammenfassend fest, dass Aktivitäten zum kreativen und freien Sprachgebrauch kaum Anwendung in den Lehrbüchern finden (ebd.: 199ff.). Die meisten der betrachteten Lehrwerke konzentrieren sich auf imitative Übungen. Besonders in der Anfangsphase des Englischunterrichts gehören imitative und reproduktive Übungen sicherlich zum wichtigen Repertoire des Unterrichtsgeschehens, jedoch sollten Übungen, die einer echten Kommunikation bedürfen, nicht außen vor bleiben (vgl. ebd.: 200f.).

Ein weiterer Aspekt, der besonders für junge Lernende von Bedeutung ist, ist die Rolle, die Bewegungen, Mimik und Gestik in dramapädagogischen Methoden spielen. Durch den verstärkten Einsatz nonverbaler Kommunikationsmittel können auch Lernende mit geringen Sprachkenntnissen zum Kommunizieren in der Fremdsprache veranlasst und dabei unterstützt werden. Durch die Präsentation und den Einsatz nonverbaler Kommunikationsmittel beispielsweise in „miming activities“ (Beddall 2006: 4), in denen vor allem Mimik, Gestik, Entfernung bzw. Nähe zum Interaktionspartner, Körpersprache und Bewegungen geschult werden können, werden ihnen Unterstützungsangebote für die Verwendung der Fremdsprache an die Hand gegeben. Auf diese Weise ist es den Schüler*innen möglich, Kommunikationsstrategien zu entwickeln, die ihnen helfen, Wissenslücken zu kompensieren (vgl. Phillips 1999: 6; Hayes 1984: 6; Almond 2005: 11; Berndt 2003: 16; Beddall: 2006: 4). Die Schüler*innen lernen von Anfang an, inwieweit der gesamte Körper in Kommunikationen eingesetzt wird, und sie lernen zu improvisieren, also spontan mit der fremden Sprache umzugehen (vgl. Almond 2005: 97; Tselikas 1999: 28). Aus diesem Grund ist ein sicheres Agieren auch auf der körperlichen Ebene, das eine entsprechende Aufwärmphase erfordert, in einem fremdsprachigen dramapädagogischen Kontext ebenso wichtig wie die sprachliche Ebene. Auf der einen Seite sind die Schüler*innen so mit einem möglichen weiteren Risiko, nämlich dem der körperlichen „Verletzlichkeit“ konfrontiert, auf der anderen Seite agieren sie ganzheitlich in der Fremdsprache und die Kommunikation bleibt für alle Beteiligten nachvollziehbar und zugänglich. Durch die Verknüpfung von Sprache mit nonverbalen Kommunikationsmitteln und konkreten Erfahrungen wird sie in dramapädagogischen Methoden auf zusätzliche Ebenen, nämlich motorisch und sinnlich, konnotiert (vgl. Tselikas 1999: 70; Maley/Duff 1982: 70).

In einem dramapädagogischen Unterricht spielen alle Dimensionen kommunikativer Kompetenz – verbal sowie nonverbal, kognitiv, attitudinal, affektiv und performativ – eine Rolle. Neben den mündlichen Kompetenzen – auf denen in der dramapädagogischen Arbeit mit jungen Lernenden sicherlich der Fokus liegt – sollten im Anfangsunterricht jedoch auch die schriftlichen kommunikativen Kompetenzen gefördert werden. Aufgrund der Tatsache, dass in der dramapädagogischen Arbeit die Kompetenzen des Lesens und Schreibens in einen situativen Kontext integriert gefördert werden und meist an mündliche Kommunikationssituationen gebunden sind, bietet dieser methodische Zugang eine Gelegenheit, auch diese Dimension der fremdsprachlichen Kompetenz schon mit jungen Lernenden zu erarbeiten. Auch sie sind in der Lage, mit einiger Unterstützung englische Texte zu lesen, und das Erkennen der Unterschiede im Schriftbild kann ihnen zur Verbesserung der Aussprache nützlich sein (vgl. Frisch 2013: 33 f.).

Als Zwischenfazit lässt sich feststellen, dass ein dramapädagogischer Ansatz auch und eventuell sogar gerade für den Anfangsunterricht gewinnbringend sein kann, und die Schüler*innen dadurch keinesfalls überfordert werden. Huber (2003) bestätigt diese Feststellung: „Diese Studentin beobachtete also genau das Gegenteil dessen, was Skeptiker befürchten, nämlich, dass das Theaterspiel die Fremdsprachler überfordern, sie sprachlichen Schwierigkeiten und Ausdruckshemmungen ausliefern könnte“ (ebd.: 437). Unabhängig davon, mit welcher Altersgruppe dramapädagogische Methoden eingesetzt werden, kann der Ansatz den Erfordernissen des kommunikativen Fremdsprachenunterrichts nach Lerner-, Prozess- und Produktorientierung (vgl. Berndt 2003: 4) bereits im Anfangsunterricht in vollem Maße nachkommen (vgl. Almond 2005: 9). Durch dramapädagogische Methoden und Prinzipien handeln und kommunizieren die Lernenden in einem spielerischen Zusammenhang, ohne dass sie sich des eigentlichen Lernens bewusst sind (vgl. Weier 2008: 527). Durch die Freude am Spielen werden sie „wie von selbst zum Sprechen“ (Ertelt 2007: 17) gebracht. Dramapädagogische Methoden haben demnach nicht nur einen positiven Einfluss auf die kommunikative Kompetenz der Schüler*innen (vgl. Urban 2007: 10; Gedicke 2000: 22), sondern bereiten zusätzlich Freude am Lernen und Lehren (vgl. Porter Ladousse 1987: 6). Positive Rückmeldungen, die die Lernenden durch einen dramapädagogischen Ansatz im Fremdsprachenunterricht bekommen, werden, ebenso wie die positiven Entwicklungen auf der persönlichen Ebene (vgl. Domkowsky), aus dem eigentlichen Unterrichts- bzw. Arbeitskontext hinausgetragen und führen langfristig und nachhaltig zu Persönlichkeitsentwicklungen und Veränderungen (vgl. Domkowsky/Walter 2012: 117). Inwieweit sich an dieser Stelle Parallelen zwischen den Auswirkungen und Effekten des Theaters und der positiven Entwicklung des Selbstkonzepts herstellen lassen, wird im folgenden Unterkapitel betrachtet.

4.5.3 Selbstkonzept

Welche Rolle die Ausbildung eines positiven Selbstkonzepts im frühen Fremdsprachenunterricht und beim Schulwechsel spielt, ist bereits in Kapitel 3.2 deutlich geworden. Im Folgenden wird die Rolle dramapädagogischer Methoden zur Förderung eines positiven Selbstkonzepts bei jungen Lernenden herausgestellt werden.

Das kindliche Spiel, zu dem auch das Rollenspiel zu zählen ist, hat eine essentielle Bedeutung in der Entwicklung der Kinder und trägt zur Persönlichkeitsentwicklung sowie ihrer emotionalen und zur Förderung sozialer Beziehungen bei (Cook 2000; Fritz 2004; Hering 1997; Klippel 2016; Hempel/Schnorr 2011). Aus diesem Grund wird oft auch dem Theater ein persönlichkeitsförderndes Potenzial bei Kindern zugeschrieben. Kinder können Talente entdecken und ausleben, individuelle Stärken werden gefördert, Handlungsoptionen, die ihnen in ihrer Alltagswelt womöglich verwehrt geblieben wären, können in einem geschützten und sanktionsfreien Raum ausprobiert werden. Oftmals handelt es sich dabei jedoch „nur" um individuelle Beobachtungen (vgl. auch Domkowsky/Walter). Geht es nun darum, die Auswirkungen dramapädagogischer Arbeit auf das Selbstkonzept der jungen Lernenden herauszustellen, ist es wichtig zu betonen, dass es dabei nicht darum geht, Persönlichkeiten zu verändern, sondern vielmehr darum, den Kindern und Jugendlichen zu ermöglichen, im Rahmen des Fremdsprachenunterrichts individuell-positive Erfahrungen zu sammeln. Dieser Arbeit wird die Annahme zugrunde gelegt, dass ein vielfältiges Kompetenzerleben in einem spielerisch-kreativen Kontext sich dabei positiv auf das allgemeine und das fachspezifische Selbstkonzept der Lernenden auswirkt. So können nicht nur die Motivation für die Fremdsprache, sondern über den Zusammenhang zwischen Selbstkonzept und Englischleistungen (s. Kapitel 3.2.2) auch die Kompetenzentwicklung gefördert werden. Darüber hinaus profitieren die Lernenden auf verschiedenen, auch für den Fremdsprachenunterricht relevanten, persönlichen Ebenen.

In der theaterpädagogischen Arbeit mit Kindern und Jugendlichen können oft positive Auswirkungen auf ihr Selbstvertrauen beobachtet werden. Die Dramapädagogik ermöglicht den Lernenden positive Selbsterfahrungen, die dazu führen, dass sie dadurch gestärkt werden (vgl. Czisch 2008: 28). Finden diese Erfahrungen in einem fremdsprachlichen Kontext statt, kann davon ausgegangen werden, dass eine Verknüpfung von Fremdsprache und positiver Erfahrung stattfindet[49]. Auf diese Weise wird mit dem Selbstvertrauen

49 Vgl. Frost, Merle (2016). „Zur Förderung des fremdsprachigen Fähigkeitsselbstkonzepts durch Dramapädagogik – eine empirische Untersuchung im Rahmen einer englischsprachigen Theater-AG der 5. und 6. Jahrgänge an der IGS Göttingen". Unveröffentlichte Masterarbeit, Georg-August-Universität Göttingen.

der Schüler*innen gleichermaßen das Vertrauen in ihre fremdsprachlichen Kompetenzen gestärkt.

Eines der großen Potenziale der Dramapädagogik ist es, dass Kinder in ihrer Spielfreude ernst genommen und so auch in ihrer – kindlichen, spielfreudigen – Persönlichkeit wertgeschätzt werden (Bland 2007: 6; Schultes 2008: 545). Darüber hinaus wird ihnen eine bedeutungsvolle Kommunikation in der Fremdsprache zugetraut – sie werden als *successful communicators* (s.o.) wahrgenommen. Erleben sich die Schüler*innen als ebensolche, weil sie Übungen erfolgreich meistern, weil ihnen Kommunikation gelingt, in der sie das ausdrücken können, was sie wollen, ergibt sich aus einer wechselseitigen Beziehung, dass sie sich selbst zutrauen, in der Fremdsprache zu kommunizieren und ihre fremdsprachlichen „Erfolge" in ihr Selbstbild zu integrieren. Der Einsatz dramapädagogischer Methoden verspricht, dass Hemmungen im Umgang mit der Fremdsprache und eine „Fremdsprachenverwendungsangst" (Grotjahn et al. 2004: 134) abgebaut werden können oder gar nicht erst entstehen. Jedoch lässt sich dies nicht pauschalisieren (vgl. Wirag/Surkamp). Das Herausstellen sprachlicher Fehler oder Rückmeldungen zur schauspielerischen Leistung in Reflexionsphasen kann die Bereitschaft zur Verwendung der Fremdsprache negativ beeinflussen (vgl. ebd.).

Einen Zusammenhang zwischen Extraversion, Sprachflüssigkeit und Motivation zum Lernen der Fremdsprache stellen Grotjahn et al. (2004) her. In einer Studie mit Studierenden konnten sie feststellen, dass mit einer steigenden Extraversion die Fremdsprachenverwendungsangst abnimmt und die Motivation, die Fremdsprache zu lernen, zunimmt (Grotjahn et al. 2004: 139). Es kann angenommen werden, dass die Dramapädagogik mit einer Förderung der Extraversion (vgl. Domkowsky 2011) zu einer gesteigerten Sprachflüssigkeit und Motivation der Lernenden beiträgt. Darüber hinaus kann sie durch ihre eigenen Grundsätze und Prinzipien, die den Lernenden Schutz im Umgang mit der Fremdsprache bieten (s.o.), zum Abbau von Fremdsprachenverwendungsangst beitragen. Grotjahn et al. konnten feststellen, dass eine gesteigerte Fremdsprachenverwendungsangst bei den Lernenden zu einer negativeren Einstellung, einer geringeren Extraversion und einer geringeren Motivation führt (vgl. ebd.: 2004: 141). Besonders in der Arbeit mit jungen Lernenden ist dies ein interessanter Aspekt, da diese oftmals noch viel unbefangener und offener mit der Fremdsprache umgehen. Diese Offenheit und Spontaneität zu bewahren, kann als eines der großen Ziele des frühen Fremdsprachenunterrichts betrachtet werden.

Persönlichkeitsaspekte wie Offenheit und Extraversion gelten allgemein als förderlich, wenn es darum geht, kommunikative Kompetenzen auszubilden (vgl. Grotjahn et al., Domkowsky, s.o.). Daraus kann nun jedoch nicht folgen, dass es eines der Ziele des Fremdsprachenunterrichts sein muss, introvertierte, zurückhaltende Schüler*innen extrovertierter zu machen. Ziel sollte es vielmehr sein, allen Schüler*innen die Möglichkeit zu geben, sich ihren eigenen Stärken entsprechend in den Unterricht einzubringen. Dramapädagogische Methoden bieten den Lernenden auf verschiedene Weise die Möglichkeit, sich in den Unterricht zu integrieren. Den Grundsätzen der dramapädagogischen Arbeit entsprechend, muss niemand im Rampenlicht stehen, Lernen erfolgt oft kooperativ, es geht nicht darum, sich oder andere vorzuführen. Die Dramapädagogik kann gerade deshalb vielversprechend sein, weil nicht (notwendigerweise) für ein Publikum gespielt wird. Den Schüler*innen wird die Möglichkeit gegeben, sich in einer wertschätzenden Atmosphäre auszuprobieren, neue Erfahrungen zu sammeln und diese zu reflektieren. Dabei können z.B. bereits sehr extrovertierte Schüler*innen auch lernen, sich zurückzunehmen, anderen den Vortritt zu lassen und sich in Gruppenprozesse zu integrieren. Auch wenn die dramapädagogische Arbeit eine Bühne bieten kann, um persönliche Talente zu entdecken oder herauszustellen, ist es eine wertvolle Erfahrung, dass im Theater nicht die Einzelauftritte zählen, sondern dass jede Inszenierung ein Gruppenprodukt ist (vgl. Czerny 2010: 26f.; Debour 2011). Die Schüler*innen lernen, Verantwortung für sich und die Gruppe zu übernehmen.

Diese Gruppenerfahrung spielt auch für die Förderung des Selbstkonzepts der Lernenden eine Rolle. Der positive Einfluss dramapädagogischer Methoden auf das Selbstkonzept der Lernenden lässt sich aus zwei Gründen annehmen. Zum einen fördern sie das Vertrauen der Lernenden in die eigene Person und die eigenen Kompetenzen. Zum anderen werden im Prozess immer wieder positive Rückmeldungen durch die Gruppe gegeben. Gegenseitige Wertschätzung, das Respektieren der Grenzen anderer – und der eigenen – kann als ein Grundelement der Dramapädagogik angesehen werden. Diese positive Erfahrung in der Gruppe, die an verschiedenen Stellen eine Bestätigung der Lernenden und ihrer Kompetenzen mit sich bringt, trägt zu einer positiven Stärkung des Selbstkonzepts bei. Auch die Aufführungsdimension, und damit ist nicht unbedingt eine große Aufführung auf einer Bühne vor Publikum gemeint, die ja noch einmal eine extra Herausforderung darstellen kann, kann die Lernenden in ihrem fremdsprachlichen Tun bestätigen.

Es kann also davon ausgegangen werden, dass dramapädagogische Methoden die jungen Lernenden in ihrem Selbstvertrauen und Selbstkonzept, auch im Hinblick auf die Verwendung der Fremdsprache in kommunikativen Situationen, stärken. Besonders wichtig ist diese Tatsache für junge Lernende, die zum einen noch unbefangen und spontan mit der Fremdsprache umgehen, wenn man ihnen die Möglichkeit dazu bietet, und zum anderen stark auf Rückmeldungen von außen angewiesen sind. Ein sicherer Rahmen, in dem sie sich spielerisch in der Fremdsprache erproben können, ihre Risikobereitschaft ohne ‚schwerwiegende' Konsequenzen bleibt, sie Bestätigung erfahren, die sie sowohl persönlich als auch fremdsprachlich (heraus)fordert und bestärkt, der ihnen Raum zum Entdecken und Ausprobieren gibt, ihnen aber gleichzeitig emotional, körperlich und sprachlich Schutz bietet, scheint für die fremdsprachliche Arbeit mit jungen Lernenden unerlässlich. Die Dramapädagogik bietet eine Möglichkeit, einen solchen Rahmen zu schaffen.

Besonders in einer Zeit wie dem Schulwechsel, der die Lernenden auf verschiedenen Ebenen vor tiefgreifende Veränderungen stellt, verspricht ein solcher, die Persönlichkeit und das Selbstvertrauen stärkender Rahmen, Einbrüche in der Lernbiographie der Lernenden, auch mit Blick auf die Förderung der fremdsprachlichen Kompetenzen, zu vermeiden. Welches Potenzial dramapädagogische Methoden im Kontext des Schulwechsels haben, wird im folgenden Unterkapitel erläutert. Dabei werden die bis hierhin diskutierten Bereiche der Förderung der kommunikativen Kompetenzen und des Selbstkonzepts durch dramapädagogische Methoden noch einmal aufgegriffen.

4.6 Das Potenzial dramapädagogischer Methoden beim Schulwechsel – dramapädagogisch Kontinuitäten ausbilden

Ziel dieses Unterkapitel ist es darzustellen, was dramapädagogische Methoden aufgrund ihrer spezifischen Merkmale im Kontext des Schulwechsels leisten können, und so zu begründen, warum sie für die Erarbeitung eines Konzepts zur Ausbildung von Kontinuitäten im frühen Fremdsprachenunterricht ausgewählt wurden. In diesem Zusammenhang gilt es, das Potenzial der Methoden zu einer „ganzheitlichen und altersangemessenen, d.h. den Bedürfnissen und der Entwicklung der Lernenden entsprechenden, Förderung ihrer fremdsprachlichen Kompetenzen sowie zur Stärkung der Motivation und des Selbstvertrauens – und auf diese Weise auch zu ihrer Persönlichkeitsentwicklung – " (Elis 2016b: 58) herauszuarbeiten.

In Kapitel 3 ist deutlich geworden, dass es sich beim Wechsel von der Primar- in die Sekundarstufe um ein Ereignis handelt, das nicht nur – aber auch – auf fachdidaktischer Ebene zu grundlegenden Veränderungen im Schulalltag der Lernenden führt. Es spielen somit viele Faktoren zusammen, die darüber entscheiden, ob der Neuanfang in der 5. Klasse von den Schüler*innen erfolgreich gemeistert wird. Aus diesem Grund kann sich eine Lösung der Übergangsproblematik, auch im Fremdsprachenunterricht, nicht nur auf einen Aspekt beschränken. Eine reine Fokussierung beispielsweise der Fortführung einzelner Methoden sowie des Wiederholens von Inhalten aus der Grundschule ist nicht ausreichend.

Die dramapädagogische Gestaltung des Fremdsprachenunterrichts bietet die Möglichkeit eines ganzheitlichen Ansatzes, der sich nicht nur auf Methoden und Inhalte beschränkt, sondern sie in einen größeren Kontext aus pädagogischen Grundsätzen und Leitlinien integriert und ein Menschenbild umfasst, „welches den Lernenden als ganzen Menschen ernst nimmt" (Schewe 2010: 38). Aufgrund des ihr zugrunde liegenden umfassenden und ganzheitlichen Verständnisses von Lehren und Lernen bietet die Dramapädagogik eine Möglichkeit, für den Schulwechsel relevante pädagogische, entwicklungspsychologische und fachdidaktische Faktoren in sich zu vereinen, ohne dass dabei die Gefahr besteht, fremdsprachliche Kompetenzen zu vernachlässigen (vgl. Elis 2016b: 58).

Zunächst lassen sich durch den Einsatz dramapädagogischer Methoden methodische Kontinuitäten von der Grundschule bis in die Oberstufe ausbilden. Der positive Nutzen des ganzheitlichen Ansatzes beschränkt sich nicht nur auf den früh beginnenden Englischunterricht: „Formen des musischen und spielerischen Lernens haben auch im 5./6. Schuljahrgang noch einen hohen Stellenwert. Dazu gehören sowohl das Musizieren und Singen als auch Rollenspiele, szenische Darstellungen und Simulationen" (Niedersächsisches Kultusministerium 2000: 18). Auch Porter Ladousse (1987) und Phillips (1999) beschreiben den Einsatz und Nutzen von Drama Aktivitäten für Schüler*innen im Alter von fünf bis zwölf Jahren (vgl. Porter Ladousse 1987: 9; Phillips 1999: 5). Laut Vollmer (1998) sind szenisches bzw. darstellendes Spiel und Rollenspiele vom ersten Lernjahr bis in die Oberstufe hinein einsetzbar (vgl. ebd.: 244; siehe dazu auch Surkamp/Nünning 2016: 181 ff.).

Sie eignen sich im Zusammenhang mit der Übergangsproblematik besonders gut, da sie sowohl in der 4. als auch in der 5. Klasse und sogar darüber hinaus gleichermaßen erfolgreich und in verschiedenen Kontexten eingesetzt werden können. Auf diese Weise wird die Basis für ein umfassendes Konzept geschaffen, in dem die Übergangsphase nicht auf wenige Wochen in der 4. und 5. Klasse beschränkt wird, sondern indem an tatsächlichen und andauernden Kontinuitäten im Fremdsprachenunterricht gearbeitet wird. Der fortlaufende Einsatz dramapädagogischer Methoden kann so also auch einen Beitrag dazu leisten, dass die Übergangsphase nicht nach ein paar Wochen endet und von den Schüler*innen kein Bruch in der methodisch-didaktischen Gestaltung des Englischunterrichts empfunden wird (s.o.; Mayer 2006).

Auf diese Weise können nicht nur der Spaß und die Freude an der Fremdsprache aus der Grundschule weitergeführt werden. Es ist deutlich geworden, dass die Lernenden sich in der 5. Klasse neue Herausforderungen wünschen und ihre Kompetenzen vertiefen und weiterentwickeln wollen. Mit Hilfe dramapädagogischer Methoden wird es möglich, dass sich pädagogische und methodisch-didaktische Grundprinzipien der 4. Klasse auch im Englischunterricht der 5. Klasse wiederfinden und fortgeführt werden, ohne dass die Lernenden unterfordert werden und sie das Gefühl haben, dass ihre methodischen und fremdsprachlichen Kompetenzen nicht wertgeschätzt werden.

In einem dramapädagogischen Kontext ist es, auch durch die Vielfalt und Vielseitigkeit der Methoden, möglich, die Lernenden in alters- und ihren Kompetenzen angemessenen (Lern)Situationen zu fordern und zu fördern. Die Schüler*innen erhalten Gelegenheit, zusätzliche fremdsprachliche Kompetenzen zu erwerben und probieren sich in ihnen bis dahin noch unbekannten Fertigkeitsbereichen aus, müssen sich Herausforderungen stellen und vertiefen ihre methodischen Kompetenzen. Und all das geschieht in dem sicheren Rahmen, der durch eine dramapädagogische Orientierung gegeben wird. Dabei sind die Situationen von Anfang an so authentisch wie möglich und die Lernenden werden immer als kompetente und potenziell erfolgreiche Verwender*innen der Fremdsprache angesehen. Kommunikation in der Fremdsprache wird dabei auch für junge Lernende bedeutungstragend und sinnvoll. Die Förderung kommunikativer Kompetenz erfolgt in einem ganzheitlichen Verständnis, das Reduktionen und Unterstützungsangebote nicht ausschließt, diese jedoch sinnvoll in den Lernprozess integriert. Der Kompetenzbegriff wird nicht auf bestimmte Dimensionen reduziert, weil diese als testbarer gelten als andere. Reduktionen haben immer einen didaktischen Sinn. Die kommunikative Kompetenz kann somit umfassend ganzheitlich ausgebildet werden und auch die Schrift als kommunikatives Mittel wird von Anfang an sinnvoll integriert. Kommunikative Kompetenzen können in einem dramapädagogischen Kontext integrativ gefördert werden.

Durch dramapädagogische Methoden kann also in kommunikativen Situationen das freie und produktive Sprechen angebahnt und weiterentwickelt werden. Des Weiteren können die Schreib- und Lesefertigkeiten zweckgebunden, d.h. im kommunikativen Kontext, trainiert werden. Aber auch in Bereichen des Vokabelerwerbs und der Grammatikarbeit können dramapädagogische Verfahren den= „traditionellen" Fremdsprachenunterricht ergänzen. Im Hinblick auf die Methodenkompetenz der Schüler*innen können dramapädagogische Verfahren in höheren Klassenstufen, z.B. im Literaturunterricht (vgl. Surkamp/Nünning 2016: 181 ff.), im Rahmen des interkulturellen Lernens (vgl. Jäger 2011) etc., Anwendung finden. Hinzu kommt das Potenzial dramapädagogischer Verfahren zur Förderung und Aufrechterhaltung von Motivation und Selbstvertrauen der Schüler*innen – Faktoren, die für einen erfolgreichen Übergang ebenfalls notwendig sind.

Da auch junge Lernende und Sprachanfänger*innen so kommunikative bzw. allgemeiner fremdsprachliche Kompetenzerlebnisse haben, kann ein wichtiger Beitrag zur Ausbildung und Stärkung eines positiven fremdsprachlichen Selbstkonzepts geleistet werden. Erfahrungen, die zu Negativzuschreibungen seitens der Lernenden führen und die außerdem unmittelbar mit der Fremdsprache in Verbindung gebracht werden, gilt es zu vermeiden. Ein positives Selbstkonzept ist nicht nur für die Phase des Schulwechsels von Bedeutung, denn je gefestigter die Lernenden sind, desto besser können sie mit Veränderungen umgehen. Bringen die Lernenden ein gutes Selbstbewusstsein und Selbstvertrauen mit, können sie mit Schwierigkeiten zu Beginn der 5. Klasse besser umgehen, ohne diese direkt auf ihre Person zu beziehen und die eigenen Kompetenzen in Frage zu stellen. Auch die Motivation der Lernenden zum Weiterlernen der Fremdsprache ist höher, je positiver der Fremdsprachenunterricht und die Fremdsprache selbst konnotiert sind.
Auf diese Weise erhält eine Ebene der persönlichen Wertschätzung und Förderung Einzug in den Unterricht, die dafür sorgt, dass die affektive Dimension des Lernens stärker in den Unterricht integriert wird. Jede*r Schüler*in sollte Gelegenheit haben, individuell positive Erfahrungen im Fremdspra-

chenunterricht zu machen, die die Motivation und das Selbstvertrauen stärken. Eine Voraussetzung ist, dass den individuellen Emotionen, Haltungen und Motivationen im Sprachlernprozess eine grundlegendere Rolle zugestanden wird. Auf diese Weise kann das Potenzial des emotionalen Lernens beispielsweise nicht nur in der Phase des Aufnehmens und Speicherns von sprachlichen Strukturen, sondern auch in Phasen von Sprachproduktion und Kommunikation genutzt werden. Schüler*innen fällt es leichter, Sprache zu verwenden, wenn sie eine persönliche Relevanz in der Anwendung sehen, wenn sie eine Beziehung zu der Situation aufbauen können und möglicherweise tatsächlich emotional involviert sind. Die Partizipation an alltäglichen Diskursen kann durch persönliche Relevanz eines Themas und emotionale Involviertheit gefördert werden. Es geht also für die Lernenden nicht nur darum, Emotionen ausdrücken zu können, sondern sie auch in ihrer Begeisterung, ihrer Wut, ihrer Zustimmung oder Ablehnung zu packen und sie so tiefer in die fremdsprachliche Welt zu verwurzeln. Ganzheitliches Lernen bekommt auf diese Weise noch einmal eine tiefer greifende Bedeutung. Es geht nicht nur darum, ein Lernen mit allen Sinnen und mit dem gesamten Körper zu ermöglichen, sondern ebenso darum, individuelle Ängste, Bedürfnisse, Erwartungen, Emotionen, Haltungen und Einstellungen sowie auf der kognitiven Ebene Wissen, Können und Kompetenzen in den Unterricht zu integrieren. Besonders in der Zeit des Schulwechsels sind die Schüler*innen persönlich und emotional stark angesprochen, sodass diese Aspekte auch im Fremdsprachenunterricht Beachtung finden sollten. Die Dramapädagogik bietet sowohl einen kommunikativen als auch einen pädagogischen Rahmen, in dem individuell bedeutsame – und auch problembehaftete oder möglicherweise tabuisierte – Themen spielerisch integriert und verhandelt werden können, geschützt durch die Rolle und die drama-ästhetische Als-ob-Realität sowie unter Berücksichtigung individueller Grenzen.

In der Konzeption der dieser Arbeit zugrunde liegenden Studie wurde dieses Potenzial dramapädagogischer Methoden genutzt, um Unterricht in der 4. und 5. Klasse zu planen. Dass sich ein solcher dramapädagogischer Unterricht mit dem Lehrwerk und den Anforderungen der Kerncurricula vereinbaren lässt, gilt als Grundannahme für die im folgenden Kapitel dargestellten unterrichtspraktischen Überlegungen und Vorgehensweisen.

5 Dramapädagogisch Kontinuitäten im Englischunterricht schaffen – ein Unterrichtskonzept

Dieses Kapitel dokumentiert die unterrichtspraktische Zusammenarbeit mit zwei Göttinger Schulen, bei der das Potenzial dramapädagogischer Methoden für den (frühen) Fremdsprachenunterricht sowohl in der 4. als auch in der 5. Klasse sowie für die Gestaltung der Übergangsphase erprobt wurde. Warum sich dramapädagogische Methoden für ein Übergangskonzept besonders gut eignen, ist bereits zum Ende des vorherigen Kapitels angeklungen. An diesem Punkt sollen die in Kapitel 2 und 3 erarbeiteten theoretischen Überlegungen in unterrichtspraktische und methodische Konsequenzen übersetzt und explizit gezeigt werden, wie mit Hilfe dramapädagogischer Methoden im Unterricht der 4. und 5. Klasse den Herausforderungen des Schulwechsels innerhalb des Englischunterrichts begegnet werden kann.

Obwohl die Studie auf den ersten Blick einen Fokus auf die Ausbildung methodischer Kontinuitäten legt, soll an dieser Stelle noch einmal betont werden, dass die Ausbildung von Kontinuität nicht allein auf der methodischen Ebene erfolgen kann, auch wenn sie insbesondere in Handlungsempfehlungen zum Umgang mit der Übergangsproblematik auftaucht. Klingt dies zunächst widersprüchlich, zeigt sich an dieser Stelle erneut, was bereits in Kapitel 3 deutlich geworden ist: Der Ansatz der Dramapädagogik umfasst nicht nur den Einsatz bestimmter Methoden und Aktivitäten, sondern ebenso damit verbundene Haltungen, Sichtweisen, Auffassungen von Lehren und Lernen sowie die Lernenden als Personen. Diese persönlichen und attitudinalen Dimensionen des dramapädagogischen Ansatzes gemeinsam mit den Methoden langfristig zu etablieren, ist Ziel dieser Studie. Die folgenden Ausführungen orientieren sich dabei auch an der Annahme, dass es für eine nachhaltige Lösung der Übergangsproblematik nicht ausreicht, wenn vereinzelt Methoden aus dem Unterricht der Grundschule in den Wochen des Schulwechsels, d.h. in den letzten Stunden der 4. Klasse und den ersten Wochen der 5. Klasse eingesetzt werden. Auch wenn sich die Studie auf einen beschränkten Zeitraum im Unterricht der 4. und 5. Klasse bezieht, können wirkliche Kontinuitäten im Englischunterricht nur durch eine nachhaltige Verankerung der dramapädagogischen Prinzipien, Sichtweisen und

Methoden auch über die 5. Klasse hinaus etabliert werden. Für den Englischunterricht bedeuten diese Prinzipien (s. Kapitel 4.2):

- Die Unterrichtsgestaltung folgt den Prinzipien der Lerner*innenorientierung, Ganzheitlichkeit und Handlungsorientierung auch in Bereichen, die ansonsten eher formorientiert sind, wie z.B. der Schriftspracherwerb oder die Grammatikarbeit.
- Die Rollen der Lehrer*innen sind divers, sie inszenieren Unterricht, sie improvisieren, gestalten, dirigieren, begleiten, unterstützen und fördern.
- Im Sinne der Ganzheitlichkeit und Lerner*innenorientierung werden die Lernenden als Personen mit Einstellungen, Haltungen, Bedürfnissen und Empfindungen im Unterricht angesprochen und integriert. Dies ist ebenso Voraussetzung für die Förderung aller Dimensionen von Kompetenz.
- Dramapädagogischen Methoden wird ein besonderes Potenzial zur Förderung affektiver, motivationaler und persönlicher Dimensionen von Kompetenz zugeschrieben. Eine reine Fokussierung auf die kognitive Dimension erfolgt nicht. Fremdsprachliches Lernen wird nicht als reine Wissensvermittlung verstanden, es findet keine Reduzierung auf die Ausbildung von Fähigkei-ten und Fertigkeiten statt. Dadurch, dass Reflexionsphasen integraler Bestandteil dramapädagogischer Arbeit sind, kann jedoch gleichzeitig ein kognitiver Zugang zu Lernprozessen geschaffen werden.
- Dramapädagogische Methoden schaffen bedeutungsvolle, authentische und kommunikative Kontexte für das fremdsprachliche Lernen.
- In diesen können fremdsprachliche Kompetenzen integrativ, d.h. den Anforderungen authentischer Anwendungssituationen entsprechend, nicht isoliert voneinander, gefördert werden.
- Dramapädagogische Methoden stärken die Lernenden in ihrem Selbstvertrauen und ermöglichen ihnen Selbstwirksamkeitserfahrungen. Für den Fremdsprachenunterricht, der eine aktive, spontane und freie Verwendung der Fremdsprache in unterschiedlichen kommunikativen Situationen zum Ziel hat, ist ein Vertrauen in die eigene Person und die fremdsprachlichen Kompetenzen von grundlegender Bedeutung – besonders vor dem Hintergrund, dass die Lernenden zu autonom handelnden, mündigen Personen erzogen werden sollen.

5.1 Rahmen und Ziele der Studie

Das erklärte Ziel der Arbeit und der ihr zugrunde liegenden Studie ist es, einen Vorschlag für den Einsatz dramapädagogischer Methoden im Englischunterricht der 4. und 5. Klasse zu machen, um das Potenzial der Dramapädagogik für eine kontinuierliche Gestaltung des Schulwechsels zu erproben. Ein weiteres erklärtes Ziel dieser Arbeit ist herauszufinden, ob die Lernenden den Englischunterricht vor und nach dem Schulwechsel als motivationserhaltend und kompetenzfördernd erleben. Erfahrungen wie Demotivation, Frustration und Leistungsabfall sollen ihnen erspart bleiben bzw. durch bestimmte Strukturen im Unterricht aufgefangen werden.

Den Ausführungen des 3. Kapitels entsprechend, muss ein Konzept, das die Ausbildung von Kontinuitäten im Englischunterricht der 4. und 5. Klasse vorsieht und für beide Schulstufen gleichermaßen gelten soll, folgende Charakteristika aufweisen:

- Fokus auf die Förderung mündlicher Kompetenzen durch ganzheitliche und handlungsorientierte Methoden
- Förderung des freien und kreativen Sprechens in beiden Klassenstufen
- altersangemessener und dem Lernstand entsprechender Einsatz der Schrift in kommunikativen Kontexten, auch in produktiven Aufgaben
- Einsatz von ganzheitlichen und handlungsorientierten Methoden, die dem Alter und der Entwicklung der Lernenden entsprechen
- Einsatz alternativer und mündlicher Testformate, kein reiner Fokus auf schriftliche Testformate wie z.B. Vokabeltests
  (vgl. auch in Teilen Kugler-Euerle 2007: 278)

Wie bereits in Kapitel 3 herausgestellt wurde, kann eine Lösung der Übergangsproblematik nur dann erfolgreich sein, wenn sie auf beiden Seiten des Schulwechsels angewandt wird. Für die jeweiligen Klassenstufen ergeben sich dadurch spezifische Anforderungen, die in der folgenden Tabelle zusammengefasst sind. Sie stellt gleichzeitig eine Übersicht über die Ansatzpunkte des Praxisversuchs dar:

4. Klasse	5. Klasse
Einbindung der Schrift in ganzheitliche und handlungsorientierte Kontexte; Heranführung an das Lesen und Schreiben in der Fremdsprache	graduelle Erhöhung des Schriftsprachgebrauchs, Einsatz bedeutungsvoller Texte und Geschichten
Heranführung an den freien und spontanen kommunikativen Gebrauch der Fremdsprache, z. B. mit Hilfe von *scripted dialogues*	Primat des Mündlichen wird fortgeführt, den Lernenden wird eine bedeutungsvolle Kommunikation ermöglicht
neuer Wortschatz wird in *chunks* und eingebettet in bedeutungsvolle Kontexte gelernt	methodischer Zugang zu Wortschatz und Grammatik durch Methoden, die den Schüler*innen bekannt sind; ganzheitliche, handlungsorientierte und integrierte Grammatik- und Wortschatzarbeit
Methodenkompetenz der Lernenden im Umgang mit dramapädagogischen Methoden wird aufgebaut	Methodenkompetenz wird genutzt und weiter gefördert; Fortführung von grundschulgemäßen Methoden, die sich den Ansprüchen und Lernzielen des Englischunterrichts in der Sekundarstufe I anpassen lassen
die Schüler*innen lernen, selbstständig und eigenverantwortlich zu arbeiten	den Schüler*innen wird Verantwortung für ihren Lernfortschritt übertragen, sie werden als kompetente Akteure im Englisch-unterricht wahrgenommen und integriert
Motivation und Lernfreude werden aufgebaut und gesteigert	Motivation und Lernfreude werden erhalten
Sprache und Unterricht werden mit positiven Emotionen und Erlebnissen verknüpft	erlebnis- und emotionsgestütztes Lernen wird ermöglicht
positives Fähigkeitsselbstkonzept wird etabliert	positives Fähigkeitsselbstkonzept wird gestärkt und erweitert, Kompetenzen werden wertgeschätzt und genutzt
	Ganzheitlichkeit und Handlungsorientierung werden fortgeführt; ganzheitlicher Zugang zur Sprache und zum Lernen wird ermöglicht
	Themenorientierung wird fortgeführt

Tabelle 4
Anforderungen an die 4. und 5. Klasse zur Lösung der Übergangsproblematik

Dementsprechend gliedert sich die Studie in zwei Teile. Die erste Phase fand im Englischunterricht einer 4. Klasse statt. Dieser wurde ein Jahr lang begleitet. Der genaue Verlauf der Einheiten wird in Kapitel 5.2 erläutert. Ziel war es zunächst, methodische Grundlagen zu legen, auf die in der 5. Klasse aufgebaut werden konnte. Zum anderen sollten die Schüler*innen auf spielerische und altersangemessene Weise sowohl fremdsprachliche als auch persönliche und soziale Kompetenzen entwickeln, die ihnen die Anfangszeit im Englischunterricht der 5. Klasse erleichtern. Hierzu zählen eine elementare Kommunikationskompetenz, Selbstvertrauen im Umgang mit der Fremdsprache und ein positives Fähigkeitsselbstkonzept (vgl. Elis 2016: 50).

Das Potenzial dramapädagogischer Methoden für den Englischunterricht an der weiterführenden Schule wurde zunächst in zwei 5. Klassen – einer 5. Klasse an der weiterführenden Projektschule und einer 5. Klasse an einem Gymnasium[50] – erprobt. Die Zusammenarbeit mit der Lehrerin am Gymnasium wurde jedoch nach einigen Wochen beendet. Regelmäßig und über einen längeren Zeitraum hinweg wurde der Unterricht nur in der 5. Klasse der weiterführenden Projektschule (Klasse 5d) gemeinsam mit der Lehrkraft gestaltet[51]. Die Zeit des Übergangs wurde dabei nicht auf ein paar Stunden oder Wochen beschränkt, sondern um eine langfristige Veränderung anzubahnen und den Schulwechsel nicht zu einer Ausnahmesituation, sondern zu einem Punkt in einem Kontinuum zu machen, auf einen Zeitraum von ca. vier Monaten ausgeweitet. Der genaue Ablauf wird in Kapitel 5.3 beschrieben. Ziele des Unterrichts zu Beginn der 5. Klasse waren zunächst ein sanfter Einstieg in den Fremdsprachenunterricht sowie den Schüler*innen die Möglichkeit zu geben, ihre Kompetenzen aus der Grundschule in einem angstfreien und wertschätzenden Setting zu erproben. Darüber hinaus sollten Methoden eingesetzt werden, die den Lernenden aus der 4. Klasse bekannt waren – auf diese Weise konnten das Methodenwissen und die Methodenkompetenz der Lernenden genutzt werden, um ihre fremdsprachlichen Kompetenzen weiterzuentwickeln.

50 Diese Klasse wurde von einer Schülerin der 4. Klasse besucht. Die Schülerin konnte in zwei Interviews befragt werden.

51 Mein großer Dank gilt an dieser Stelle der unterrichtenden Englischlehrerin für ihre Offenheit, Kreativität und die Zusammenarbeit.

Eine Zusammenstellung von Videoaufnahmen zu den in den folgenden Unterkapiteln 5.2. und 5.3 erwähnten Übungen und Szenen, eine Übersicht der durchgeführten Unterrichtseinheiten, die Materialien der Übergangseinheit, Arbeitsblätter, Scans aus Arbeitsheften und Schulbüchern sowie Skripte und Verlaufspläne befinden sich im digitalen Anhang.

5.2 Dramapädagogische Methoden im Englischunterricht der 4. Klasse

Der Grundschulunterricht ist in der Regel bereits sehr spielerisch, handlungsorientiert und ganzheitlich gestaltet und enthält dramapädagogische Elemente wie z.B. Rollenspiele und die Inszenierung von Dialogen. Die in der Grundschule verwendeten Lehrwerke – in diesem Fall *Ginger* von Cornelsen – enthalten Ideen für eine handlungsorientierte, ganzheitliche und spielerische Gestaltung des Unterrichts. Das Lehrmaterial ist methodisch abwechslungsreich gestaltet, es umfasst Spiele, Dialoge, Szenen, TPR-Aktivitäten, Lieder und Reime sowie Geschichten für Phasen des *storytelling*. Es ist entsprechend den im Theoriekapitel dargelegten Zielen und Prinzipien des frühen Fremdsprachenunterrichts konzipiert. Die Lernenden sollen – den Kompetenzstufen des GeR für diese Jahrgangsstufe entsprechend – zur elementaren Kommunikation in der Fremdsprache befähigt werden und „eine positive Einstellung zum Lernen von Fremdsprachen" (Hollbrügge/Kraaz 2004a: 7) sowie zur Zielsprache und -kultur selbst entwickeln. Der Unterricht ist altersangemessen und soll dazu beitragen, „dass die Kinder weiterhin Freude am Englischunterricht haben, verstärkt Zutrauen in ihre Fähigkeiten entwickeln und offen sind, Neues dazuzulernen" (ebd.). Die Themenorientierung des Lehrwerks sorgt dafür, dass sinnvolle und für die Lernenden relevante Situationen geschaffen werden, in denen die Sprache gelernt und angewandt wird. Die Grundvoraussetzungen des vom Lehrwerk vorgeschlagenen Englischunterrichts für einen ganzheitlichen kompetenzfördernden Fremdsprachenunterricht sind gut: Der Unterricht ist handlungsorientiert, er ist spielerisch, er macht umfassende Angebote für den aktiven Gebrauch der Fremdsprache, die Themen orientieren sich an der Lebenswelt der Lernenden, sodass diese eine Relevanz der Unterrichtsinhalte erkennen können.

Die Konzeption der Studie und Planung des Unterrichts orientierte sich weiterhin am Lehrbuch und den dazugehörigen Unterrichtsmaterialien. In die vom Lehrwerk angebotenen Themen und Materialien wurden an geeigneten Stellen dramapädagogische Methoden integriert bzw. die Angebote der Lehrmaterialien wurden sinnvoll um z. B. Aufwärmübungen oder die Arbeit mit dem Bilderbuch *Giraffes can't dance* ergänzt. Ideen für Dialoge und Rollenspiele, für TPR-Aktivitäten, Lieder und Reime, die in den Handreichungen zu finden waren, wurden aufgegriffen. Es ging in der Konzeption der Stunden nicht darum, eine unabhängige Alternative zur Arbeit mit dem Lehrbuch zu schaffen, sondern Möglichkeiten aufzuzeigen, die Materialien und die Lehrerhandreichungen sinnvoll aufzuarbeiten, um den Anforderungen, die sich aus der Übergangsproblematik ergeben, zu begegnen.

Bei der Durchsicht der Unterrichtsmaterialien – hierbei handelte es sich jedoch nicht um eine detaillierte und kriteriengeleitete Lehrwerksanalyse – fiel im Hinblick auf den Einsatz dramapädagogischer Methoden auf, dass deren Umsetzung an vielen Stellen angeregt wird und die hauptsächlich mündlichen Interaktionen oft in Dialogen und kurzen Szenen erfolgen, die von den Lernenden inszeniert werden sollen. Zudem sind in den Handreichungen an einigen Stellen wichtige Grundprinzipien des dramapädagogischen Arbeitens wie der Einsatz von Requisiten, um eine drama-ästhetische Realität zu schaffen und den Lernenden das Einfinden in die Situation zu erleichtern, im Lehrwerk verankert. So lassen sich Hinweise auf die Bedeutung, die diesen Aspekten der Unterrichtsgestaltung zukommt, unter dem Stichwort „Setting the stage" (Hollbrügge/Kraaz 2004a: 26) finden: „Das Erstellen von Kulissen lässt im Klassenraum dargestellte Situationen realer erscheinen und steigert die Motivation der S zum Mitmachen. Gleichzeitig fällt es S so leichter, sich in die entsprechende Situation hineinzuversetzen und innerhalb dieser auf Englisch zu agieren." Gleiches gilt für ein Bewusstsein für die lernförderliche Bedeutung von Bewegungen, die z. B. neuen Wortschatz begleiten: „Englische Wörter und Redemittel in Liedern (oder Reimen) können [so] von vielen S leichter verstanden und behalten werden [...]" (ebd.: 27). Für die konkrete Umsetzung dieser Prinzipien im Unterricht werden den Lehrer*innen Anregungen an die Hand gegeben.

Es fiel jedoch ebenso auf, dass entgegen dieser hilfreichen Hinweise zu den Kulissen Angaben und Anleitungen zur Inszenierung von Dialogen fehlen. Es scheint, als würde davon ausgegangen werden, dass die Lehrkräfte das Anleiten von Inszenierungsprozessen automatisch können. Die unterschiedlichen Phasen des dramapädagogischen Prozesses werden nicht erwähnt und weder durch das Einbinden von *Warm-up-* und *Cool-down-*Übungen noch durch eine Reflexionsphase angeregt. Es wird demnach sowohl von den Lehrkräften als auch von den Schüler*innen erwartet, dass sie ohne Weiteres kompetent mit den Methoden umgehen können. Anweisungen beschränken sich z.B. auf: „S bilden Paare, jedes Kind erhält einen Fahrschein. Sie üben den Dialog ein, einige spielen ihn vor" (ebd.: 34). Sowohl die Kompetenz, sich in andere Situationen und Rollen spontan hineinzuversetzen – so muss das Kind, das den Busfahrer bzw. die Busfahrerin spielt, eigenständig wissen, wie er oder sie sich in einer solchen Situation zu verhalten und zu bewegen hat – als auch die Bereitschaft der Lernenden zum Vorspielen der Dialoge werden vorausgesetzt. Gleiches gilt für die Spontaneität der Lehrkraft, wenn vorgeschlagen wird, dass sie den Dialog mit einem Schüler bzw. einer Schülerin vor der Klasse vorspielt (vgl. ebd.: 33). Auch in dieser Situation werden hohe Anforderungen an die Spontaneität und Kreativität des „Kind[es], das den Bus fährt" (ebd.) sowie an die Lehrerin als Schauspielerin gestellt.

An dieser Stelle wird deutlich, was für viele Lehrbücher zutrifft: Dialoge und Rollenspiele sollen in den Unterricht integriert werden, jedoch fehlt es an dramapädagogischen Grundlagen und Prinzipien für die konkrete Umsetzung (vgl. Elis 2015: 89). Es wird davon ausgegangen, dass die Lehrenden und vor allem die Lernenden wissen, was es heißt, wenn sie einen Dialog einüben und vorspielen sollen (vgl. Hollbrügge/Kraaz 2004a: 35 f.). Bringen die Lehrer*innen dieses Wissen nicht mit, werden Rollenspiele ohne Vorbereitung und Aufwärmphase im Unterricht eingesetzt und das volle Potenzial der Methode – das Nachempfinden einer quasi-authentischen Kommunikationssituation – sowie der Rollenübernahme – Schutz der eigenen Person, Motivation und erhöhte Sprechbereitschaft durch Identifikation mit der Rolle – kann nicht ausgeschöpft werden. Den Lernenden wird es mit großer Wahrscheinlichkeit schwerfallen, sich spontan in die neue Situation einzufinden und sie so als authentisch wahrzunehmen. Es bleibt beim ‚Bus fahren spielen'. Die Dialoge sind eher auswendig gelernt und die Rollen können nur schwer mit Leben gefüllt werden.

Damit die Methoden nicht nur als ein Werkzeug eingesetzt werden, das am Ende vielleicht zu Ergebnissen führt, die nicht zufriedenstellend sind (die Lernenden stehen sich gegenüber und lesen den Dialog vom Papier ab), und somit weder den Zielen und Prinzipien der Dramapädagogik noch denen eines guten frühen Fremdsprachenunterrichts entsprechen, wurden die

Anregungen in den Handreichungen an den entsprechenden Stellen ergänzt und erweitert. Bei diesen Ergänzungen handelte es sich sowohl um geeignete *Warm-up-* und *Cool-down-*Übungen, um die Dialoge und kurzen Szenen in einen dramapädagogischen einzubetten, als auch um Übungen, die den Lernenden das Ausdruckspotenzial nonverbaler Kommunikation bewusst machen. Darüber hinaus handelte es sich um Aufgaben, in denen die Lernenden vermehrt mit dem fremdsprachlichen Schriftbild umgehen. Zudem werden Reflexionsphasen in den Unterricht integriert, die zu einem Sprach- und Methodenbewusstsein der Lernenden beitragen sollen.

In den folgenden Unterkapiteln wird das Vorgehen genau erläutert und begründet, und einzelne Stunden und Methoden werden exemplarisch detailliert beschrieben. Die Kapitel sind entsprechend den einzelnen Kompetenzbereichen gegliedert. Da Kompetenzen jedoch oft integriert gefördert wurden, tauchen einige Methoden in zwei Unterkapiteln auf. Zusätzlich zu den sprachlichen Kompetenzen gilt es, auch die Methodenkompetenz der Lernenden im Hinblick auf den Einsatz dramapädagogischer Methoden zu schulen. Da sie als Grundlage für die langfristige Förderung sprachlicher Kompetenzen dient, wird ihre Betrachtung den fremdsprachlichen Kompetenzen vorangestellt. Die folgende Übersicht (s. Tabelle 5) enthält eine Zusammenfassung der durchgeführten Einheiten.

5.2.1 Methodenkompetenz

Durch die kontinuierliche Einführung dramapädagogischer Methoden wird eine Grundlage geschaffen, die in der weiterführenden Schule nicht nur in der 5. Klasse genutzt werden kann, sondern auch noch darüber hinaus die Möglichkeit bietet, auf dieser Ebene Kontinuitäten auszubilden. Den Lernenden der Klasse 4a sind die Inszenierung von Dialogen und *role plays* aus dem Englischunterricht der 3. Klasse bekannt. Allerdings wurden sie nicht in einen dramapädagogischen Prozess eingebettet. Den Einsatz von Aufwärmübungen und Übungen zur Rollenübernahme kennen sie nicht. Durch den regelmäßigen Einsatz der Methoden und das Angebot einer Variation von Verfahren – Aufwärmübungen, Übungen zur Rollenfindung, Inszenierung von Dialogen und Reimen, Standbilder, Inszenierung eines Theaterstücks – soll den Lernenden die Möglichkeit gegeben werden, Erfahrungen im Umgang mit verschiedenen Übungsformen zu sammeln und die angestrebte Methodenkompetenz der Lernenden im Laufe des Schuljahres schrittweise aufzubauen.

Aus diesem Grund wird zu Beginn des Schuljahres beispielsweise der Inszenierung von Dialogen noch eine recht ausführliche Aufwärmphase vorgeschaltet. Im Laufe des Schuljahres kann diese Phase auf ein bis zwei *Warm-ups* verkürzt werden.

Die einzelnen Aspekte einer guten Inszenierung – Einsatz von Mimik, Gestik, verbaler Kommunikationselemente, Proxemik, Rollenübernahme etc. – werden im Laufe des Schuljahres schrittweise eingeführt und in ihrem Schwierigkeitsgrad gesteigert. So liegt in den ersten Stunden (London, At the Zoo) der Fokus auf der Erprobung nonverbaler Kommunikationselemente, die den Lernenden zunächst eine Erprobung des körperlichen Ausdruckspotenzials und die Entwicklung eines gesteigerten Körperbewusstseins ermöglichen. Hinzu kommen Übungen, die den Ausdruck verschiedener Emotionen und Personeneigenschaften durch Gangarten, Körperhaltungen sowie Sprechweisen schulen.

Ginger in London	Arbeit am Mini Play	Ginger goes to Canada	Ginger goes to the USA	Ginger in Australia	Übergangseinheit
10.08.– 15.09.10	**29.09.10– 19.01.11**	**25.01.– 16.03.11**	**22.03.– 24.05.11**	**24.05.– 08.06.11**	**15.06.– 30.06.11**
Aufwärmübungen Dialoge/ Rollenspiel freeze frames	Aufwärmübungen Übungen zur Erarbeitung der Rollen Probenprozess Aufführung	Aufwärmübungen Dialog/ Rollenspiel Dramapädagogische Vokabelübungen Dramapädagogische Grammatikübungen eigenen Dialog schreiben	Dialog/Rollenspiel Skript weiterschreiben Einsatz von Requisiten Szenen einüben	Einsatz von Rollenkarten Dialog inszenieren Rollenspiel	Aufwärmübungen Mini Play

Tabelle 5 Durchgeführte Unterrichtseinheiten in der Grundschule inklusive dramapädagogischer Elemente

In der folgenden Arbeit am *Mini Play* können bereits verschiedene dieser Aspekte zusammengeführt werden. Zusätzlich zur Arbeit an nonverbalen Kommunikationselementen werden mit den Lernenden Übungen zum Einsatz der Stimme sowie zur lauten und deutlichen Artikulation durchgeführt. Darüber hinaus erhalten durch die Inszenierung auf der Bühne Dimensionen des Raums eine gesteigerte Bedeutung. Aus diesem Grund werden Übungen, die den Lernenden Aspekte der Proxemik bewusst machen und ihnen Gelegenheit geben, sie direkt zu erfahren, durchgeführt. Des Weiteren gewinnen Übungen zur Rollenübernahme in dieser Unterrichtseinheit an Bedeutung. Durch die bereits in der Inszenierung mitschwingende Aufführungsdimension wird den Lernenden immer wieder deutlich gemacht, wie wichtig es ist, in der Rolle zu bleiben, um es dem Publikum zu ermöglichen, vollständig in die drama-ästhetische Realität einzutauchen. Die Lernenden sollen in dieser Phase bewusst lernen, was es heißt, eine Rolle zu übernehmen und für eine gewisse Zeit in dieser zu bleiben, ohne aus ihr herauszufallen und damit auch wieder ins Deutsche zu wechseln.

Der intensive Probenprozess wird dabei von regelmäßigen Reflexionsphasen, die in der Regel auf Deutsch stattfanden, begleitet. Auf diese Weise wird den Lernenden eine bewusste und kognitive Auseinandersetzung mit ihrem eigenen Lernprozess ermöglicht. Diese Reflexionskompetenz, die in späteren Schuljahren von den Schüler*innen verstärkt gefordert wird, wenn sie z.B. eigene Leistungen reflektieren und bewerten müssen oder in Bezug auf gesellschaftspolitische Fragen Stellung beziehen müssen, kann in einem dramapädagogischen Kontext, der ansonsten einen spielerischen und ganzheitlichen Zugang zur Sprache gewährleistet, bereits bei jungen Lernenden angebahnt werden. Das Potenzial dramapädagogischer Methoden liegt an dieser Stelle darin, spielerische und darstellende Elemente unmittelbar mit einem kognitiven Auseinandersetzungsprozess zu verbinden. In diesen Reflexionsphasen entwickeln die Lernenden nicht nur ein sprachliches Bewusstsein, sondern erweitern auch ihre methodischen Kompetenzen, indem sie sich bewusst mit dem Potenzial der Übungen auseinandersetzen. Aspekte, die in den Übungen fokussiert werden, können sodann von den Lernenden in späteren Inszenierungen leichter und selbstständig umgesetzt werden.

In der folgenden Unterrichtseinheit (*Canada*) wird der Fokus verstärkt auf den bewussten Einsatz der Stimme gelegt. In einer Linienimprovisation können die Lernenden üben, ihre Stimme als Element der Bedeutungserzeugung und -vermittlung zu nutzen. Die Schüler*innen erfahren und erlernen, wie z.B. verschiedene Emotionen über Tonfall, Lautstärke, Geschwindigkeit etc. ausgedrückt werden können.

Darüber hinaus wird den Lernenden immer wieder – und besonders zum Ende des Schuljahres, wenn sie in Gruppen eine Szene weiterschreiben und eigenständig erarbeiten (USA_Captain Blue-Eyes and the Pirates) – ein selbstständiger Umgang mit dem Dialog(text) ermöglicht. Auf diese Weise können die Lernenden zum einen Sicherheit und Kompetenzen im Umgang mit dem Skript entwickeln. Darüber hinaus lernen sie, dass zu einer Inszenierung immer auch ein Nebentext gehört. Diesen ergänzen sie ebenso selbstständig wie sie den Text des Dialogs erweitern, fortführen oder variieren. Zusätzlich wird ihnen die Möglichkeit zur selbstständigen Rollenerarbeitung gegeben, wenn z.B. Rollenkarten als weiteres methodisches Element eingeführt werden (Australia_Role cards_Not now, Mum!).

5.2.2 Dramapädagogische Methoden zur Förderung des freien und produktiven Sprechens

In den vorherigen Ausführungen ist deutlich geworden, dass im Rahmen der Lösung der Übergangsproblematik für den Englischunterricht der Grundschule eine der Hauptaufgaben in der Förderung des produktiven und freien Sprechens liegt. Zumeist wird in der Grundschule Sprache reproduziert und die Lernenden können selten mit der Fremdsprache experimentieren. Um zum Ausdruck bringen zu können, was sie sagen wollen, fehlt ihnen das sprachliche Material. An der Tatsache, dass die Schüler*innen zunächst sprachliche Strukturen erlernen müssen, bevor sie all das ausdrücken können, was sie gerne möchten, lässt sich auch mit dramapädagogischen Methoden nichts ändern. Jedoch bieten dramapädagogische Methoden die Chance, dass die Lernenden in motivierenden und authentischen Kontexten mit der Fremdsprache experimentieren und Sicherheit im Umgang mit ihr erwerben können. Dramapädagogische Methoden, z.B. in Form von Sprachspielen oder *scripted dialogues*, können die Lernenden durch die Sprache führen, d.h. sie bei der Sprachproduktion unterstützen und ihnen trotzdem das Gefühl geben, dass sie tatsächlich, d.h. authentisch und aus einer eigenen Motivation heraus, in der Fremdsprache kommunizieren können.

Die Ziele der Unterrichtsstunden, in denen dramapädagogische Methoden zur Förderung des freien und produktiven Sprechens eingesetzt werden, sind demnach, die Lernenden in Aufwärmübungen an den Sprachgebrauch heranzuführen, einen Kontext aufzubauen bzw. den im Lehrwerk und in den Handreichungen kreierten Situationskontext auszugestalten und den Lernenden Gelegenheit zu geben, sich in diesen einzufinden und ihnen so einen langsamen Einstieg in die Fremdsprache zu ermöglichen. Um die Motivation für die Kommunikationssituation sowie die Authentizität zu steigern, werden den Lernenden außerdem Angebote gemacht, die zu übernehmenden Rollen auszugestalten, und das Einfinden in die Rollen wird mit Hilfe entsprechender Übungen unterstützt.

Wie bereits in Kapitel 3 deutlich geworden ist, spielt der Einsatz nonverbaler Kommunikation in alltäglichen Kommunikationssituationen eine entscheidende Rolle. Sobald im Klassenzimmer Dialoge in der Fremdsprache eingeübt werden, geraten die Aspekte nonverbaler Kommunikation jedoch oft in den Hintergrund. Besonders für junge Lernende liegt hier ein großes Potenzial: nonverbale Kommunikationselemente können helfen, Bedeutung zu konstruieren – sowohl rezeptiv als auch produktiv –, wenn das sprachliche Können nicht ausreicht. Erfolgt eine bewusste Einbindung dieser körperlichen Dimensionen von Kommunikation, kann zum einen dem ganzheitlichen Anspruch des frühen Fremdsprachenunterrichts begegnet werden, und zum anderen können jungen Lernenden kommunikative Kompetenzerlebnisse ermöglicht werden. Aus diesem Grund wurden Übungen, die einen Fokus auf den Einsatz von Mimik und Gestik sowie z. B. den Einsatz von Betonung legen, in den Unterricht integriert.

Die Verbindung von Emotionen und Kommunikation im Kontext der Dramapädagogik wurde bereits ausgeführt. Wir kommunizieren, um Erlebnisse und Geschichten zu teilen, um Bedürfnisse auszudrücken, um Gemütszustände zum Ausdruck zu bringen oder zu erklären. Erzählungen, die wir hören, lösen bei uns eine emotionale Reaktion aus, wir fühlen uns in unser Gegenüber ein, fühlen mit, nehmen Anteil und geben Rat. Emotionen in einer Situation nachzuspielen, sich so sehr in sie einzufinden, dass die Gefühle der Beteiligten zu den eigenen werden, ist nicht leicht und erfordert noch mehr, wenn es in einer Fremdsprache erfolgt (vgl. Hesse/Franz 2011: 115). Lehrbuchdialoge aber z. B. können von den Lernenden nur mit Leben gefüllt werden und somit zu Situationen ‚echter Kommunikation' werden, wenn sie auch auf einer emotionalen Ebene Zugang zu den Inhalten und Figuren der Dialoge finden.

Beobachtungen in der eigenen Praxis zeigen, dass Lernende ihre Emotionen oftmals unmittelbar und offen zum Ausdruck bringen und sich daher leicht in andere Figuren hineinversetzen können. Sie zeigen eine große Bereitschaft zum Rollenspiel und zur damit verbundenen *suspension of disbelief*, jedoch müssen auch junge Schüler*innen verschiedene Aspekte, die zur Rollenübernahme gehören, trainieren. Dazu zählen besonders die Punkte, die in der Förderung kommunikativer Kompetenz von Bedeutung sind: die Förderung nonverbaler Kommunikationselemente und eines persönlichen und affektiven Zugangs zur Kommunikationssituation sowie die Ausgestaltung und der Einbezug des Situationskontexts. Auch sie brauchen Übungen, die ihnen bewusst machen, wie nonverbale Kommunikationselemente und die Stimme genutzt werden können, um z.B. Gefühle zum Ausdruck zu bringen. Auch Übungen dieser Art werden in den Stunden, die sich der Förderung des Sprechens in der Fremdsprache widmen, eingesetzt. Entsprechend den Ausführungen in Kapitel 4.3 soll auf diese Weise eine Basis geschaffen werden, alle Dimensionen kommunikativer Kompetenz zu fördern und diese nicht auf die Ebene der sprachlichen Mittel und deren Reproduktion zu reduzieren.

Zu Beginn des Schuljahres wird mit den Lernenden vor der Inszenierung der Dialoge (meist) eine lange und kleinschrittige Aufwärmphase, in der verschiedene aufeinander abgestimmte Übungen zum Einsatz kommen, durchgeführt. Diese ist aus verschiedenen Gründen notwendig: Einmal sollen die Lernenden langsam sowohl an den Einsatz von Aufwärmübungen als auch an den Einsatz umfassender szenischer dramapädagogischer Verfahren herangeführt werden. Auch wenn das kindliche Rollenspiel Ähnlichkeiten zum Theaterspiel und zum Einlassen auf das ‚*Als-ob*' in der Dramapädagogik aufweist, ist es auch für die jungen Lernenden schwierig, sich in theaterästhetische Situationen im Unterricht einzufinden. Zum einen werden diese von außen an sie herangetragen, d.h. sie ergeben sich nicht natürlich aus dem Spiel heraus. Zum anderen sollen diese Situationen in der Fremdsprache ausgestaltet werden. Bei dieser Heranführung an den Einsatz der Methoden kann die allgemeine Spiel- und Bewegungsfreude der Lernenden ausgenutzt werden. Diese Freude am Spiel und an der Bewegung ist ein Grund, möglichst früh mit dem Einsatz dramapädagogischer Methoden zu beginnen, damit sich Hemmungen im Umgang mit den Methoden nicht erst aufbauen können.

Hinzu kommt, dass bei den Lernenden die Entwicklung eines Sprachbewusstseins, insbesondere für den bewussten Einsatz sprachlicher Gestaltungselemente und des körperlichen Ausdruckspotenzials, angebahnt werden soll. In den Aufwärmübungen lernen die Schüler*innen einige dieser Gestaltungselemente isoliert und daher fokussiert kennen. So experimentieren sie z.B. damit, mit dem Potenzial ihrer Stimme Emotionen zum Ausdruck zu bringen oder wie verschiedene Gemütshaltungen bzw. Charakterzüge sich in der Art zu gehen und zu sprechen widerspiegeln. In den späteren Inszenierungen können sie diese verschiedenen Elemente zusammenbringen.

Die Auswahl der *Warm-ups* erfolgt so, dass sich sowohl thematisch eine Einheit ergibt als auch auf der Ebene der zu fördernden Kompetenzen ein klarer Fokus zu erkennen ist. Auf diese Weise können bereits in der Aufwärmphase verschiedene Ziele verfolgt werden, die für die Inszenierung der Dialoge wichtig sind. Es soll verhindert werden, dass sie am Ende doch wieder nur auswendig gelernt oder abgelesen werden, und die Sprechsituationen somit kaum Parallelen zu authentischen Kommunikationssituationen aufweisen.

Zum einen kann bereits in dieser Phase ein Situationskontext geschaffen werden und die Lernenden erhalten ausreichend Zeit, sich darin einzufinden. Zum anderen erhalten die Schüler*innen Gelegenheit, sich auch auf persönlicher und emotionaler Ebene in die Rollen einzufühlen. Darüber hinaus erfolgt ein langsamer Einstieg in die Fremdsprache. Zudem werden Stimme und Körper erwärmt. In diesem Zuge wird oft der Einsatz nonverbaler Kommunikationselemente sowie der Ausdruck von Emotionen fokussiert und damit in das Bewusstsein der Lernenden gebracht, wodurch eine möglichst authentische Kommunikation angebahnt werden kann.

Im Folgenden gilt es, anhand exemplarisch ausgewählter Stunden aus zwei Unterrichtseinheiten das praktische Vorgehen zu erläutern. In der ersten Unterrichtseinheit begeben sich die Lernenden in ihrer Vorstellung nach London. In diesem Kontext sollen sie einen Einkaufsdialog im Londoner Zoo inszenieren. In der Aufwärmphase steht neben den bereits genannten Zielen im Fokus, den Lernenden die Möglichkeit zu geben, eine vielfältige Auswahl von Übungen zu erfahren. In den ersten beiden Übungen – ‚*Stretch & Shake*‘[52] und ‚*A*

52 In dieser Übung wird der gesamte Körper erwärmt, indem die Körperteile nacheinander bewegt, gestreckt und ausgeschüttelt werden (vgl. Surkamp/Nünning 2016: 182 f.).

Seed in the Earth‘[53] – wird den Lernenden zunächst die Möglichkeit gegeben, im Klassenzimmer anzukommen, den Körper zu bewegen und wahrzunehmen und dabei ein gestärktes Körperbewusstsein zu entwickeln und sich auf die folgende schauspielerische Tätigkeit vorzubereiten. Indem die Lernenden Anweisungen, die auf Englisch erteilt werden, ausführen, ohne selbst sprachlich aktiv zu werden, erhalten sie Gelegenheit, sich in die Fremdsprache einzuhören und sich so auf den Englischunterricht einzustellen.

Gleiches gilt für die nächste Aufwärmübung. Im ‚Raumlauf‘ (*Walk as if...*)[54] können die Schüler*innen darüber hinaus den Raum als Ort der folgenden Inszenierung wahrnehmen und zudem das Ausdruckspotenzial ihres Körpers erproben. Gleichzeitig wird ein erster Kontext für den folgenden Dialog geschaffen. Die Lernenden werden gebeten, unterschiedliche Emotionen und damit verbundene Gangarten auszuprobieren: „*Walk as if you were happy, sad, tired, angry, old, young, etc.*“ Die Lernenden sollen sich dabei vorstellen, dass sie in London auf dem Weg in den Zoo sind. Im weiteren Verlauf der Übung werden die Gangarten von einem Geräusch begleitet, das zu der jeweiligen Stimmung passen soll. Möglich ist z.B. ein Summen, Lachen, Schluchzen oder Grummeln. Zusätzlich zum Körper wird so allmählich auch die Stimme der Lernenden erwärmt. Das Ende des Raumlaufes bedeutet gleichzeitig, dass die Gruppe am Zoo angekommen ist. Im Folgenden wird der inhaltliche Schwerpunkt deutlicher herausgearbeitet und vertieft. In einem ersten Schritt werden die Erwartungen und das Vorwissen der Lernenden abgefragt bzw. aktiviert: Welche Tiere erwarten sie im Zoo? Welche Zootiere sind ihnen auf Englisch bekannt? Die Lernenden werden anschließend gebeten, in den Kreis zu treten und dort ein ihnen bekanntes Zootier pantomimisch darzustellen. Die anderen sind aufgefordert, das dargestellte Tier zu erraten. Die englischen Namen der dargestellten Tiere werden an der Tafel gesammelt und durch Bildkarten oder Playmobil-Tiere visualisiert. Durch die Pantomimeübung kann zunächst das körperliche Ausdruckspotenzial der

53 Bei dieser Übung stellen sich die Schüler*innen zunächst vor, dass sie ein kleiner Blumensamen in der Erde sind. Es ist Winter. Im Frühling scheint die Sonne, der Schnee schmilzt, das Wasser sickert in den Boden und der kleine Blumensamen fängt an zu wachsen. Die Blume wächst und wächst, spürt die Sonne und streckt sich ihr entgegen (vgl. auch Elis et al. 2016: Methodenkarte „Frozen in an ice cube“ und https://www.childdrama.com/appletree.html).

54 Vgl. Surkamp/Nünning 2016: 184 f.

Lernenden weiter geschult werden, zum anderen wird auf diese Weise das Wortfeld ‚Zootiere' erschlossen und die Vokabeln gesichert und visualisiert.

Im Anschluss an diese Übung wird das szenische Arbeiten kurz unterbrochen, auch wenn es eigentlich sinnvoll ist, aus einer Aufwärmphase direkt in das Inszenieren der Dialoge einzusteigen, um gemeinsam mit den Lernenden den Text des Dialogs zu erarbeiten. Da die Lernenden zu einem früheren Zeitpunkt in der Einheit schon einmal mit einem Verkaufsdialog gearbeitet haben, kann auf diese Weise ihr Vorwissen genutzt werden. Indem die Lernenden aktiv mit dem Text arbeiten, kann darüber hinaus ein stärkerer Bezug zum Dialog aufgebaut werden. Der in den Handreichungen vorgegebene Dialog (Hollbrügge/Kraaz 2004a: 36) wird übernommen – dieser ähnelt in großem Maße dem Dialog, der den Lernenden bereits bekannt ist – und an einigen Stellen ergänzt. Die Ergänzungen sind im Folgenden kursiv gedruckt:

A: Hello!
B: Hello.
A: One ticket, please.
B: Nine / *twelve* pounds, please.
A: Here you are. Nine / *twelve* pounds. B: Thank you. Here's your ticket.
A: Thank you.
B: You're welcome. *Bye!*
A: Bye.

Um die Verkaufssituation authentischer zu machen, wird dem Dialog eine Begrüßung vorangestellt und er wird mit einer Verabschiedung beendet. Zur Ausgestaltung der Situation, d.h., um den Lernenden Gelegenheit zu geben, sich die Kommunikationssituation zu eigen zu machen und das authentischen Kommunikationssituationen inhärente Element der Improvisation und Spontaneität in gewisser Weise auch in diesen Dialog zu integrieren, erhalten sie die Möglichkeit, zwischen zwei Preisen zu wählen. Für Kinder kostet der Eintritt neun Pfund und für Erwachsene zwölf. In der folgenden Arbeit mit den Dialogen überlegen sich die Lernenden, in welcher Rolle sie den Zoo besuchen wollen. Es ist ihnen überlassen, ob sie als Kind, vielleicht sogar als sie selbst, oder als eine erwachsene Person eine Eintrittskarte für den Zoo kaufen. An dieser Stelle können sie auf Elemente, die zuvor in der Aufwärmphase im Raumlauf erarbeitet wurden, zurückgreifen.

Bevor die Lernenden den Dialog in Paaren erarbeiten, wird dieser zunächst vorgelesen. Die Schüler*innen können sich so an dem sprachlichen Modell der Lehrkraft orientieren. Anschließend wird er im Chor gemeinsam gesprochen, bevor die Lernenden ihn auf Karteikarten abschreiben. Diese können sie zu einem späteren Zeitpunkt verwenden, während sie den Dialog einüben und vorführen. Der Einübung des Dialogs, die in der nächsten Stunde stattfindet, wird eine weitere Aufwärmphase vorgeschaltet, in der zunächst die *Warm-up*-Übung ‚Stretch & Shake' wiederholt wird. Da die Lernenden bisher wenig Erfahrung mit dramapädagogischen Übungen haben, fällt es ihnen teilweise noch schwer, z.B. im Raumlauf zwischen den einzelnen Phasen zu wechseln oder eine Übung schnell zu beenden. Aus diesem Grund wird in dieser Stunde das *Freeze*-Signal eingeführt und der Einsatz geübt. So werden die Lernenden z.B. gebeten, alle laut zu lachen oder so zu tun, als müssten sie weinen, und dieses auf Zuruf zu stoppen. Diese Übung dient gleichzeitig dazu, Hemmungen bei der Darstellung verschiedener Emotionen abzubauen, und sie vertieft die Arbeit aus der vorangegangenen Stunde. Wie im weiteren Verlauf zu sehen sein wird, leitet dies unmittelbar auf die Arbeit an dem Dialog hin.

Für die dritte Aufwärmübung dieser Stunde sind die Schüler*innen aufgefordert, einen imaginären Gegenstand, z.B. ein Geschenk, im Kreis herumzugeben. In der ersten Runde erfolgt dies rein pantomimisch. Allein gestützt durch ihre Mimik und Gestik bringen die Lernenden zum Ausdruck, wie sie das Geschenk übergeben – freundlich lächelnd, auffordernd, verschmitzt grinsend etc. – und annehmen, indem sie sich z.B. mit einem Lächeln dafür bedanken oder erschüttert den Kopf schütteln. Die verschiedenen Möglichkeiten der Geschenkannahme und -übergabe werden im Vorfeld von der Lehrerin demonstriert. In der zweiten Runde wird die Übergabe des Geschenks von der Äußerung „*I have got a present for you*" begleitet. Die Stimme als Kommunikationsmittel wird aufgewärmt. Außerdem erproben die Schüler*innen, wie sie die Stimme einsetzen können, um Emotionen zum Ausdruck bringen können oder Situationen auszugestalten: Mit welcher Emotion und von wem – alte Person, junge Person, männlich, weiblich – wird das Geschenk überreicht?

Im Anschluss an die Aufwärmphase wird der Dialog aus der vorherigen Stunde, der sich zur Unterstützung noch an der Tafel befindet, noch einmal gemeinsam gelesen und die Eintrittskarten für den Zoo (s. Hollbrügge/Kraaz

2004a: Kopiervorlage 3) – das Portemonnaie inkl. Papiergeld haben die Lernenden bereits (vgl. Hollbrügge/Kraaz 2004a: 32; Material: Bastelbogen *British money* und Bastelbogen *My purse* aus dem Activity Book) – werden an die Lernenden verteilt. In Paaren sind die Lernenden nun aufgefordert, das Verkaufsgespräch zu inszenieren. Dafür erhalten sie folgende Anweisungen, die ihnen helfen sollen, das in den Aufwärmübungen aktivierte und erarbeitete Wissen bzw. Können in der Inszenierung des Dialogs zu nutzen:

- Überlegt euch, in welcher Rolle ihr den Zoo besucht: Seid ihr erwachsen oder ein Kind? Denkt daran, dementsprechend den Preis des Tickets anzupassen.
- In welchem Gemütszustand besucht ihr den Zoo: Freut ihr euch auf den Zoobesuch? Habt ihr eigentlich keine Lust? Seid ihr fröhlich, aufgeregt, genervt etc.?
- Was bedeuten eure Rolle und die Art und Weise, wie ihr euch fühlt, für eure Art zu gehen oder zu sprechen? Geht ihr langsam oder schnell auf den Ticketschalter zu? Erinnert euch an die Aufwärmübungen, die wir gemacht haben.

Neben dem Portemonnaie und den Tickets, die als Requisiten zur Gestaltung des Situationskontexts beitragen, werden Playmobil-Tiere genutzt, um den Zoo im Hintergrund aufzubauen. Das *Ticket Office* wird durch einen Tisch und einen Stuhl dargestellt. Dieses, wenn auch einfache, Setting soll den Lernenden helfen, sich besser in die Situation hineinzuversetzen und sie zu einer Ausgestaltung der Situation, z.B. durch ein Hingehen zu den Zootieren, anregen. In der Präsentationsphase erhalten – entgegen der Empfehlung in den Handreichungen (vgl. Hollbrügge/Kraaz 2004a: 34) – alle Gruppen Gelegenheit, den Dialog vor der gesamten Klasse vorzuspielen. In der Klasse herrscht eine große Bereitschaft und Motivation im Hinblick auf die Präsentationen, die nicht durch eine zeitliche Begrenzung eingeschränkt werden soll. Die Präsentationen bleiben außerdem für alle spannend, da die Lernenden z.B. nicht wissen, in welchen Rollen ihre Mitschüler*innen den Zoo besuchen werden. In diesem Teil der Stunde wird das gemeinsame Einzählen ‚*3-2-1-GO*' als Startsignal für Aufführungen eingeführt. Durch dieses Ritual wissen sowohl die vorführenden Schüler*innen, ab wann sie spätestens in ihrer Rolle und in der Szene sein müssen, als auch die zuschauenden Lernenden, ab wann sie als Publikum aufmerksam zuhören sollen.

Beim Vorspielen der Szene dürfen die zuvor geschriebenen Karteikarten benutzt werden und auch an der Tafel bleibt der Dialog zur Unterstützung stehen. Die Lernenden sollen sich, besonders in dieser Anfangsphase der dramapädagogischen Arbeit, weniger damit beschäftigen, den Text auswendig zu lernen, sondern erst einmal an das Experimentieren mit dem Ausdruckspotenzial ihres Körpers und ihrer Stimme herangeführt werden.

In der zweiten Unterrichtseinheit, aus der an dieser Stelle einige Stunden vorgestellt werden sollen, befinden sich die Lernenden in Kanada und bereiten sich auf einen Camping-Ausflug vor. Der zu inszenierende Dialog findet daher in einem *Camping Store* statt. Als sprachliches Muster dient in diesem Fall nicht der von der Lehrerin vorgelesene Dialog, sondern der auf der CD zu findende Hörtext. Zunächst werden die Dialoge von Captain Storm und Sarah, die in das Geschäft gehen, um sich einen Schlafsack und eine Wasserflasche zu kaufen, angehört (vgl. Hollbrügge/Kraaz 2004a: 88 und 91[55]). Auf einem Arbeitsblatt (s. Anhang: Canada_AB_At the Camping Store) werden die Dialoge den Lernenden auch in Textform zur Verfügung gestellt, sodass sie beim nächsten Anhören den Text mitlesen können. Im zweiten Dialog gilt es, die Lücken zu füllen. Anschließend werden beide Dialoge zunächst gemeinsam, dann in verteilten Rollen laut vorgelesen. Anhand der Beispiele sollen die Schüler*innen sodann in Paaren einen eigenen Einkaufsdialog schreiben. Dabei werden die Lernenden explizit dazu ermuntert, Veränderungen am Dialog vorzunehmen und eigene Ideen einzubauen. Zum Beispiel sollen sie den Gegenstand, den sie im Geschäft kaufen, aus den Bildkarten selbstständig auswählen.

Sobald die Lernenden mit dem Schreiben des Dialogs fertig sind, können sie beginnen, diesen einzuüben und auszugestalten. Eine gemeinsame Aufwärmphase findet an dieser Stelle noch nicht statt. Die Lernenden setzen selbstständig die Ideen und Anleitungen aus dem letzten Halbjahr um und überlegen sich, wie sie gehen, wenn sie das Geschäft betreten, ob sie alt oder jung sind und wie ihre Rolle wohl sprechen würde.

Die eigentliche Inszenierung des Dialogs (vgl. Hollbrügge/Kraaz 2004a: 92) erfolgt in der nächsten Stunde. An dieser Stelle macht die Handreichung eine Anmerkung zu Dialogen und Rollenspielen, die im Rahmen dieser Ar-

55 Die entsprechenden Hördateien befinden sich auf der zum Lehrwerk gehörenden CD (CD 1: Nr. 34 und Nr. 39).

beit nur unterstützt werden kann, und deshalb hervorgehoben werden soll. So heißt es:

> Verschiedene Rollenspiele im Englischunterricht dienen der Simulation möglichst authentischer Kommunikationssituationen. S fällt es in der Regel leicht, sich dabei in verschiedene Rollen hineinzuversetzen. So lernen sie altersgemäß und partnerbezogen auf Englisch zu kommunizieren, und werden auf die Bewältigung entsprechender Situationen in der englischsprachigen Wirklichkeit vorbereitet.

Zum einen wird in diesem Zitat deutlich, dass Dialoge und Rollenspiele im Englischunterricht auch bei jungen Lernenden sowohl zur Förderung kommunikativer als auch performativer Kompetenz eingesetzt werden können. Zum anderen soll anhand dieses Zitats noch einmal betont werden, dass sich möglichst authentische Kommunikationssituationen nicht automatisch ergeben, wenn die Lernenden dazu aufgefordert werden, einen Dialog einzuüben. Der Kontext und die Situation müssen durch die Lehrkraft, gemeinsam mit den Schüler*innen, erzeugt und gestaltet werden. Für diesen Dialog wird der Situationskontext zunächst in einer Fantasiereise geschaffen. Die Lernenden sollen sich vorstellen, dass sie sich in einen *Camping Store* befinden. Auf diese Weise können sie sich eine bildliche Vorstellung der Situation machen, in die sie sich im weiteren Verlauf der Stunde begeben sollen:

- You are at a store: Walk around, look around.
- You see something you like, pick it up, have a close look, put it back.
- You see something else, what is it? A water bottle? A sleeping bag? You pick it up, you don't like it.
- Now you see the sleeping bag / the torch / the water bottle that you need – put it in your basket.
- Walk to the checkout to pay.

Die letzte Station der Fantasiereise ist der Ort, an dem der von den Lernenden erarbeitete Dialog stattfinden würde. Um zunächst die nonverbalen Elemente der Kommunikation in den Vordergrund zu stellen und den Lernenden die Möglichkeit zu geben, sich auf die einzelnen Phasen des Dialogs – Begrüßung, Verkaufsperson fragt, was die andere Person möchte etc. – in den Vordergrund zu stellen, sind die Schüler*innen aufgefordert, in Paaren den von ihnen geschriebenen Dialog zunächst in einer Fantasiesprache ‚Gromolo'[56] (es kann auch jedes andere beliebige Wort verwendet werden) zu üben. Der Fokus liegt somit zunächst auf dem Situations- und Rollenhandeln. Außerdem können die Lernenden mit ihrer Betonung, Mimik und Gestik experimentieren und erproben, wie viel Bedeutung sie auf diese Weise bereits kreieren können. Im Anschluss an diese Phase wird der Fantasietext mit dem eigentlichen Text des Dialogs ersetzt und die Lernenden proben noch einmal ihre Dialoge in Paaren. Nach dieser Probenphase werden die Dialoge vor der Klasse vorgeführt.

5.2.3 Einbezug der Schrift: Schreiben und Lesen

Die verstärkte Integration von Schriftsprache in den Englischunterricht der Grundschule ist eine weitere Forderung, der im Kontext der Übergangsproblematik begegnet werden muss. Im Laufe des Schuljahres wird an verschiedenen Stellen versucht, die Lernenden lesend und schreibend mit der Fremdsprache in Kontakt zu bringen. Dabei gilt es, die Schrift und sprachliche Strukturen in geeigneten, d.h. spielerischen, handlungsorientierten, kommunikativen und damit altersangemessenen, Situationen in den Unterricht einzubinden. Aus diesem Grund werden hier keine Stundenverläufe beschrieben, sondern einzelne Situationen, in denen die Schüler*innen mit der Schrift experimentierten und erste schriftliche Aufgaben durchführten, erläutert (vgl. Elis 2016: 53). Auch wenn sich die Schriftproduktion in der 4. Klasse laut den Angaben im Kerncurriculum auf das Abschreiben bzw. das Schreiben nach Vorlage beschränken soll (vgl. Niedersächsisches Kultusministerium 2006a: 14), konnte mittlerweile in verschiedenen Studien belegt werden, dass auch in der Grundschule ein produktiver Umgang mit der Schrift gewinnbringend für die Lernenden ist (vgl. Diehr/Rymarczyk 2010; Frisch 2013; vgl. dazu auch Frisch 2020). In den meisten Fällen sind es die Lernenden selbst, die das fremdsprachliche Schriftbild einfordern (vgl. Frisch 2013: 38; Kahl/Knebler 1996: 40f.; Mindt 2008: 12f.; Rymarczyk 2008: 170). Hinzu kommt, dass ihnen das Lesen von Texten in der Fremdsprache meist Freude bereitet (vgl. Diehr/Frisch 2012; Frisch 2013: 38; Frisch 2014: 34).

56 Bei dieser Übung wird eine Unterhaltung in einer Fantasiesprache geführt. Es geht darum, den Ausdruck und die Betonung zu schulen.

Im dramapädagogischen Kontext wird primär mit der Schrift gearbeitet, wenn die Lernenden Dialogtexte (vor)lesen, (ab)schreiben, selbst kurze Texte verfassen und sich intensiv, d.h. über die Primärtextebene hinaus, mit einem Skript befassen, um es zu inszenieren. Die Auseinandersetzung mit der Schrift erfolgt demnach in den seltensten Fällen allein aus Übungszwecken, sondern dient vielmehr der Vorbereitung bzw. der Erarbeitung von Kommunikationssituationen. Der Einsatz des Schriftbildes erfolgt somit eingebettet in verschiedene Situationskontexte, in denen der unterstützende Charakter der Schrift unmittelbar ersichtlich wird. Die Schrift übernimmt dabei verschiedene Funktionen, die im Folgenden erläutert werden.

In *scripted dialogues* dient die Schrift den Schüler*innen als Unterstützung. Wann immer die Lernenden im Unterricht einen Dialog, eine Szene oder auch ein Theaterstück erarbeitet haben, wurde ihnen das Skript in Textform zur Verfügung gestellt. Die Textvorlage, die entweder vorgegeben war, gemeinsam erarbeitet, von den Lernenden selbst geschrieben oder auf Karteikarten abgeschrieben wurde, diente im weiteren Verlauf als Unterstützung beim Kommunizieren in der Fremdsprache. Auch Schüler*innen mit geringen Sprachkenntnissen können so zum Verwenden der Fremdsprache ermutigt werden. In *scripted dialogues* erhalten die Schüler*innen Sicherheit, indem ihnen ein sprachlich überschaubarer Rahmen für die fremdsprachliche Kommunikation geboten wird (vgl. Elis 2015: 96). In Verbindung mit der bereits angesprochenen Integration nonverbaler Kommunikationsmittel wie Mimik und Gestik bleibt die Kommunikation für alle Beteiligten, auch Sprachanfänger*innen, nachvollziehbar und zugänglich (vgl. Tselikas 1999: 70; Elis 2015: 96). Das Schriftbild ist in dramapädagogischen Methoden, die sich eines Skripts bedienen, also fester Bestandteil und in diesen Fällen nicht als Überforderung zu sehen (vgl. Frisch 2013: 32f.), sondern stellt vielmehr eine positive Herausforderung dar, die den Lernenden gleichzeitig als Gerüst dient, mit dessen Hilfe sie sich in der Fremdsprache ausdrücken können.

Die Unterstützung durch das Skript, die eventuell ein Auswendiglernen oder Ablesen suggeriert, schmälert dabei nicht den Beitrag, den diese Übungen zur Förderung des freien und spontanen Kommunizierens leisten können. Der freien Verwendung der Fremdsprache geht eine Phase voraus, in der die Lernenden geleitet das Sprechen üben und dabei ihre kommunikativen Kompetenzen trainieren können, um Sicherheit im Umgang mit der Fremdsprache erwerben zu können (vgl. Elis 2015: 95). Je nachdem wie sicher die Lernenden bereits im Umgang mit der Fremdsprache sind, können sie sich nah an der Textvorlage bewegen oder sich zunehmend davon lösen und mit der Sprache experimentieren. Im Verlauf des Schuljahres wird den Lernenden immer wieder die Möglichkeit gegeben, ihre eigenen Vorstellungen in die Dialoge einzubringen und frei mit der Textvorlage umzugehen. Gleichzeitig leitet das Skript die Lernenden durch die Kommunikationssituation hindurch und unterstützt sie u.a. durch das Bereitstellen von Phrasen und *chunks*, die auch in außerunterrichtliche Kommunikationssituationen übertragen werden können (vgl. Almond 2005: 11; Urban 2007: 10; Bland 2007: 6).

Im Rahmen der dramapädagogischen Verfahren gehen die Lernenden auch produktiv mit der Fremdsprache um, indem sie z.B. eine Dialogvorlage schreiben, die anschließend inszeniert wird. Die Komplexität der Schreibaufgaben erhöht sich schrittweise und ist im Rahmen der Einheit zu *Canada* bei der Aufgabe, in der die Lernenden den Dialog „Have you got your...?" verfassen, am höchsten[57]. Das Schreiben und Lesen von Dialogen gehört zu den häufig auftretenden Aufgabenformaten in der 5. Klasse, auf die die Lernenden so vorbereitet werden können. Das Einbinden dieser Aufgaben in den Unterricht der 4. Klasse kann daher als unmittelbare Vorbereitung auf den Englischunterricht der 5. Klasse dienen.

Gleiches gilt für Aufgaben, in denen die Lernenden aufgefordert sind, Szenen zu Ende zu schreiben oder fortzuführen, die an verschiedenen Stellen im Laufe der Praxisstudie zum Einsatz kommen. So z.B. in der USA-Einheit, in der die Lernenden eine kurze Szene, die als Teil eines Piraten-Films eingeführt wird, inszenieren. Das Filmskript zu der Szene findet sich im *Activity Book* (s. Hollbrügge/Kraaz 2004b: 20). Die dort formulierte Aufgabe, in der die Schüler*innen den Dialog lesen und vorspielen sollen, wird dahingehend ergänzt, dass die Lernenden das Skript nach ihren Vorstellungen weiterschreiben und somit ein Ende für die Szene finden. Zum einen sollen die Lernenden so Gelegenheit bekommen, kreativ und selbstständig mit der Fremdsprache umzugehen, zum anderen bleiben die Vorführungen der Szenen so erneut auch für die zuschauenden Lernenden spannend, denn sie wissen nicht, was sich ihre Mitschüler*innen überlegt haben. Darüber hin-

57 Vgl. hierzu: Canada_Going on a trip_switchboard.

aus sollen die Lernenden mit dem Gefühl, auch schriftlich kompetent mit der Fremdsprache umgehen zu können, in die 5. Klasse entlassen werden. Sie werden darin bestärkt, dass sie ihre eigenen Ideen und Gedanken auch schriftlich in der Fremdsprache ausdrücken, umsetzen und präsentieren können. Aus diesem Grund kommt dieser Aufgabentyp auch noch einmal in der in Kapitel 5.3 vorgestellten Übergangseinheit zum Einsatz.

Darüber hinaus kann die Auseinandersetzung mit dem fremdsprachlichen Schriftbild dazu beitragen, dass die Schüler*innen ein Sprachbewusstsein entwickeln (vgl. Frisch 2013: 39). Indem die Dialoge gemeinsam mit den Lernenden erarbeitet und die Skriptvorlage beispielsweise um eine Begrüßung und eine Verabschiedung ergänzt werden, können die Lernenden an die Ausbildung eines Sprachgefühls herangeführt werden, indem sie in eine aktive Auseinandersetzung mit der Sprache gebracht werden.

Das Mitlesen von englischsprachigen Bilderbüchern gilt dabei als eine mögliche Herangehensweise, um schon junge Lernende im Englischunterricht an das Schriftbild heranzuführen (vgl. Frisch 2013: 32). In der Einheit, die sich mit dem Bilderbuch „*Giraffes can't dance*" beschäftigt, wird das Bilderbuch den Lernenden zunächst vorgelesen. Anschließend werden einige Textzeilen gemeinsam im Chor nachgesprochen, bevor die Lernenden im weiteren Verlauf den Text in Form eines Skripts[58] selbst in Kleingruppen – angeleitet und unterstützt von der Englischlehrerin der Klasse, der Fremdsprachenassistentin und mir – lesen. Dieses Skript dient als Grundlage für eine Inszenierung des Theaterstücks.

Die Inszenierungsarbeit wird ergänzt durch ein Arbeitsblatt (s. Anhang: Giraffes can't dance_AB_Who says what), auf dem die Lernenden Textzeilen aus dem Skript den entsprechenden Tieren zuordnen und abschreiben. Schließlich sind sie aufgefordert, aus ihrer eigenen Perspektive einen Satz, den sie zu der Giraffe sagen könnten, aufzuschreiben. Auf diese Weise kann den Lernenden ein zusätzlicher Zugang zum fremdsprachlichen Schriftbild, zusätzlich zur Arbeit mit dem Text im Bilderbuch und im Skript, ermöglicht werden. Im Rahmen der dramapädagogischen Arbeit sind demnach sowohl das Lesen als auch das Schreiben in der Fremdsprache kontext- und zweckgebunden, dienen sie doch

58 Der Text des Bilderbuchs wurde von der Autorin dieser Arbeit in ein Skript für ein Mini-Play transferiert.

der Erarbeitung und Ausgestaltung kommunikativer Situationen. Gleiches gilt für die Erarbeitung sprachlicher Strukturen und chunks. In welchen Übungen diese in den Unterricht integriert wurden, wird im Folgenden erläutert.

5.2.4 Sprachliche Strukturen: Chunks und Grammatik

In der Grundschule ist keine explizite Auseinandersetzung mit fremdsprachlicher Grammatik oder fremdsprachlichem Wortschatz vorgesehen. Der Erwerb sprachlicher Strukturen erfolgt unbewusst (vgl. Niedersächsisches Kultusministerium 2006: 15). Mit Beginn der 5. Klasse wird der Unterricht jedoch stark an grammatikalischen Phänomenen der Fremdsprache orientiert (s. Kapitel 3.5.2), sodass es als sinnvoll erachtet werden kann, wenn die Lernenden grammatikalischen Strukturen, die zu Beginn der 5. Klasse wieder aufgegriffen werden, bereits in der Grundschule in spielerischen und ganzheitlichen Kontexten begegnen. Im Rahmen dieser Arbeit ist damit nicht gemeint, dass in der Grundschule ein grammatischer Lehrgang erfolgt (vgl. Demircioglu 2008). Vielmehr geht es darum, ebenso wie im Falle der Integration des Schriftbildes, aus einem natürlichen und kommunikativen Bedürfnis heraus, den Lernenden den Umgang mit sprachlichen Strukturen zu ermöglichen. Dieses Verständnis von der Funktion sprachlicher Strukturen als ‚die Kommunikation unterstützend' findet sich ebenso in Formen des kommunikativen Grammatikunterrichts (vgl. Kieweg 2006). Die kommunikative Situation sowie der Inhalt der Kommunikation bestimmen die Notwendigkeit der Verwendung einer bestimmten grammatikalischen Struktur (vgl. Elis/von Blanckenburg/Haack 2016: Methodenkarte *The telephone game*). Der lexikogrammatische Ansatz (Hutz 2018) versteht sprachliche Strukturen als lexikalische Einheiten aus Wortschatz und Grammatik, die aus diesem Grund gemeinsam in *chunks* unterrichtet werden sollten (vgl. ebd.: 135). Werden die Einheiten aus Wortschatz und Grammatik in aufgabenorientierte Settings integriert, erfolgen der Erwerb und die Anwendung der sprachlichen Strukturen ebenso in einem kommunikativen Kontext (vgl. ebd.: 156 f.).

Für eine dramapädagogische Arbeit mit fremdsprachlichem Wortschatz und grammatikalischen Strukturen ist nicht immer ihre Integration in szenische Darstellungen notwendig (vgl. Elis 2015: 102 ff.). Einzelne spielerische Übungen können auch in der, für das nachhaltige Lernen von Wortschatz und Grammatik so wichtigen, Phase des Übens (vgl. Kieweg 2014; Hass/Henseler/Meinecke 2014) zum Einsatz kommen. In Pantomime-Übungen oder dramapädagogischen Sprachspielen kann z.B. mit Betonung und Rhythmus experimentiert sowie die Wortbedeutung und Aussprache gefestigt werden (vgl. Schewe 1993: 176; Tselikas 1999: 67; Henseler/Meinecke 2014: 7f.). Die Sprache wird damit sowohl an Bewegungen und Gesten als auch an freudvolle und positive Erfahrungen und Emotionen geknüpft. Auf diese Weise lässt sich nicht nur die Merkleistung der Lernenden erhöhen, auch das Anwenden von neuem Wortschatz fällt den Lernenden leichter, wenn er mit positiven Emotionen verbunden wird (s. Kapitel 4.3.3; vgl. z.B. Schultes 2008: 546; Haß 2006: 116; Elis 2015; Sambanis 2013: 130f.; Surkamp/Elis 2016: 6).

Die Einführung und Festigung neuen Wortschatzes mit Hilfe von Bewegungen, Mimik, Gestik, Pantomime, in Liedern, Reimen und *TPR*-Aktivitäten ist in der Methodik des Grundschulunterrichts bereits fest verankert (vgl. Hollbrügge/Kraaz 2004: 10). An dieser Stelle besteht ein Handlungsbedarf eher im Englischunterricht der Sekundarstufe, worauf in Kapitel 5.3 näher eingegangen wird. Besonders für den stark formorientierten Unterricht der Sekundarstufe I ist von Bedeutung, dass mit Hilfe dramapädagogischer Methoden formorientiertes Arbeiten in einen ganzheitlichen Kontext eingebettet werden kann. Dabei geht es „weniger [um den] Aufbau von Regelwissen als [um] das aktive Erschließen von grammatikalischen Strukturen und *chunks* und deren Anwendung in lebensweltnahen Kommunikationssituationen" (Surkamp/Elis 2016: 6).

Dramapädagogische Methoden bieten darüber hinaus nicht nur die Möglichkeit eines motorischen und emotionalen Zugangs zu sprachlichen Strukturen. Oftmals bieten die Übungen die Möglichkeit, dass Wörter und Phrasen „visuell und sinnlich" (Maley/Duff 1982: 70) erfahrbar werden (vgl. Elis 2015: 103). Dies ist zum einen bereits im Raumlauf, der als Vorbereitung auf den Einkaufsdialog in London durchgeführt wird, deutlich geworden. Die Lernenden fühlen sich den unterschiedlichen Emotionen entsprechend in bestimmte Situationen ein, probieren passende Gangarten aus und verknüpfen die Gefühle mit Lauten. Sprachliche Strukturen können in dramapädagogischen Methoden handelnd erlebt und auf vielfältige Weise kodiert werden (vgl. ebd.: 70f.).

Für den Englischunterricht in der Grundschule geht es im Rahmen dieser Arbeit verstärkt darum, das Repertoire an ganzheitlichen und spielerischen Methoden zur integrierten Wortschatz- und Grammatikarbeit zu erweitern und um solche Methoden zu ergänzen, die gleichzeitig einen Situationskontext darstellen, in den die Strukturen eingebettet werden können. Darüber hinaus soll das sprachliche Bewusstsein der Lernenden für den Erwerb fremdsprachlicher Strukturen geschärft werden, indem sie sich in Aufwärmübungen und Szenen aktiv damit auseinandersetzen.

Wie genau eine solche Ergänzung aussehen kann, wird an einer weiteren Stunde aus der Einheit zum *London Zoo* verdeutlicht. In den Handreichungen wurde angeregt, dass die Lernenden Standbilder bauen, in denen sie darstellen, was die Affen des Zoos gerade tun[59]. Im Kontext der sprachlichen Strukturen bleibend, wiederholen die Lernenden in dieser Übung zum einen die englischen Bezeichnungen für die Körperteile. Zum anderen begegnet ihnen das *present progressive*. Die Verwendung dieser Zeitform wird in der Handreichung nicht weiter diskutiert.

Das Thema *body parts* bietet sich an, um in der Aufwärmphase mit einer Übung zu beginnen, in der die Lernenden nach Anweisung verschiedene Körperteile bewegen, somit ihren Körper aufwärmen und eine direkte Verknüpfung zum Wortschatz herstellen. In der Aufwärmübung *Shoulder to Shoulder* bewegen sich die Lernenden zunächst wie im Raumlauf durch den Klassenraum. Auf Zuruf durch die Lehrkraft kommen sie zu zweit zusammen und berühren sich mit verschiedenen Körperteilen. Ist die Ansage der Lehrperson z.B. „*nose to elbow*“, berührt die Nase der einen Person den Ellenbogen der anderen. Im weiteren Verlauf werden Anweisungen wie „*nose to something green*“ eingeführt, sodass gleichzeitig mit den Körperteilen auch die Farben wiederholt werden können. Der Wortschatz wird von den Lernenden auf die Weise ganzheitlich erfahren. Darüber hinaus kann das Bauen der Standbilder vorbereitet werden, indem die Lernenden schon einmal in Paaren zusammenkommen und dabei Körperkontakt herstellen – Hemmungen im Umgang mit dieser Art von Übungen können abgebaut bzw. verhindert werden.

In der dritten Aufwärmübung „*What are you doing?*“ (vgl. hierzu Elis 2015: 105 f.) ist der Fokus, neben der weiteren körperlichen Erwärmung und der Integration eines schauspielerischen Elements, die spielerische Einführung der grammatikalischen Struktur des present progressive. Es wird sowohl in der Frage „*What are you doing?*“ als auch in der Antwort, z.B. „*I am brushing my teeth*“, verwendet. Die Struktur wird unbewusst von den Lernenden gebil-

59 Vgl. hierzu: London_Activity Book_Funny monkeys.

det, sie erhalten jedoch die Information, dass durch diese Zeitform ausdrückt wird, dass jemand etwas gerade im Moment tut. Dies konnte in der Übung unmittelbar erfahren werden. Zudem fördert die Übung die Imaginationsfähigkeit und Spontaneität der Lernenden.

Sowohl inhaltlich als auch methodisch werden die Lernenden durch die Aufwärmübungen auf das Bauen der Standbilder vorbereitet. Die Sätze, z.B. „*Jim is touching Bob's shoulders*" sind ausreichend vorentlastet und die Lernenden können sie unmittelbar in einen *freeze frame* umsetzen. In Verbindung mit den Aufwärmübungen erleben die Lernenden die sprachlichen Strukturen ganzheitlich in diversen Kontexten und verwenden die grammatikalische Struktur aktiv. Auf diese Weise ist auch schon mit jungen Lernenden ein spielerischer Umgang mit sprachlichen Strukturen möglich.

Im Rahmen der Einheit zu Australien[60] wird das *present progressive* noch einmal in einer stärker kommunikativ ausgerichteten Übung verwendet. Die im Lehrwerk enthaltenen Dialoge (Hollbrügge/Kraaz 2004a: 123 f.; CD 2, Nr. 3) geben Einblick in verschiedene Situationen, in denen Kinder von ihren Eltern aufgefordert werden, Aufgaben im Haushalt zu erledigen. Dazu müssen sie andere Aktivitäten, die sie gerade tun (I'm watching a DVD. / I'm reading a comic. / I'm playing computer games.) unterbrechen. Um diese Situation zu verdeutlichen und den Lernenden einen affektiven Zugang zu ermöglichen, wird der Inszenierung erneut eine Aufwärmphase vorgeschaltet, in der die Übung ‚*What are you doing?*' wiederholt wird. Anschließend werden einzelne Phrasen aus dem Dialog mit Hilfe von Magnetkarten an die Tafel gehängt bzw. an die Tafel geschrieben (Not now, Mum. / Come on, Emma, please clean the birdcage – now! / All right, Dad.). Gemeinsam wird überlegt, wer die Sätze sagt und wie die Person sich dabei fühlt. In den jeweiligen Stimmungen werden die Sätze gemeinsam laut gesprochen. Innerhalb des Situationskontextes erschließen sich die Lernenden die sprachlichen Strukturen, wenn auch unbewusst, auf verschiedenen Ebenen – sowohl affektiv als auch handelnd und kommunikativ.

An diesen Beispielen wird deutlich, welches Potenzial dramapädagogische Methoden für die integrierte Wortschatz- und Grammatikarbeit mit jungen Lernenden mitbringen: Sie schaffen einen ganzheitlichen, kommunikativen

60 Vgl. Activity Book_Not now mom.

und handlungsorientierten Kontext sowohl für die Einführung als auch für das Üben und Anwenden der sprachlichen Strukturen. Darüber hinaus bieten sie die Möglichkeit, *chunks* auf unterschiedliche Weise zu konnotieren und so langfristig zu verankern. Die sprachlichen Strukturen sind an Bilder, Empfindungen, Bewegungen und praktische Erfahrungen sowie kommunikative Situationen geknüpft. Außerdem bieten die Methoden die Möglichkeit, spielerisch mit den Strukturen umzugehen und so einen allzu formorientierten Fokus zu vermeiden. Die Bedeutung eines affektiven und persönlichen Zugangs zu den Situationen und den damit verbundenen Wortfeldern ist in diesem Zusammenhang sichtbar geworden. Im Folgenden geht es um die Rolle der affektiven und persönlichen Dimensionen von Kompetenz und deren Förderung durch dramapädagogische Methoden.

5.2.5 Affektive und persönliche Kompetenzen fördern

In einem ganzheitlichen Verständnis von Kompetenzentwicklung sind affektive und persönliche Dimensionen einer Kompetenz mit der Förderung kognitiver und performativer Dimensionen zusammenzudenken. In verschiedenen Aufwärmübungen wurde daher immer wieder versucht, den Lernenden einen persönlichen und affektiven Zugang zu den Situationen und Dialogen zu eröffnen. Diesem Vorgehen liegt die Annahme zugrunde, dass es den Lernenden umso leichter fällt, sich sprachlich-handelnd in Situationen zu bewegen, je besser sie sich in diese hineinversetzen können. Eng damit verbunden ist die Annahme, dass sich auf diese Weise weniger Hemmungen im Umgang mit der Fremdsprache aufbauen.

Der Abbau von Hemmungen, sei es beim Sprechen der Fremdsprache oder beim Agieren in ganzheitlichen Szenarien, ist eines der Hauptziele der dramapädagogischen Arbeit und ist dabei eng mit der Motivation zum Gebrauch der Fremdsprache verbunden. Herrscht im Klassenzimmer eine Atmosphäre, in der die Lernenden sich wohlfühlen, ist davon auszugehen, dass sie eine größere Bereitschaft zur Verwendung der Fremdsprache zeigen. Sie haben weniger Angst vor Fehlern und entwickeln im besten Fall Spaß beim Gebrauch der Fremdsprache (vgl. Kapitel 4). Im Kontext des Schulwechsels ist die Tatsache, dass junge Lernende keine bis wenige Hemmungen im Umgang mit der Fremdsprache haben, sowie in den meisten Fällen ein großes Selbstvertrauen im Hinblick auf ihre fremdsprachlichen Kompetenzen zeigen, von besonderem Interesse. Denn besonders die weiterführenden Schulen müssen sich der Frage stellen, warum sich im Laufe der Schulzeit z.B. Sprechhemmungen aufbauen und wie sich diese wieder abbauen bzw. verhindern lassen (vgl. Kapitel 3).

Ein entscheidender Aspekt in diesem Kontext ist, die Lernenden in ihrem Selbstvertrauen zu stärken. Aus diesem Grund soll den Lernenden im Rahmen der Unterrichtsstunden ein immer größer werdendes Maß an Freiraum im Umgang mit den Dialogen gegeben werden. So sollen sie selbst entscheiden, wie sie eine Szene inszenieren und sind immer aufgefordert, kreativ mit dem Text umzugehen, ohne dass es je zu einem ‚Muss' wird. Gleichzeitig werden sie in ihrem Vorgehen durch die auf die Dialoge abgestimmten Aufwärmübungen und Angaben durch das Lehrkräfte-Team unterstützt. Dieses steht ihnen für Rückfragen zur Verfügung. Vor diesem Hintergrund, der den Lernenden ein gewisses Maß an Sicherheit bietet, können sie mit der Fremdsprache und den dramapädagogischen Methoden experimentieren und ihre Selbstständigkeit weiterentwickeln. Gleichzeitig erfahren sie ein hohes Maß an Bestätigung und Vertrauen in ihre Kompetenz. Eine weitere Form der Bestätigung ist in Form der immer wieder erfolgenden kleinen Vorführungen vor der Klasse sowie durch die Aufführung des *Mini Plays* vor weiteren Schüler*innen gegeben. Die Präsentation der Ergebnisse wird dabei durchgehend als positives Erlebnis gestaltet. Durch den Einsatz von Aufwärmübungen und die Einführung des Einzählens als Ritual wird versucht, den Lernenden die Aufregung zu nehmen. Auch kleine Ergebnisse werden mit Applaus gewürdigt. Auch wenn in diesem Zusammenhang kritisiert werden mag, dass beim Einsatz dramapädagogischer Methoden zu schnell und zu oft ‚einfach so' applaudiert wird, ist es in dieser unmittelbaren Rückmeldung und Bestärkung durch das Publikum in erster Linie der Mut, sich vor die Klasse zu stellen, eigene Ideen und einen Teil der Persönlichkeit zu präsentieren sowie in der Fremdsprache laut zu sprechen, der gewürdigt und positiv anerkannt wird. Es geht demnach weniger darum, z.B. durch die Lautstärke oder gar das Ausbleiben von Applaus das Produkt zu bewerten, als erst einmal um eine Bestärkung auf der persönlichen Ebene. In verschiedenen Situationen des Kompetenzerlebens sollen die Lernenden die Möglichkeit haben, Selbstbewusstsein im Umgang mit der Fremdsprache aufzubauen und Selbstsicherheit zu gewinnen, um so für eine weitere Beschäftigung mit der Fremdsprache innerhalb sowie außerhalb des Unterrichts motiviert zu werden. Gleichzeitig sollen sie Spaß und Freude an den Übungen entwickeln, die sich im weiteren Verlauf im Idealfall auf die Einstellung zur Fremdsprache und zum Unterricht übertragen. Darüber hinaus wurden den Schüler*innen Möglichkeiten für eine ausführliche Rollenidentifikation gegeben. Dies diente zum einen als zusätzliche Motivation, zum anderen zum Abbau von Hemmungen.

Die unterschiedlichen Bereiche, die bis hierhin abgedeckt wurden, gilt es zum Ende des Schuljahres in einer Übergangseinheit zusammenzuführen und zu wiederholen. Zum einen kann den Lernenden auf diese Weise bewusst gemacht werden, was sie schon alles können und wissen, zum anderen werden konkrete Anknüpfungspunkte für den Englischunterricht in der 5. Klasse geschaffen.

5.3 Anknüpfungspunkte für die 5. Klasse schaffen: Die Übergangseinheit

Durch die Teilnahme an verschiedenen Fachkonferenzen Englisch aller Grundschulen Göttingens und des Umlands, auf denen die Ideen der dramapädagogischen Gestaltung des Englischunterrichts in Klasse 4 und 5 vorgestellt wurden, entstand die Idee, in einer Arbeitsgruppe (AG Übergang) eine Übergangseinheit zu entwickeln. Die Materialien dieser Einheit wurden an alle interessierten Grundschulen geschickt und die Vorschläge von den Englischlehrer*innen in den letzten sechs Stunden des 4. Schuljahres durchgeführt. Der zweite Teil der Einheit konnte in den Sommerferien 2011 an die Lehrer*innen der weiterführenden Schulen geschickt werden, sodass diese mit den Materialien und Ergebnissen, die die Lernenden aus den 4. Klassen mitbringen würden, weiterarbeiten konnten. Im Folgenden wird der Teil der Einheit, der für die 4. Klasse geplant wurde, so dargestellt, wie er zum Zeitpunkt der Datenerhebung umgesetzt wurde. Anschließend wird kurz auf einige Aspekte verwiesen, die nach der ersten Erprobung verändert wurden. Alle Materialien befinden sich im digitalen Anhang.

5.3.1 Version A: Goodbye 2011

Der Verlauf der sechs Stunden der Übergangseinheit (*Goodbye-Unit*) ist sehr ausführlich und detailliert beschrieben worden. An der Umsetzung interessierten Lehrkräften sollte es ermöglicht werden, die Verlaufspläne direkt mit in ihren Unterricht zu nehmen. Die Stunden wurden gemeinsam mit zwei Grundschullehrerinnen[61] geplant. An dieser Stelle gilt es, die Pläne kurz zu erläutern und die Planung der Stunden zu begründen. Da die Stunden von allen Klassen gleichermaßen gut umgesetzt werden sollten und nicht alle Grundschulen das gleiche Lehrwerk einsetzen, wurden die Inhalte unabhängig vom Lehrwerk bzw. den zuvor behandelten Themen geplant.

Mit der *Goodbye-Unit* wurden folgende Ziele verfolgt: Zum einen sollten die Lernenden noch einmal Gelegenheit erhalten, mit dem Schriftbild zu arbeiten und selbst schriftlich tätig zu werden. Zum anderen wurden für die erste Zeit in der 5. Klasse wichtige Wortfelder wiederholt. Die Schüler*innen sollten darüber hinaus das Sprechen weiter trainieren und z.B. in der Lage sein, sich vorzustellen, mit anderen über sich selbst, eigene Interessen etc. zu sprechen und ihre Gesprächspartner*innen kennen zu lernen, indem sie Nachfragen stellen. Als übergeordnetes Ziel galt es, die Lernenden in ihrem Selbstvertrauen und dem Vertrauen in ihre fremdsprachlichen Kompetenzen zu stärken.

Die Einheit besteht aus zwei Teilen: In den ersten Stunden packen die Schüler*innen Umschläge – bzw. erstellen, wie von einer Grundschullehrerin vorgeschlagen, ein *primary school English book*[62].–, die einen Steckbrief, Materialien aus dem Unterricht sowie Bilder oder Gegenstände, mit deren Hilfe die Lernenden etwas über sich selbst sowie ihren Englischunterricht erzählen können, enthalten. Diese Umschläge können in der 5. Klasse z.B. in einer Vorstellungsrunde genutzt werden. Im zweiten Teil der Einheit erarbeiten die Schüler*innen eine kurze Szene, in der sie noch einmal sowohl ihre erworbenen methodischen als auch fremdsprachlichen Kompetenzen erproben und vertiefen können. Die Charaktere der Szenen sind den Schulbüchern der weiterführenden Schulen entnommen und auch der Kontext der Geschichte ist daran angelehnt. Auf diese Weise werden in den letzten Stunden vor dem Schulwechsel sowohl Möglichkeiten der inhaltlichen als auch der methodischen Anknüpfung[63] in der 5. Klasse geschaffen (vgl. Elis 2016b: 54).

61 Den beiden gilt an dieser Stelle noch einmal mein größter Dank für ihre Unterstützung und die Begeisterung, mit der sie meine Ideen aufgenommen, ergänzt und weitergeführt haben. Ohne sie wäre diese Einheit nicht möglich gewesen.

62 Die Vorlage wurde als Alternative zum Umschlag mit der Einheit verschickt.

63 Orange Line 1 (1. Auflage) und Green Line 1 (1. Auflage).

Der Bezug zum Kontext und den Figuren des neuen Lehrbuchs wurde bereits zu Beginn der Unterrichtseinheit hergestellt. Über eine Identifikation mit den Lehrbuchfiguren und deren Geschichte – dass auch sie nach den Ferien auf eine neue Schule gehen würden – konnte für die Lernenden ein inhaltlicher und persönlicher Bezug zum bevorstehenden Schulwechsel hergestellt werden. Die Umschläge der Lehrbuchfiguren dienten den Lernenden als Sprechanlass, als Kontext zur Wortschatzwiederholung und als Ausgangspunkt für die Gestaltung ihrer Steckbriefe und Umschläge. Das Schreiben der Steckbriefe trainierte sowohl den eigenständigen Umgang mit der Sprache mit Hilfe eines *language frames* als auch das Verfassen vollständiger Sätze. Die Möglichkeit, verschiedene Präsentationsformen – Mindmap, Steckbrief, Gegenstand aus dem Umschlag – einzuüben, sollte die Lernenden unmittelbar auf die fremdsprachliche Kommunikation und Interaktion in der 5. Klasse, z.B. im Rahmen einer Vorstellungsphase, vorbereiten. Als weiteres Vorbereitungselement wiederholten sie in einem kommunikativen und spielerischen Setting *chunks*, die häufig zu Beginn der 5. Klasse zum Einsatz kommen (How old are you? What's your name?). Da sich die Lernenden über die Fragen und ihre entsprechenden Antworten in Paaren zusammenfinden sollten, konnte sichergestellt werden, dass sie sich auch über die Bedeutung der *chunks* im Klaren sind.

Nachdem in den ersten drei Stunden der Fokus auf der Erstellung der Umschläge lag, wurde in den folgenden drei Stunden mit den Lernenden eine kurze Szene erarbeitet und inszeniert. Diese basierte auf einer Geschichte aus dem Englischbuch *English G21 A1* aus dem Cornelsen Verlag (für die 5. Klasse) und enthielt somit weitere Charaktere, die den Lernenden in der Arbeit mit dem Lehrbuch begegnen würden. Außerdem wurden in der dramapädagogischen Arbeit mit dem kurzen Skript[64] verschiedene methodische Elemente, die vorher im Verlauf des Schuljahres geübt wurden, zusammengeführt.

Die einzelnen Schritte der Inszenierung – Erarbeitung der Geschichte und des Skripts, Sicherung der Aussprache, Experimentieren mit Aussprache und Betonung, Gruppenarbeit zur Erarbeitung des Endes, Rollenübernahme und

64 Dieses wurde gemeinsam mit der Englischlehrerin an der Grundschule erstellt (Goodbye-Einheit_Stunde 4_KV 9).

-erarbeitung, Aufwärmübungen, Gruppenarbeit zur Inszenierung, Präsentation – sind den Ablaufplänen zu entnehmen. An dieser Stelle soll allerdings noch einmal betont werden, dass in diesen Stunden besonders das selbstständige Arbeiten mit fremdsprachlichen Texten sowie kooperatives Arbeiten gefördert wurden – zwei Aspekte, die im Kontext des Übergangs verstärkt gefördert werden sollen (vgl. BIG-Kreis 2009: 21). Darüber hinaus stellte diese Vorgehensweise sicher, dass die Lernenden eigene Ideen in das Unterrichtsgeschehen einbringen können, auf diese Weise einen persönlichen Bezug zur Fremdsprache herstellen und die Präsentation der Szenen für alle Beteiligten spannend blieb.

In den Aufwärmübungen wurde der Fokus auf den Einsatz der Stimme zum Ausdruck von Bedeutung (Linienimprovisation) sowie die Einfindung in die Rollen und das gleichzeitige Experimentieren mit dem körperlichen, als auch stimmlichen, Ausdruckspotenzial (Raumlauf) gelegt. Durch die Wiederholung dieser dramapädagogischen Aspekte konnten den Lernenden elementare Elemente authentischer Kommunikation noch einmal bewusst gemacht werden und als Vorbereitung weiterer kommunikativer Situationen in den weiterführenden Schulen mit auf den Weg gegeben werden.

5.3.2 Version B: Goodbye 2012

Für das folgende Schuljahr wurden die Materialien noch einmal überarbeitet. An der grundlegenden Ausrichtung der Einheit wurde nichts geändert. Es wurden jedoch einige methodische Ergänzungen vorgenommen. Neben den methodischen Verbesserungen schien es für den Erfolg der Einheit notwendig, die Umschläge als Thema der Stunden sowie ihre Relevanz für den Schulwechsel und die Vorstellung in der neuen Klasse von Anfang an noch deutlicher herauszustellen. Darüber hinaus wurde das Skript überarbeitet und sprachlich vereinfacht. Außerdem lag das Skript nun in zwei Versionen vor. In der Version a für Gruppen, die aus 4 Schüler*innen bestanden und in der Version b für Gruppen mit fünf Lernenden. Diesem Skript wurde eine weitere Rolle, nämlich der Papagei Polly, hinzugefügt. Für die Erarbeitung des Texts wurde gemeinsam mit den Lernenden von einer Kollegin eine Audio-Aufnahme des Skripts angefertigt, die den anderen Schulen zum Download zur Verfügung gestellt wurde. So musste das Skript nicht von der Lehrkraft in verteilten Rollen vorgelesen werden.

Für die Phase des Hörverstehens können den Lernenden darüber hinaus verschiedene *while-listening activities* angeboten werden. Auf diese Weise werden die Lernenden im Hörverstehensprozess unterstützt und können ein weiteres Übungsformat, das ihnen in der 5. Klasse begegnen wird, üben. Die Materialien wurden um zwei Arbeitsblätter erweitert. Eines zum Hörverstehen (Goodbye-Einheit_Stunde 4_KV 10)[65], ein weiteres zur Strukturierung und Unterstützung der Erarbeitung des Endes der Szene (Goodbye-Einheit_Stunde 4_KV 11). Den Ablaufplänen wurden außerdem Tipps für die Inszenierung für die Lehrkräfte, die vorher noch nicht dramapädagogisch gearbeitet haben, hinzugefügt.

5.4 Dramapädagogische Methoden im Englischunterricht der 5. Klasse

Eines der Hauptziele des Englischunterrichts zu Beginn der 5. Klasse ist es, den Lernenden ein erfolgreiches Weiterlernen aus dem Unterricht der Grundschule zu ermöglichen. Dazu gehört, dass Kompetenzen, die bisher geschult wurden, genutzt und erweitert werden. Ein erfolgreiches Weiterlernen umfasst aber auch ein Aufrechterhalten der Motivation und Freude am Lernen der Fremdsprache, die die Lernenden in den meisten Fällen bis zum Ende ihrer Schulzeit an der weiterführenden Schule begleiten wird. Die größte Schwierigkeit, die dabei in der Wahrnehmung der Lehrkräfte besteht, ist die ausgeprägte Heterogenität hinsichtlich der Vorkenntnisse und der Kompetenzen der Lernenden zu Beginn der 5. Klasse (s. Kapitel 3.3). Darüber hinaus müssen die unterrichtlichen Vorgehensweisen und eingesetzten Methoden mit den Zielsetzungen und Anforderungen der 5. Klasse zu vereinen sein – der Grundschulunterricht kann nicht einfach fortgeführt werden.

5.4.1 Welcome to Grade 5 – der Rahmen der Unterrichtspraxis

Der zweite Teil der Übergangseinheit wird in der Klasse 5d einer Gesamtschule in Göttingen durchgeführt. Da sich in dieser Klasse keine Schüler*innen aus der 4. Klasse der an der Studie beteiligten Grundschule befinden und in

65 Mein Dank gilt einer ehemaligen Studentin, die während eines Theaterprojekts ihr künstlerisches Talent bewies und die Bilder für das Arbeitsblatt gezeichnet hat.

den meisten Grundschulen der erste Teil der Übergangseinheit nicht durchgeführt wurde, kann nicht unmittelbar daran angeknüpft werden. Die Vorgehensweise ist also an die Voraussetzungen der Gruppe angepasst, basiert aber auf den ursprünglichen Ideen der Übergangseinheit.

Die Planung der Unterrichtsstunden orientierte sich am Lehrbuch und den schulinternen Vorgaben. Nach den Erfahrungen in der 4. Klasse, in der zwar auch mit einem Lehrwerk gearbeitet wurde, erschien eine Abwägung des Stellenwerts, den das Lehrwerk im Unterricht der 5. Klasse einnimmt, als besonders relevant. Aus der Grundschule sind die Schüler*innen eine möglichst wenig textlastige Arbeit mit der Fremdsprache gewöhnt. Auch wenn es nicht darum geht, das Lehrbuch komplett aus dem Unterricht der Sekundarstufe I zu verbannen, gilt es, ausreichend Platz und Gelegenheit für ein lerner*innen- und handlungsorientiertes, ganzheitliches, intuitives und kreatives Lernen zu schaffen – insbesondere, jedoch keinesfalls nur, zu Beginn der 5. Klasse.

In einem solchen Englischunterricht, der Raum für die Ausbildung von Kreativität lässt, ist auch ein kreativer Umgang mit dem Lehrbuch, d.h. ein Umgang, der sich von den vorgegebenen Mustern und Aufgaben löst, von Seiten der Lehrkräfte essentiell (vgl. auch Börner 2008: 296). Die meisten Lehrer*innen folgen in ihrer Unterrichtsgestaltung den Vorgaben des Lehrbuchs und diese schaffen nur selten einen wirklich kreativitätsfördernden Rahmen (vgl. Tomlinson 2015: 24). Mit ein bisschen Übung können jedoch viele der in Lehrwerken enthaltenen Aufgaben kreativitätsfördernder werden. In der Vorbereitung der Studie ergab sich dementsprechend die Frage, inwieweit von den Vorgaben des Lehrwerks abgewichen werden konnte, da in den Parallelklassen das Lehrbuch als bestimmendes Element der Unterrichtsgestaltung eingesetzt wurde. In vielen Fällen ist es Planungsgrundlage, gibt Themen und Aufgaben vor, stellt Zusatzmaterialien zur Verfügung und die Handreichungen geben Ideen für die unterrichtliche Gestaltung (vgl. Koenig 2010: 178). Im Laufe der Planung beschäftigten uns im Lehrteam daher folgende Fragen: Würde die Klasse etwas verpassen, wenn sie für ein paar Wochen und Lehrbucheinheiten nicht dem Lehrgang des Lehrbuchs folgte? Wie viel Mehraufwand würde die zusätzliche Planung in Anspruch nehmen?

Gleichzeitig ist zu beachten, dass sich die Schüler*innen auf die Veränderungen, die der Englischunterricht an den weiterführenden Schulen mit sich bringt, freuen (vgl. Böttger 2009: 16; Staatsinstitut für Schulqualität und Bildungsforschung 2009: 56). Dazu gehören auch „die umfassenden Lehr-/

Lernmaterialien" (Böttger 2009: 16) inklusive des Lehrbuchs. Das Lehrbuch sollte den Schülern aus diesem Grund nicht vollständig vorenthalten werden, es bleibt aber die Frage, auf welche Weise mit diesem Medium gearbeitet werden kann, sodass die Spannung und Freude aufrechterhalten werden und nicht in Langeweile und Frustration umschlagen. Die Dramapädagogik bietet allein schon durch die Vielfalt der zur Verfügung stehenden Methoden und Übungen unterschiedliche Möglichkeiten, die Lehrbucharbeit im Englischunterricht der Sekundarstufe I zu ergänzen und im besten Falle zu verändern.

Aus diesem Grund wird das Lehrbuch als Inspirationsquelle und zur thematischen Orientierung genutzt – seine Bedeutung als Lehrgang über die folgenden Schuljahre hinweg im Hinterkopf behaltend. Im Buch behandelte Themen geben Kontexte vor, enthaltene Dialoge werden als Ausgangspunkt und Basis für szenische Arbeiten, Rollenspiele oder für ein Theaterstück genutzt. Grundlegender Gedanke ist immer, das Lehrbuch als Angebot zu sehen, aus dem Aspekte ausgewählt werden können, nicht aber müssen (vgl. Elis 2015: 111). Wenn Dialoge aus dem Lehrbuch zum Einsatz kommen, werden diese überarbeitet und in einen größeren situativen Kontext eingebettet sowie an die Erfahrungswelt der Lernenden angeknüpft – auch um sich weiter an der thematischen Orientierung des Grundschulunterrichts anzulehnen sowie das Potenzial des erlebnis- und emotionsgestützten Lernens zu nutzen (vgl. Elis 2016a; Elis 2016b: 56). Den Lernenden soll auf diese Weise weiterhin ein ganzheitlicher Zugang zur Sprache und zum Lernen ermöglicht werden.

Schriftliche Aufgaben im Bereich der Grammatikarbeit werden entweder in dramapädagogische Übungen umgewandelt oder durch sie ergänzt. In Phasen der Verarbeitung und des Übens bearbeiten die Lernenden Aufgaben im Buch und Workbook, ohne dass das Lehrbuch die Struktur der Unterrichtsstunden vorgibt. Auch wenn nicht bekannt ist, was im Unterricht der verschiedenen 4. Klassen, aus denen die Schüler*innen kommen, gemacht wurde, wird versucht, an die Aspekte aus dem Englischunterricht der Grundschule anzuknüpfen, die als allgemeingültig gesehen werden können (vgl. Kapitel 2). So werden beispielsweise Rituale im Unterricht etabliert – der Rap ‚*Clap Snap*' zu Beginn der Stunden, Aufwärmphasen vor Dialogen –, durch verschiedene Methoden Raum für Bewegungen geschaffen und ein Fokus auf Kommunikation und Schüler*in-Schüler*in-Interaktion gelegt. Der Unterricht soll ganzheitlich und handlungsorientiert sein, nicht nur dann, wenn dramapädagogische Methoden zum Einsatz kommen. Diese werden regelmäßig – wenn auch nicht in jeder Stunde – in den Unterricht integriert. In welcher Form und mit welchen Zielsetzungen dies geschieht, wird in den folgenden Unterkapiteln erläutert.

Da nicht davon ausgegangen werden kann, dass alle Schüler*innen Erfahrungen mit dem Einsatz dramapädagogischer Methoden haben, werden in Phasen des Aufwärmens (Ankommen, Bewegen, Einstimmen) und des Trainings (gezielte Vorbereitung von Stimme und Körper auf die anstehende szenische Arbeit) zunächst niedrigschwellige (Aufwärm)Übungen eingesetzt, sodass die Lernenden langsam an den Einsatz der Methoden herangeführt werden können. Ein Ziel der Anfangsphase in der 5. Klasse ist es also auch, die Methodenkompetenz der Lernenden im Hinblick auf dramapädagogische Methoden zu erkennen und ggf. weiter auszubauen.

5.4.2 Ankommen und Kennenlernen, Heterogenitäten nutzen, methodische Kompetenzen schulen

In der ersten Phase zu Beginn der 5. Klasse soll zunächst das Potenzial dramapädagogischer Methoden zur Ausbildung einer positiven Gruppenatmosphäre genutzt werden (vgl. Debour 2011). Sie ist aus verschiedenen Gründen für den Fremdsprachenunterricht nach dem Schulwechsel von Bedeutung. Zum einen kann auf diese Weise versucht werden, die empfundenen Brüche im Sozialgefüge (vgl. Kapitel 2) auszugleichen bzw. abzumildern. Die Schüler*innen erhalten Gelegenheit, sich in spielerischer Atmosphäre kennenzulernen. Dramapädagogische Methoden haben ein großes Potenzial, eine angenehme und vertrauensvolle Gruppenatmosphäre zu schaffen. Besonders in der Übergangsphase, die durch Unsicherheiten geprägt ist, scheint dies relevant.

Die Bedeutung einer positiven Atmosphäre in der Klasse beschränkt sich dabei sicherlich nicht auf den Englischunterricht. Jedoch gewinnt sie hier an Bedeutung, da das System Fremdsprachenunterricht seine ganz eigenen Risiken und Herausforderungen mit sich bringt, denen sich die Lernenden in einer positiven und angstfreien Gruppenatmosphäre besser stellen können. Den Zielsetzungen des Fremdsprachenunterrichts entsprechend, sollen Kommunikation und Interaktion gefördert werden. Mit welchen Risiken die Kommunikation in der Fremdsprache für die Lernenden verbunden ist, ist bereits erläutert worden. Die erste gemeinsame Zeit des Fremdsprachenunterrichts in sich neu konstituierenden Gruppen sollte daher dazu genutzt werden, um auch in der fremdsprachlichen Umgebung eine Vertrauensbasis sowie die Voraussetzungen für einen wertschätzenden Umgang mit den fremdsprachlichen Fähigkeiten der Anderen zu schaffen. In diesen Phasen des Kennenlernens können gleichzeitig Elemente des Grundschulunterrichts, wie das Fragen nach dem Namen, dem Alter, den Hobbys etc. wiederholt werden – dies sollte jedoch nicht die einzige Motivation bleiben.

In der ersten Stunde wird daher die Aufwärmübung, die in den folgenden Stunden als Ritual beibehalten wird, eingeführt. Die Schüler*innen lernen den Rap ‚*Clap Snap*'[66], in dem Sprache an Bewegung und Rhythmus geknüpft ist, die Lernenden also Körper und Stimme erwärmen und die Möglichkeit erhalten, langsam und spielerisch in den Fremdsprachenunterricht einzusteigen. Im Laufe der Stunde wird eine weitere Übung durchgeführt, in der die Lernenden sich einander vorstellen. Sie erfahren so nicht nur mehr voneinander, sondern gebrauchen gleichzeitig die Fremdsprache in einem sinnvollen Kontext. Diese Übung dient gleichzeitig als Vorbereitung für die darauf folgende Gruppenarbeit.

In dieser Phase werden noch keine hohen Anforderungen an die dramamethodische Kompetenz der Lernenden gestellt. Die Schüler*innen sollen Schritt für Schritt Sicherheit in der neuen Gruppenkonstellation und im Umgang mit Methoden, die es erfordern, vor der Gruppe laut und deutlich zu sprechen und gleichzeitig körperlich aktiv zu werden, gewinnen. Die Übungen werden aus diesem Grund zunächst immer in der gesamten Gruppe durchgeführt, um Hemmungen gar nicht erst entstehen zu lassen. Auch die Lehrkräfte nehmen an den Übungen aktiv teil und machen ggf. Dinge vor, um den Lernenden den Einstieg in die Übungen zu erleichtern.

Dramapädagogische Methoden zu Beginn eines neuen Schuljahres ermöglichen nicht nur einen spielerischen, ganzheitlichen und verbindenden Zugang zur bevorstehenden gemeinsamen fremdsprachlichem Arbeit. Sie schaffen Kontexte und Räume, in denen Lernende mit unterschiedlichen Talenten, Begabungen und Kompetenzniveaus gemeinsam lernen und arbeiten können (vgl. O'Connor 2008: 138; Rost-Roth et al. 2015: 249).

Im Unterricht der 5. Klasse lassen sich Formen der Differenzierung auf verschiedene Weise umsetzen. Zu Beginn der gemeinsamen Unterrichtszeit

66 Dieser Rap wurde von der Englischlehrerin eingeführt.

erhalten die Lernenden Gelegenheit, ihr Vorwissen aus der Grundschule einzubringen (Lesson 01_All about me; Hobbys, Emotionen etc.). Da dieses Wissen jedoch sinnvoll z.B. in den Kontext des Kennenlernens eingebettet ist, bleibt es nicht bei der reinen Wiederholung, die für einige Schüler*innen eher demotivierend sein kann. Für diejenigen Schüler*innen, die über das entsprechende Wissen noch nicht verfügen, besteht in Phasen des kooperativen Lernens die Möglichkeit, nachzufragen bzw. von den Mitschüler*innen zu lernen. Durch die Tatsache, dass neuer Wortschatz bzw. neue Wortfelder z.B. in Aufwärmübungen an Bewegungen geknüpft werden (s. die Übungen ‚Gesichter zuwerfen' (vgl. hierzu Elis 2016a: 14) und ‚Raumlauf' (vgl. hierzu Surkamp 2014: 21) in Stunde 5 und 6) haben auch Lernende, denen dieses Vorwissen fehlt die Möglichkeit, am Unterrichtsgeschehen teilzunehmen und auf diese Weise neues Wissen zu erwerben. An dieser Stelle ist ein besonderes Potenzial der dramapädagogischen Methoden, dass die Aufwärmübungen von allen Lernenden gemeinsam durchgeführt werden und beispielsweise nicht nur von schwächeren Schüler*innen, die ein zusätzliches Unterstützungsangebot benötigen.

Dramapädagogische Methoden bieten also zum einen auf der Ebene der verschiedenen Enkodierungen und Verknüpfungen von sprachlichem Material die Möglichkeit zur Differenzierung. Zum anderen können in der Erarbeitung von Szenen und Dialogen verschiedene Unterstützungsangebote gemacht werden. Darüber hinaus bieten sie den Lernenden die Möglichkeit, sich ihrem Talent und ihrer Persönlichkeit entsprechend einzubringen. So können Rollen unterschiedlich ausgestaltet werden, die Schüler*innen können sich nah am Text bewegen oder improvisieren, sie können den Dialogtext ablesen – entscheidend hierfür ist, dass mit Karteikarten oder einem Zettel und nicht mit dem Lehrbuch gearbeitet wird – oder frei spielen. Die Inszenierungen von Dialogen oder Rollenspielen erfolgen in Gruppen, sodass die Lernenden sich untereinander unterstützen können. Außerdem gibt diese Sozialform den Lehrenden die Möglichkeit, einzelnen Gruppen bei Bedarf zu helfen.

Für die Inszenierung wichtige Aspekte können in der Aufwärmphase gezielt trainiert werden, so z.B. der Einsatz von Körpersprache, die Betonung, die Proxemik (über Standbilder) etc. Hierzu zählen auch die Einfühlung in die Situation selbst – die affektive und persönliche Dimension von Kommunikation fokussierend (Lesson 05 – How do they feel?) – sowie die Erarbeitung der Rollen, die die Lernenden in der Inszenierung übernehmen sollen[67]. Verschiedene Lernende mit verschiedenen Lernpräferenzen und Charaktereigenschaften können über verschiedene Dimensionen einen Zugang zum Dialog und zum Situationskontext finden. So kann sich ein Lernender x vielleicht besser in seine Figur einfinden als eine andere Lernende y, die aber wiederum mit großer Ausdruckskraft über Körpersprache und Stimme zur Ausgestaltung der Situation beiträgt.

Eine Stärkung der methodischen Kompetenzen der Lernenden im Bereich dramapädagogischer Methoden (vgl. Behr/Kierepka 2005: 19) ist im fremdsprachlichen Unterricht von längerfristiger Relevanz, da diese Methoden Schüler*innen nicht nur im frühen Englischunterricht, sondern ebenso noch im fortgeschrittenen Unterricht begegnen und oftmals auf vielfältige Weise in den Fremdsprachenunterricht integriert werden – vereinzelt in Übungen, in einer dramapädagogisch gestalteten Unterrichtsstunde, in der Arbeit mit, auch kurzen, literarischen Texten, in der Inszenierung eines Theaterstücks oder im Bereich des interkulturellen Lernens (vgl. Schewe 2010: 40; Tselikas 1999: 54). Von den Lernenden wird demnach ein flexibler Umgang mit den verschiedenen Methodenformaten erwartet.

Mit den Lernenden der 5. Klasse werden im Laufe der Stunden verschiedene Techniken geübt, die sie durch die Inszenierungen begleiten und die als Teil der dramamethodischen Kompetenz auch über die 5. Klasse hinaus genutzt werden können. Den Lernenden wird zunächst bewusst gemacht, auf welche Aspekte sie bei einer Inszenierung zu achten haben – „How do the characters feel? How do they walk or speak? Read out the dialogue and also act“ (Lesson 06). Darüber hinaus werden gemeinsame Regeln für das Theaterspielen vereinbart (s. ebd.):

- laut sprechen
- Publikum ist leise
- niemand wird ausgelacht

67 Laut Kurtz (1997) kann die Dramatisierung von Lehrbuchdialogen, so wie sie im Fremdsprachenunterricht oft Anwendung findet, keinen Beitrag zum kreativen und spontanen Sprechen leisten, da die Schüler*innen sich nur schlecht mit den Situationen und Personen identifizieren können und anstatt mit einem emotionalen sprachlichen Vortrag vornehmlich mit der Produktion sprachlich korrekter Äußerungen beschäftigt sind (vgl. ebd.: 90; vgl. auch Bolton 1993: 35 in Ronke 2005: 28).

- nicht den Rücken zum Publikum
- in der Rolle bleiben (einzählen: 3-2-1-go, dann in der Rolle sein)
- Mädchen können Jungenrollen spielen und umgekehrt

In Reflexionsphasen werden sowohl die Regeln als auch die verschiedenen Dimensionen einer Inszenierung den Lernenden noch einmal bewusst gemacht – auch diese Metaebene des Theaterspielens ist Teil der dramamethodischen Kompetenz und hilft den Lernenden, in späteren Inszenierungen immer selbstständiger auf ihr Wissen und ihre Fertigkeiten zurückzugreifen.

Darüber hinaus werden die Schüler*innen dazu angehalten, ihren Text für die Dialoge auf Karteikarten zu schreiben, die ihnen ein freieres Schauspielern und Agieren ermöglichen. Hinweise zum Schreiben dieser Karten werden ihnen an die Hand gegeben (Lesson 10):
- nur Stichpunkte
- evtl. Smiley oder Ähnliches für Emotion ergänzen
- nur die eigene Rolle abschreiben, für die anderen nur Rollennamen dazuschreiben

Als weiteres Unterstützungselement können die Lernenden den Karten Nebentext in Form von Zeichnungen hinzufügen – z.B. Gesichter, die als Erinnerung dazu dienen, welcher Gemütszustand ausgedrückt werden soll (vgl. Elis 2016a: 12).

In den ersten Stunden der 5. Klasse haben die Lernenden also nicht nur die Möglichkeit, sich kennenzulernen und spielerisch in die Fremdsprache einzusteigen, sie werden auch an den Umgang mit dramapädagogischen Aufwärmübungen und die Inszenierung von Dialogen herangeführt. Dabei lernen sie Techniken, die sie als Unterstützungsangebot in der dramapädagogischen Arbeit begleiten. Neben diesem Handwerkszeug erleben sie aber auch das unterstützende Potenzial einer guten Gruppenatmosphäre, der übernommenen Rolle sowie der Als-ob-Welt.

Für die Lehrkräfte bietet die Phase des Kennenlernens, in der die Schüler*innen oft Gelegenheit haben, in Gruppen zu arbeiten, die Möglichkeit, sie zu beobachten und Vorkenntnisse sowie Präferenzen für Arbeitsweisen zu erkennen. Eine dramapädagogische Arbeitsatmosphäre, die es den Lernenden ermöglicht, sich frei und ihren Persönlichkeiten und Talenten entsprechend in den Unterricht einzubringen, bietet dafür eine gute Basis. Ein

Ziel dieser Phase ist es, Vorkenntnisse der Lernenden zu erkennen, um diese nutzen und weiter ausbauen zu können, d.h. sowohl die Basis für die weitere gemeinsame Arbeit zu ergründen als auch Anknüpfungspunkte und weiteren Förder- bzw. Wiederholungsbedarf auszumachen. Ein weiteres grundlegendes Ziel ist es festzustellen, mit welchen Einstellungen zur englischen Sprache und zum Englischunterricht die Lernenden aus der 4. Klasse kommen und diese für den Ausbau einer positiven Einstellung zum Fach zu nutzen. Auf diese Weise sollen die Lernenden für den weiteren Lernweg motiviert werden. Dies geht einher mit einer Stärkung des Selbstvertrauens und dem Vertrauen in die eigenen fremdsprachlichen Fertigkeiten (vgl. Kapitel 5.4.6 und die Ausführungen zum Zusammenhang von Motivation, Selbstkonzept und Englischleistung in Kapitel 3).

5.4.3 Kommunikative Kompetenzen ganzheitlich fördern

Entsprechend den Zielsetzungen einer kontinuierlichen Gestaltung des Schulwechsels gilt es, die Anforderungen an die kommunikative Kompetenz der Lernenden und somit auch an das freie Sprechen langsam zu steigern sowie die Lernenden in der immer selbstständiger werdenden Produktion von Sprache zu unterstützen. Dazu zählt jedoch nicht nur die Unterstützung durch sprachliche Strukturen. Ebenso gilt es, die verschiedenen Dimensionen kommunikativer Kompetenz, die notwendig sind, um diese möglichst authentisch und bedeutungsvoll zu gestalten, zu trainieren. Die kommunikativen Ziele aus dem Englischunterricht der Grundschule bleiben bestehen – Förderung des produktiven und kreativen Sprechens der Schüler inklusive eines Fokus auf Aussprache und nonverbale Kommunikation. Mit den steigenden fremdsprachlichen Kompetenzen der Schüler*innen lassen sich jedoch beispielsweise die Komplexität der Übungen sowie die Länge der Dialoge und Szenen steigern.

Sprachliche Unterstützung kann den Lernenden dabei weiterhin z.B. in Form des Skripts (*scripted dialogues*) geboten werden. Den Text schreiben die Lernenden zumeist auf Karteikarten ab (s. Kapitel 5.4.2). Diese können sie flexibel, je nach Bedarf nutzen. Mit dem Text können sich die Lernenden darüber hinaus in Phasen des szenischen Lernens vertraut machen (Proben_Lesson 02). Auch in Aufwärmübungen können für die szenische Arbeit notwendige sprachliche Strukturen erarbeitet und vorentlastet werden (Trainingsphasen).

Neben der sprachlichen Ebene integrieren dramapädagogische Übungen nonverbale Kommunikationselemente in den Erfahrungs- und Lernprozess. Den Lernenden wird Gelegenheit gegeben, sich immer wieder damit zu beschäftigen und sich ihrer Bedeutung in Kommunikationssituationen bewusst zu werden. Diese erleben die Lernenden beispielsweise in Pantomime-Übungen (Lesson 10), im Raumlauf (Lesson 05) und in der bereits erwähnten Übung zu den Emotionen. Bevor die Schüler*innen eigenständig in Inszenierungsprozessen arbeiten, werden sie von der Lehrkraft darauf hingewiesen, dass es in einer Inszenierung von Szenen oder Dialogen nicht nur darum geht, was sie sagen, sondern auch wie sie es tun, d.h., wie sie Mimik, Gestik, Bewegungen etc. nutzen (z.B. Lesson 06).

Ebenso wie die nicht-sprachlichen Elemente nonverbaler Kommunikation gilt es, die sprachlichen Aspekte zu schulen. Die richtige und bedeutungstragende Aussprache und Betonung von Wörtern und Sätzen kann in dramapädagogischen Methoden trainiert werden und bekommt in drama-ästhetischen Situationen eine sinnvolle, weil bedeutungsvolle Rolle. Mit den Lernenden der 5. Klasse wird die Aussprache zumeist eingebettet in die Erarbeitungsphase von Szenen (z.B. Lesson 09) geübt. An geeigneter Stelle werden Wörter, Phrasen und Sätze in ein Standbild (Lesson 05) oder einen Raumlauf eingebettet und bestimmte Sätze werden bereits in der Rolle in einer für die Situation angemessenen Betonung gesprochen (Lesson 18 und Lesson 20). Zum Ende des Jahres wird mit den Lernenden ein Theaterstück erarbeitet. In diesem Kontext wird ein besonderer Fokus auf eine deutliche und klare Artikulation gelegt, da das Stück auch auf der Bühne geprobt und vor Publikum vorgespielt wird. Die Bedeutung lauten und verständlichen Sprechens sowie der Möglichkeit, Sinn auch über die Stimme zu vermitteln, kann den Lernenden an dieser Stelle noch einmal bewusst gemacht werden. Es werden Sätze im Chor nachgesprochen (Proben_Lesson 02) und die Schüler*innen bekommen Gelegenheit, in Gruppen gemeinsam ihren Text mehrfach, auch in verschiedenen Betonungen, zu lesen und zu üben (Proben_Lesson 02; szenisches Lesen, Hinweis auf Regieanweisungen). Ergänzt wird diese Gruppenarbeit durch eine gemeinsam durchgeführte Linienimprovisation (Aussprachespiel, Proben_Lesson 02).

Mit der Ebene der nonverbalen Kommunikation wird die affektive und persönliche Ebene kommunikativer Kompetenz verknüpft. Denn neben der Schulung des Bewusstseins für die bedeutungstragende Dimension nonverbaler Kommunikationselemente geht es ebenso darum, das Einfühlungsvermögen in Kommunikationspartner*innen und -situationen zu schulen. Gleichzeitig bietet dieses Vorgehen den Lernenden die Möglichkeit, einen authentischen Zugang zur Kommunikation zu finden und somit ihre Kommunikationsbereitschaft und am Ende auch die Kommunikationsfähigkeit zu schulen. Im Laufe der 5. Klasse werden oftmals Lehrbuchdialoge bzw. Szenen aus dem Lehrbuch inszeniert. Diese werden sowohl inhaltlich als auch sprachlich aufbereitet, um den Lernenden einen besseren Zugang zu den Szenen zu ermöglichen. Das bedeutet, dass der Text der Dialog von den Schüler*innen nicht nur vorgelesen wird, sondern mit Stimme, Mimik und Gestik zum Leben erweckt wird. Dazu wird der Text z.B. um Begrüßungsformeln, einzelne Wörter oder Phrasen ergänzt, um diesen authentischer zu machen oder ein Kontext für den Dialog kreiert, der es den Schüler*innen erleichtert, sich in die Situation hineinzuversetzen. Darüber hinaus wird den Schüler*innen Zeit gegeben, um sich passende Gestik und Mimik zu überlegen sowie sich in ihre Sprechrolle einzufinden. Außerdem werden sie immer im dramapädagogischen Prozess, d.h. inklusive Aufwärmung und Reflexion erarbeitet. Die Erarbeitung der ersten Szene (Lesson 05 bis Lesson 07) ist bereits an verschiedenen Stellen erwähnt worden, weshalb sie hier nicht noch einmal im Detail erläutert werden soll. Als weiteres Beispiel soll an dieser Stelle die Erarbeitung des zweiten Lehrbuchdialogs (Lesson 09 bis Lesson 11) herangezogen werden. Ein Rückbezug auf den ersten Dialog erfolgt, um zu zeigen, welche Veränderungen am Dialog vorgenommen werden[68], um diesen authentischer und motivierender zu gestalten.

Der Dialog „You and your sport!“ (Orange Line: 12), der in den ersten Stunden inszeniert wird, ist im Lehrbuch nicht als Textvorlage zum Spielen vorgesehen, zumindest wird dies nicht als Aufgabe gestellt. Für die Inszenierung wird die Bildergeschichte in mehrere kleine Szenen aufgeteilt[69]. Auf diese Weise kann der Text etwas länger werden, wodurch versucht wird, die Kommunikation authentischer werden zu lassen. Am Ende der letzten Szene

68 Für die einzelnen Erarbeitungsschritte bei Lehrbuchdialogen siehe auch Elis 2016a.

69 S. Skript_Scene 1- In the schoolyard

wird bereits in den nächsten Dialog übergeleitet[70], um den Spannungsbogen aufrecht zu erhalten und für die Schüler*innen ein sinnvolles Gesamtbild zu kreieren.

Bei der Überarbeitung des zweiten Dialogs „Sam" (s. ebd: 16) ist eines der Hauptanliegen, ihm seine vom Verlag zugeteilte Aufgabe, die Einführung und Verwendung der Formen von ‚to be', weniger stark anmerken zu lassen und den Inhalt stärker in den Vordergrund zu stellen. Der Dialog wird wieder in kleinere Szenen unterteilt, um die Inszenierungsarbeit in den Gruppen sinnvoll und spannend zu halten. Das offene Ende soll die Lernenden zum Weiterdenken anregen und ihnen die Möglichkeit geben, einen persönlichen Bezug zur Geschichte aufzubauen. Im Dialog werden Formen des Präteritums verwendet. Dies trägt zur authentischen Kommunikation bei und stellt kein Problem in der Arbeit mit jungen Lernenden dar. Aus der Arbeit mit Bilderbüchern in der Grundschule ist den Lernenden diese Zeitform schon unbewusst bekannt. An dieser Stelle kann einfach darauf hingewiesen werden, dass die Form verwendet wird, um zu erzählen, was vor einiger Zeit passiert ist, ohne sie grammatikalisch näher zu betrachten (vgl. auch Elis 2013). Im Folgenden sind in dem Skript die vorgenommenen Änderungen markiert, um zu zeigen, inwieweit der Lehrbuchtext (Orange Line : 16) verändert bzw. ergänzt wurde.

Scene 2 – In the classroom

[1]

Emma:	Are we in the right classroom, Lisa?
Lisa:	Yes, we are. *Don't worry Emma.*
Emma:	*But* Mrs Carter isn't here. Are you sure?
Lisa:	Yes, I am. Look, *Terry is here.*
Terry:	*Hey, there you are. Have you seen Sam?*
Lisa:	*No, where is he?*

70 Ursprünglich war geplant, verschiedene Szenen des Lehrbuchs als ein Theaterstück zu kombinieren. Davon wurde am Ende abgesehen. Auch sollte der Bogen zurück in die Dialoge der Grundschule geschlagen werden – daher werden beispielsweise die *dog treats* erwähnt. Auch davon wurde abgesehen, da nicht alle Schüler*innen mit den Materialien in der Grundschule gearbeitet haben.

[2]

Emma: Who is Sam? Is he a friend from your old school, *too*?
Lisa: Yes, he is. And he's always late.
Terry: And he always forgets things.
Lisa: Remember when he forgot his schoolbag.
Terry: Yes, that was funny. No pencil case, no exercise book, no sandwich for Sam.
Lisa: Ha, ha. But he was lucky, his mum came and brought his schoolbag to school.

[3]

Emma: You're lucky, *too*.
Lisa: *Why?*
Emma: *Because all your friends are here. And you can tell funny stories about them.*
Lisa: *But…*
Emma: I'm not from Greenwich. My friends aren't at Thomas Tallis.
Lisa: Yes, they are. We are your new friends! *Right Terry?*
(*Brr! Brr!*)

[4]

Terry: Hey, that's my mobile. *It's Sam.* – Hi, Sam! What's up? Where *are you*?
Emma: Terry!!!! Here's Mrs Carter.
Terry: *Sorry. Ok, Sam.* Bye, Sam. Hello Mrs Carter. Er – sorry!
Mrs Carter: Good morning, boys and girls.
Lisa: *Pssss, Terry. Where is Sam?*
(*A knock on the door.*)

[5]

Sam: Good Morning! Sorry I'm late.
Mrs Carter: Good morning. Come in. What's your name?
Sam: I am Sam. Sam Spencer.
Mrs Carter: Welcome Sam. Please sit down.
Terry: Hey Sam, you can sit here!
Mrs Carter: OK class, let's begin!

Terry: (writes on a sheet of paper): Where were you?

NOW YOU: Where was Sam?

Mit den Änderungen wird versucht, die Kommunikation auch mit einfachen sprachlichen Mitteln authentischer werden zu lassen, um den Lernenden möglichst früh die Möglichkeit zu geben, ein authentisches Sprachgefühl zu entwickeln. Stark reduzierte Aussagen, wie z.B. die Frage-Antwort-Folge bestehend aus „Are we in the right classroom, Lisa? – Yes, we are. – Mrs Carter isn't here. Are you sure? – Yes, I am." werden vermieden. Sprachliche Strukturen, die in ihrer reduzierten Form unnatürlich erscheinen, werden ausgetauscht bzw. um wenige Wörter ergänzt. Die Geschichte um Sam und Emmas Sorge, dass sie keine neuen Freunde findet – eine Situation, mit der sich die Lernenden gut identifizieren können – wird mehr in den Vordergrund gestellt und ausgeschmückt. Das offene Ende gibt den Lernenden die Möglichkeit, sich intensiv in die Geschichte hineinzudenken und eigene Vorstellungen zu integrieren. In die Inszenierung der Szenen ist somit erneut der Aspekt, dass authentische Kommunikation unvorhersehbar ist (vgl. u.a. Haß 2006: 93) integriert.

Entscheidend für die Förderung kommunikativer Kompetenz ist, dass den Lernenden auf verschiedenen Ebenen ein Zugang zu den Dialogen und den Charakteren ermöglicht wird. Nur so können sie sie als Situationen wahrnehmen, die ihnen eine bedeutungsvolle und somit lernförderliche Auseinandersetzung mit der Sprache ermöglichen. Aus diesem Grund werden mit den Lernenden vor der ersten szenischen Arbeit die Schulbuchcharaktere ausführlich erarbeitet, da sie ihnen immer wieder als zu übernehmende Rollen begegnen werden (Lesson 04). Sie sollen in der Lage sein, sich in sie hineinzuversetzen, daher dürfen sie nicht Namen und Bilder in einem Textbuch bleiben.

Bevor die Inszenierung beginnen kann, wird der Text des Dialogs gelesen und gemeinsam am Verständnis gearbeitet (Lesson 09), denn nur wenn die Lernenden wissen und verstehen, was sie sagen, können sie an der Inszenierung arbeiten (vgl. Elis 2015: 90f.; Elis 2016a: 12; Elis 2016b: 52). Auf diese Weise wird ihnen die Möglichkeit gegeben, einen affektiven und persönlichen Zugang zum Dialog zu finden.

Gleichzeitig soll auf diese Weise die Kommunikationsbereitschaft gesteigert werden. Die Motivation zum Interagieren in den im Lehrbuch dargestellten Situationen ist höher, wenn die Lernenden sich mit diesen identifizieren können. Gleiches gilt für die bereits erwähnte Aufarbeitung der Dialoge und das Einbinden von Aufgabenstellungen, die eine individuelle Auseinandersetzung mit dem Text – vgl. die Aufgabe zum Weiterschreiben des Dialogs – erfordern. Da die Inszenierung der Dialoge bzw. Szenen meist in Kleingruppen stattfindet, können nicht nur Ziele des kooperativen Lernens verfolgt werden; die Lernenden bekommen auch Gelegenheit, ihre eigenen Vorstellungen einzubringen – es gibt kein richtig oder falsch. Je unterschiedlicher die Situationen ausgestaltet werden, umso spannender und motivierender bleibt die Inszenierungsarbeit und damit die Kommunikation in der Fremdsprache für alle Beteiligten.

Zur motivationalen Dimension kommunikativer Kompetenz sind ebenso der Aspekt des Aufrechterhaltens der Kommunikation und der Umgang mit Kommunikationsschwierigkeiten zu zählen. Dabei geht es um den Aufbau einer Frustrationstoleranz bei den Lernenden sowie um den Einsatz von Kommunikationsstrategien. Die motivationale Dimension ist unmittelbar mit zwei weiteren verknüpft: der kognitiven sowie der performativen Dimension von kommunikativer Kompetenz. Bei ersterer geht es auch um das Wissen um bestimmte Kommunikationsprobleme sowie -strategien, die in bestimmten Situationen zum Einsatz kommen können. Performative Kompetenz umfasst sowohl den Einsatz situationsangemessener Strategien sowie eines angemessenen Rollenhandelns. Auch wenn Kommunikationsstrategien mit den Lernenden nicht explizit geübt werden, besteht in den Reflexionsphasen die Möglichkeit, ein Bewusstsein für genau die Elemente von Kommunikation, die als kommunikationsfördernd – paraphrasieren, der Einsatz von Mimik und Gestik etc. – gelten, zu entwickeln. Im Unterricht erfolgt im Anschluss an jede Präsentationsphase eine kurze Reflexion, in der die Lernenden Rückmeldungen geben und erhalten (z.B. Lesson 11).

5.4.4 Schrift integrieren

Zu einer ganzheitlichen Förderung der kommunikativen Kompetenz gehört ebenso die Integration des Schriftbilds sowie die Förderung des Schreibens und Lesens. In einem dramapädagogischen Kontext erfolgt dies eingebettet in bedeutungsvolle Kontexte. Darüber hinaus lässt sich der Anteil der

Schriftsprache langsam steigern, indem die Lernenden zunächst mit kurzen Dialogen und Szenen arbeiten und erst allmählich an längere Geschichten herangeführt werden. In der dramapädagogischen Arbeit der 5. Klasse lesen die Lernenden gemeinsam Texte und Dialoge, deren Verständnis für die folgende Inszenierung von grundlegender Bedeutung ist (z. B. Lesson 09, aber auch bei jeder weiteren Szenenarbeit). Die Lernenden müssen dabei nicht nur verstehen, was gesagt wird, sondern erschließen sich darüber hinaus, wie der Situationskontext den Inhalt des Textes sowie die Art und Weise, wie er kommuniziert wird, beeinflusst (Lesson 18 und Proben_Lesson 02; Übung zur Aussprache der Sätze). Besonders gut wird dies an der Erarbeitung der Szene „No problem" und des längeren Theaterstücks „A Spooky Night in Hither Farm Road"[71] deutlich, dass auf der im Textbuch zu findenden Geschichte „Ghosts in Hither Farm Road" (Orange Line: 34 f.) basiert. Der Zugang zu beiden Geschichten erfolgt zunächst über das Hörverstehen, der Text wird erst später gelesen (Lesson 18 und Lesson 24). In diesem Zusammenhang wird den Lernenden auch eine affektive Reaktion auf die Geschichte „No problem" ermöglicht (This story is...; Lesson 18 und Lesson 24; Orange Line: 35). Nachdem die Lernenden erfahren haben, was aus der Geschichte werden soll – nämlich ein Theaterstück für die Eltern – wird das Skript gemeinsam in verteilten Rollen gelesen (Lesson 25). Das Lesen in der Fremdsprache beschränkt sich dabei also nicht nur auf das Dekodieren von Wörtern und Satzeinheiten, die Lernenden müssen ein Globalverständnis des Textes entwickeln, um in der Lage zu sein, auf dessen Basis ihre eigene Interpretation der Geschichte zu erzählen. Zur Erleichterung des *top-down*-Prozesses des Leseverstehens wird das Vorwissen der Lernenden aktiviert. Gleichzeitig überlegen sie, welche weiteren für die Inszenierung wichtigen Informationen sie aus dem Text ableiten können – so z. B. welche Gefühle ausgedrückt werden (Proben_Lesson 02).

Unmittelbar verknüpft mit dem Lesen ist das Sprechen (Lesson 17 und 18, Lesson 25_Ausspracheschulung) und das Schreiben in der Fremdsprache, sodass die verschiedenen Kompetenzen integrativ gefördert werden können. Die Lernenden werden wiederholt dazu aufgefordert, Karteikarten zu schreiben – der Schwierigkeitsgrad des Schreibens in der Fremdsprache ist

71 Dieses wurde von der Autorin gemeinsam mit der Englischlehrerin der Klasse entwickelt.

hier noch relativ niedrig und die Tätigkeit des Abschreibens ist ihnen aus der Grundschule bekannt. Im Laufe der Projektzeit erledigen die Lernenden jedoch auch Schreibaufgaben, die von ihnen ein höheres Maß an Produktivität und Eigenständigkeit erfordern. So schreiben sie Dialoge und Szenen weiter (Lesson 09), füllen Sprechblasen aus (Lesson 17 und AB_No problem) und schreiben eigene Dialoge (Lesson 12) basierend auf einem zuvor erarbeiteten Dialog und vorheriger Spracharbeit. Ebenso allmählich und kontextgebunden wie das Schriftbild gilt es, auch den systematischen Erwerb sprachlicher Strukturen, wie Grammatik und Wortschatz, in den Englischunterricht der 5. Klasse zu integrieren.

5.4.5 Integration von Wortschatz und Grammatik

In Bezug auf die Schulung sprachlicher Mittel wie Vokabeln und Grammatik wird zu Beginn der 5. Klasse eine zu starke Orientierung an der grammatischen Progression des Lehrbuchs vermieden und der Fokus auf der kommunikativen Einbettung dieser Strukturen gehalten. Für den Unterricht in der 5. Klasse bedeutet dies, dass grammatische Strukturen immer dann geübt werden, wenn sie für die Kommunikation in einem Dialog bzw. in einer Szene notwendig sind. Dabei stehen der Inhalt und die kommunikative Botschaft im Vordergrund. Ähnliches gilt für neuen Wortschatz. Ausgangspunkt dafür sind eine Szene oder eine neue Kommunikationssituation, die sich im besten Fall inhaltlich an die vorherigen Stunden anknüpfen lässt. Es soll vermieden werden, dass die Schüler*innen Vokabellisten lernen, nur weil sie gerade in dieser Unit vorkommen. Aus diesem Grund werden auch keine Vokabeltests geschrieben. Die Lernenden bekommen zu den Szenen passende *chunks* und Redewendungen oder schreiben die benötigten Vokabeln aus dem Vokabelverzeichnis des Lehrbuchs ab. Die Bedeutung der Vokabeln wird z.B. in Pantomimeübungen gefestigt (Lesson 13 – Where are you?). An den Übungen wird deutlich, dass Grammatik und Wortschatz oftmals integrativ gefördert werden.

Die von den Lernenden zunächst inszenierten Szenen dienen im weiteren Unterrichtsverlauf als Ausgangspunkt für Grammatikübungen (Lesson 08). Da in den Dialogen nicht die grammatikalische Form und deren Verwendung im Vordergrund stehen, sondern vielmehr die Geschichte, die sie erzählen, können die Dialoge als kommunikativer Rahmen für die Einführung bzw. die Wiederholung von sprachlichen Strukturen dienen.

Zugleich lassen sich in Grammatikübungen szenische Elemente nutzen, z.B. in der Arbeit mit Rollenkarten, wenn die Lernenden entsprechend einer ihnen zugeteilten Rollenkarte Fragen stellen bzw. beantworten müssen (Lesson 12)[72]. In Stunde 13 dienen der Dialog „Sam" und die von den Lernenden verfasste Fortführung desselben zu der Frage „Where is Sam?" als Ausgangspunkt für eine weitere grammatikalische Übung. In dieser Stunde werden Antworten auf die Frage „Where are you?" von den Lernenden pantomimisch dargestellt. Beim Erraten der Orte, an denen die von den Lernenden dargestellten Tätigkeiten stattfinden, verwenden die Schüler*innen Präpositionen, die im Folgenden noch erweitert und vertieft werden können (vgl. dazu die Aktivitäten im Lehrbuch: Orange Line: 18 f.). Zusätzlich entwickeln die Lernenden zu den Strukturen ‚Who is…?' und ‚Where is…?' (s. Orange Line: 19 und 23) einen eigenen Dialog (Lesson 12).

Neue sprachliche Strukturen können also auch als Ausgangspunkt für kurze, von den Lernenden selbst entwickelte Szenen dienen und so von ihnen mit Inhalt und Bedeutung gefüllt werden. So werden die Lernenden im Kontext der Erarbeitung von *classroom phrases* (vgl. Orange Line: 19) aufgefordert, das Aufforderung/Frage-Antwort-Paar (z.B. Good morning. – Good morning, Mrs Carter.) in eine kurze Situation einzubetten und diese zu inszenieren (Lesson 16). Die *classroom phrases* bleiben somit nicht nur zu lernende Strukturen, die von den Schüler*innen in späteren Unterrichtssituationen genutzt werden sollen, sondern werden unmittelbar an diese möglichen Anwendungskontexte geknüpft.

Grammatikalische Strukturen lassen sich aber nicht nur in Dialogen oder Szenen einführen und üben. Auch einfache dramapädagogische Übungen können in Grammatikübungen umgewandelt werden. Bereits erwähnt wurde der Einsatz von Pantomimeübungen. So werden nach der Einführung der Formen von ‚have got' in einer Pantomimeübung sowohl das Formulieren von Fragen als auch ihre positive und negative Beantwortung geübt, gleich-

72 Die Charaktere wurden über ebensolche Umschläge wie die, die von den Lernenden in der 4. Klasse gepackt wurden, eingeführt. Aufgabe der Schüler*innen war es, im weiteren Verlauf Rollenkarten für die jeweiligen Charaktere auszufüllen, um sich im Anschluss in die Rollen einzufinden. Gegenseitig konnten sie sich nun genau die Fragen stellen, die sie zuvor in der Kennenlernphase ihren Mitschüler*innen gestellt hatten.

zeitig kann auf diese Weise Wortschatz wiederholt werden. In einer Gruppe machen die Lernenden vor der Klasse Gegenstände vor, die sie ‚haben'.

- You have got a car.
- You have got good friends.
- You have got a dog.
- You have got a school bag.
- You have got a new joke.

etc.

Sobald die anderen Schüler*innen glauben zu wissen, welcher Gegenstand dargestellt wird, fragen sie nach und benutzen dabei die Form ‚Have you got a…?'. Die die Aktivität ausführenden Lernenden antworten entweder mit ‚Yes, we have' oder ‚No, we haven't'. Für dieselbe grammatikalische Struktur wird eine weitere dramapädagogische Übung – die ursprünglich von Keith Johnstone (2006: 170 f.) stammende Übung, in der sich die Lernenden gegenseitig pantomimisch Geschenke machen – abgewandelt (Lesson 22; Elis 2015: 106).

Die Schüler*innen stehen im Kreis und machen sich gegenseitig Geschenke: Ein*e Schüler*in überlegt sich ein Geschenk, z.B. eine Kette, macht dieses Geschenk als Pantomime vor – tritt zu einem anderen Schüler bzw. einer anderen Schülerin und übergibt das Geschenk, diese*r nimmt es an und überlegt sich das nächste Geschenk etc. In der zweiten Phase begleiten die Lernenden den Prozess verbal. Dafür wird der Bereich, aus dem die Geschenke ausgewählt werden können, eingegrenzt (z.B. auf *school things, pets and animals*). Die Geste des Schenkens wird nun von dem Satz ‚Nina, I have got a ruler for you' begleitet. Die beschenkte Person bedankt sich und überreicht das nächste Geschenk: ‚Tobias, I haven't got a ruler for you, but I have got a cat for you.' Aus einem dramapädagogischen Blickwinkel werden in dieser Übung außerdem die Ausdruckskraft und die nonverbale Kommunikation der Lernenden geschult.

Zur Wiederholung der Verlaufsform der Gegenwart wird die dramapädagogische Übung „What are you doing?“ eingesetzt, die bereits in Kapitel 5.2 erläutert wurde, da sie auch in der 4. Klasse zum Einsatz kam. Die Möglichkeit zur methodischen Kontinuität wird an dieser Stelle durch den Einsatz gleicher Übungen in unterschiedlichen Klassenstufen unmittelbar sichtbar.

An geeigneter Stelle können Grammatikübungen aber auch zur intensiveren Auseinandersetzung mit dem Inhalt genutzt werden. So werden in der Erarbeitung des Stücks „A Spooky Night in Hither Farm Road" Übungen durchgeführt, in denen sich die Lernenden auf einer strukturellen Ebene näher mit dem Text auseinandersetzen müssen (Proben_Lesson 04).

Grammatikalische Strukturen und Vokabeln begegnen den Lernenden der 5. Klasse als genau das, was sie in realen Kommunikationssituationen auch sind: Strukturelle Elemente, die Kommunikation ermöglichen bzw. vereinfachen und helfen, eine Kommunikationsabsicht zu verwirklichen. Durch die dramapädagogischen Übungen und Dialoge wird ein bedeutungsvoller, motivierender und teilweise schon kommunikativer Kontext für die (neuen) Vokabeln und grammatikalischen Strukturen geschaffen. Darüber hinaus werden sie z.B. in Pantomimeübungen oder dramapädagogischen Sprachspielen mit Bewegungen und Handlungen verknüpft und im Verlauf der szenischen Arbeit wiederholt und kontextgebunden gebraucht. Zur Sicherung des Wortschatzes notieren die Schüler*innen die in den jeweiligen Übungen oder Szenen vorkommenden Wörter in einem Vokabelheft. Unterstützt wird die dramapädagogische Vokabel- und Grammatikarbeit durch Aufgaben im Lehrbuch oder im Workbook, wodurch die Strukturen auf einer kognitiven Ebene vertieft werden (vgl. Elis 2016b: 55). Sie verwenden die Wörter also mündlich in der Arbeit mit den Szenen, begegnen dem Schriftbild und festigen den Gebrauch in ergänzenden Übungen.

5.4.6 Selbstvertrauen und Fähigkeitsselbstkonzept fördern

Die Förderung des Fähigkeitsselbstkonzepts verläuft parallel zur Förderung kommunikativer sowie performativer Kompetenz, und das Potenzial zur Stärkung des Selbstvertrauens der Lernenden ergibt sich aus den Grundprinzipien und Zielen der Dramapädagogik. Das Potenzial der in der 4. und 5. Klasse eingesetzten dramapädagogischen Methoden zur Förderung des Fähigkeitsselbstkonzepts wurde nicht direkt erhoben, es lassen sich aber Bezüge zu den theoretischen Ausführungen herstellen. An dieser Stelle geht es darum, Teilaspekte der Unterrichtsgestaltung in der 5. Klasse mit dem Ziel der Förderung des Fähigkeitsselbstkonzepts zusammenzubringen.

Wie bereits im Theoriekapitel erörtert wurde, bringen Grundschüler*innen meist sowohl ein generell eher positives Selbstkonzept mit und sind auch im Hinblick auf ihre fremdsprachlichen Kompetenzen selbstbewusst. Sobald sie in der 5. Klasse in den unmittelbaren Vergleich mit Mitschüler*innen auf einem vergleichbaren Kompetenzniveau gehen, nimmt bei vielen Lernenden die Zuversicht in das eigene fremdsprachliche Können ab. In der 5. Klasse geht es also darum, das positive Fähigkeitsselbstkonzept der Lernenden aufrechtzuerhalten bzw. schrittweise auszubauen und einen negativen Einfluss sozialer Vergleiche aufzufangen bzw. diesem entgegenzuwirken. Wie bereits deutlich geworden ist, können dramapädagogische Methoden auf verschiedene Weise auf den Ausbau eines positiven Fähigkeitsselbstkonzepts einwirken. Welche in dem dieser Arbeit zugrunde liegenden Praxisversuch zum Einsatz kommen, wird im Folgenden dargestellt.

Ein grundlegender Teil des schulischen Fähigkeitsselbstkonzepts entsteht über Rückmeldungen durch Lehrer*innen und Mitschüler*innen. Aus diesem Grund wird zu Beginn der Praxisphase in der 5. Klasse das Augenmerk zunächst auf das Schaffen einer positiven Gruppen- und Arbeitsatmosphäre gelegt. Es wird davon ausgegangen, dass so eine Basis geschaffen werden kann, die zum einen zur Förderung des Selbstvertrauens und der Motivation der Lernenden beitragen kann. Zum anderen wird auf diese Weise ein Klima geschaffen, in dem Rückmeldungen unter Lernenden sowie von der Lehr-kraft an die Lernenden so erfolgen können, dass sie als gewinnbringend angesehen werden – egal ob positiv oder konstruktiv kritisch – und so in das eigene Selbstkonzept integriert werden können. Ähnliches gilt für Fehler, die die Lernenden machen und die im Rahmen der der Dramapädagogik zugrunde liegenden Fehlertoleranz als willkommener Teil des Lernprozesses angesehen werden. Nur wenn ein Klassen- und Unterrichtsklima herrscht, in dem Fehler als inhärenter Teil des Lernprozesses und somit als positiv angesehen werden, kann verhindert werden, dass sie sich negativ auf das Selbstkonzept der Lernenden auswirken. Inwieweit dieses Ziel erreicht werden konnte und woran sich ein gestärktes Selbstvertrauen festmachen lässt, wird Teil der Datenauswertung sein. Aus den Ergebnissen lassen sich abschließend auch Rückschlüsse auf die Möglichkeiten des Englischunterrichts zur Förderung des Selbstvertrauens sowie seine Rolle ziehen. Realisiert wird dies in der Einführung von Ritualen, einer ausgedehnten Kennenlernphase und den regelmäßigen Einsatz von *Warm-ups* zu Beginn von Phasen der szenischen Erarbeitung.

Außerdem werden die Lernenden langsam an das Geben von gegenseitigem Feedback herangeführt. In Reflexionsrunden nach Übungen oder Erarbeitungsphasen üben sie zu benennen, was ihnen an Darbietungen und Methoden gefallen hat, wie sie sich fühlen und welches Potenzial zur Verbesserung sie sehen. Da in diesen Phasen auch immer wieder darstellerische und sprachliche Leistungen der anderen gelobt werden, stellen sie eine Möglichkeit zur Stärkung des Fähigkeitsselbstkonzepts der Lernenden dar. Wie bereits in der Theorie herausgestellt wurde, ist die Ausbildung des Selbstkonzepts besonders bei jungen Kindern von Rückmeldungen von außen abhängig. In schulischen Kontexten muss das Feedback jedoch nicht immer von der Lehrkraft stammen. In Reflexionsrunden erhalten die Lernenden Gelegenheit, sich gegenseitig in ihren fremdsprachlichen Kompetenzen zu stärken, und jede*r einzelne kann Vertrauen in die eigene Person aufbauen.

Ebenso wie der Einsatz von Aufwärm- und Gruppenübungen zielt das Vereinbaren von Regeln für das Theaterspielen auf den wertschätzenden Umgang miteinander sowie das freie und selbstbewusste Anwenden der Fremdsprache ab. Gemeinsam mit den Schüler*innen werden vor dem ersten szenischen Arbeiten Regeln für das Theaterspielen vereinbart (Lesson 06), die als Rahmen für ein Arbeiten dienen, bei dem selbstkonzeptstärkende Erfahrungen gemacht werden können – d.h., dass die Lernenden Erfahrungen machen, bei denen sie eigene Kompetenz und Wirksamkeit erleben, indem sie z.B. Gelegenheit erhalten, die eigene Komfortzone zu verlassen, Neues auszuprobieren, sich Herausforderungen zu stellen und Risiken einzugehen, dabei über sich hinaus zu wachsen und darin Bestärkung zu erfahren.

Der kommunikativen Dimension des fremdsprachlichen Fähigkeitsselbstkonzepts dienen all die Übungen, die eben diese Teilbereiche der kommunikativen Kompetenz fokussieren und die Schüler*innen in diesen Kompetenzbereichen stärken. Ein wesentlicher Bereich der kommunikativen Kompetenz, der – wie bereits herausgestellt wurde – besonders bei jungen Lernenden relevant ist, da sie hier bereits ein umfassendes Repertoire an Fähigkeiten mitbringen, ist der der nonverbalen Kommunikation. In den Aufwärmübungen und szenischen Verfahren werden die Schüler*innen für ihre eigene Körpersprache sowie die der Mitschüler*innen und allgemein die paralinguistischen Aspekte von Kommunikation sensibilisiert. Ziel ist es dabei, das Fähigkeitsselbstkonzept der Lernenden nicht auf die rein sprachliche Ebene zu beschränken und ein Bewusstsein für die Bereiche kommunikativer Kompetenz zu schärfen, die bei den Lernenden bereits gut ausgebildet sind. Gleiches gilt für Übungen, die den Einsatz der Stimme fokussieren und das Fähigkeitsselbstkonzept im Hinblick auf die Lautstärke und die Ausdruckskraft der Stimme stärken. Mit einem positiv geschärften Blick auf das Potenzial der eigenen Stimme können die Lernenden sie daraufhin in kurzen Dialogen und Szenen als Instrument der fremdsprachlichen Kommunikation einsetzen.

In diesem Kontext werden die Lernenden auch an die Rollenübernahme herangeführt. Was heißt es, aus einer bestimmten Rolle heraus zu kommunizieren? Dabei erproben sie Gangarten (How do the characters walk? [s. Lesson 06]), Emotionen (How do they feel? [Lesson 06]), Mimik und Gestik und üben, relevante Elemente des Situationskontexts zu erfassen. Wiederholt sind die Lernenden dazu aufgefordert, sich in Figuren hineinzudenken und einzufühlen sowie Rollen in Dialogen und kurzen Szenen einzunehmen. In diesen Situationen soll das Fähigkeitsselbstkonzept der Lernenden darüber gestärkt werden, dass unter dem Mantel einer anderen Person Sprache erprobt und erfahren werden kann, ohne dass z.B. Fehler, die gemacht werden, unmittelbar auf die eigene Person zurückfallen. Oftmals können eine Rollenübernahme und die damit verbundene Aufführungsdimension für die Lernenden auch eine Möglichkeit sein, Verhaltensweisen und Handlungsoptionen auszuprobieren, die sie sich im Alltag und in der Muttersprache nicht zutrauen. So ist es in der Praxis oft zu beobachten, dass zurückhaltende Lernende über sich hinauswachsen und auf der Bühne „aufblühen“ oder Schüler*innen, die im Normalunterricht Verhaltensauffälligkeiten zeigen und den Unterricht stören, äußerst konzentriert arbeiten und sich viel Mühe mit der Ausgestaltung ihrer Rolle geben.

Die Erprobung kommunikativer Elemente und die Rollenübernahme bündeln sich im Unterricht meist in einer Präsentation vor mehr oder weniger großem Publikum. Durch die wiederholten kleinen und größeren Vorführungssituationen und den anschließenden wertschätzenden und reflektierten Umgang werden im Unterricht Räume geschaffen, in denen die Lernenden über ihre eigenen Grenzen hinauswachsen können, Bestätigung erfahren und fremdsprachliche Kompetenz erleben. Unterstützt werden sie dabei durch die Regeln und Prinzipien der Dramapädagogik, durch Aufwärmübungen, durch ihre Rolle, durch die Gruppe und nicht zuletzt durch die Lehrkraft, die sie in diesem Prozess begleitet und unterstützt. Die Bestätigung und das Kompetenzerleben werden zum einen durch die Rückmeldung von außen (Eltern, Schüler*innen, Lehrkraft) hervorgerufen, erfolgen aber auch ganz individuell durch Gefühle des Stolzes und des Sich-Trauens.

Besonders in der Arbeit an dem Theaterstück „A Spooky Night in Hither Farm Road“ können die Lernenden in verschiedenen Auftrittserfahrungen die bestätigende Wirkung des Theaterspiels auch auf der Bühne sowie vor Publikum erleben. Sie lernen mit ‚Lampenfieber' umzugehen und die Fremdsprache selbstbewusst zu sprechen. Der Auftritt auf der Bühne wird wiederholt im Unterricht geübt und mit den Lernenden reflektiert, bevor das Stück vor den Eltern vorgeführt wird. Aspekte der Proxemik, der Körpersprache sowie der Lautstärke und der Ausdruckskraft der Stimme werden den Lernenden bewusst gemacht und mit ihnen geübt. Die Selbsteinschätzung der Lernenden ist dabei ein wichtiges Element des Erarbeitungsprozesses. Sie sollen ein Bewusstsein für ihre Kompetenzen und ihre Leistungen entwickeln, um diese selbst wertschätzen zu können. Außerdem sollen sie eigene Ideen in die Erarbeitung der Szenen einbringen. Die Schüler*innen werden somit nicht nur zu bedeutenden Mitgestalter*innen des Unterrichts, sie lernen auch Verantwortung für sich selbst und die Gruppe zu übernehmen. Indem den Lernenden immer mehr Eigenverantwortung übertragen wird, wird ihre wachsende Methodenkompetenz gewürdigt. In der Erarbeitung des Theaterstücks kommen sowohl verschiedene fachliche als auch methodische Aspekte zusammen: Die Lernenden erarbeiten ihre Rolle und ihren Text, arbeiten an Betonung und Aussprache, an Mimik, Gestik und Proxemik und bringen außerdem Ideen zur Bühnengestaltung, zu Requisiten und zur Inszenierung ein. Indem die Lernenden selbstständig arbeiten, erfahren sie ein hohes Maß an Selbstwirksamkeit. Damit die wachsende Verantwortung in einer Stärkung des Fähigkeitsselbstkonzepts, das an dieser Stelle auch eine methodische Komponente umfasst, resultiert und nicht zu Frustrationserlebnissen und Motivationsverlust führt, wird der Erarbeitungsprozess eng durch die Lehrkraft begleitet, die die Lernenden im eigenständigen Arbeitsprozess unterstützt (z.B. Proben_ Lesson 04: Poster mit Smiley-Vergabe an verschiedene Gruppen, intensive Reflexion der einzelnen Szenen; Proben_Lesson 05: individuelle Probenzeit mit Möglichkeit zum Nachfragen, Durchlauf auf der Bühne inkl. Reflexion und Zielabsprachen).

Es zeigt sich, dass die meisten Ziele der Arbeit aus der Grundschule auch in der weiterführenden Schule an Gültigkeit behalten. Dies gilt insbesondere, da in der 5. Klasse, die an dem Praxisversuch teilnahm, keine Schüler*innen waren, die in der 4. Klasse Teil der Studie waren. Es mussten demnach Inhalte aus der 4. Klasse ggf. nachgeholt werden.

6 Darstellung der Forschungsmethodologie

Nachdem die Grundlagen und Kriterien eines kontinuierlichen Englischunterrichts im Theorieteil erarbeitet und die Umsetzung in die Praxis beschrieben wurde, wird nun das methodische Vorgehen der Datenerhebung und -auswertung erläutert. Dazu gehört auch, dass die unterschiedlichen Erhebungszeitpunkte und das genaue Erkenntnisinteresse im Hinblick auf die verschiedenen Studienteilnehmer*innen dargestellt wird. Da es in der Studie um die Erhebung der Innensichten und Einstellungen von Schüler*innen zu dramapädagogischen Verfahren im Englischunterricht und deren individuelle Bewertung im Hinblick auf ihr Potenzial zur Herstellung von Kontinuitäten am Übergang geht, wurde ein zum Großteil qualitativer Forschungsansatz gewählt. Zunächst geht es um die genaue Verortung des Forschungsdesigns.

6.1 Forschungsdesign

In der fachdidaktischen Forschung werden insbesondere mit Blick auf die Dramapädagogik empirische Forschungsprojekte benötigt, da viele Potenziale und Effekte, die dem Ansatz zugeschrieben werden, auf Annahmen und Erfahrungswissen aus der Praxis beruhen (vgl. Domkowsky/Walter 2012; Sambanis 2013: 116 und 129). Durch empirische Daten können ggf. auch Kritiker*innen von den Vorteilen überzeugt werden und Argumente, die für einen breiteren Einsatz der Methoden sprechen, generiert werden (vgl. hierzu Caspari 2015: 9). Die vorliegende Arbeit soll diesem Desiderat nach empirischer Forschung Rechnung tragen, indem die Innensicht der am Übergang beteiligten Personen in einem überwiegend qualitativ ausgerichteten *mixed-method approach* erforscht wird (vgl. Kelle/Erzberger 2013).

Qualitativer Forschung geht es darum, „Lebenswelten ‚von innen heraus' aus der Sicht der handelnden Menschen zu beschreiben" (vgl. Flick et al. 2013: 14). In der im Rahmen dieser Arbeit durchgeführten Studie standen die Erfahrungen und Innenwelten der am Übergang beteiligten Schüler*innen im Fokus. Diese mit einem rein quantitativen Ansatz, der in größerem Maßstab hätte durchgeführt werden können und ggf. repräsentative Ergebnisse geliefert hätte, zu erfassen, erschien als schwierig. Es sollte darum gehen, wie die Lernenden selbst den Einsatz dramapädagogischer Methoden erleben und welches Potenzial sie dem Ansatz der Dramapädagogik zuschreiben, ohne dass ihnen in einem Fragebogen Antwortmöglichkeiten vorgegeben werden. In einem solchen quantitativen Forschungsdesign hätten eventuell individuelle Zuschreibungen nicht erfasst werden können. Ziel der Studie war es, ein möglichst unbeeinflusstes Bild davon zu schaffen, wie die Lernenden den Schulwechsel tatsächlich erleben und welches Potenzial sie als Betroffene und Akteure dramapädagogischen Methoden in der Zeit des Übergangs zuschreiben. Durch den Einsatz qualitativer Forschungsmethoden „wird häufig ein wesentlich konkreteres und plastischeres Bild davon deutlich, was es aus der Perspektive der Betroffenen heißt [sich in einem bestimmten Zustand zu befinden], als dies mit einer standardisierten Befragung erreicht werden kann" (ebd.: 17). Darüber hinaus ist die Offenheit, die ein qualitativer Ansatz mit sich bringt, notwendig, um nicht nur Hypothesen zu bestätigen und ggf. das in der Literatur vorherrschende Bild der Übergangsproblematik nachzuzeichnen, sondern für das von den Schüler*innen Erlebte offen zu sein (vgl. Flick et al. 2013: 17).

Die Einordnung des Forschungsansatzes in den Bereich der qualitativen Forschung schließt jedoch nicht aus, dass auch eher dem Bereich der quantitativen Forschung zugeordnete Erhebungsinstrumente zum Einsatz kommen können. In Ansätzen der *mixed methods* können sowohl in der Erhebung als auch in der Auswertung von Daten quantitative und qualitative Verfahren in unterschiedlichen Gewichtungen eingesetzt werden (vgl. Schramm 2016: 54). In der dieser Arbeit zugrunde liegenden Studie wurden neben den Interviews auch Fragebögen mit geschlossenen und offenen Fragen eingesetzt. Auf diese Weise konnte eine größere Menge an Schüler*innen befragt werden. Die Fragebögen konnten außerdem genutzt werden, um die Erfahrungen der verschiedenen Schüler*innengruppen – ehemalige Projektgrundschüler*innen, Schüler*innen der Versuchsklasse an der weiterführenden Schule und die Schüler*innen der Paralellklassen – zu vergleichen.

Der *Mixed-Method*-Ansatz lässt sich jedoch nicht nur auf die Erhebungsinstrumente, sondern auch auf die Ausrichtung der Studie bzw. das Erkenntnisinteresse ausweiten. So ist die Studie nicht in vollem Maße qualitativ, da aus der Literatur eine Grundhypothese gewonnen wurde, die im Rahmen der Studie überprüft werden sollte. Dabei handelt es sich um die Annahme, dass dramapädagogische Methoden – basierend auf den ihnen zugeschriebenen Wirkweisen und Lernzielen – einen Einfluss auf das Empfinden des Schulwechsels haben und zur Ausbildung von Kontinuitäten beitragen können. Gleichzeitig gab es teilweise spezifische Ziele, die im praktischen Teil der Studie erreicht werden sollten, und die im Zusammenhang mit der Übergangsproblematik stehen. Diese Ziele wurden in der Auswertung der Daten überprüft. Das heißt, auch in der Datenauswertung werden „qualitative Daten quantifiziert [...] (wenn beispielsweise bei einer qualitativen Inhaltsanalyse Kodierungen ausgezählt werden)“ (Schramm 2016: 55).

Trotzdem blieb die Erhebung zu jedem Zeitpunkt für weitere von den Lernenden geäußerte Kriterien offen und ließ immer wieder zu, dass die befragten Personen ihre Meinungen frei äußern. Die Forschung ist also theoriegeleitet und hypothesengestützt. Zur selben Zeit folgt sie dem für qualitative Forschung typischen Prinzip der Offenheit. Darüber hinaus ist die Studie in Teilen explorativ (vgl. hierzu Schramm 2016: 50), da sie dazu beiträgt, neue Hypothesen über das Potenzial dramapädagogischer Methoden zu generieren. Rein explorativ ist die Studie jedoch nicht. Zumeist liegen ‚Mischformen‘ vor und die Grundausrichtung der Studie legt ein explorativ-interpretatives Vorgehen nahe: „Charakteristisch für das explorativ-interpretative Paradigma ist u.a. [die] Zielsetzung, die Innenperspektive [...] zu erfassen“ (Schramm 2015: 53). Die Dramapädagogik gehört zu den bisher wenig empirisch erforschten Bereichen der Fremdsprachendidaktik. Der Zusammenhang zwischen der Übergangsproblematik und dem Einsatz dramapädagogischer Methoden im Englischunterricht ist bisher noch gar nicht beleuchtet worden. Ebenso lassen sich im Forschungsdesign explanative Anteile ausmachen. Die „Erforschung kausaler Zusammenhänge“ (ebd.) spielt insofern eine Rolle, als dass zum einen Gründe für die auftretenden Probleme beim Schulwechsel – aus Sicht der Lernenden – geliefert werden sollen und zum anderen erörtert werden soll, warum – oder warum nicht – dramapädagogische Methoden zur Lösung dieser Probleme beitragen können.

In der fremdsprachendidaktischen Forschung kann neben der Unterscheidung zwischen qualitativen und quantitativen Studien eine weitere Einordnung vorgenommen werden, je nachdem welche Teilnehmer*innen bzw. welcher Aspekt des komplexen Gefüges ‚Fremdsprachenunterricht‘ im Fokus des Interesses stehen. Caspari (2016) unterscheidet zwischen „Begegnungsforschung, Curriculumforschung, Diagnostik, Interaktionsforschung,

Kompetenzforschung, Konzeptforschung, Lehr- und Professionsforschung, Lehrwerks- und Materialienforschung, Lernforschung, Lernerforschung, Schulbegleit- und Schulentwicklungsforschung, Testforschung und Zweitsprachenerwerbsforschung“ (ebd.: 14 f.). Die dieser Arbeit zugrunde liegende Studie lässt sich am ehesten im Bereich der „Lernerforschung“ (Caspari 2016: 15) verorten. „In diesem Feld steht die Sprache lernende Person im Zentrum der Aufmerksamkeit und zwar als Individuum und als soziales Wesen mit ihrer speziellen Sprachlerngeschichte, mit ihren Potenzialen, sprachlich zu handeln, sowie ihrer kognitiven und affektiven Ausstattung“ (ebd.). Besonders die Dimensionen der individuellen Sprachlerngeschichten und die erworbenen Kompetenzen der Lernenden stehen dabei im Fokus des Interesses. Zusätzlich berührt die Studie auch den Bereich der „Konzeptforschung“, bei der „[d]ie Entwicklung und systematische Analyse umfassender Konzepte und tragender Konstrukte der Fremdsprachendidaktik sowie die Modellbildung“ (Caspari 2016: 14) zentrale Elemente der Forschung sind. Die Dramapädagogik als ein methodisch-didaktisches Konzept der Fremdsprachendidaktik wird in der Studie in ihren Wirkweisen untersucht. Gleichzeitig wird ein Konzept für die Gestaltung des Englischunterrichts in der 4. und 5. Klasse entwickelt und erprobt.

Dieses gilt es aus Sicht der Schüler*innen zu evaluieren, um es im Anschluss überarbeiten zu können. Auch hierfür sollen die Emotionen und Erfahrungen der Schüler*innen am Übergang erfasst werden. Es handelt sich bei der Studie, bei der es um Nähe zum Feld und Praxisrelevanz geht, um eine Schul- bzw. Unterrichtsbegleitforschung. Es ergibt sich daraus eine enge Zusammenarbeit der Praktiker*innen mit der Forscherin und eine Rolle der Forscherin, die einer besonderen Diskussion bedarf.

Wie für jedes Forschungsprojekt gilt es auch in diesem, bestimmte Qualitätsmerkmale guter Forschung einzuhalten. Dabei werden die Gütekriterien qualitativer Forschung zugrunde gelegt. Der Vollständigkeit halber und da die Studie auch Elemente quantitativer Forschung enthält, werden die Gütekriterien quantitativer Forschung hier noch einmal genannt und mit denen der qualitativen Forschung in Beziehung gesetzt. Die für quantitative Forschung gültigen Kriterien der Objektivität (die Ergebnisse sind unabhängig von der Person, die sie erhoben hat), der Reliabilität (die Daten sind zuverlässig, d.h. sauber erhoben worden) und Validität (wird durch Objektivität und Reliabilität bestimmt; es wird genau und nur das gemessen, was erhoben werden sollte, die Ergebnisse sind nicht durch äußere Einflüsse verfälscht; die Ergebnisse lassen sich verallgemeinern) können nicht auf alle qualitativen Forschungsprojekten eins zu eins übertragen werden (vgl. Caspari 2016: 16f.). Es finden sich jedoch in der qualitativen Forschung Gütekriterien, die dafür sorgen, dass auch hier verlässliche Daten erhoben werden. „Ein Teil dieser Kriterien [aus der quantitativen Forschung] stellt eine Um- oder Neudefinition der aufgeführten Gütekriterien quantitativer Forschung dar, dazu kommen spezifische Kriterien qualitativer Forschung“ (Caspari 2016: 17). Ein wichtiges Gütekriterium ist das der intersubjektiven Nachvollziehbarkeit. Damit ist gemeint, dass die Analyse der Daten und ihre Interpretation nicht ein rein subjektives Ergebnis des/der Forschers*in sind, sondern auch von anderen Personen, die die Daten betrachten oder die Interpretationen lesen, nachvollzogen werden können. Um dieses Gütekriterium zu realisieren, ist entweder eine Betrachtung der Daten und Auswertung durch mehrere Forscher*innen notwendig oder ein hohes Maß an Reflexivität des*der Forschers*in (vgl. Caspari 2016: 18). In einem der Reliabilität – dieses Kriterium lässt sich ebenso wie die Objektivität nicht direkt auf qualitative Forschung übertragen – ähnlichen Gütekriterium in der qualitativen Forschung wird gefordert, dass die Daten und die Vorgehensweise der Datenerhebung verlässlich sind. Dies fordert von den Forschenden eine „konsequente Dokumentation des Forschungsprozesses“ (ebd.: 17).

Das aus der quantitativen Forschung bekannte „Kriterium der Validität wird für qualitative Forschungsansätze dagegen teilweise übernommen und in Bezug auf den Auswertungs- und Interpretationsprozess hin erweitert. Validierung wird verstanden als – zumeist kommunikativer – Prozess, in dem das Zustandekommen der Daten, die Darstellung der Phänomene und die daraus abgeleiteten Schlüsse auf systematische Verzerrungen oder Täuschungen hin untersucht werden“ (Caspari 2016: 18). In der Validitätsprüfung kommt das Verfahren der Triangulation zum Einsatz. Diese „[zielt] hierbei jedoch nicht primär auf die Bestätigung der Ergebnisse und damit auf die Gewinnung eines einheitlichen Gesamtbildes ab […], sondern auf ergänzende und vertiefende Perspektiven“ (Caspari 2016: 18; vgl. auch Kelle/Erzberger 2013: 303).

Im Sinne der Triangulation ist die Datenerhebung dieser Studie multimethodisch und zum Teil multiperspektivisch angelegt. Zu verschiedenen Zeitpunkten im Laufe beider Phasen der Studie werden die Perspektive der

Lernenden, ihre Einstellungen und Erwartungen nachvollzogen. Interviews wurden dabei durch Fragebögen ergänzt. Die Perspektive der Forscherin erhält durch ihre Rolle in der Begleitung und Mitgestaltung von Unterrichtsprozessen und deren gleichzeitige Reflexion und theoretische Weiterentwicklung in die Studie Einzug. Die Perspektive der Lehrkräfte erhält durch die enge Zusammenarbeit bei der Planung der Unterrichtsstunden und der Entwicklung des Materials Einzug in die praktische Ausgestaltung der Studie.

Weitere Qualitätsmerkmale für qualitative Forschung sind:
- eine „Offenheit (gegenüber dem Forschungsfeld und gegenüber unerwarteten Ergebnissen),
- Flexibilität (angesichts gewachsener Erkenntnisse oder als Reaktion auf Unerwartetes),
- die Darlegung des Vorverständnisses,
- die Reflexion der Rolle der Forscher[*]in,
- die Indikation des Forschungsprozesses und der Bewertungskriterien (d.h. die Prüfung, ob die getroffenen methodischen Entscheidungen indiziert, d.h. angemessen gewählt worden waren) sowie
- die empirische Verankerung der Theoriebildung (die Theoriebildung erfolgt dicht an den Daten)“ (Caspari 2016: 18).

Als nicht nur für die qualitative Forschung gültige Gütekriterien nennt Caspari zusätzlich

> die Offenlegung des Gegenstandsverständnisses (es bildet die Grundlage für die Beurteilung der Angemessenheit des gewählten Ansatzes und der eingesetzten Methoden) sowie die theoretische und praktische Relevanz der Fragestellung und der Forschungsergebnisse (es muss z. B. deutlich erkennbar sein, an welchen Theorien und Ergebnissen die Untersuchung anknüpft, welche Praxisaspekte sie aufgreift sowie welche neuen Deutungen oder Erklärungen für die untersuchten Phänomene sie bereitstellt und welches Innovationspotenzial sie enthält). Darüber hinaus müssen in jedem Fall ethische Standards eingehalten werden (Caspari 2016: 18).

Im Design und der Durchführung des Forschungsprojekts wurde versucht, all diesen Kriterien gerecht zu werden. Inwieweit dies gelungen ist, wird in der methodischen Reflexion diskutiert. In diesem Rahmen „ist [auch] zu prüfen, wie weit die gewonnenen Ergebnisse über den Untersuchungskontext hinaus Gültigkeit beanspruchen können (Kriterium der Limitation bzw. Reichweite)“ (Caspari 2016: 18).

Das Forschungsziel der Studie ist, die Sicht der Lernenden auf den Übergang, den Englischunterricht in der 4. und 5. Klasse sowie das Potenzial dramapädagogischer Methoden im Unterricht sowie speziell zur Ausbildung von Kontinuitäten sichtbar zu machen. Besonders bei einem Thema wie dem Schulwechsel geht es nicht allein um objektiv wahrnehmbare Aspekte – wie z.B. den Lernerfolg. Viel entscheidender ist die Wahrnehmung der Lernenden, die es in dem qualitativen Forschungsansatz zu fassen gilt. Denn viele der Schwierigkeiten, die sich am Übergang von der Grundschule auf die weiterführende Schule beobachten lassen, sind in subjektiven Empfindungen und Veränderungen begründet. Sie gilt es zu beschreiben und nachvollziehbar zu machen.

Der Forschungsansatz versucht damit, den Unterschieden in der individuellen Wahrnehmung des Schulwechsels gerecht zu werden. Und „[o]bwohl mit qualitativen Untersuchungen keine Generalisierung angestrebt werden kann“ (Caspari 2016: 18), sollen dennoch – als Antwort auf die noch immer allgemein geltenden Schwierigkeiten beim Schulwechsel von der Grundschule in die Sekundarstufe I – bis zu einem gewissen Maße zu verallgemeinernde Schlüsse und Tendenzen für das Wirkpotenzial dramapädagogischer Methoden zur Ausbildung von Kontinuitäten gezogen werden. Dies kann insbesondere in der Zusammenführung mit der zum Forschungsstand präsentierten Literatur zu dem Thema erfolgen. Gleichsam wird das Bewusstsein dafür behalten, dass die Studie einen eher exemplarischen als repräsentativen Charakter hat.

Es ist bereits angeklungen, dass trotz des allgemein qualitativen Designs eine Hypothese als Grundlage des Forschungsprojekts formuliert wurde. Die Hypothese lautet: Dramapädagogische Methoden haben einen Einfluss auf die subjektive Wahrnehmung des Schulwechsels. In der Auswertung und Reflexion der Daten gilt es, das eigene Vorwissen bezüglich des Themas zu reflektieren sowie im Verlauf der Datenerhebung eine Offenheit bezüglich des vermuteten Potenzials zu gewährleisten. Das Erkenntnisinteresse lässt sich in den folgenden Forschungsfragen spezifizieren:

- Wie erleben Lernende den Übergang, die in der Grundschule gezielt dramapädagogische Methoden im Englischunterricht kennengelernt haben?
- Wie erfahren diese Lernenden den Englischunterricht in der 5. Klasse, in dem keine dramapädagogischen Methoden zum Einsatz kommen?
- Wie erleben Schüler*innen mit und ohne dramapädagogische Vorerfahrungen den Schulwechsel, wenn in der 5. Klasse gezielt dramapädagogische Methoden zum Einsatz kommen?
- Wie erleben im Vergleich Schüler*innen den Schulwechsel, in deren Englischunterricht der Klasse nicht verstärkt dramapädagogische Methoden eingesetzt werden?
- Welche positiven Erfahrungen benennen die jeweiligen Lerngruppen?
- Welche Probleme äußern sie?
- Welches Potenzial schreiben die Schüler*innen, die dramapädagogische Methoden im Unterricht erleben, diesen zu?
- Welche übergangsrelevanten Kompetenzen lassen sich mit dramapädagogischen Methoden trainieren?
- Inwieweit hat der Einsatz dramapädagogischer Methoden Einfluss auf das Erleben des Übergangs und können dadurch Motivationsverlust und Frustrationserleben vermieden werden?

Beim Formulieren dieser Forschungsfragen wird zum einen noch einmal der Fokus auf die Innensicht und das individuelle Erleben der Lernenden deutlich. Zum anderen zeigt sich, dass die Datenerhebung über einen längeren Zeitraum an verschiedenen Erhebungszeitpunkten erfolgen muss und verschiedene Lerner*innengruppen an der Datenerhebung beteiligt sind. Die Forschungsfragen verdeutlichen aber auch, dass die Studie im zweiten Teil, d.h. an der weiterführenden Schule, als Vergleichsstudie konzipiert werden muss, um Unterschiede im Erleben des Schulwechsels aufzuzeigen und durch diese auf das Potenzial der eingesetzten Methoden schließen zu können. Es werden Erlebnisse von Schüler*innen, die in der 5. Klasse dramapädagogischen Unterricht erfahren (Versuchsklasse), mit denen von Schüler*innen verglichen, die in der 5. Klasse im Englischunterricht keinen gezielten Einsatz dramapädagogischer Methoden erleben (Vergleichsklassen). Dieser Vergleich erfolgt im Rahmen der Auswertung der eingesetzten Fragebögen. Zusätzlich werden die Erfahrungen der Schüler*innen in der Versuchsklasse mit den Erfahrungen einiger Schüler*innen aus der Grundschulklasse, die an der

Studie teilgenommen hat, verglichen. Die Versuchsklasse wurde, im Gegensatz zur 5. Klasse, in der Grundschule nicht dramapädagogisch unterrichtet. Die Schüler*innen aus der Versuchsklasse in der Grundschule haben in der weiterführenden Schule keinen dramapädagogisch ausgerichteten Englischunterricht mehr erlebt. Aus einem Vergleich der Interviews lässt sich ablesen, welches Potenzial dramapädagogische Methoden im Grundschulunterricht zur Vorbereitung der Schüler*innen haben, welches Potenzial den Methoden von den Schüler*innen zugeschrieben wird und wie die Schüler*innen den (fehlenden) Einsatz der Methoden in der 5. Klasse bewerten. Im Anschluss werden die unterschiedlichen an der Studie teilnehmenden Gruppen im Rahmen der Darstellung der Erhebungsinstrumente noch näher erläutert.

6.2 Erhebungsinstrumente

In einer qualitativ guten und zuverlässigen Forschung gilt eine „Gegenstandsangemessenheit der gewählten Ansätze und Verfahren für die Bearbeitung der Forschungsfrage und, darüber hinaus, die Passung, das sinnvolle Zusammenwirken der einzelnen Elemente und Entscheidungen innerhalb der Forschungsarbeit“ (Caspari 2016: 18). An dieser Stelle folgt daher die Darstellung der Erhebungsinstrumente, deren Auswahl aus Erkenntnisinteresse und Konzeption der Studie hervorgeht. In diesem Forschungsprojekt war die Auswahl der Forschungsmethoden nicht nur durch das Erkenntnisinteresse, sondern auch die Forschungsgruppe geleitet. Die Befragung musste so gestaltet sein, dass sie auch von Schüler*innen im Alter von neun bis zwölf Jahren bewältigt werden konnte. Fragen mussten möglichst einfach und in einer für Kinder bzw. Jugendliche verständlichen Sprache formuliert werden. Darüber hinaus musste bedacht werden, dass Kinder oftmals eher knapp antworten und Unterstützung bei der Reflexion des eigenen Lernprozesses und von Methoden notwendig ist. Deswegen sollte ihnen möglichst durchgehend die Gelegenheit für Rückfragen gegeben werden. Ein persönliches Gespräch in Form eines Interviews erschien in diesem Zusammenhang das passendste Erhebungsinstrument zu sein. Um möglichst viele verschiedene Schüler*innenstimmen abzubilden, wurde entschieden, zusätzlich mit Fragebögen zu arbeiten. Beide Erhebungsinstrumente werden in der methodischen Reflexion auf ihre Angemessenheit hin überprüft.

Zudem ergeben sich die eingesetzten Forschungsmethoden aus dem Forschungsinteresse und dem Design der Studie. Die Schüler*innen sollten möglichst unbeeinflusst erzählen, wie sie den Schulwechsel und das Potenzial der dramapädagogischen Methoden erleben. Zusätzlich sollten die Lernenden konkret zu bestimmten Zielen der Studie bzw. zu den zuvor formulierten Forschungsfragen befragt werden. Aus diesem Grund kamen narrative Interviews zum Einsatz, die den Lernenden zunächst die Möglichkeit zum freien Erzählen und der Forscherin anschließend die Möglichkeit zum konkreten Nachfragen gaben. Um möglichst alle Schüler*innen der beteiligten Klassen befragen zu können, wurden die Interviews, die nur mit einigen Schüler*innen geführt wurden, jeweils ergänzt durch einen Fragebogen, der sowohl geschlossene als auch offene Fragen enthielt. Die Lernenden wurden ebenfalls zu ihren Erfahrungen im Englischunterricht der 4. und 5. Klasse befragt. Außerdem sollten sie darstellen, zum Erreichen welcher Ziele dramapädagogische Methoden im Unterricht eingesetzt werden können. Aus diesem Erkenntnisinteresse ergaben sich die Erhebungsmethoden. Es wurden Interviews – leitfadengestützt und narrativ – durchgeführt (vgl. Flick et al. 2013: 18).

Die Eltern der Schüler*innen wurden im Vorfeld schriftlich über das Forschungsvorhaben informiert und im Brief darum gebeten, nach Rücksprache mit ihrem Kind ihr Einverständnis für die Teilnahme an der Studie zu geben. Sie hatten auch die Möglichkeit, ihr Kind nicht an der Fragebogenstudie und den Interviews teilnehmen zu lassen. Die Eltern wurden ebenfalls darüber informiert, dass die Daten anonymisiert werden und ausschließlich im Rahmen der Studie zu wissenschaftlichen Zwecken verwendet werden. Film- und Bildmaterial der Schüler*innen wird nicht veröffentlicht. Das Forschungsprojekt wird somit den Anforderungen an ein forschungsethisches Vorgehen gemäß des Ethik-Kodexes der Deutschen Gesellschaft für Soziologie (Deutsche Gesellschaft für Soziologie 2014) sowie des Ethik-Kodexes der Deutschen Gesellschaft für Fremdsprachenforschung (Deutsche Gesellschaft für Fremdsprachenforschung 2019[73]) gerecht und respektiert das „Prinzip der

73 Online verfügbar unter: https://www.dgff.de/assets/Uploads/dokumente/Ethikkodex-der-Deutschen-Gesellschaft-fur- Fremdsprachenforschung.pdf.

informierten Einwilligung“ (Hopf 2013b: 591) sowie das „Prinzip der Nichtschädigung“ (ebd.: 594).[74]

Die Interviews wurden entweder mit einer Kamera oder mit einem Audiogerät aufgenommen. Die Kamera kam hauptsächlich in der Grundschule zum Einsatz. In einigen Situationen konnten auf diese Weise die Äußerungen der Schüler*innen noch durch beispielsweise Material aus ihren Mappen ergänzt werden. Die nonverbale Ebene der Äußerungen wird jedoch nicht analysiert, sodass auch in der Grundschule allein die Aufnahme mit einem Audiogerät möglich gewesen wäre. Allerdings war die Kamera in den meisten Stunden mit in der Schule, da einzelne Übungen oder Präsentationen von Szenen aufgezeichnet wurden.

6.2.1 Der erste Teil der Studie – Datenerhebung in der 4. Klasse

Im ersten Teil der Studie wurde eine 4. Klasse einer Grundschule in Göttingen im Schuljahr 2010/2011 im Englischunterricht begleitet. Die Englischlehrerin der Klasse hatte bereits für ein Theaterprojekt im Jahr 2008 mit der Fachdidaktik Englisch kooperiert. Vor diesem Hintergrund zeigte sie großes Interesse am Einsatz dramapädagogischer Methoden im Englischunterricht. Gemeinsam mit der Englischlehrerin wurde der Unterricht geplant und es wurden immer wieder dramapädagogische Methoden eingesetzt. Die Lernenden wurden im Laufe dieses Zeitraums zu zwei Zeitpunkten befragt. Zum einen zum Ende des ersten Halbjahres und erneut kurz vor Ende des Schuljahres. Dieses Vorgehen begründet sich in der Tatsache, dass methodische Kontinuität nicht erst in den letzten Stunden vor dem Schulwechsel beginnen kann und es daher von Interesse ist zu erfahren, welche Einstellung die Lernenden gegenüber einem längerfristigen Einsatz von dramapädagogischen Methoden haben.

Die 4. Klasse bestand zu Beginn des Schuljahres aus 9 Mädchen und 12 Jungen. Direkt nach den Herbstferien sowie im Januar des Folgejahres kam jeweils ein weiterer Junge in die Klasse. Somit waren es im zweiten Halbjahr 9 Mädchen und 14 Jungen. Zum Ende des Schuljahres kam noch ein Mädchen neu in die Klasse. Englischunterricht erhielt die Klasse seit dem

74 Vgl. hierzu auch: Viebrock, Britta (2015). Forschungsethik in der Fremdsprachenforschung: Eine systematische Betrachtung. Frankfurt a.M.: Peter Lang.

3. Schuljahr[75]. In der Klasse waren einige Kinder mit muttersprachlichem oder bilingualem Hintergrund, sodass das Leistungsniveau als eher hoch eingestuft werden konnte. Generell stand die Lerngruppe dem Fach Englisch positiv gegenüber und war motiviert, die Fremdsprache zu lernen.

Der Englischunterricht erfolgte regulär in zwei Stunden pro Woche. In manchen Themeneinheiten wurden jedoch zusätzliche Stunden für den Englischunterricht genutzt. Dies war möglich, da die Englischlehrerin – gemeinsam mit einer Kollegin – gleichzeitig Klassenlehrerin der Klasse war und diese auch in Deutsch unterrichtete. Im Laufe des Schuljahres wurden im Englischunterricht vermehrt verbale und nonverbale Aufwärmübungen, dramapädagogische Sprachspiele, Dialoge, kurze Szenen, Pantomime und Formen des *storytelling*, inklusive der Inszenierung eines auf einem Bilderbuch basierenden *mini plays*, eingesetzt. Die Stunden wurden gemeinsam geplant und im *Team-Teaching* durchgeführt. Der Unterricht und die dramapädagogischen Einheiten[76] basierten dabei auf dem im Unterricht verwendeten Lehrwerk *Ginger* aus dem Cornelsen-Verlag. Das Lehrwerk war den Schüler*innen bereits aus dem Unterricht der 3. Klasse bekannt. Daraus waren sie einen spielerischen und handlungsorientierten Zugang zur Fremdsprache gewohnt.

Zum ersten Erhebungszeitpunkt im Januar 2011 füllten die Lernenden einen Fragebogen aus. Dieser Fragebogen bezog sich hauptsächlich auf das *Mini Play* „Giraffes can't dance", das mit den Lernenden zum Ende des ersten Halbjahres erarbeitet und vorgeführt wurde. Der Fragebogen[77] bestand aus fünf halboffenen und offenen Fragen. Die Schüler*innen sollten in dieser Befragung ihre Einstellung zum Theaterspielen äußern und möglichst auch begründen (Frage 1). Darüber hinaus wurde das Potenzial des Theaterspielens abgefragt (Frage 2). Außerdem wurden die Lernenden zu ihrer Motivation zum weiteren Einsatz dramapädagogischer Methoden (Frage 3) sowie nach weiteren Wünschen für den Englischunterricht (Frage 4) befragt. Die letzte Frage gab den Schüler*innen die Möglichkeit zur individuellen Rückmeldung.

75 Dieser wurde auch bereits von der unterrichtenden Englischlehrerin durchgeführt.

76 Diese Bezeichnung steht hier auch für kürzere Unterrichtssequenzen, die innerhalb einer größeren Einheit, z.B. um ein Rollenspiel oder einen Dialog herum, entwickelt wurden.

77 Alle Fragebögen, Interviewdateien, Auswertungstabellen und Transkripte befinden sich im digitalen Anhang.

Zum Erhebungszeitpunkt Eins lag der Fokus hauptsächlich auf der Feststellung des Potenzials, das die Lernenden dramapädagogischen Methoden zur Förderung kommunikativer Kompetenzen zuschreiben. Dabei wurden auch spezifisch die Kompetenzen abgefragt, die für den Schulwechsel relevant sind und in der 5. Klasse an Bedeutung gewinnen würden (Schreiben, Lesen etc.). Außerdem wurde erfragt, ob ihnen die Methoden Freude bereiten und sie zum Lernen der Fremdsprache motivieren. Außerdem wurden die Wünsche der Lernenden für den Englischunterricht abgefragt. Die erhobene Einschätzung der Lernenden diente als Grundlage für die weitere Planung: Sind die Lernenden den Methoden gegenüber positiv eingestellt, können sie im weiteren Verlauf verstärkt eingesetzt werden? Bezieht sich das ihnen zugeschriebene Potenzial auf übergangsrelevante Kompetenzen, lässt dies auf ein Potenzial der Methoden zur Gestaltung der Übergangsphase schließen. In welchen Bereichen dies genau anzusiedeln ist, darüber soll die Befragung ebenfalls Aufschluss geben. An der Befragung nahmen alle Schüler*innen der Klasse teil, um ein möglichst vollständiges Bild von verschiedenen Einstellungen und Erwartungshaltungen einzufangen.

Die zweite Erhebung in der 4. Klasse erfolgte zum Ende des Schuljahres (s. Anhang: Stunden 80–83 der tabellarischen Übersicht). Die Lernenden füllten auch hier einen Fragebogen aus, der aus zwei Teilen bestand. In diesem Fragebogen wurden zwei Schwerpunkte gesetzt. Zunächst wurden die Lernenden um eine Einschätzung ihrer fremdsprachlichen Kompetenzen gebeten, um daraus abzuleiten, wie kompetent sie sich – auch bereits im Hinblick auf den Englischunterricht in der 5. Klasse – einschätzen (s. Anhang: Portfolio). Die Einschätzung erfolgte auf einer Likert-Skala, die die Antwortmöglichkeiten 1–6 (ich stimme ganz und gar nicht zu – ich stimme voll und ganz zu) umfasste. Den Lernenden wurde keine Mitte angeboten, um die Tendenz zum Auswählen dieser Antwortmöglichkeit zu vermeiden. Besonders jungen Lernenden fällt es manchmal schwer, ihre Antworten auf einer solchen Skala festzulegen. Aus diesem Grund wurden die Antwortmöglichkeiten mit Smileys unterstützt und die Skala an das System der Schulnoten, das den Lernenden bekannt ist, angelehnt.

Im zweiten Teil des Fragebogens (s. Anhang: Englisch Portfolio 2. Teil) wurden die Schüler*innen nach einer Einschätzung zu den dramapädagogischen Methoden und den Lernzielen, die sich ihrer Meinung nach erreichen lassen, befragt. Die offenen Fragen des Fragebogens ließen Raum für ausführlichere Rückmeldungen hinsichtlich der Erfahrungen mit den Methoden und zielten außerdem auf eine Einschätzung des Erfolgs des Englischunterrichts in der Grundschule ab. Was ist das Wichtigste, das die Schüler*innen im Englischunterricht der Grundschule gelernt haben? Zudem sollten sie rekapitulieren, was ihnen am Unterricht in der Grundschule besonders gut gefallen hat, und ihre Erwartungen an den Englischunterricht in der 5. Klasse formulieren.

6.2.2 Der zweite Teil der Studie – Datenerhebung in der 5. Klasse

Die Länge der Studie in der 5. Klasse betrug ca. vier Monate (August–Dezember) und war damit um einiges kürzer als in der 4. Klasse. Aus diesem Grund wurden nur zu einem Zeitpunkt Daten erhoben. Besonders relevant für den zweiten Teil der Studie ist die Tatsache, dass zu Beginn der 5. Klasse sowohl Schüler*innen, die dramapädagogisch gearbeitet haben, als auch solche, die an einem nicht dezidiert dramapädagogischen Englischunterricht teilgenommen haben, an der Erhebung teilnehmen sollten. Indem in der 5. Klasse verschiedene Schüler*innen-Gruppen befragt wurden, kann in der Auswertung der Daten ein Vergleich zwischen den Erfahrungen, die diese beim Schulwechsel gemacht haben, gezogen werden und eventuelle Effekte dramapädagogischer Methoden auf ebendiese Erfahrungen können herausgestellt werden.

Zum Zeitpunkt der Durchführung der Studie bestand die 5. Klasse aus 30 Schüler*innen. Davon waren 15 weiblich und 15 männlich sozialisiert. Das Leistungsniveau war einer Gesamtschule entsprechend sehr heterogen. Der Englischunterricht wurde in vier Wochenstunden erteilt, davon fanden zwei als Doppelstunde statt. Die Klasse arbeitete mit dem Lehrwerk *Orange Line* aus dem Klett-Verlag und den dazugehörigen Materialien. Der Unterricht wurde auch hier im Lehrerinnenteam, bestehend aus der Englischlehrerin, der Autorin und zeitweise einer Referendarin, erteilt.

Nach den ersten Wochen in der 5. Klasse wurden zunächst die Schüler*innen der ehemaligen Projektklasse an der Grundschule angeschrieben, um mit ihnen Interviews zu ihren Erfahrungen und Wahrnehmungen zu führen. Neun der Schüler*innen waren bereit, an einem Interview teilzunehmen. Im Verlauf des Interviews wurden die Schüler*innen außerdem gebeten, retrospektiv einen Blick auf ihren Englischunterricht in der Grundschule zu werfen. Oftmals wird dieser sowohl von den Kindern als auch von den Eltern und

Lehrer*innen als nicht wirklich nützlich und ‚nette Spielerei' beschrieben, nachdem sie in der 5. Klasse den ‚richtigen Englischunterricht' erlebt haben. Es sollte erhoben werden, ob die betreffenden Schüler*innen diese Beobachtung teilen. Sie wurden zudem um einen Vergleich zwischen ihrem jetzigen und dem vorherigen Unterricht gebeten und nach Wünschen für den aktuellen Unterricht befragt.

Generell bieten Interviews die „Möglichkeit, Situationsdeutungen oder Handlungsmotive in offener Form zu erfragen, Alltagstheorien und Selbstinterpretationen differenziert und offen zu erheben, und [sich diskursiv] [...] über Interpretationen [zu verständigen]" (Hopf 2013: 350). Die ersten sechs Interviews wurden noch leitfadengestützt durchgeführt. Es handelte sich dabei um „flexibel eingesetzte teilstandardisierte Interviews" (Hopf 2013: 351), d.h., es gab zwar einen Interviewleitfaden, der als Orientierung und Unterstützung diente, jedoch ließ dieser die Möglichkeit, Fragen neu zu formulieren, die Reihenfolge zu verändern oder bei Bedarf Nachfragen zu stellen (vgl. ebd.). Die Interviews wurden mit jeder*m Schüler*in einzeln durchgeführt.

Im weiteren Forschungsverlauf stellten sich narrative Interviews jedoch als die bessere Alternative heraus[78], da diese im Speziellen „[...] ein hohes Maß an Offenheit und Nicht-Direktivität mit einem hohen Niveau der Konkretion und der Erfassung detaillierter Informationen [vereinbaren]" (Hopf 2013: 351). Im Rahmen dieser Interviews konnte den Lernenden die Möglichkeit gegeben werden, erst einmal aus ihrer Sicht zu erzählen, wie sie den Englischunterricht sowohl in der Grundschule als auch in der 5. Klasse bisher erlebt haben, ohne sie durch konkrete Fragen zu beeinflussen oder in eine bestimmte Richtung zu lenken. Auf diese Weise eröffnete sich die Möglichkeit, genau die Wahrnehmungen einzufangen, die von den Lernenden als relevant erachtet wurden und zu einem späteren Zeitpunkt gezielt nachzufragen. Generell gilt die Annahme, dass „Befragte, die frei erzählen, [...] gegebenenfalls auch Gedanken und Erinnerungen preis [geben], die sie auf direkte Fragen nicht äußern können oder wollen. Erklärt wird dies aus den ‚Zugzwängen' des Erzählens" (Hopf 2013: 357). Die Phasen eines narrativen Interviews gliedert Hopf (2013: 355 f.) nach Fischer-Rosenthal und Rosenthal (1997b, 414 ff.) wie folgt:

78 Ein Dank geht hier an das Methodenzentrum der Universität Göttingen für die kompetente Beratung.

a. „die Erzählaufforderung, die so formuliert sein muss, dass die Gesprächspartner nicht zu sehr gegängelt werden und dass ihnen dabei geholfen wird, Erinnerungen zu mobilisieren und frei zu erzählen;
b. die autonom gestaltete Haupterzählung oder – im Falle des biographisch-narrativen Interviews – die biographische Selbstrepräsentation;
c. erzählgenerierende Nachfragen
d. anhand der in Phase 2 notierten Stichpunkte;
e. externe Nachfragen;
f. Interviewabschluss“ (Hopf 2013: 355 f.).

Zwei der weiteren Interviews haben mit einer allgemein formulierten Erzählaufforderung begonnen, in zwei anderen Interviews[79] wurde eine längere Erzählaufforderung ausformuliert. Diese folgte in etwa dem folgenden Schema:

> Ich interessiere mich dafür, wie du den Englischunterricht in der 4. Klasse, den Wechsel auf die neue Schule und den Englischunterricht in der 5. Klasse erlebt hast. Du kannst dir zum Erzählen so viel Zeit nehmen, wie du möchtest. Ich werde dich nicht unterbrechen, sondern mir nur Notizen machen. Auf die komme ich dann später noch einmal zurück. Vielleicht möchtest du beginnen mit dem Zeitpunkt in der Grundschule, als das Thema aufkam, auf welche Schule du nach den Sommerferien gehen würdest und erzähl mir dann bitte, wie es im Englischunterricht weiter ging bis heute.

In der dritten Phase ergaben sich die Nachfragen zunächst aus den Erzählungen der Schüler*innen. Diese waren dabei so formuliert, dass sie die Schüler*innen möglichst zu weiteren freien Erzählungen angeregt haben (vgl. Hopf 2013: 356). Abschließend wurden zusätzlich vorher notierte Fragen gestellt.

Parallel zu diesen Interviews wurden auch die Schüler*innen der Projektklasse im Jahrgang 5 an der weiterführenden Schule befragt. Von den 30 Schüler*innen der Klasse wurden elf Schüler*innen ausgewählt, die sich freiwillig für die Datenerhebung meldeten, um an dieser Stelle ebenso wie

79 Die Summe der Interviews ist an dieser Stelle zehn. Eine Schülerin, Jella, die als Fallbeispiel dient, da ihre Situation sich von der der anderen Schüler*innen unterscheidet, wurde zwei Mal interviewt. Weitere Erläuterungen hierzu folgen in Kapitel 7.2.1.

in der 4. Klasse ein möglichst hohes Maß an Zufälligkeit zu garantieren und die notwendige Bereitschaft zum Führen der Interviews sicherzustellen. Es wurde dennoch versucht, bei der Auswahl eine Balance zwischen leistungsstärkeren und -schwächeren – bzw. zwischen Schüler*innen, die motivierter waren beim Theaterspielen als andere – herzustellen. Im Aufbau entsprachen die Interviews dem oben beschriebenen Verlauf. Auch diese Schüler*innen wurden nach einer rückblickenden Beurteilung ihres Englischunterrichts in der Grundschule befragt. Auf diese Weise können diese Ergebnisse mit den Aussagen den Schüler*innen der ehemaligen Projektklasse an der Grundschule verglichen werden. Darüber hinaus sollten die Schüler*innen ihre Erfahrungen im aktuellen Englischunterricht beschreiben und erläutern, welches Potenzial sie den dramapädagogischen Methoden im Unterricht der 5. Klasse zuschreiben. Außerdem konnte erhoben werden, wie die Schüler*innen der Klasse den Schulwechsel im Vergleich zu Lernenden in anderen Klassen bzw. zu den in der Literatur verfügbaren Daten erlebten.

Da nicht die gesamte Klasse interviewt wurde, wurde zusätzlich ein recht umfangreicher Fragebogen ausgeteilt. Derselbe Fragebogen wurde auch in den Parallelklassen der weiterführenden Schule verteilt, um einen Vergleich bezüglich der Erfahrungen am Übergang anstellen zu können. Für die Auswertung könnte von Interesse sein, dass sich in diesen Klassen einige Schüler*innen aus der Projektklasse in der Grundschule befanden. Insgesamt kamen 78 Fragebögen zurück: In der 5a wurden 30 Fragebögen ausgefüllt, in der 5b waren es 24, ebenso wie in der 5d.

Durch das beschriebene Vorgehen können in der Auswertung der Daten verschiedene Vergleiche angestellt werden, die es ermöglichen, Unterschiede im Erleben des Übergangs herauszustellen und somit Rückschlüsse auf das Wirkungspotenzial dramapädagogischer Methoden zuzulassen. Zum einen können die Erfahrungen der Schüler*innen der 5d. mit der in der Literatur beschriebenen Situation der Übergangsproblematik und ihren Folgen verglichen werden. Gleiches gilt für die Erfahrungen der Lernenden der ehemals 4. Projektklasse. Auch können die Erfahrungen der beiden Gruppen von Lernenden – dramapädagogische Methoden im Englischunterricht der 5. Klasse oder nicht – miteinander verglichen werden. Gleiches gilt für den Vergleich mit den Ergebnissen aus den Fragebögen der Parallelklasse. Bevor die Ergebnisse in Kapitel 6 dargestellt werden, wird im folgenden Unterkapitel das Vorgehen bei der Auswertung und Analyse der Daten eingehender beschrieben.

6.3 Auswertung des Materials

Die Auswertung der erhobenen Daten erfolgte den Erhebungsmethoden entsprechend in quantitativer oder qualitativer Form. So wurden die geschlossenen Fragen der verschiedenen Fragebögen mit dem Programm *Excel* von Microsoft ausgewertet. Die Schüler*innenäußerungen, die als Antworten auf die offenen Fragen dienten, wurden in Oberkategorien (Vokabeln, Lehrperson, Spaß/Freude,...) zusammengefasst. Im Anschluss wurden diese qualitativen Daten teilweise quantifiziert – vgl. weiter oben die Ausführungen zum *Mixed-Method*-Ansatz –, indem ausgezählt wurde, welche Kategorie wie oft genannt wurde.

Die Interviews wurden in der literarischen Umschrift transkribiert. Diese Transkription bietet sich an, da in der Auswertung der Interviews der gesprochene Inhalt wichtiger als die Art und Weise ist, wie dieser transportiert wurde. Darüber hinaus ist die literarische Umschrift sehr gut lesbar und gibt dennoch viele Aspekte der gesprochenen Sprache wieder (Kowal/O'Connell 2013: 441). Außerdem wurde für die Transkription die Zeilenschreibweise gemäß des Gesprächsanalytischen Transkriptionssystems (GAT) gewählt (vgl. Selting et al. 1998 in Kowall/O'Conell 2013: 440)[80]. Dabei werden „[a]ufeinander folgende Gesprächsbeiträge [...] jeweils mit einer neuen Transkriptzeile begonnen, sodass das Untereinander der Zeilen das Nacheinander der Beiträge abbildet" (Kowal/O'Connell 2013: 441). Gleichzeitig gesprochene Beiträge werden eingerückt und „die Gleichzeitigkeit des Sprechens wird mit eckigen Klammern gekennzeichnet. Hörerrückmeldungen wie ‚*hm*' werden ebenfalls horizontal verschoben und am Beginn durch eckige Klammern gekennzeichnet" (ebd.: 441f.). Die Zeilenschreibweise ist ebenfalls besser lesbar als z.B. die Partiturschreibweise.

Prosodische Merkmale werden in der Regel nicht transkribiert. Wenn auffällige Pausen, Betonungen oder Lautstärken auffallen, ist dies im Transkript vermerkt. „Parasprachliche Merkmale, zu denen nichtsprachliche stimmliche Phänomene wie Lachen, Seufzen oder Atmen zählen" (Kowal/O'Connell 2013: 443) wurden ebenfalls transkribiert und mit z.B. (lacht) beschrieben. Außersprachliche Merkmale wurden nur dann mittranskribiert, wenn bei den

80 S. dazu auch: http://www.mediensprache.net/de/medienanalyse/transcription/gat/gat.pdf.

Interviews Videoaufnahmen gemacht wurden und sie als relevant für die Erhebung erachtet wurden. In den meisten Fällen fokussiert das Transkript jedoch die verbale Ebene. Damit folgt die Vorgehensweise den Empfehlungen von Kowal und O'Connell (2013), die u.a. darauf hinweisen, dass nur die Aspekte transkribiert werden sollten, die zu einem späteren Zeitpunkt auch in der Auswertung eine Rolle spielen, um die Transkripte möglichst übersichtlich zu halten (vgl. ebd. 2013: 444). Diese Vorgehensweise entspricht dem Erkenntnisinteresse, das die inhaltliche Dimension in den Vordergrund rückt. Darüber hinaus lässt sich diese Art der Transkription so auch von einer einzelnen Forscherin bewältigen. Zur Unterstützung des Transkriptionsprozesses wurde mit der Software *Transcriptions* gearbeitet, die z.B. eine Regulierung der Geschwindigkeit der Wiedergabe ermöglicht.

Die Auswertung der Interviews erfolgte in Anlehnung an die qualitative Inhaltsanalyse nach Mayring (2007 und 2013). Beim Lesen der Skripte bzw. beim Anhören der Interviews wurden induktiv Kategorien gebildet. Bei der Auswertung der Interviews mit den ehemaligen Grundschüler*innen wurden ähnliche Schüler*innenantworten zusammengefasst und mit einem Oberbegriff versehen. Die Kategorien und Oberbegriffe wurden sodann mit den Zielsetzungen und der Theorie zum Übergang und zur Dramapädagogik in Beziehung gesetzt. Folgende Fragen leiteten dabei den Leseund Auswertungsprozess des freien Erzähltexts zu Beginn der Interviews:

- Womit beginnen die Lernenden?
- Welche Ereignisse werden dann erzählt?
- Woran erinnern sie sich und warum?
- Welche Lernziele werden mit Blick auf die dramapädagogischen Methoden (spontan) genannt?

Bei der Erhebung und Auswertung der Daten ergeben sich einige mögliche Fehlerquellen, für die schon im Vorfeld ein Bewusstsein bestand. In der methodischen Reflexion werden diese ausführlicher diskutiert, sollen an dieser Stelle allerdings schon einmal genannt werden, um sie für die Auswertung und Darstellung der Daten im Hinterkopf zu haben. Die Fehlerquellen beziehen sich jeweils auf den Einsatz der Fragebögen und die Durchführung der Interviews.

In der Interviewsituation stellt oftmals schon die Tatsache, dass die Gespräche in irgendeiner Form aufgezeichnet werden müssen, eine mögliche

Fehlerquelle dar. Das Gefühl des ‚Beobachtet-Werdens' kann – ebenso wie die Anwesenheit der Forscherin – bei den interviewten Personen zu Hemmungen und weniger Offenheit führen (vgl. Dinkelaker/Herrle 2009: 18). Ein Tonbandgerät gilt in diesem Zusammenhang als weniger problematisch, da es weniger auffällig ist und weniger Aufmerksamkeit auf sich zieht als eine Kamera. Die Schüler*innen wurden im Vorfeld des Interviews jeweils auf die Kamera oder das Tonbandgerät hingewiesen. Den meisten Lernenden war die Kamera auch bereits aus dem Unterricht bekannt und stellte somit kein großes Problem dar.

Der Einsatz von Fragebögen birgt besonders in der Arbeit mit Kindern gewisse Probleme. Es stellt sich z.B. die Frage, ob die Lernenden alle Fragen des Fragebogens verstehen können. Dies stellt die Forscherin bereits in der Konstruktion des Erhebungsinstruments vor die Herausforderung, die Fragen sprachlich so einfach und angemessen zu formulieren, dass sie von Kindern nachvollzogen werden können, und trotzdem noch das erheben zu können, was im Erkenntnisinteresse steht. Die Gefahr besteht hierbei darin, dass der Inhalt hinter der einfachen Sprache zurückbleiben muss. Eine weitere Gefahr liegt darin, dass durch eine stark vereinfachte und sehr konkrete Formulierung der Fragen die Lernenden durch die Frage bereits in eine gewisse Richtung gelenkt und beim Beantworten der Frage beeinflusst werden.

Abgesehen von dem Verständnis der Fragen spielen auch die Aufmerksamkeitsspanne und die Motivation der Lernenden eine Rolle. Zum einen stellt sich die Frage, ob die Lernenden neben den Fragen auch die Angaben zum Ausfüllen des Fragebogens verstehen und sich dann daran halten – es konnte z.B. öfter beobachtet werden, dass junge Schüler*innen trotz der Bitte, nur genau eine Antwort anzukreuzen, mehrere Antworten auswählten oder auf einer Likert-Skala ihr Kreuz zwischen zwei Auswahlmöglichkeiten setzten. Auch wenn die Lernenden eine große Bereitschaft zeigen, ihre Meinung und Einschätzung zu teilen, muss mit Ermüdungserscheinungen beim Ausfüllen der Fragebögen gerechnet werden – besonders, da die Fragebögen teilweise recht lang waren und viele Fragen enthielten, in denen die Schüler*innen aufgefordert waren, einen eigenen Text zu formulieren. Die Bereitschaft, eigene schriftliche Antworten zu formulieren, ist bei einigen jungen Studienteilnehmer*innen geringer ausgeprägt als bei älteren Teilnehmer*innen.

7 Evaluation des Praxisversuchs – Darstellung und Auswertung der Ergebnisse

Das Ziel der Evaluation war es, festzustellen, welches Potenzial die Schüler*innen dramapädagogischen Methoden für die beim Schulwechsel relevanten Bereiche zuweisen. Hinzu kommt die Betrachtung der Selbsteinschätzung der Lernenden in fremdsprachlichen Kompetenzbereichen, die besonders in der 4. und 5. Klasse von Bedeutung sind. Eine positive Selbsteinschätzung der Versuchsklassen lässt auf eine positive Beeinflussung der kommunikativen Kompetenzen der Schüler*innen durch den Einsatz von Drama-Aktivitäten schließen. Darüber hinaus gilt es festzustellen, wie die Schüler*innen den Schulwechsel erleben und welchen Einfluss dramapädagogische Methoden auf ein positiv konnotiertes Weiterlernen in der Fremdsprache haben.

Die Ergebnisse der Selbsteinschätzung durch die Schüler*innen werden durch Notizen der Autorin aus den verschiedenen Phasen der Studie ergänzt. Es handelt sich hierbei um schriftliche Beobachtungen[81], um Kommentare von Schüler*innen und um Auffälligkeiten, die im Anschluss an Unterrichtsstunden und Schultage von der Forscherin notiert wurden. Trotz der Subjektivität der Daten können diese Notizen relevante Informationen zu Aspekten liefern, die in den Fragebögen und Interviews nicht abgebildet werden konnten.

7.1 Datenerhebung in der Grundschule

Im Englischunterricht der Grundschule geht es darum, dramapädagogische Methoden zu erproben, die Kompetenzen fördern sollten, die den Schüler*innen auch im Englischunterricht der 5. Klasse nützlich sind. Die Auswahl der Methoden erfolgte basierend auf eigenen Erfahrungen und Empfehlungen aus der Literatur. Welches Potenzial die Schüler*innen den Me-

81 Hierbei handelt es sich um Aspekte, die während des Unterrichtsgeschehens bzw. nach den Stunden wahrgenommen wurden. Da sie nicht explizit Teil des Forschungsdesigns sind, sind sie im Rahmen der Darstellung der Studie nicht aufgeführt.

thoden zuschreiben und welchen Effekt sie für sie haben, wurde durch Fragebögen eruiert. Ein weiteres Ziel der Erhebung war es, die Erwartungen der Schüler*innen im Hinblick auf den Englischunterricht in der 5. Klasse sowie ihre Haltung hinsichtlich des Schulwechsels im Allgemeinen zu erfragen.

7.1.1 Zwischenevaluation

Im Rahmen des Englischunterrichts in der 4. Klasse wurde mit den Schüler*innen ein längeres Theaterstück erarbeitet (vgl. Kapitel 5.2). Die Arbeit an dem Stück wurde mit Hilfe eines kurzen Fragebogens im Januar 2011 evaluiert. Dieser Fragebogen enthielt fünf Items, die sich zunächst auf das Theaterspielen im Allgemeinen bezogen, und den Schüler*innen dann die Möglichkeit boten, Wünsche für den Englischunterricht in der 4. Klasse zu äußern. Insgesamt wurden 22 Fragebögen ausgefüllt. Eine überblicksartige Darstellung der Ergebnisse ist folgender Tabelle zu entnehmen.

Item	Ja	Nein	Ungültig	Begründung
Das Theaterspielen hat mir Spaß gemacht.	18	1*	3	Weil es langweilig war.[82]
Ich habe beim Theaterspielen viel gelernt.	15	1	6	
Nun kann ich besser Englisch sprechen.	16			
Nun kann ich besser Englisch verstehen.	12			
Nun kann ich besser Englisch lesen.	14		1	
Nun kann ich besser Englisch schreiben.	9			
Nun kann ich mit meiner Körpersprache kommunizieren.	16			
Nun kann ich mit meinen Klassenkameraden zusammenarbeiten.	11			
Nun kann ich konzentriert arbeiten.	13			
Ich würde gern noch einmal auf Englisch Theater spielen.	21		1	

Tabelle 6 Zwischenevaluation „Giraffes Can't Dance“

82 Der betreffende Schüler gibt im weiteren Verlauf des Fragebogens an, dass er gern noch einmal Theaterspielen würde.

Generell lässt sich in der Auswertung des Fragebogens eine positive Einstellung der Lernenden zum Theaterspielen feststellen. Der Arbeit an dem Theaterstück schreiben die Schüler*innen das Potenzial zur Förderung verschiedener Kompetenzbereiche zu. Zur Erhebung dieses Potenzials konnten die Schüler*innen aus verschiedenen Antwortmöglichkeiten auswählen und dabei so viele Items ankreuzen, wie sie wollten. Die Ergebnisse bestätigen, dass dramapädagogische Methoden ein besonderes Potenzial zur Förderung mündlicher Kompetenzen haben. Gleichzeitig lässt sich jedoch das Potenzial zur Förderung des Leseverstehens, das die Schüler*innen sogar noch vor dem Hörverstehen einordnen, ergänzen. Zu diesem Zeitpunkt schätzen die Schüler*innen das Potenzial zur Förderung ihrer Schreibkompetenz jedoch eher als gering ein. Zusätzlich wurde der Aspekt der nonverbalen Kommunikation abgefragt. Es zeigt sich, dass sowohl der für die ganzheitliche Förderung der kommunikativen Kompetenz relevante Aspekt der nonverbalen Kommunikation gefördert werden kann als auch die für den Übergang und insbesondere für den Englischunterricht in der 5. Klasse bedeutungsvollen Aspekte des kooperativen Arbeitens und selbstständigen Lernens. Fast alle Schüler*innen geben an, dass sie gern noch einmal Theater spielen würden. Dieses Ergebnis bestätigt das große motivationale Potenzial der Übungen für diese Altersgruppe.

Die offenen Fragen gaben den Schüler*innen u.a. die Möglichkeit Wünsche an den Englischunterricht zu formulieren („Das würde ich gern im Englischunterricht lernen bzw. machen"). Die Wünsche der Lernenden beziehen sich zum einen auf das Theaterspielen und die dramapädagogische Kompetenz der Schüler*innen („besser Tehaterspielen [sic]", „Auf der Bühne stehen und weniger zu reden", „zuhören") und zum anderen auf die fremdsprachlichen Kompetenzen, die es noch zu fördern gilt („bisschen besser Englisch lesen, bisschen besser Englisch schreiben"). Es fällt auf, dass bei Fragen dieser Art häufig – so auch in den Interviews, die in der 5. Klasse geführt wurden – schriftbasierte Kompetenzen erwähnt werden. Diese Tatsache lässt vermuten, dass den Schüler*innen die Relevanz dieser Kompetenzen für den Unterricht in den weiterführenden Schulen beispielsweise aus Erzählungen von Eltern oder älteren Geschwistern bewusst ist, was nahelegt, dass diese noch stärker in den Englischunterricht der Grundschule integriert werden sollten.

7.1.2 Fragebogen zum Ende des Schuljahres

Ziel dieser Erhebung am Ende der 4. Klasse war es, den Schüler*innen zunächst einen Rückblick auf die 4. Klasse zu ermöglichen. Zu diesem Zeitpunkt wurden 24 Fragebögen ausgefüllt. Folgende Fragen standen dabei im Zentrum: Was haben die Schüler*innen gelernt? Was trauen sie sich zu? Was hat ihnen gut gefallen? Darüber hinaus sollte noch einmal erfragt werden, wie die Schüler*innen das Theaterspielen erlebt haben und welchen Lernerfolg es ihrer Meinung nach hatte. Im Hinblick auf den bevorstehenden Schulwechsel sollten die Schüler*innen angeben, inwieweit sie glauben, dass das, was sie in der 4. Klasse und beim Theaterspielen gelernt haben, nützlich ist für den Englischunterricht in der 5. Klasse. Abschließend wurden die Schüler*innen gebeten, Wünsche und Erwartungen für den Unterricht in der 5. Klasse zu formulieren.

Die Evaluation der erworbenen Kompetenzen wurde in einzelne, für den Unterricht in der 5. Klasse nützliche, Items unterteilt (s. Tabelle 7). Dabei handelt es sich um Aspekte, die in der Abschlusseinheit in der 4. Klasse behandelt wurden. Die Schüler*innen sollen in der 5. Klasse z.B. in der Lage sein, etwas über die eigene Person zu berichten, sich vorzustellen und mit ihren Mitschüler*innen ins Gespräch zu kommen und sie nach Informationen über ihre Person zu fragen. Dies Items werden dann sehr gut bewertet, wenn es um Informationen wie den Namen, das Alter oder die Lieblingsfarbe geht – Strukturen, die den Schüler*innen oft schon lange geläufig sind und mit denen sie sich sicher fühlen. Bei komplexeren Angaben wie dem Wohnort oder der Familienstruktur fallen die Bewertungen etwas schlechter aus.

Abschließend wurden die Schüler*innen nach ihrer Einschätzung bezüglich der Fertigkeiten befragt, die in der 5. Klasse von Bedeutung sein könnten. Die Ergebnisse zeigen, dass zentrale und grundlegende kommunikative Fertigkeiten mit den Lernenden trainiert werden. Bei komplexeren Themenbereichen sind die Schüler*innen in der Selbsteinschätzung zurückhaltender. Interessant ist, dass die Lernenden ihre Kompetenz, Sätze über sich aufzuschreiben, besser einschätzen, als ihre Kompetenz, die Fremdsprache in Gesprächen zu verwenden. Die Ergebnisse legen nahe, dass das Vertrauen in die fremdsprachliche Sprechkompetenz in der Grundschule noch stärker gefördert werden kann.

Item	Mittelwert
Ich kann in der neuen Klasse etwas über mich erzählen.	2,04
Ich kann sagen, wie ich heiße.	1,00
Ich kann sagen, wie alt ich bin.	1,17
Ich kann sagen, wann mein Geburtstag ist.	1,58
Ich kann sagen, wo ich wohne.	2,46
Ich kann über meine Familie (Eltern, Geschwister) sprechen.	2,33
Ich kann von meinem Haustier erzählen.	1,87
Ich kann sagen, was meine Lieblingsfarbe ist.	1,17
Ich kann über meine Hobbies sprechen.	1,79
Ich kann sagen, was ich mag.	1,74
Ich kann jemanden aus meiner neuen Klasse nach seinem / ihrem Namen fragen.	1,13
-Ich kann jemanden fragen wie alt er/sie ist.	1,92
Ich kann jemanden fragen was er/sie mag.	2,00
Ich kann jemanden fragen was seine / ihre Lieblingsfarbe ist.	1,17
Ich kann jemanden fragen was seine/ihre Hobbies sind.	1,63
Ich kann jemanden fragen, ob er/sie ein Haustier hat.	1,67
Ich kann eine mindmap über mich anfertigen.	1,96
Ich kann Sätze über mich aufschreiben.	1,83
Ich traue mich mit meinem Partner Englisch zu sprechen.	2,13
Ich traue mich in der Klasse Englisch zu sprechen.	2,41

Tabelle 7 Kompetenzen für den Englischunterricht in Klasse 5

Werden die Schüler*innen gebeten zu benennen, was für sie das Wichtigste ist, das sie im Englischunterricht der Grundschule gelernt haben, beziehen sie sich auf das Sprechen der Fremdsprache, die Aussprache und die Tatsache, „[d]as mann English Antworten kann [sic]". Die Schüler*innen geben an, dass sie viele Wörter gelernt haben und ein*e Schüler*in ist in seiner*ihrer Antwort sehr konkret, wenn er*sie sagt, dass er*sie gelernt hat, „sich zu beschreiben". Auch das Theaterspielen wird als wichtigstes Element des Englischunterrichts benannt. Das Theaterspielen zählt ebenso zu den Dingen, die den Schüler*innen im Englischunterricht der Grundschule besonders gut gefallen haben. Die Lernenden stellen in diesem Zusammenhang sowohl die methodische Gestaltung (Spiele, Briefumschläge der Abschlusseinheit, Reden in der Fremdsprache, Lehrwerk und die Tatsache, dass die Schüler*innen mit Ginger um die Welt gereist sind) als auch die erworbenen Kompetenzen als positiv heraus. Ihre Kompetenzen sehen die Lernenden insbesondere in der Kompetenz des Sprechens und im Wortschatz.

Die Erwartungen und Wünsche der Lernenden an den Englischunterricht in der 5. Klasse, die sie mithilfe des Satzes „Der Englischunterricht in der 5. Klasse wird bestimmt ______, weil ______" zum Ausdruck bringen, zeigen an dieser Stelle erneut den Wunsch nach einer methodischen Kontinuität (spielen, malen, der Einsatz von Büchern), das Theaterspielen wird dabei von einigen Schüler*innen explizit benannt. Darüber hinaus wird der Wunsch nach Herausforderungen und einer Weiterentwicklung der fremdsprachlichen Kompetenz (besser bzw. fehlerfrei Englisch sprechen lernen, neue oder mehr Wörter lernen) deutlich. Die Erwartungshaltung dem Unterricht gegenüber ist überwiegend positiv. Die Lernenden gehen mit dem Gefühl, bereits gut Englisch zu können, mit Freude an der Fremdsprache und der Erwartung, in der 5. Klasse Neues zu lernen und herausgefordert zu werden an die weiterführende Schule. In diesen Antworten der Schüler*innen kommt ein positives Fähigkeitsselbstkonzept zum Ausdruck. Zwei Schüler*innen sorgen sich jedoch um den zu erwartenden Schwierigkeitsgrad des Unterrichts sowie die neuen Lehrkräfte. Ein*e Schüler*in erwartet weniger Theater zu spielen und bewertet dies als negativ.

Die allgemeine Bewertung des Einsatzes der dramapädagogischen Methoden im Laufe des Englischunterrichts der 4. Klasse ist positiv (Mittelwert 1,42). Die meisten Schüler*innen hatten beim Theaterspielen Spaß (Mittelwert: 1,38). Sie finden, dass sie dabei gelernt haben, Englisch zu sprechen (Mittelwert: 1,04), es ihnen geholfen hat, englische Wörter zu lernen (Mittelwert: 2,29), sie Sätze aus den Dialogen und/oder dem Stück aufschreiben können (Mittelwert: 2,39) und sie sich nun mehr trauen (Mittelwert: 2,50). Auch ihre Aussprache haben sie trainiert (Mittelwert: 2,67). Diese Ergebnisse zeigen, dass die Schüler*innen zwar die Szene aus der Übergangseinheit als weniger erfolgreich bewerten, sich diese Bewertung aber nicht auf den Einsatz dramapädagogischer Methoden im Allgemeinen auswirkt. Insbesondere für die Motivationssteigerung und die Förderung des Sprechens schreiben die Schüler*innen den Methoden ein großes Potenzial zu – trotzdem drücken die Schüler*innen Hemmungen aus, wenn es um das Sprechen der Fremdsprache in der 5. Klasse geht (s. o.). Dies könnte mit einem mangelnden Selbstvertrauen zusammenhängen. Die für die 5. Klasse wichtigen Bereiche des Wortschatzerwerbs und des Schreibens werden von den Schüler*innen zwar etwas schlechter bewertet, jedoch besser als die Förderung der Aussprache. Dieser Aspekt ist interessant, da in anderen Zusammenhängen von den Schüler*innen insbesondere das Potenzial der Methoden zur Förderung der Aussprache betont wird.

Die freien Erläuterungen der Schüler*innen hinsichtlich des Potenzials der Methoden und Aufwärmübungen beziehen sich auf sprachspezifische Aspekte wie einzelne Kompetenzen (Englisch sprechen, schreiben, Aussprache) oder die Tatsache, dass sie neue Wörter gelernt haben. Einige Schüler*innen belegen dies, indem sie die neu gelernten Wörter (*her, leash, robber*) aufschreiben. Andere Schüler*innen beziehen sich in ihren Antworten auf theaterspezifische Aspekte und geben an, dass sie gelernt haben, in der Rolle zu bleiben und „dass mann [sic] gut beim Proben aufpassen sollte“. Die Schüler*innen, die angeben, dass sie beim Theaterspielen nichts gelernt haben, begründen dies mit ihrer guten Kompetenz im Englischen – „Weil ich schon Englisch sprechen kann“, „weil ich schon alles wusste“. Auch diese Ergebnisse stützen die bisherigen Annahmen, dass die Methoden insbesondere das Sprechen in der Fremdsprache trainieren sowie den Wortschatz der Lernenden erweitern. Darüber hinaus wird die Konzentrationsfähigkeit der Schüler*innen geschult. Das von den Lernenden erkannte Potenzial ist eine gute Grundlage für sich anschließende Reflexionsphasen und bestätigt, dass diese auch schon mit jungen Lernenden durchgeführt werden sollten. Außerdem wird die Relevanz der Übungen im dramapädagogischen Prozess von den Lernenden erkannt. Die Ergebnisse unterstützen damit die Forderung nach einer Einbettung dramapädagogischer Methoden in einen Rahmen aus *warm-up* und *cool-down* auch im Englischunterricht.

Dem Großteil der Schüler*innen hat auch das Einüben und Spielen der Szene aus der Abschlusseinheit Spaß gemacht (Mittelwert: 1,58). Die Bewertungen des Lernerfolgs („Ich habe dabei auch etwas gelernt“; Mittelwert: 2,52) und mit Bezug zum Sprechen („Die Aufwärmübungen haben mir beim Spielen und Sprechen geholfen“; Mittelwert: 3,05) fallen jedoch etwas schlechter aus. Aus der Beobachtung im Unterricht lässt sich hinzufügen, dass sich die Schüler*innen mit der Arbeit an der Szene aus der Übergangseinheit etwas schwerer getan haben als mit den Methoden und szenischen Arbeiten im Laufe des vorangegangenen Schuljahres. Das selbstständige Arbeiten an der Szene, für die ein eigenes Ende gefunden werden musste, hat einen kreativen Umgang mit der Fremdsprache erfordert, der in der Grundschule oft zu kurz kommt. Den Schüler*innen hat diese Aufgabe zwar gefallen (Mittelwert: 2,00), hat sie jedoch auch vor Herausforderungen gestellt („Es hat gut geklappt, ein eigenes Ende für die Szene zu finden"; Mittelwert: 2,41). Die Antworten zeigen, dass die Schüler*innen einen selbstständigen Umgang zwar in den meisten Fällen begrüßen, dass es jedoch notwendig ist, das kooperative Arbeiten an Szenen wiederholt zu üben und die Prozesse zu unterstützen und zu reflektieren.

Die positive Einstellung der Schüler*innen zeigt sich auch darin, dass die Mehrheit der Schüler*innen der Meinung ist, dass man im Englischunterricht Dialoge einüben und vorspielen und Theater spielen sollte (Mittelwert: 1,67). Die Schüler*innen begründen ihre Einschätzung damit, dass es ihnen Spaß macht (13 Nennungen) und einige Schüler*innen ergänzen, dass „es einem so Spaß macht zu lernen" oder dass man durch den Spaß besser lernt bzw. dass „es Spaß macht und man dabei viel lernt". Der von Sambanis (2013) erläuterte Effekt, dass positive Emotionen und Erlebnisse lernförderlich sind, wird an dieser Stelle bestätigt. Auch durch den Einsatz dramapädagogischer Methoden lassen sich ebendiese lernförderlichen Umstände im Unterricht kreieren. Zusätzlich zu diesen 13 Nennungen spezifizieren weitere Schüler*innen, was genau sie beim Theaterspielen lernen. An dieser Stelle wird erneut das Potenzial der Methoden zur Förderung der Aussprache genannt (vier Nennungen). Ein*e Schüler*in beschreibt in diesem Zusammenhang den motivationalen Aspekt, dass „man dan auch die Eglishen wörter ausprehcen will. Wall das sonst ja peinlich ist!" [sic]. Neben der Aussprache geben die Schüler*innen an, dass sie neue Wörter lernen (eine Nennung), dass man lernt Gefühle auszudrücken und vor anderen Englisch zu sprechen (eine Nennung) und dass man auch Englisch schreiben muss (eine Nennung). Ein*e Schüler*in bezieht den metasprachlichen Aspekt der Stärkung des Selbstbewusstseins mit ein. Unter den Antworten der Schüler*innen finden sich aber auch neutrale („es manchmal lustig ist, manchmal aber auch nicht") oder negative Stimmen, die z.B. sagen, dass es manchmal peinlich ist. Die Ergebnisse zeigen, dass dramapädagogische Methoden zwar vielen jungen Lernenden gefallen, dass aber dennoch die Notwendigkeit für eine Methodenvielfalt im Unterricht besteht, um auch den Lernenden gerecht zu werden, die keine Freude am Theaterspielen haben.

Dies wird ebenso deutlich, wenn die Schüler*innen in eigenen Worten beschreiben, wie sie sich während der Übungen und des Vorspielens von Szenen fühlen und welche Emotionen sie an das Theaterspielen knüpfen. Auch wenn die meisten Schüler*innen sich positiv äußern und Gefühle wie Aufregung, Spaß und Fröhlichkeit sowie eine Bestätigung durch das Publikum genannt werden, gibt es auch Schüler*innen, die Unsicherheit auf verschiedenen Ebenen beschreiben. Diese Unsicherheiten reichen von Nervosität, Aufregung und „mir [ist] es peinlich" über Unsicherheit bei der Aussprache sowie Angst davor, den Text falsch zu sagen bis hin zu dem Wunsch, durch die Vorgabe des Endes und die eigene Auswahl der Gruppen ein Gefühl der Sicherheit zu schaffen. Dass die Schüler*innen selbst in einem Unterricht, der die einzelnen Schritte des dramapädagogischen Prozesses durchläuft und für die Ausbildung einer positiven Gruppenatmosphäre sorgt, Gefühle der Unsicherheit entwickeln, betont, wie wichtig es ist, dass die Lehrkräfte sensibel mit den Methoden umgehen und die Schüler*innen nicht unvorbereitet aufgefordert werden, in dramapädagogischen Methoden aktiv zu werden. Darüber hinaus wird die Bedeutung von Unterstützungsangeboten und eventuellen ‚Notausgängen' aus Übungen deutlich.

7.1.3 Beobachtungen in der Grundschule

Das übergeordnete Ziel der dramapädagogischen Arbeit in der Grundschule war es, die Lernenden in möglichst authentischen Kommunikationssituationen an den freien und produktiven Gebrauch der Fremdsprache heranzuführen. Neben der rein verbalen Komponente lag ein besonderer Fokus auf der nonverbalen Dimension fremdsprachlicher kommunikativer Kompetenz. Hinsichtlich dieser Zielsetzung konnten verschiedene Beobachtungen gemacht werden. Die Beobachtungen beschränken sich dabei auf die ersten sieben Monate in der Klasse. Die folgende Übersicht (s. Tabelle 8) ordnet die Beobachtungen zeitlich ein.

Besonders junge Lernende und Sprachanfänger*innen profitieren davon, Mimik, Gestik und Körpersprache zu nutzen, um sich Sinn und Bedeutung zu erschließen oder eigene Gedanken und Ideen zu kommunizieren. Während der Inszenierung der Dialoge waren die Lernenden an verschiedenen Stellen aufgefordert, nonverbal Bedeutung zu transportieren bzw. Aussagen

Ginger in London	Arbeit am Mini Play	Ginger goes to Canada
10.08.–15.09.10	**29.09.10–19.01.11**	**25.01.–16.03.11**
Schüler*innen übernehmen Rollen	Schüler*innen sagen auf dem Weg zur Aula ihren Text auswendig auf, auch wenn es nicht ihr eigener ist	Schüler*innen gehen sicher und flexibel mit Dialogtexten um
variieren Mimik, Gestik und Gangarten	hohe Identifikation mit der Rolle (Beispiel: Schülerin stellt sich auch außerhalb der Proben mit Rollennamen vor)	Schüler*innen variieren Texte, wenn sie ihnen als unpassend erscheinen
hohe Motivation	Schüler*innen verwenden die Sprache auch außerhalb des Klassenraums	Schüler*innen führen Text fort oder interpretieren Situation neu
	Schüler*innen verwenden die Sprache, um sich Wortbedeutungen zu erschließen	

Tabelle 8 Beobachtungen und Notizen aus der Grundschule

zu unterstützen. Die Bedeutung dieser Elemente für eine authentische Kommunikation wurde den Lernenden bewusst gemacht und sie lernten, kreativ mit ihnen umzugehen, um z.B. einen Dialog auszugestalten und mit Leben zu füllen. Die Sprachproduktion der Schüler*innen wurde dabei durch das Skript, das ihnen auf Karteikarten oder an der Tafel zur Verfügung stand, unterstützt. Das Skript unterstützte die Lernenden jedoch nicht nur in der Sprachproduktion, sondern half ihnen auch, ein Sprachbewusstsein zu entwickeln. Die Schüler*innen erwarben generisches Wissen über den Aufbau von beispielsweise Verkaufsdialogen und lernten „einfache Gruß- und Abschiedsformeln [zu gebrauchen] und Gespräche [zu beginnen und zu beenden]“ (Niedersächsisches Kultusministerium 2006: 13). Außerdem lernen sie „eingeführte, gefestigte und geübte Dialoge, Rollenspiele oder Sketche [zu präsentieren]“ (ebd.). Vielmehr noch, sie erhielten im sicheren Rahmen der Dialogstrukturen die Möglichkeit zur Improvisation und Spontaneität – zwei Grundelemente authentischer Kommunikationssituationen. Auch wenn einige Lernende das Hilfsangebot des Skripts in Anspruch nahmen, haben nur wenige von ihnen durchgehend direkt abgelesen oder den Text als auswendig gelernte ‚Texthülle‘ aufgesagt. Durch die dramapädagogische Unterstützung hinsichtlich der Emotionen, die transportiert werden sollten, sowie durch den Situationskontext konnten die Dialoge bereits, wenn auch noch in kleinem Maße, mit Leben gefüllt werden.

Besonders in der Arbeit mit dem Bilderbuch und dem *Mini Play* zeigte sich, dass der dramapädagogische Kontext auch einen Beitrag zur Erarbeitung des fremdsprachlichen Wortschatzes leisten kann, indem die Szene oder das Theaterstück eine zusätzliche Motivation darstellen, um *chunks* zu verstehen und langfristig zu behalten. In verschiedenen Situationen hat sich gezeigt, dass es zu einer nachhaltigen Verankerung sprachlicher Strukturen kommt. So sagen die Schüler*innen beispielsweise ihren Text auch in den Pausen oder vor dem Unterricht für sich selbst auf und übertragen *chunks* in andere Kontexte, wenn sie z.B. Textteile in Dialoge oder Rollenspiele einbauen. Darüber hinaus nutzen die Schüler*innen Wörter aus dem Stück, um sich neuen Wortschatz zu erschließen bzw. um sich in anderen Kontexten an die Bedeutung zu erinnern. So ergab sich eine Unterrichtssituation, in der das Wort ‚*silly*' vorkam. Ein*e Schüler*in nutzte den Satz ‚*Gerald, don't be silly*' aus dem Theaterstück, um sich an die Situation, in der das Wort verwendet wurde, zu erinnern und dadurch auf die Bedeutung des Wortes zu kommen. Finden die Lernenden einen guten Zugang zur Szene, d.h., können sie sich gut in sie hineinversetzen und sind motiviert, sich mit der Inszenierung zu beschäftigen, wollen sie im besten Fall von sich aus „in der Lage sein, [die sprachlichen Strukturen] korrekt auszusprechen" (Elis 2015: 103). In den meisten Fällen haben die Lernenden ein Interesse daran zu „verstehen, was sie in ihrer Szene bzw. in ihrem Dialog sagen, und sie wollen verstehen, was die anderen sagen, d.h. worum es in der Szene insgesamt geht. Die sprachlichen Mittel werden auf diese Weise quasi nebenbei, aber eben in einem sprachlichen Kontext mitgelernt (vgl. Butterfield 1989: 35)" (Elis 2015: 103). Darüber hinaus waren die Lernenden in der Lage, Sätze bzw. Wörter aus dem Stück aufzuschreiben. Teilweise nutzen sie dafür Ähnlichkeiten zu ihnen bekannten Wörtern. In Anlehnung an die Autorin der Harry Potter Bücher J.K. Rowling wurde aus Rock'n Roll „Rock'n Rowl". Diese Beobachtung bestätigt, dass auch schon junge Lernende „in der Lage sind, über das englische Schriftbild nachzudenken und Hypothesen über mögliche Regelmäßigkeiten anzustellen" (Frisch 2013: 32, in Bezug auf Reichart-Wallrabenstein 2004: 561).

In der kontinuierlichen Arbeit mit dramapädagogischen Methoden konnten die Lernenden auch eine methodische Kompetenz entwickeln. Im Rahmen der Unterrichtseinheit zu London zeigt sich, dass in den Szenen, die im Kontext eines Zoobesuchs eingeübt wurden, alle Schüler*innen eine Rolle übernommen und versucht haben, sie auszufüllen. Der Weg hin zum Ticket Office sowie in den Zoo hinein wurde auf verschiedene Weise gestaltet (hüpfen, langsam gehen etc.), und auch die Stimme und der Gesichtsausdruck wurden von den Lernenden variiert. Die Freiheit, die den Schüler*innen in der Ausgestaltung der Szenen gelassen wurde, führte dazu, dass die zuschauenden Lernenden aufmerksam und mit Begeisterung beteiligt waren und eine große Bereitschaft und Motivation im Hinblick auf die Präsentation der Ergebnisse herrschte. In der Unterrichtseinheit zu Kanada gingen die Schüler*innen bereits souverän und flexibel mit dem Dialogtext – auch in der Inszenierung – um. Ein Grund dafür könnte sein, dass sie im Laufe des Schuljahres – denn diese Stunden fanden im Februar 2011, d.h. zu Beginn des neuen Halbjahres statt – Sicherheit im Umgang mit fremdsprachlichen Dialogen und Aufgaben dieser Art gewonnen haben. In der Bearbeitung des Dialogs bemerkte z.B. ein Schüler ziemlich schnell, dass eine Begrüßung fehlte. Gemeinsam wurde diese für alle hinzugefügt. Außerdem stellte er fest, dass „a nice water bottle" ziemlich unecht klingen würde, das doch niemand so sagen würde und er das ‚nice' aus diesem Grund weglassen würde[83].

Im Laufe des Schuljahres hat sich gezeigt, dass die Lernenden immer selbstständiger mit der Ausgestaltung und Inszenierung von Dialogen oder Rollenspielen umgingen. Schritt für Schritt konnte das Maß an Kreativität und Spontaneität in der Arbeit mit den Methoden und der Fremdsprache erhöht werden, und die Schüler*innen wurden vermehrt zum Improvisieren und Experimentieren mit der Fremdsprache angeregt. Im Camping-Dialog in der Einheit zu Kanada erweiterten und ergänzten die Schüler*innen den Text, führten den Dialog fort („Are you going camping?") oder variierten ihn. Insgesamt führte dies bei einigen zu einer völligen Neuinterpretation der Situation, des Kontextes (Kino, Reisebüro, Apotheke) und der Rollen. Außerdem ergänzten sie den fehlenden Nebentext selbstständig, indem sie ihr Wissen aus den vorherigen Stunden anwendeten (z.B. betreten manche als junge, manche als alte Person die Szene, wie es ihnen aus der Arbeit an dem Dialog im *London Zoo* bekannt

83 Dieser Schüler änderte den Situationskontext des Dialogs in der Inszenierung komplett und übertrug ihn gemeinsam mit seinem Partner in ein Reisebüro.

war). Sie überlegten sich im Vorfeld, wie sie das jeweilige Geschäft betreten, was alles zur Ausgestaltung der Szene und der Rolle dazu gehört, und setzten dabei auch ihre Stimme und Gestik ein. Ein Schüler spielte sogar zwei Rollen, nämlich die der Mutter und des Kindes, gleichzeitig. Darüber hinaus haben die Lernenden auch ihr Alltagswissen in die Inszenierungen integriert, z.B. wenn sie die Gegenstände an der Kasse scannen, die Verkäuferin Regale einräumt, bevor sie die Kundin anspricht, oder der Kartenverkäufer im Kino zum Kunden „Enjoy the movie“ sagt. In der Unterrichtseinheit zu Australien wurde den Schüler*innen die Möglichkeit zur selbstständigen Rollenerarbeitung gegeben. Dabei konnte beobachtet werden, wie selbstständig und kreativ die Lernenden in dieser Inszenierung waren. Die Schüler*innen fühlten sich im Umgang mit den Methoden sichtlich wohl, trauten sich selbst auch viel zu und hatten sich offensichtlich weiterentwickelt. In dieser Unterrichtseinheit setzten die Lernenden ihr bisher erworbenes Wissen und ihre entwickelten Kompetenzen unaufgefordert und selbstständig ein. So war ihnen z.B. zunehmend bewusst, auf welche Aspekte – Setting, Proxemik, Gangarten, Emotionen, Einsatz der Stimme sowie von Mimik und Gestik – sie bei der Inszenierung eines Dialogs zu achten hatten. Hinzu kam, dass es ihnen im Laufe der Zeit leichter fiel, sich auf bestimmte Situationen einzulassen und sich in sie und die zu vergebenden Rollen einzufinden. Die Lernenden waren zunehmend so kompetent im Umgang mit den Aufgabenstellungen, dass sie während der szenischen Erarbeitung der Dialoge selbstständig und eigenverantwortlich arbeiten konnten und die Länge und der Umfang der Aufwärmphase im Laufe des Schuljahres reduziert werden konnten. Dies bedeutet jedoch nicht, dass eine methodische Rahmung der Szenen, u.a. durch eine Aufwärmphase, gänzlich vernachlässigt werden sollte.

Im Kontext des Schulwechsels sind diese Entwicklungen aus verschiedenen Gründen erfreulich. Zum einen lassen sie vermuten, dass die Lernenden mit einem gestärkten Selbstbewusstsein und Vertrauen in ihre fremdsprachlichen Kompetenzen aus dem Englischunterricht der 4. Klasse entlassen werden. Zum anderen konnten sie ihre kommunikativen Kompetenzen weiterentwickeln und sind für den weiteren Fremdsprachenerwerb motiviert. Für den Englischunterricht in der 5. Klasse scheint dies eine sehr gute Basis darzustellen.

Die Arbeit in der Grundschule hat immer wieder bestätigt, dass Kinder Geschichten lieben. Sie lieben es, sich zu verkleiden und in andere Welten einzutauchen. Dabei weisen sie eine große Imaginationskraft und Fantasie auf und leben sich in Rollen und Charaktere regelrecht ein. Mit den übernommenen Rollen weisen sie ein hohes Identifikationspotenzial auf und tragen sie in ihre Alltagswelt hinein[84]. Eine ebenso intensive Verbindung kann für fremdsprachliche Strukturen angenommen werden. Die Schüler*innen entwickeln über die Geschichten und ihre Charaktere eine positive Einstellung zur Fremdsprache, die umso intensiver ist, je mehr sie von den erzeugten Kontexten angesprochen werden.

7.2 Weiterführende Schulen

Für den zweiten Teil der Praxisstudie in der weiterführenden Schule sind Daten in zwei Gruppen erhoben worden. Zum einen wurden die Schüler*innen der 4. Klasse der Grundschule, die ein Jahr im Unterricht begleitet wurde, zu Interviews eingeladen. Diese Schüler*innen haben in der 5. Klasse, bis auf Ausnahme einer Schülerin, keinen dramapädagogischen Unterricht erfahren. Zum anderen wurden an einer Gesamtschule Daten erhoben, die als Vergleich zu den Erfahrungen der ehemaligen Projektgrundschüler*innen dienen sowie mit den Erwartungen der Schüler*innen der 4. Klasse verglichen werden. Diese Daten wurden mit Hilfe eines Fragebogens sowohl in der begleiteten Klasse (5d[85]), die dramapädagogisch unterrichtet wurde, als auch in zwei Parallelklassen (5a und 5b), die keine dramapädagogische Unterrichtserfahrung hatten, erhoben.

*7.2.1 Interviews mit den ehemaligen Projektgrundschüler*innen*

Um zu erfahren, wie die Schüler*innen, die in der 4. Klasse mit dramapädagogischen Methoden gearbeitet haben, den Wechsel auf die weiterführende Schule im Fach Englisch erlebt haben, wurden die ehemaligen Schüler*innen der Projektgrundschule zu Interviews eingeladen. Neun von ihnen, die teil-

84 Die Schülerin, die im Theaterstück die Hauptrolle – Gerald, die Giraffe – spielte, stellte sich z. B. auch außerhalb der Proben mit ihrem Rollennamen vor.

85 Die Benennung der Klassen in dieser Studie weicht von den tatsächlichen Klassenbezeichnungen ab.

weise an unterschiedlichen weiterführenden Schulen in Göttingen die 5. Klasse begonnen haben, sind dieser Einladung gefolgt.

Die Interviews boten den Schüler*innen zu Beginn die Gelegenheit, allgemein zu berichten, wie ihnen die 5. Klasse und insbesondere der Englischunterricht in der 5. Klasse gefällt. In einigen Interviews wurde dafür ein narrativer Ansatz gewählt[86], der die Schüler*innen zunächst frei erzählen ließ, um möglichst viele Erfahrungen der Lernenden in der Zeit des Schulwechsels abbilden zu können.

Ein Interview wird an dieser Stelle als Fallbeispiel gesondert betrachtet. Parallel zum länger andauernden Unterrichtsversuch an der Gesamtschule wurden einige Stunden an einem Göttinger Gymnasium begleitet. Ursprünglich war geplant, die Übergangseinheit an beiden Schulen durchzuführen. Die Zusammenarbeit mit der Lehrerin am Gymnasium musste dann jedoch vorzeitig beendet werden. In der Klasse am Gymnasium war Jella[87], die nach dem Ende der Zusammenarbeit zum Gespräch – und dann noch einmal zu einem späteren Zeitpunkt zum Ende des Halbjahres, gemeinsam mit den anderen ehemaligen Schüler*innen der Projektgrundschule – eingeladen wurde. Ihr Erleben des Schulwechsels ist zunächst nicht mit dem der anderen zu vergleichen, da sie unmittelbar nach dem Schulwechsel durch die Zusammenarbeit mit der Englischlehrerin und die anfängliche Umsetzung der Übergangseinheit weiterhin dramapädagogische Methoden im Unterricht erlebt hat. Die Auswertung dieses Interviews wird demnach der restlichen Auswertung vorangestellt.

Die neue Schule und die neue Klasse gefallen Jella ganz gut. Die Sorge im Vorfeld, ob sie schnell neue Freunde finden würde, hat sich als unbegründet herausgestellt. Der Englischunterricht in der 5. Klasse sei zwar schwieriger, ansonsten aber „gar nicht so viel anders“, da sie, ebenso wie in der Grundschule, Sketche im Unterricht machen. Dass der Unterricht schwieriger geworden ist, findet Jella gut, „weil [sie] dann noch mehr [lernt]“. Jella gibt an, dass es gut ist, dass in der 5. Klasse immer noch Sketche gespielt werden,

86 Dies erfolgte erst zu einem späteren Zeitpunkt, nachdem eine weitere Methodensprechstunde besucht wurde. Es zeigt sich jedoch, dass die Ergebnisse dadurch nicht stark beeinflusst wurden, da den jungen Lernenden das freie Erzählen schwer fällt und schon zu einem frühen Zeitpunkt Nachfragen gestellt werden müssen.

87 Die Namen der Schüler*innen wurden geändert.

zum einen, „weil es Spaß macht“, und zum anderen, weil man dabei seine Aussprache verbessert („weil em man muss das ja so auch vorspielen und dann em bemüht man sich auch das so richtig auszusprechen“). Sie findet dies nicht langweilig, sondern „[...] eher gut, weil dann muss man sich nicht so doll umstellen. Und dann kann man auch besser weiterlernen.“ Man muss sich ihrer Meinung nach „nicht erstmal [auf] den neuen Englischunterricht einstellen [...]“. Jella bestätigt damit die dieser Arbeit zugrunde liegende Annahme, dass eine, wenn auch punktuelle Fortführung von Methoden aus dem Grundschulunterricht, die für die Schüler*innen weiterhin altersangemessen und herausfordernd sind, zu einem motivierenden Weiterlernen der Fremdsprache führen können. Die Tatsache, dass sie sich nicht so sehr umstellen muss, bewertet Jella als positiv und schlussfolgert, dass dies zu einer besseren Lernumgebung führt. Dies bedeutet nicht, dass sich der Unterricht nicht auch verändert.[88] Jella stellt Unterschiede zum Englischunterricht in der 4. Klasse fest. Sie empfindet den Unterricht als anspruchsvoller, das Lehrwerk ist ein anderes und die Schüler*innen müssen nun Vokabeln lernen. Damit kommt Jella aber gut zurecht, da sie eine gute Strategie zum Lernen der Vokabeln entwickelt hat. Sie findet auch, dass die Lerntechniken zum Lernen der Vokabeln das Wichtigste sind, das sie bisher im Englischunterricht der 5. Klasse gelernt hat. Wünsche an den Unterricht hat sie keine. Ihre eigenen Leistungen würde sie gern in den Bereichen des Hörverstehens und des Schreibens verbessern. Jellas Antworten deuten darauf hin, dass die Schüler*innen in der Zeit des Schulwechsels mit einem gewissen Maß an Veränderung umgehen können. Vergleichbar mit den Ergebnissen von Marschollek (2007) stellen das veränderte Anforderungsniveau und einzelne neue Elemente der Unterrichtsgestaltung, wie beispielsweise die neu definierte Rolle der Vokabeln, die Schüler*innen nicht vor allzu große Probleme, wenn diese Veränderungen, so wie in dem Fall von Jella, in einem Rahmen aus bekannten und altersangemessenen Methoden erfolgen.

In jedem Interview wurden die Schüler*innen gebeten, jeweils für den Englischunterricht in der 4. und in der 5. Klasse ein vorbereitetes Gesicht auszuwählen, das am besten beschreibt, wie sie den entsprechenden Unter-

88 Dies gilt insbesondere, da in dieser Klasse nur vereinzelt Drama-Aktivitäten und Sketche eingesetzt wurden.

richt fanden bzw. finden. Jella wählt für den Unterricht in der 4. Klasse den lachenden Smiley (:-D) aus. Ihre Auswahl begründet sie damit, dass der Unterricht ihren Erwartungen und Vorstellungen entspricht. Sie findet gut, dass sie sich nicht so umstellen musste und der Unterricht „sozusagen so weiter geht wie in der 4". Ihre Antwort lässt vermuten, dass sie sich dabei auf den Englischunterricht in der 5. Klasse bezieht. Dies wurde im Interview allerdings nicht geklärt. In der nächsten Frage wurde sie jedoch aufgefordert, ein Gesicht für den Englischunterricht in der 4. Klasse auszuwählen. Jella sucht den lächelnden Smiley (:-)) aus. Dies begründet sie damit, dass alles gut ist, aber ein bisschen schwieriger. Der Englischunterricht in beiden Klassen ist in Jellas Beurteilung positiv konnotiert. Zwei Sätze zur Beschreibung des Englischunterrichts vervollständigt Jella wie folgt: (1) „Der Englischunterricht in der 4. Klasse war gut, weil ich finde [...] Frau B. und du [...] das irgendwie auch gut [...] gemacht [habt], wegen den Sketchen und ja und dann lernt man halt auch" und (2) „Der Englischunterricht in der 5. Klasse ist auch gut, weil es halt so weitergeht wie in der Vierten und [...] dann ist das so [...] ungefähr wie in der Vierten". An dieser Stelle stellt Jella erneut ihre positiven Erfahrungen mit den dramapädagogischen Methoden heraus und unterstreicht das Potenzial zum Lernen der Fremdsprache. Außerdem begründet sie ihre positive Einschätzung des Englischunterrichts in der 5. Klasse damit, dass dieser vergleichbar ist mit dem in der 4. Klasse.

Aus dem Übergangsportfolio, das Jella ausgefüllt mit zum Interview gebracht hatte, soll an dieser Stelle eine Stunde, in der neue Grammatik eingeführt wurde, herausgegriffen werden. Jella hält Grammatik für wichtig, denn „man muss ja auch Englisch lernen" und wird diese im Laufe der Jahre brauchen. Die Tatsache, dass Themen oder Strukturen, die sie gerade behandelt haben, in den Sketchen auftauchten, hielt Jella für sinnvoll, da es sein kann, „dass [...] man das [...] zum Beispiel mal nicht so gut kann und dann muss man das im Sketch [...] sagen [...] und dann übt man das und dann kann man das plötzlich". Da Jella die Bedeutung der Arbeit an grammatikalischen Strukturen bewusst ist, scheint diese kein größeres Hindernis im Englischunterricht der 5. Klasse für sie darzustellen. Sie stellt aber gleichermaßen die Notwendigkeit des kommunikativen Übens und Anwendens der Strukturen, die im Rahmen von dramapädagogischen Methoden möglich ist, heraus. Im Portfolio bestätigt Jella noch einmal, dass die Fortführung der dramapädagogischen Arbeit ein positiver Aspekt des Unterrichts in der 5.

Klasse ist. Außerdem betont sie die Bedeutung der Rolle, die Vokabeln im Unterricht der Sekundarstufe I spielen. Jella gibt auch an, dass sie und ihre Mitschüler*innen eine Fähigkeit zum kooperativen Arbeiten zeigen, die sie im Unterricht der Grundschule erworben haben und die ihnen in der 5. Klasse weiterhin nützlich ist.

Auch in den zum Ende des 1. Halbjahres durchgeführten Interviews wird deutlich, dass die Schüler*innen den Unterricht in der 5. Klasse zunächst als positiv beschreiben. Die Begründungen dafür reichen von der Tatsache, dass die Hausaufgaben in der Schule erledigt werden können, über angebotene Eselsbrücken, die das Lernen erleichtern, bis zur Tatsache, dass sie viele neue Freunde gefunden oder eine nette Lehrerin haben, und dass alles noch einmal Schritt für Schritt erklärt wird (WSPE[89]). Als negativ werden Veränderungen im Schulweg und langweiliger Unterricht (Interview Mirco) genannt. Ein Schüler hat das Gefühl, dass man in den ersten Stunden immer „spaßige Dinge" macht, bevor es dann „langweiliger und langweiliger" wird und man dann „immer gleiche Dinge" macht (WSNE).

Einige der Schüler*innen bekamen im Rahmen eines narrativ begonnenen Interviews Gelegenheit zu erzählen, wie sie den Englischunterricht in der 4. Klasse, den Schulwechsel und die ersten Wochen im Englischunterricht der 5. Klasse wahrgenommen haben[90]. Mit Bezug zum Englischunterricht in der 4. Klasse nennen die Schüler*innen viele Theaterstücke, Spaß sowie die Tatsache, dass man beim Theaterspielen viel lernt, z.B. Wörter und die Aussprache (PEG1a). Vor dem Wechsel auf die neue Schule waren die Schüler*innen aufgeregt (AESW1) und konnten sich teilweise nur schwer entscheiden, auf welche Schule sie gehen sollen. Eine wichtige Entscheidungshilfe war in diesem Prozess, auf welche Schule Freunde bzw. Freundinnen gehen würden und wie weit der Schulweg sein würde.

Die Beschreibungen des Englischunterrichts in der 5. Klasse decken sich mit dem, was in den Kapiteln zur Übergangsproblematik herausgestellt wurde. Die Schüler*innen stellen sich zunächst einander vor und ihnen wird dann erklärt, wie sie am besten Vokabeln lernen können (Interview Maria). Erneut zeigt sich die Bedeutung, die die Lehrkräfte der weiterführenden

89 Dieses Akronym beschreibt die Kategorie der Auswertung, hier ‚Weiterführende Schule Positive Erfahrung'.

90 Die genaue Formulierung der Einleitung kann den Transkripten entnommen werden.

Schulen Vokabeln im Englischunterricht zuschreiben. Teilweise besteht der Unterricht nur noch aus Vokabeln abschreiben und lernen, Theaterstücke werden nicht mehr gespielt (EWS3b; Interview Maria, Interview Boris). Im Unterricht wird nun verstärkt mit dem Buch gearbeitet (Interview Jella). Es wird Grammatik gelernt und die betreffende Schülerin hat das Gefühl, dass ihr diese Regeln helfen, Sätze zu bilden, um sich dann zu unterhalten. In Partnerarbeit wird das Sprechen trainiert und im Unterricht kommen Dialogen zum Einsatz (EWS1; Interview Maria, Interview Alma, Interview Boris). Die Sprache wird dabei geübt, auch weil die Dialoge aufgeschrieben werden (WSUG2). Der Unterricht ist einsprachig und sowohl der Unterricht als auch die Arbeiten sind schwieriger geworden (WSUG5; Interview Maria). Neben der Gestaltung des Unterrichts wird auch die Lehrkraft erwähnt, die Lehrerin fair ist sowie nett unterrichtet (EWS2; Interview Alma).

Im weiteren Verlauf der Interviews wurden Nachfragen gestellt, die sich mit möglichen Schwierigkeiten zu Beginn der 5. Klasse, mit Unterschieden in der Unterrichtsgestaltung, dem Lernzuwachs der Schüler*innen und ihren Wünschen an den Englischunterricht in der 5. Klasse beschäftigten. Ein besonderer Fokus wurde noch einmal auf das Potenzial dramapädagogischer Methoden im Englischunterricht gelegt.

Negative Erfahrungen, die die Schüler*innen zu Beginn der 5. Klasse machen (WSNE), beziehen sich auf Veränderungen im Sozialgefüge, das Lernen der Vokabeln im Englischunterricht, das Fach Mathe und die allgemeine Umstellung. Die Aussagen der Schüler*innen zeigen, dass der Schulwechsel zwar zu einigen Veränderungen geführt hat. Nur bei zwei Schülern – Boris und David – scheinen diese tiefgreifender. Bei zwei anderen Schülern – Merlin und Mirco – lässt sich ein Motivationsverlust feststellen, da sie das Gefühl äußern, dass ihre Kompetenzen nicht erkannt werden.

Die Gestaltung und der Aufbau der Englischstunden unterscheiden sich von dem, was die Schüler*innen aus der Grundschule gewohnt waren (VEUG; VEPF). Die Ausführungen der Schüler*innen zeigen, dass der Englischunterricht in der 5. Klasse oft mit weniger Spaß und weniger Bewegung, denn die Schüler*innen freuen sich, wenn sich die Klasse im Unterricht bewegen kann (Interview Mirco), und haben das Gefühl eher auf ihrem Platz zu sitzen (Interview Jella). Theater und Spiele kommen nur selten zum Einsatz (Interview Mirco). Sie müssen still sein, um keinen Ärger zu bekommen. Die Methoden sind weniger motivierend – eine Schülerin beschreibt, dass zur Wiederholung der Grammatik alle Schüler*innen aufstehen und sich bei einer richtigen Antwort hinsetzen dürfen – diese Methode sei ihr, ebenso wie das Bearbeiten von Aufgaben um Buch, aus dem Matheunterricht bekannt (Interview Alma) –, es wird vorgelesen, (ab)geschrieben und im Buch oder Workbook gearbeitet, Vokabeln werden abgeschrieben, gelernt und abgefragt und es gibt viele Hausaufgaben. Es gibt auch einen stärkeren Fokus auf Grammatik, der aber teilweise auch als positiv empfunden wird, „weil dann kann ich endlich mal richtig gut schreiben. Dann irgendwann mal“ (Interview Merlin). In manchen Klassen kommen auch Rollenspiele und die Erarbeitung von Szenen zum Einsatz (Interview Mirco). Insgesamt ist der Unterricht schwieriger – es wird nicht so einfach erklärt – und ist mit mehr Anstrengung verbunden (Interview Maria). Den Englischunterricht der 4. Klasse verbinden die Schüler*innen mit mehr Spaß (beim Lernen) und Spielen. Sie haben weniger ins Heft geschrieben, nicht so viel im Buch gemacht und das Workbook wurde nicht so oft im Unterricht eingesetzt. Stattdessen haben sie Arbeitsblätter ausgefüllt, Theater gespielt und sich mehr bewegt. Insgesamt fanden sie den Unterricht leichter. Diese Veränderungen, die sie teilwiese als „eigentlich nicht so gut“ (Interview Jost) beschreiben, führen bei den Schüler*innen dazu, dass sie den Unterricht weniger mit positiven Erlebnissen verbinden – „es fühlt sich einfach anders an […] ein bisschen schlechter“ (Interview Mirco) – und sich Folgen wie Motivationsverlust und Leistungsabfall einstellen können. Diese Veränderungen ergeben sich jedoch nicht automatisch mit dem Wechsel auf die weiterführenden Schulen, sondern eher aus einem Selbstverständnis des Unterrichts in der Sekundarstufe I bzw. aus seiner Interpretation sowie einer Abwertung dessen, was der Grundschulunterricht leisten kann. Sobald die Lehrkräfte der weiterführenden Schulen der Ansicht sind, dass sie Inhalte aufholen oder aufarbeiten und die Schüler*innen an „richtigen“ Englischunterricht heranführen müssen, teilweise auf sehr strenge Art und Weise (Interview Maria), wird der Englischunterricht zu Beginn der 4. Klasse zu einem Gegensatz zu dem, was die Schüler*innen aus der 4. Klasse gewöhnt sind. Dies geschieht, ohne dass es eine Veranlassung dazu gäbe. Die Veränderungen, die die Schüler*innen als negativ empfinden, lassen sich ohne Weiteres aus dem Unterricht der 5. Klasse eliminieren. So lassen sich beispielsweise auch im Englischunterricht der 5. Klasse thematische Kontexte, die den Schüler*innen aus der Grundschule bekannt sind und die ihnen in der weiterführenden Schule teilweise fehlen (Interview Alma) kreieren. Dazu können auch die thematischen Angebote aus dem Lehrbuch genutzt und erweitert werden. Ein schrittweises Heranführen an das systematische Lernen der Vokabeln, begleitet von einem spielerischen Üben, würde den Schüler*innen den Umgang mit dem fremdsprachigen Wortschatz erleichtern. Das Lernen der Vokabeln und die Vokabeltests würden nicht mehr als so schwierig empfunden werden. Wird den Schüler*innen darüber hinaus die Sinnhaftigkeit des als anstrengend empfundenen Lernens von Vokabeln bewusst gemacht, z.B. „weil man dann neue Sätze bilden kann", kann es ihnen leichter fallen. Einige Schüler*innen empfinden es auch als „nervig immer im Heft zu arbeiten" (Interview Merlin) bzw. „dauernd, also [...] sehr oft wirklich" (Interview Boris) etwas abschreiben zu müssen, auch wenn das Arbeiten im Heft „manchmal ganz lustig" (Interview Boris) sein kann. Dazu kommt die geringere Bewegung, denn „wenn wir n bisschen mehr Sketche spielen würden auch, dann würden wir nich so die ganze Zeit auf unserm Platz sitzen, dann wäre das mal so ne Abwechslung, weil wir sitzen ja eigentlich so den ganzen Tag auf unsern Sitzplätzen" (Interview Jella). Die jungen Lernenden wünschen sich einen Unterricht, der methodisch abwechslungsreich gestaltet ist und Elemente des bewegten Lernens einschließt. Die Integration von grundschulgemäßen Methoden in die Aus- und Weiterbildung von Lehrkräften der Sekundarstufe I scheint unerlässlich.

Die Notwendigkeit einer methodischen Fort- und Weiterbildung zeigt sich auch dann, wenn es um das Lernen von Vokabeln geht, das in Gesprächen mit Lehrer*innen der weiterführenden Schulen oft als eine Hürde der Übergangsproblematik benannt wurde. In den Interviews wird deutlich, dass Vokabeln meist zu Hause abgeschrieben und gelernt und dann in der Schule in verschiedenen Testformaten abgefragt werden. Es werden Wörter diktiert oder es gibt eine Liste mit deutschen Wörtern zum Übersetzen (Interview Maria). Manche Tests bestehen nicht nur aus Listen, sondern beinhalten u.a. Lückentexte (Interview Jost), Sätze mit Lücken, neben denen sich jeweils ein Bild des gesuchten Worts befindet (Interview Jella) oder Aufgaben, z.B. „[Nenne] zehn Dinge, die man in der Schultasche findet" (Interview Merlin). Wofür die Schüler*innen die Vokabeln lernen, ist ihnen oft nicht klar. Sie wissen aber, dass sie üben müssen, um die Vokabeln nicht wieder zu vergessen (Interview Jella, Interview Jost). Die Antworten der Schüler*innen belegen, dass in manchen Klassen der Umgang mit dem fremdsprachigen Wortschatz zu einer Belastung für die Schüler*innen werden kann, nämlich dann, wenn Vokabellisten einfach auswendig gelernt werden und in althergebrachten Listentests abgefragt werden. Dieser Umgang mit den Vokabeln ist für die Lernenden nicht nur fremd und langweilig, er ist auch nicht dem Alter und den Bedürfnissen der Lernenden angemessen. Basiert das Problem des Vokabellernens zu Beginn der 5. Klasse auf der Annahme, dass die Lernenden bereits wissen, wie sie englisch-deutsche Wortlisten zu führen und auswendig zu lernen haben, verwundert die Problematik nicht. Der Umgang mit neuem Wortschatz ist den Schüler*innen aus der Grundschule bekannt. Allerdings wird dort beispielsweise mit Bildkarten oder Spielen gearbeitet.

Einige Veränderungen im Englischunterricht der 5. Klasse werden von den Schüler*innen als positiv bewertet wird. Dabei geht es um den Einsatz von Dialogen und eine damit verbundene abwechslungsreiche Gestaltung des Unterrichts, denn „nur Dialoge ist auch nicht gut" (Interview Alma). Spielerische Elemente, wie im Unterricht durchgeführte Wettkämpfe (Interview Maria) werden ebenso wie kooperatives Arbeiten in Tischgruppen als positiv bewertet. Das kooperative Arbeiten erscheint dabei auch eine Möglichkeit zu sein, in der 5. Klasse Anstrengung und Spaß miteinander zu verbinden werden, „weil dann macht es Spaß und is auch ein bisschen anstrengend" (Interview Maria). Es gefällt den Schüler*innen, wenn sie viel selber machen können und sie wenig abschreiben müssen.

Die Wünsche der Schüler*innen für den Englischunterricht in der 5. Klasse WEUG, WEWW) sind von den Erfahrungen, die sie zu Beginn der 5. Klasse gemacht haben, geprägt. So wünscht sich Maria einen netten Lehrer, der nicht so schnell wütend wird, weniger Hausaufgaben und keine Strafarbeiten. Jella wünscht sich, weiterhin während der Englischstunde im *Workbook* zu arbeiten. Für David und Merlin wäre es gut, wenn im Unterricht mehr gesprochen werden würde, als Alternative zur Arbeit im Heft, und David fügt hinzu, dass nicht nur die Kinder dran genommen werden sollen, die englischsprachige Eltern(teile) haben und er jedoch „auch nicht immer plötzlich dran [genommen]" werden möchte. Mirco wünscht sich interessantere Themen („Weltraum oder so was"), womit er auf die bereits erwähnte Fortführung der inhaltlichen Progression verweist. Jost, Ronja, Jella, Boris und Maria wünschen sich Theaterstücke (mit Musik), Sketche und Pantomime. Ihre Wünsche begründen sie damit, dass es Spaß gemacht hat, wenn die Aussprache sowie die Betonung trainiert werden – „ich finde, dass man dann das einfach besser lernen kann" (Interview Jella) und damit, dass bei diesen Methoden in Gruppen gearbeitet wird und sie Spaß machen.

Den Mehrwert des Englischunterrichts in der 5. Klasse („Was ist das Wichtigste, das du bisher im Englischunterricht der 5. Klasse gelernt hast?“; WSK, WWK) sehen die Schüler*innen nach den ersten Wochen hauptsächlich im Angebot sprachlicher Strukturen (z.B. Personalpronomen und das dazugehörige Konjugieren der Verben, neue Wörter, das ABC) sowie in der Förderung einzelner Kompetenzbereiche (die Aussprache, schreiben, „ganz viel Englisch sprechen“ (Interview David)). Hinzu kommt ein bewussterer und methodisch anders gestalteter Umgang mit der fremdsprachigen Grammatik und den Vokabeln. auf den bewussteren Umgang mit diesen Bereichen des Unterrichts und den eingesetzten Methoden zurückzuführen ist (WSK1). Im Unterricht der Grundschule wurde mit Vokabeln anders gearbeitet (Interview Boris). Vokabeln mussten nicht abgeschrieben und dann für einen Test gelernt werden, Teil des Unterrichts waren sie trotzdem.

Ihren Lernzuwachs (LKSK, LZWK) sehen die Schüler*innen zum einen im Bereich der Inhalte, die zuletzt im Unterricht behandelt wurden und u.a. Teil der letzten Arbeit waren (Zahlen, Farben, Sätze schreiben, das ABC). Hinzu kommen „ein paar Wörter“, Vokabeln „und dadurch besser verstehen“ (Interview Ronja) sowie „auch wie man das besser aufschreibt“ (Interview Jost). Neben „schreiben“ (Interview Alma) bzw. „Sätze bilden“ (Interview Boris) wird eine Verbesserung der Aussprache und des „sich mehr hereinversetzen[s]“[91], d.h. möglicherweise der Rollenübernahme oder des Perspektivwechsels, benannt. Die Gründe für diesen Lernzuwachs sehen die Schüler*innen in einer Erklärung der Regeln (Interview Maria) sowie in einer Unterstützung durch Arbeitsblätter und Textaufgaben (Interview Jost). Sie erkennen auch, dass Vokabeln nützlich sind (Interview Alma). Außerdem wird beim Auswendiglernen eines Dialogs in den Gruppen konzentrierter gearbeitet (Interview David). Verbesserungspotenzial sehen die Schüler*innen im Bereich der Vokabelarbeit (das Lernen und Merken der Vokabeln), bei der Aussprache sowie im Verstehen und Schreiben der Fremdsprache. Sie können sich mehr melden und häufiger bei Schwierigkeiten nachfragen (Interview David). Diese Verbesserungen können den Schüler*innen ihrer Meinung nach gelingen, indem sie die Vokabeln, die Regeln sowie deren

91 Er hatte diese Aspekte bereits vorher genannt, als es darum ging, was er beim Theaterspielen in der Grundschule gelernt hat. Es kann daher sein, dass es an dieser Stelle zu einer Wiederholung dessen kam. Es wurde im Interview nicht näher darauf eingegangen.

Ausnahmen lernen, sich Wörter vorsprechen lassen und diese nachsprechen (Aussprache) und „mehr Mut aufbringen“ (häufiger melden). Keine der Angaben, die die Schüler*innen in diesem Kontext machen, sind so spezifisch für den Englischunterricht der Sekundarstufe, als dass sie sich nicht auch schon im Englischunterricht der 4. Klasse anbahnen ließen. Die Antworten verweisen jedoch auf die zu fokussierende Integration der Schriftsprache sowie den bewussteren Umgang mit Wortschatz im Englischunterricht der Grundschule.

Laut Aussage der Schüler*innen arbeiten alle weiterhin mit Dialogen. In den meisten Fällen werden die Schulbuchcharaktere zum Vorlesen in verteilten Rollen zugeteilt. Anschließend werden Aussprachefehler besprochen. Manchmal werden Gruppen gebildet und die Dialoge zum Vorspielen eingeübt. Da alle Schüler*innen in der 4. Klasse intensiv mit dramapädagogischen Methoden gearbeitet haben, kann davon ausgegangen werden, dass sie eine gewisse methodische Kompetenz besitzen. Ihr Blick auf den Einsatz der Methoden soll an dieser Stelle daher etwas genauer dargestellt werden. Alma lässt durch ihre Aussage „Ja, also, Dialoge, naja, ...“ vermuten, dass es sich dabei nicht um solche Szenen handelt, die sie aus dem Unterricht in der Grundschule kennt. Die Dialoge aus dem Buch findet sie langweilig und kurz und würde es besser finden, wenn man ein ganzes Stück übt. Manchmal dürfen sie sich auch selbst Dialoge in Gruppen ausdenken, die anschließend vorgetragen werden. Allerdings hat sie teilweise schlechte Erfahrungen mit dem Schreiben von Szenen in Gruppen gemacht, da die Gruppen zu groß sind und es niemanden gibt, der die Prozesse koordiniert. Anders als die Zusammenarbeit, ist das Schreiben der Texte kein Problem. Merlin, der in der gleichen Klasse ist wie Alma und David, findet, dass die Arbeit mit den Dialogen nicht anders ist als in der Grundschule: Die Rollen werden verteilt, die Dialoge werden eingeübt und vorgespielt. Hinzu kommt, dass es ab und zu eine Jury gibt, die die Szenen bewertet. Es werden jedoch keine Warm-ups oder Übungen zur Rollenfindung durchgeführt. Dies führt dazu, dass manche Schüler*innen kichern, aber Merlin findet, dass es abgesehen davon gut klappt. Die Arbeit an einem längeren Theaterstück würde seiner Meinung nach auch in den Unterricht der 5. Klasse passen, allerdings schränkt er diese Aussage ein, da die Lehrerin „immer andere Sachen [macht], also vielleicht auch nicht“. David findet es gut, dass immer noch viel mit Dialogen gearbeitet wird, „weil für die Kinder, die noch nicht so viel Englisch können, prägt sich das besser ein“. Ronja ist sich bei der Beantwortung dieser Frage nicht sicher, da einige ihrer Mitschüler/innen sehr „hibbelig“ sind, sie kommt aber zu dem Schluss, dass es vielleicht für diese Schüler*innen auch gerade gut wäre, wenn im Unterricht mit Szenen und Theaterstücken gearbeitet werden würde. Jost bewertet die Umsetzung des Theaterspielens in der 5. Klasse eher negativ. Sie „machen [...] auch [...] in der Tischgruppe so welche Stücke, aber [...] es [sind] keine richtig so mit Schauspielern, so was was eigentlich grad so grade Spaß macht, sondern wir lesen das einfach nur so vor“. Auch Mircos Erfahrungen mit dem Theaterspielen in der 5. Klasse sind nicht besonders positiv. Er bemängelt, dass seine Klassenkamerad*innen wenig motiviert sind und sich am Buch festhalten. Außerdem gibt es für sein Empfinden zu wenig Platz und zu wenig Zeit. Das führt dazu, dass er es nicht so gut findet, dass sie im Englischunterricht der 5. Klasse Szenen spielen – obwohl er angibt, dass ihm das Theaterspielen in der 4. Klasse Spaß gemacht hat. Er erwähnt, dass er beim Vorspielen oft lachen muss und begründet dies damit, dass er seine Klasse noch nicht so lange kennt („Und wir haben uns nicht so lange kennengelernt.“) und gibt später auch an, dass „Theaterspielen [...] nicht wirklich [sein] Ding [ist]“. Für ihn müsste die Klasse sich besser kennenlernen, damit die Schwierigkeiten beim Theaterspielen gelöst werden können. Außerdem müssen die Zeit- und Platzprobleme gelöst werden. Die Gruppen müssten getrennt voneinander üben, damit die anderen die vorbereiteten Szenen und eingebauten Überraschungen nicht schon kennen. An den Ergebnissen zu dieser Frage zeigt sich eines sehr deutlich: Der Einsatz von Rollenspielen, Dialogen und szenischer Arbeit im Unterricht will geübt und vorbereitet sein. Sobald die Erarbeitung von Dialogen nebenbei erfolgt, birgt sie die Gefahr, dass die Schüler*innen das Potenzial der Methoden nicht ausschöpfen können und sie, ebenso wie die Lehrer*innen, die Methoden ggf. als anstrengend und wenig gewinnbringend erleben. Gleichzeitig zeigt sich, dass die im Theorieteil dieser Arbeit bereits angeführte positive Gruppenatmosphäre, insbesondere zu Beginn der 5. Klasse, in der sich Schüler*innen aus verschiedenen 4. Klassen zusammenfinden, ein Gelingensfaktor für den Einsatz dramapädagogischer Methoden ist. Die Schüler*innen bemerken, dass die Methoden nicht in den dramapädagogischen Prozess eingebunden sind und vermissen das Schauspielern, das Sich-Hineinversetzen in Rollen und das angeleitete Experimentieren mit Gestik und Mimik. Das diskutierte Potenzial dramapädagogischer Methoden zur Förderung der kommunikativen Kompetenz bleibt ein theoretisches, wenn es sich in der Praxis aufgrund von ausbleibender Schulung der Lehrkräfte nicht entfalten kann. Mircos Ausführungen bestätigen, dass es schwierig ist, im Klassenraum die Unvorhersehbarkeit von authentischen Kommunikationssituationen zu simulieren und die Präsentationen der Schüler*innen für alle spannend zu halten. Sein Vorschlag, die Gruppen bei den Proben zu trennen, klingt einfach, ist in der Praxis teilweise jedoch nur schwer umzusetzen, wenn es an Platz fehlt oder Gruppen nicht in den Flur o.ä. geschickt werden können.

Ein Ziel des Einsatzes von dramapädagogischen Methoden im Englischunterricht der 4. Klasse war es, die Schüler*innen den Schulwechsel vorzubereiten. Die Schüler*innen sollten dieses Potenzial reflektieren („Hast du das Gefühl, dass du in der 4. Klasse (beim Theaterspielen) was gelernt hast, das du jetzt in der 5. Klasse gut gebrauchen kannst?") und erläutern (DPSK, DPWK, DPPE). Maria hebt als positiven Effekt des Theaterspielens in der 4. Klasse hervor, dass dort schwierige Wörter und insbesondere ihre Aussprache geübt werden konnte. Mehrfach werden soziale Aspekte des Theaterspielens und das Zusammenarbeiten in einer Gruppe genannt. Man lernt, mit den anderen zusammenzuarbeiten und „nicht immer alleine alles machen [zu] wollen" (David). Alma findet, dass ihr die Erfahrung aus der 4. Klasse bei den Dialogen hilft und auch Boris gibt an, dass er „Szenen nachspielen" gelernt hat. Ronja hat „ein paar Wörter" und „Englisch verstehen" gelernt und Merlin „dieses Grundwissen, vom Schreiben her", indem in der Grundschule im Heft gearbeitet wurde sowie durch das Lesen der Dialoge und das richtige Aussprechen.

Allgemein sehen die Schüler*innen das Potenzial des Theaterspielens hauptsächlich im Erwerb neuer Wörter sowie in der Verbesserung der Aussprache (DPSK). David findet, dass dies besser gelingt, als wenn man sie nur liest. Für Jella kommt neben der Aussprache die Betonung hinzu. Alma findet, „man lernt auch wie man sich unterhält, das ist sehr wichtig" und spricht den Aspekt der Rollenübernahme und des Perspektivwechsels an (DPWK): „Und man lernt auch n bisschen wie es wohl so in England in echt is so n bisschen is als Tier oder als Mensch oder wie auch immer". Diese Punkte sind auch in den Antworten von Jella und Jost zu finden („dass man sich halt mehr so in die Sachen herein versetzen kann" [Jost], „in der Rolle bleiben" [Jella]). David fügt den Aspekt des sozialen Lernens und des konzentrierten Arbeitens hinzu, denn man lernt beim Theaterspielen „einander zuhören und nicht Quatsch machen zwischendurch". Die Schüler*innen bestätigen damit

Annahmen, dass dramapädagogische Methoden die verbalen Fertigkeiten sowie die Teamfähigkeit in kooperativen Lern- und Arbeitsprozessen schulen können. Durch den Einsatz dramapädagogischer Methoden in der Grundschule wird die Arbeit mit den Methoden in den weiterführenden Schulen vorbereitet, da die Schüler*innen bereits mit Vorerfahrungen an die neue Schule kommen und bereits eine methodische Kompetenz besitzen.

Abschließend wurden die Schüler*innen gebeten, sich für den Englischunterricht in der 4. Klasse und in der 5. Klasse aus einer Auswahl von fünf Gesichtern (zwei positive, ein neutrales und zwei negative) jeweils eines auszusuchen. Die individuellen Antworten inklusive der jeweiligen Begründungen abzubilden sind Tabelle 9 zu entnehmen. In der jeweils ersten Zeile ist die Bewertung für den Englischunterricht in der 4. Klasse dargestellt, in der zweiten Zeile die für den Englischunterricht in der 5. Klasse.

Name	Smiley-Auswahl	Begründung
Maria	:-)	hat sehr Spaß gemacht mehr Partnerarbeit, man hilft sich gegenseitig
	Unterricht: :-/, Lehrer: zwischen :-/ und :-(	wenn man Dinge macht, die Spaß machen Unterricht ist ok, nicht so anstrengend, aber auch kein Spaß, normal Lehrer ist streng und nicht so nett
Jost	zwischen :-) und :-D	Unterricht hat Spaß gemacht „und da hat man auch ziemlich was gelernt“ manchmal auch ziemlich anstrengend
	:-)	Unterricht macht auch Spaß, aber nicht so viel wie in der Grundschule
Alma	:-) und :-D	„Weil's mir dort Spaß gemacht hat und ich hab trotzdem was gelernt […]“. Was wurde gelernt? Wörter, ein bisschen schreiben, wie es in England ist, verschiedene Länder kennengelernt
	:-) und :-/ zusammen	macht nicht mehr so viel Spaß „und es ist halt Unterricht“ Dialoge machen aber Spaß
Ronja	Smiley wurde nicht gezeigt – Vermutung: :-)	Unterricht hat sehr viel Spaß gemacht Theaterstück wird erwähnt

Name	Smiley-Auswahl	Begründung
Ronja	Smiley wurde nicht gezeigt – Vermutung: :-)	das gleiche Gesicht, denn es gibt schlechtere und auch bessere Sachen kein Stück mehr (schlechter), dafür Vokabeln und dadurch kann man die Wörter besser lernen
Jella	:-D	leichter „hat einfach auch Spaß gemacht" auf Nachfrage: man hat auch was gelernt
	:-)	erst Sketche, alles war neu, „und da hat das dann auch Spaß gemacht" dann weniger Sketche, aber das ist auch nicht so schlimm und „also sonst find ich's eigentlich auch okay"
David	Grundschule: :-), 4. Klasse: :-D	ersten beiden Jahre haben ihm nicht gefallen 4. Klasse: Unterricht am allerbesten, „[w]eil wir so tolle Dialoge gemacht haben und so ein tolles Stück. Und mit Ginger viel gemacht haben und so viel Englisch gesprochen haben. Das fand ich klasse."
	:-D	„Weil der Englischunterricht eigentlich so ist wie in der vierten. Ganz toll."
Merlin	:-)	bisschen lustig „da hatte man auch Freude am Englischunterricht" „man hat auch einigermaßen etwas gelernt"
	:-/	„weil er einfach nicht so sehr ansteckend ist. Weil die andern sind auch nicht besonders angesteckt davon." „da hört man schon mal Stöhnen bei manchen Aufgaben"
Boris	zwischen :-) und :-/	zwischen zufrieden und genügend schwierig sich die Theatertexte zu merken
	:-)	zufrieden „das meiste macht Spaß, aber manchmal macht's auch nich Spaß"
Mirco	:-D	„es hat einfach Spaß gemacht"
	:-/	man kennt sich nicht so gut zu wenig Platz

Tabelle 9 Bewertung des Englischunterrichts in der 4. und 5. Klasse durch ehemalige Projektgrundschüler*innen

Von sechs der neun interviewten Schüler*innen wird der Englischunterricht in der 4. Klasse besser bewertet als in der 5. Klasse. Zwei Schüler*innen bewerten den Unterricht gleich und nur ein Schüler gibt für den Unterricht in der 4. Klasse eine etwas schlechtere Bewertung ab als für den Unterricht in der 5. Klasse. Das Hauptargument der Schüler*innen dafür, dass ihnen der Unterricht in der 4. Klasse besser gefallen hat, ist, dass sie dort mehr Spaß und Freude am Lernen hatten. Sie haben öfter in Partnerarbeit gearbeitet, es wurde szenisch gearbeitet und der Unterricht wurde als leichter empfunden. Der Englischunterricht in der 5. Klasse ist ihrer Meinung nach wenig motivierend und anstrengender. Mirco wiederholt noch einmal, dass es weniger gut ist, weil die Klasse sich noch nicht ausreichend kennengelernt hat und für die Erarbeitung von Szenen nicht ausreichend Platz zur Verfügung steht. Er wünscht sich, dass die anderen Schüler*innen durch die Lehrkraft motiviert werden und „Zeit, Freundschaft, Interesse". Die einzelne schlechtere Bewertung des Englischunterrichts in der 4. Klasse beruht darauf, dass der betreffende Schüler es schwierig fand, sich die Texte der Szenen und des Theaterstücks zu merken. Die Schüler*innen, die eine ähnliche oder identische Bewertung vornehmen, können entweder kaum Unterschiede zwischen dem Unterricht in den beiden Klassen feststellen oder finden, dass sich gute und schlechte Veränderungen ausgleichen.

Einige Schüler*innen nehmen zusätzlich im Verlauf des Gesprächs eine allgemeine Bewertung des Schulwechsels vor, die sehr individuell ausfällt. So empfand Jost die 4. Klasse als anstrengender, weil der Druck vor dem Wechsel auf die weiterführende Schule zu spüren war und er das Gefühl hatte, sich besonders anstrengen zu müssen. Ronja hingegen war in der 4. Klasse entspannter und hat das Gefühl, in der 5. Klasse mehr aufpassen zu müssen. Merlin empfindet die Unterschiede zwischen der 4. und 5. Klasse als nicht so bedeutend – „Eigentlich hab ich nicht so einen großen Unterschied gemerkt" – und auch Maria findet, dass man keine Angst haben muss, da die Inhalte zu Beginn der 5. Klasse wiederholt werden – „erstmal machen sie was man in der 4. Klasse gemacht hat und dass man dann jetzt nicht so eine[n] Sprung hat". Diese Einschätzung der Lernenden zeigt, wie individuell und unterschiedlich das Erleben des Schulwechsels ist und welch feinfühliger Umgang mit dieser Phase notwendig ist, denn Marias Antwort, die sich hier auf die Inhalte bezieht, steht in einem Gegensatz zu ihren negativen Erfahrungen im Unterricht, die sie an anderr Stelle schildert.

7.2.2 Datenerhebung in der Gesamtschule

Der in der weiterführenden Schule eingesetzte Fragebogen hat die Schüler*innen zu ihren Einstellungen zum und Erfahrungen mit dem Englischunterricht in der 5. Klasse sowie zu Vorerfahrungen mit dem Theater und zum Potenzial, das sie dramapädagogischen Methoden im Englischunterricht zuschreiben, befragt. Diese Daten werden genutzt, um zum einen die Erfahrungen der Versuchsklasse (5d) mit denen der interviewten ehemaligen Projektgrundschüler*innen und zum anderen mit den Vergleichsklassen (5b und 5a) an derselben Schule zu vergleichen. Aus der Klasse 5d haben 24 Schüler*innen an der Befragung teilgenommen. In den Vergleichsklassen sind es für die 5a 30 Schüler*innen und für die 5b 24 Schüler*innen. Leider wurden in allen Klassen einzelne Fragebögen nur teilweise ausgefüllt: In der 5d handelt es sich dabei um fünf Fragebögen, in der 5a um zwölf und in der 5b um drei Fragebögen. Zudem sind vereinzelt Fragen nicht auszuwerten, da die Schüler*innen das betreffende Kreuz z. B. zwischen die Kästchen gesetzt haben. Zunächst werden die Einstellungen der Klassen zum Englischunterricht sowie die Einschätzung der eigenen Fähigkeiten im Fach dargestellt. Sodann folgen die Vorerfahrungen und Einstellungen zum Theaterspielen.

In diesem Teil des Fragebogens zeigt sich ein ähnliches Bild wie in den Interviews mit den Projektgrundschüler*innen: im Großen und Ganzen sind die Schüler*innen mit dem Unterricht in den 5. Klassen zufrieden. Als herausfordernd wird die Arbeit mit den Vokabeln empfunden. Die Schüler*innen schätzen eine spielerische und handlungsorientierte Gestaltung des Unterrichts und würden sich über eine stärkere Themenorientierung sowie ein langsameres Voranschreiten im Unterricht freuen (s. Tabelle 10).

Anschließend wurden die Schüler*innen gebeten, mit Hilfe eines Smileys auszudrücken, wie sie sich im Englischunterricht der 5. Klasse fühlen. Die meisten Lernenden sind mit dem Unterricht zu Beginn der 5. Klasse zufrieden, sie kommen in der Regel gut mit und fühlen sich wohl. Einige Schüler*innen der Versuchsklasse betonen ausdrücklich wie viel Spaß und Freude ihnen der Unterricht nun macht. Auch negative Gefühle der Überforderung, der Unsicherheit und des Nichtmitkommens werden in allen Klassen gleichermaßen geäußert.

Der Lernerfolg, den die Schüler*innen dem Englischunterricht in der 5. Klasse zuschreiben, wurde mit Hilfe von zwei Fragen erhoben. Zum einen sollten die Lernenden ankreuzen, ob sie ihrer Meinung nach viel im Eng-

Item	5d	5b	5a
Der Englischunterricht in der 5. Klasse macht mir Spaß.	2,04	2,10	1,71
Der Englischunterricht in der 5. Klasse gefällt mir.	1,91	1,95	1,75
	+ Theaterspielen + Lehrerinnen + Keine richtigen Arbeiten und Vokabeltests – Menge der zu lernenden Vokabeln – Singen von Liedern – Einsprachigkeit – wiederholtes Erklären – AÜ-Aufgaben	+ Spiele + Arbeiten in Gruppen + Nachspielen von Geschichten + Spaß Unterricht Vokabeln + gute Erklärungen + positives Miteinander + Wiederholungen + genaueres Erarbeiten von Inhalten aus der Grundschule + nette Lehrerin + Lernen von Neuem + Einsprachigkeit + Tests + einfache AÜ-Aufgaben – Lernen der Vokabeln – viele Vokabeltests – viele Tests – Theaterspielen – Unterrichtsstörungen – Einsatz der gelben und roten Karten	+ spielerisches Lernen + Einsatz von Liedern + Wettkämpfe zwischen den Tischgruppen + Lehrerin + abwechslungsreiche Gestaltung des Unterrichts + Atmosphäre im Unterricht + Vokabeln + kleinschrittiges Vorgehen + Wiederholungen aus der Grundschule + weniger Tests – Vokabeln abschreiben, Vokabeltests – „Spiele mit dem Rumlaufen" – Gruppenarbeiten – Lautstärke im Unterricht – Test – häufige Themenwechsel – zu wenig Zeit zum Überlegen – abschreiben von der Tafel – lesen – Unterricht ist zu leicht

Tabelle 10 Zufriedenheit im Englischunterricht der 5. Klasse

lischunterricht lernen. Außerdem wurden sie gebeten, zu benennen, was für sie das Wichtigste ist, das sie bisher im Englischunterricht gelernt haben. Die Ergebnisse sind in der folgendenTabelle dargestellt.

Item	**5d**	**5b**	**5a**
Der Englischunterricht der 5. Klasse lerne ich viel.	1,83	1,83	2,26
Das habe ich bislang gelernt.	- „[v]iele Sachen auswendig zu lernen und das hilft mir dann auch für Vorträge“ - „Gut zu schreiben wegen den Vokabeln. Gut Englisch sprechen wegen den Theater-stücken. Die Personal-pronomen (ich du er...), Vokabeln - das[s] Englisch auch Spaß macht - „viele Vokabeln und bei den Theaterspielen lern man auch ganze Englisch Sätze“ - „Vokabeln, besser Englisch reden und schreiben“ - „Vokabeln, [e]nglische [G]espräche führen“ - Neue Vokabeln; schreiben, sprechen und lesen“ - „wie man Partner, TG und Einzelarbeit macht - „Vokabeln, Theater-stücke und Spaß haben“ - „was Deutsche Wörter in Englisch heißen und das[s] man[n] mit der TG schneller was schaf[f]t“	- Vokabeln - grammatikalische Phänomene - Themen: Räume und Gegenstände in einem Haus, die Farben, Thomas Tallis School sowie Toms Haus und seine Familie - das Alphabet - was eine *reading* und *listening comprehension* sind - Englisch zu sprechen und zu schreiben - Geschichten nachgespielt	- Vokabeln - einzelne grammatikalische Phänomene - „[e]nglische Sätze zu verstehen“ - „Personen beschreiben“ - „mit englischen Wörtern umzugehen“ - „[d]ass das Englisch ganz anders ist als in der 4. Klasse“

Tabelle 11 Lernerfolg im Englischunterricht der 5. Klasse

Der Vergleich der Antworten zeigt, dass die Lernenden der 5d differenziertere Antworten geben und oft begründen, warum ihnen Aspekte des Unterrichts weiterhelfen. Sie deuten mit ihren Antworten an, dass sie beim Theaterspielen Dinge lernen, die auch auf andere Bereiche übertragen werden können (auswendig lernen) und die ihre Kommunikationsfähigkeit in der Fremdsprache fördert (sprechen, ganze englische Sätze, unterhalten). Neben dem Wortschatzerwerb und ihrer Fähigkeit, die Fremdsprache zu sprechen, benennen sie auch das Lesen und Schreiben. Sachverhalte wie, dass Unterricht auch Spaß machen kann, und soziale Kompetenzen werden ausschließlich in der Versuchsklasse benannt. Auffällig ist, dass in den beiden Vergleichsklassen häufig die Vokabelarbeit genannt wird, ergänzt werden diese Antworten durch die Erwähnung des Sprechens, Schreibens und Verstehens englischer Sätze. In der 5a werden darüber hinaus die Unterschiede zum Englischunterricht in der Grundschule explizit angeführt.

Um festzustellen, welche Prioritäten die Schüler*innen den einzelnen von ihnen genannten Inhalten zuschreiben, wurden sie gebeten, zu benennen, was für sie das Wichtigste ist, das sie bisher im Englischunterricht der 5. Klasse gelernt haben. Die Antworten pro Klasse inklusive der Anzahl der Nennungen sind untenstehender Tabelle zu entnehmen.

5d	5b	5a
- Vokabeln (4) - Theaterspielen (4) - auswendig lernen (2) - „Das[s] man mit Theaterspielen viel lernt und das Englisch nicht so schwer ist wie man denkt.“ (1) - Schreiben (1) - Aussprache (2) - Kommunizieren in der Fremd-sprache (2) - „Verneinung“ (1) - „Geschichten lesen und He, she, it und so weiter“ (1)	- Vokabeln (15) - „Viele neue, tolle Vokabeln! Ich kann jetzt besser Englisch sprechen als vorher.“ (1) - Alphabet (4) - „[d]ie Zahlen“ (1) - Das Bilden von Sätzen (1) - „[d]as[s] man sich zi[e]mlich anstrengen muss[,] um etwas zu erreichen“ (1)	- Vokabeln (13) - Aussprache (4) - „man braucht die Vokabeln, um Sätze zu schreiben oder weil man damit in England am besten du[r]chko[m]mt“ (1). - Wortfeld „[d]ie Möbel und [Z]immer im Haus“ (1) - Kommunizieren in der Fremdsprache (6) - Grammatik (3) - „Unit 1“ (1) - „Das[s] ich keine Angst haben muss wenn ich etwas nicht verstehe.“ (1)

Tabelle 12 Wichtigster Lernerfolg im Englischunterricht der 5. Klasse

Bei der Auswertung dieser Frage fällt die Dominanz des Vokabellernens in den beiden Vergleichsklassen auf. Abgesehen davon sind die Antworten relativ ähnlich. Auffällig ist allerdings, dass ausschließlich in der 5b die Anstrengung im Unterricht benannt wird und in den anderen beiden Klassen der Lernfortschritt sowie eine positive Wahrnehmung des Schwierigkeitsgrads oder der Unterrichtsatmosphäre genannt werden. Antworten, die sich auf das Kommunizieren in der Fremdsprache beziehen, sind in der 5d und 5a zu finden. Interessanterweise haben diese beiden Klassen den Unterricht auch positiver bewertet als die 5b (s.o.). Allein in der Versuchsklasse wird das Potenzial des Theaterspielens hervorgehoben.

In der Selbsteinschätzung hinsichtlich der im Englischunterricht trainierten Fertigkeiten lassen sich sowohl Vergleiche innerhalb einer Klasse als auch zwischen den Klassen anstellen. Die Ergebnisse, in Form einer Übersicht über die jeweiligen Mittelwerte, werden in der folgenden Tabelle dargestellt:

Kompetenzbereich	5d	5b	5a
a. Englisch lesen	2,46	1,95	2,56
b. Englisch schreiben	2,78	2,45	2,58
c. Englisch sprechen	1,96	2,00	2,19
d. Englisch hören/verstehen	2,38	2,17	2,23
e. die englische Aussprache	2,08	2,27	2,21
f. neue englische Vokabeln lernen	2,17	1,67	1,93
g. vor anderen Englisch sprechen	2,09	2,62	2,60
h. neue englische Vokabeln verwenden	2,21	1,95	2,19
i. englische Lieder singen	1,83	1,70	1,96
j. einen englischen Dialog führen	2,46	2,26	2,38
k. etwas auf Englisch vorlesen	2,29	2,32	2,28
l. mich auf Englisch unterhalten	2,29	2,45	2,46
m. einen Dialog/eine Szene vorspielen	1,52	2,09	2,46

Tabelle 13 Mittelwerte im Vergleich – im Englischunterricht der 5. Klasse trainierte Fertigkeiten

Die Schüler*innen der 5d schätzen sich am besten in den Bereichen ‚einen Dialog/eine Szene vorspielen', ‚englische Lieder singen' und ‚Englisch sprechen' ein, was auf den verstärkten Einsatz dramapädagogischer Methoden in dieser Klasse zurückzuführen ist. Ähnlich wie die Schüler*innen der Projektgrundschule nehmen die Schüler*innen der 5d ebenso eine positive Bewertung der englischen Aussprache vor. Gefolgt werden diese Items von ‚vor anderen Englisch sprechen', ‚neue englische Vokabeln lernen', ‚etwas auf Englisch vorlesen', ‚neue englische Vokabeln verwenden' und ‚mich auf Englisch unterhalten'. Etwas schlechter fällt die Bewertung für die Items ‚Englisch hören/verstehen', ‚einen englischen Dialog führen', ‚Englisch lesen' und ‚Englisch schreiben' aus. Die Schüler*innen hatten im Fragebogen die Möglichkeit, diese Angaben zu ergänzen. Dabei wurden in der 5d folgende Items genannt: „englische Wörter merken", „meinen Eltern etwas auf Englisch mitteilen", „laut sprechen", „gute Vorträge halten", „im Workbook arbeiten", „AÜ bearbeiten" und „Englisch lernen". Auch die hier genannten Antworten „laut sprechen" und „gute Vorträge halten" verweisen auf das Potenzial der eingesetzten dramapädagogischen Methoden.

Die Schüler*innen der 5b schätzen sich am besten ein in den Bereichen ‚neue englische Vokabeln lernen', ‚englische Lieder singen' sowie ‚Englisch lesen' und ‚neue englische Vokabeln verwenden'. Diese Einschätzung lässt Rückschlüsse auf die methodische Gestaltung des Unterrichts zu. Neben der Arbeit mit dem Schulbuch, die den Schüler*innen eine Auseinandersetzung mit Texten ermöglicht, wird ein starker Fokus auf die Arbeit mit Vokabeln gelegt. Kompetenzen, die den mündlichen Umgang mit der Fremdsprache beinhalten, werden schlechter bewertet. Die Items ‚mich auf Englisch unterhalten', ‚Englisch schreiben' und ‚vor anderen Englisch sprechen' werden am schlechtesten bewertet. Ergänzt werden durch die Schüler*innen folgende Angaben: „Spiele spielen", „Vokabeln lernen", „Wir haben Tom kennenlernen [sic]", „Vokabel üben", „Englisch zuhören", „Spa[ß] haben", „Englischtest schreiben", „Englischklassenarbeiten", „melden, mitdenken", „Ein T[h]eater auf englisch [sic] spielen", „Englisch test [sic] zu schreiben", „Englisch-AÜ-Aufgaben", „Personalpronomen", „question", „alphabet", „Englische [S]piele spielen", „Spaß am Englischunterricht" und „[f]ehlerfrei [S]chreiben auf Englisch". Die Antworten der Schüler*innen bestätigen den Eindruck, dass im Unterricht verstärkt mit dem Lehrbuch gearbeitet wird. Der Fokus der Lernenden liegt auf sprachlichen Strukturen – Vokabeln und Grammatik – und Testformaten. Ergänzt werden diese jedoch durch die Angabe von Spielen, Spaß und Theater.

In der 5a fallen die Mittelwerte insgesamt etwas schlechter aus. Am besten schätzen sich die Schüler*innen in den Bereichen ‚neue englische Vokabeln lernen‘ und ‚englische Lieder singen‘ ein. Auch in dieser Klasse wird der Fokus auf die Vokabelarbeit deutlich. Es folgen die Bereiche ‚Englisch sprechen‘ und ‚neue englische Vokabeln verwenden‘. Auch diese Klasse schätzt sich am schlechtesten in den Bereichen ‚Englisch schreiben‘ sowie ‚vor anderen Englisch sprechen‘ ein. Die Schüler*innen ergänzen die Angaben zu Dingen, die sie im Englischunterricht lernen, um: „Geschwindigkeit“, „aufpassen, dass ich es gut im Kopf behalte“, „Vokabeln lernen“ und „Vokabeln üben“, „was an die Tafel schreiben“, „Spiele vorstellen auf Englisch“, „die Vokabeln richtig aussprechen“, „Gruppenarbeit“, „übersetzen (Englisch-Deutsch)“, „für mich allein arbeiten“, „Fragen stellen wenn ich es möchte“, „kann ich mit meine[r] TG zusammenarbeiten“, „Spiele verstehen“, „genau zuhören“, „englische Musik“, „auf Englisch Sachen bezeichnen“, „Räume benennen“, „beschreiben“. Auch hier bestätigen die freien Antworten noch einmal den Fokus auf die Vokabelarbeit im Unterricht. Hinzu kommen einzelne Unterrichtsinhalte, wie der Einsatz von Spielen, Musik oder Gruppenarbeit, die von den Schüler*innen hervorgehoben werden.

Ein Vergleich aller Klassen zeigt, dass sich die Versuchsklasse im Schreiben und im Hören/Verstehen schlechter bewertet als beide Vergleichsklassen, was darauf schließen lässt, dass diese Kompetenzen in den Vergleichsklassen stärker fokussiert wurden. Gleiches gilt für den Bereich ‚neue englische Vokabeln lernen‘ sowie, in geringerem Maße, für ‚neue englische Vokabeln‘ verwenden. Dennoch geben die Schüler*innen aller Klassen an, dass sie mehr Förderung im Bereich des Schreibens benötigen. Hinzu kommt in den Vergleichsklassen, dass sich die Schüler*innen weniger zutrauen, vor anderen Englisch zu sprechen. Daraus lässt sich ableiten, dass in der Versuchsklasse durch den Einsatz der dramapädagogischen Methoden erreicht werden konnte, dass die Schüler*innen Vertrauen gewinnen in ihre Kompetenz, auch vor einem Publikum bzw. vor anderen Gesprächspartner*innen Englisch zu sprechen. Diese Kompetenz ist besonders dann wichtig, wenn es darum geht, die Schüler*innen auf zukünftige Kommunikationssituationen, Prüfungen oder Präsentationen in der Fremdsprache vorzubereiten. Überraschend ist in diesem Zusammenhang das Ergebnis für den Aspekt ‚einen englischen Dialog führen‘, denn auch hier schätzt sich die Versuchsklasse, trotz der Arbeit mit verschiedenen Dialogen im Unterricht, als schlechter ein.

In der sich anschließenden Frage wurden die Schüler*innen gebeten, zum einen noch einmal die Kompetenz/en zu benennen, die sie besonders gut beherrschen und zu erklären, warum dies so ist. Bei dieser und den folgenden Fragen waren Mehrfachnennungen möglich. Zum anderen sollten die Schüler*innen äußern, welche Kompetenzen sie gern noch verbessern würden. Um einen Vergleich zur Grundschule herstellen zu können, sollten außerdem die Elemente angekreuzt werden, die sie in jedem Fall schon besser können als in der Grundschule. An dieser Stelle sollten die Schüler*innen auch erklären, warum sie glauben, dass sie sich ausgerechnet in diesen Bereichen verbessert haben. Die Auswertung dieses Fragebogenteils zeigt, dass die Schüler*innen genau die Items angekreuzt zu haben scheinen, die sie zuvor als besonders positiv bewertet haben. So decken sich die Ergebnisse in großen Teilen mit denen aus der vorherigen Frage. Aus diesem Grund wird an dieser Stelle ein Fokus auf die Begründungen der Schüler*innen sowie die Bereiche, in denen sich die Lernenden denken, dass sie sich im Vergleich zur Grundschule bereits verbessert haben und die Bereiche, in denen sie sich gern noch verbessern möchten, gelegt.

Die Lernenden der 5d erklären ihre verbesserten Kompetenzen damit, dass sie verstärkt üben bzw. Unterstützung(sangebote) von anderen erhalten. Es werden auch außerschulische Erfahrungen angeführt. Häufiger noch wird der Spaß beim Lernen genannt. Noch häufiger wird das Theaterspielen angeführt: „Die Scenespiele [sic] haben mir geholfen“, „Das Englische schreiben wegen den Vokabeln. Sprechen wegen den Dialogen (Rollenspiel)“, „Das Vorspielen habe ich gleich gut verstanden und es hat mir sehr viel Spaß gemacht (das Theater)“, „Mit Theaterstücken lernt man besser finde ich weil das sind meistens orwürmer [sic] und es macht viel Spaß“. Ein*e Schüler*in schreibt sich den Erfolg selbst zu („Ich habe oft sehr gut zugehört“). Die Mehrheit der Schüler*innen (41,7 %) wünscht sich, sich im Bereich ‚Englisch schreiben‘ zu verbessern. Als nächstes folgen – mit etwas Abstand – ‚die englische Aussprache‘ (29,2 %), ‚mich auf Englisch unterhalten‘ (25 %) und ‚einen englischen Dialog führen‘ (25 %).

Allgemein lässt sich feststellen, dass die Schüler*innen sich in fast allen Bereichen für kompetenter halten als noch in der Grundschule. Auf die Frage, was sie auf jeden Fall schon besser können als in der Grundschule, nennen die meisten Schüler*innen ‚einen Dialog/eine Szene vorspielen‘ sowie ‚Englisch sprechen‘. Dicht darauf folgen ‚die englische Aussprache‘ und ‚Englisch schreiben‘. Die meisten Antworten beziehen sich aber auf das Sprechen der Fremdsprache. Die Gründe hierfür sehen die Schüler*innen zumeist in der besseren Qualität des Englischunterrichts. Teilweise werden die Inhalte des Grundschulunterrichts kritisiert und neue Methoden hervorgehoben. Im Unterricht der 5. Klasse werden zudem bestimmte Elemente stärker gefördert und wiederholt oder aber die Schüler*innen strengen sich mehr an. Zwei Schüler*innen benennen dramapädagogische Methoden als Grund für ihre Verbesserung („Das ist logisch hier lernt man viel mehr auch durch den Scenenspielen", „[...] und weg[en] Dialogen, Vokabeln").

Die Schüler*innen der 5b erklären ihre Stärken zum einen durch Unterstützungsangebote in der Schule oder zu Hause, zum anderen werden oft eigene Stärken, Vorlieben oder Talente betont. Die Schüler*innen üben zu Hause und haben dafür gute Techniken entwickelt oder bringen bereits gute Vorkenntnisse aus der Grundschule mit. Einige Schüler*innen betonen auch den Spaß, den sie an bestimmten Aktivitäten haben und der ihnen dabei hilft, sich in diesen Bereichen zu verbessern. Im Unterricht durchgeführte Methoden und Aktivitäten werden kaum benannt. Die meisten Schüler*innen (37,5 %) wünschen sich, sich im Bereich ‚mich auf Englisch unterhalten' zu verbessern. Darauf folgt ‚die englische Aussprache', welche von acht Schüler*innen ausgewählt wird. Jeweils sieben Schüler*innen wünschen sich eine Verbesserung beim ‚Englisch schreiben' und ‚vor anderen Englisch sprechen'[92]. Die Ergebnisse in dieser Klasse sind weniger eindeutig als in der Versuchsklasse, in der sich fast die Hälfte wünscht, besser schreiben zu können. Dennoch lässt sich in dieser Klasse eine Tendenz in Richtung der mündlichen Kompetenzen feststellen.

Auch in dieser Klasse lässt sich feststellen, dass die Schüler*innen sich in fast allen Bereichen für kompetenter halten als noch in der Grundschule. Auffallend ist, dass sich sehr viele Lernende (58,3 %), ihrer Meinung nach, im Bereich ‚neue englische Vokabeln lernen' verbessert haben. Den großen Fortschritt im Bereich des Vokabellernens führen die Schüler*innen darauf zurück, dass sie „in der Grundschule keine Vokabeln üben mussten", sie „in der Grundschule kein Buch hatten" und „in der Grundschule zu Hause keine Vokabeln üben mussten". Mehrfach wird betont, dass der Unterricht in der 5. Klasse als besser empfunden wird und dies den Schüler*innen hilft, die

92 Die anderen Items wurden seltener ausgewählt. In dieser Klasse wurden alle Items von mindestens zwei Schüler*innen ausgewählt.

Inhalte besser zu verstehen. Die Lernenden üben aber auch zu Hause mehr. Ein*e Schüler*in führt die Verbesserung auf die neue Lehrkraft zurück.

In der 5a schätzen sich ebenfalls die meisten Schüler*innen – 43,3 %, d.h. 13 der 30 teilnehmenden Schüler*innen – am besten im Bereich ‚neue englische Vokabeln lernen' ein. Darauf folgen die Bereiche ‚Englisch sprechen', ‚die englische Aussprache' und ‚englische Lieder singen'. In den Antworten der Schüler*innen auf die Frage, warum sie diese Aspekte besonders gut können, lassen sich nur wenige Hinweise auf den Englischunterricht finden. Den Schüler*innen hilft es jedoch, wenn Dialoge vorentlastet werden und wenn Methoden wiederholt im Unterricht eingesetzt werden Viele Antworten der Schüler*innen beziehen sich auf die Vokabeln. Entweder auf das Lernen der Vokabeln oder auf Vorteile, die ein größerer Wortschatz mit sich bringt. Die restlichen Antworten beziehen sich entweder auf Unterstützungsangebote zu Hause oder durch Mitschüler*innen und auf das eigene Talent sowie individuelle Vorlieben oder Voraussetzungen. Zwei der Schüler*innen geben an, dass es manchmal gut ist, Dinge einfach auszuprobieren und dann den Spaß und den Lernerfolg zu entdecken, auch wenn es zunächst schwer scheint. In dieser Klasse wünschen sich die meisten Schüler*innen, dass sie besser Englisch schreiben (46,7 %) und vor anderen Englisch sprechen (43,3 %) können. Darauf folgen die englische Aussprache (30 %) sowie einen englischen Dialog führen (30 %). In dieser Klasse verbinden sich demnach die Wünsche aus den anderen beiden Klassen. Acht Lernende würden sich gern beim Vorspielen eines Dialogs/einer Szene verbessern und jeweils sieben würden gern besser Englisch sprechen und etwas auf Englisch vorlesen können. Sechs Schüler*innen wünschen sich eine Verbesserung beim Englisch hören/verstehen und jeweils fünf beim Englisch lesen, neue englische Vokabeln lernen und neue englische Vokabeln verwenden.

Weniger eindeutig als in den anderen Klassen sind die Ergebnisse der 5a hinsichtlich der Frage, was sie auf jeden Fall schon besser als in der Grundschule können. Die Werte liegen alle recht dicht beieinander. Den höchsten Wert von 33,3 % (zehn SuS) erreicht das Item ‚neue englische Vokabeln lernen'. Darauf folgt ‚neue englische Vokabeln verwenden' mit 30 % (neun SuS). Ihre Verbesserung im Bereich des Vokabellernens führen die Schüler*innen dieser Klasse ebenfalls darauf zurück, dass sie nun, im Gegensatz zur Grundschule, mehr Vokabeln lernen und sich intensiver mit diesen auseinandersetzen. Allgemein geben sie an, dass sie mehr Zeit zum Üben aufbringen. Hinzu kommen Wiederholungen und es in den Augen der Schüler*innen bessere Erklärungen durch die Lehrkraft und mehr Spaß am Unterricht gibt Ein*e Schüler*in nennt die Unterstützung durch die große Schwester zu Hause.

Zum Ende des ersten Fragebogenteils wurden die Schüler*innen gebeten, Wünsche an den Englischunterricht zu formulieren, um zu erfahren, in welchen Bereichen sie eventuell Probleme haben und sich Veränderungen wünschen. In der 5d beziehen sich die Antworten teilweise tatsächlich auf die Gestaltung des Englischunterrichts, teilweise jedoch auch auf allgemeine, vom Unterricht unabhängige Aspekte, diese werden hier nicht aufgeführt, sind jedoch der Übersicht im Anhang zu entnehmen. Die Wünsche sind sehr individuell und reichen von wöchentlich stattfindenden unbenoteten Vokabeltests, denen der Wunsch weniger Vokabeln aufzukriegen gegenübersteht, über mehr Musik und Spiele, hin zu dem Wunsch nach noch mehr Theater im Englischunterricht. Ein*e Schüler*in wünscht sich jedoch „[m]ehr Unterricht und ein bisschen weniger Theater und Szenen".

In der 5b werden einige Dinge benannt, die den Schüler*innen am Englischunterricht nicht gefallen. Dabei handelt es sich um Tests, weniger Englisch sprechen und eine weniger strenge Lehrerin. Als positiv formulierte Wünsche äußern die Lernenden bestimmte Themenbereiche („Ich würde gerne die Tiere durchnehmen"), Ausflüge und der Wunsch nach „British Breakf[a]st" mit „Scones". Ein Bezug zum Theaterspielen findet sich in einer Antwort: „Ich würde gerne mal ein [e]nglisches Stück spielen".

In der 5a geben vier Schüler*innen an, dass sie zufrieden mit dem Englischunterricht sind. Von anderen Schüler*innen werden Aspekte des Unterrichts benannt, die ihnen bisher nicht so gut gefallen. Zum einen geht es dabei um die Vokabelarbeit, zum anderen um den Einsatz bestimmter Sozialformen („Ich bin nicht sicher ob das geht, aber ich will mehr Einzelarbeit und nicht so viel Gruppenarbeit"). Die Wünsche, die die Schüler*innen an den Unterricht richten, sind sehr verschieden: Sie möchten Spiele spielen, Theater spielen, Dialoge üben, mehr schreiben und lesen und viele neue Wörter lernen, um sich in der Sprache zu verbessern. Ganz konkrete Wünsche haben zwei Schüler*innen, wenn sie sagen, dass im Computerraum arbeiten wollen oder gern einen Buchstabierwettbewerb veranstalten würden. Ein*e Schüler*in richtet den Wunsch an sich selbst: „Ich versuche besser aufzupassen".

Die Ergebnisse lassen es nicht zu, größere Tendenzen im Vergleich zwischen den Klassen abzulesen. So individuell wie die Klassen sind, so verschieden sind auch ihre Wünsche an den Unterricht. Die Antworten der Schüler*innen verdeutlichen, dass es im Schulalltag selten gelingen wird, den Wünschen und Präferenzen aller Lernenden gerecht zu werden. An dieser Stelle zeigt sich erneut die Notwendigkeit einer Methodenvielfalt, die Raum für kreative und ganzheitliche Methoden lässt. Die verstärkten Wünsche der 5b nach Veränderung passen zu der zuvor dargestellten, im Vergleich zu den anderen Klassen negativeren Einschätzung des Unterrichts.

Schließlich wurden die Schüler*innen, analog zum Fragebogen, der in der 4. Klasse eingesetzt wurde, gebeten, einen Satz zu vervollständigen, in dem sie ausdrücken und begründen, wie sie den Englischunterricht in der 5. Klasse bewerten. Die Antworten in der 5d sind, bis auf eine, positiv. Zwei Schüler*innen nehmen in ihren positiven Antworten Einschränkungen vor. Die Antworten lassen sich in folgende Kategorien einordnen: Vergleich zur Grundschule, Bezug zum Theaterspielen, Bezug zur Unterrichtsgestaltung, Bezug zu den Englischlehrerinnen, Spaß und Freude am Unterricht. In der 5b lassen sich die Antworten in folgende ähnliche Kategorien einordnen: Vergleich zur Grundschule, Bezug zur Unterrichtsgestaltung, Bezug zur Englischlehrerin, Spaß und Freude am Unterricht bzw. an der Sprache, Atmosphäre in der Klasse. Drei Antworten sind als negativ zu bewerten und drei weitere Antworten machen Einschränkungen. Die Antworten der 5a beschreiben Aspekte aus den folgenden Bereichen: Vergleich zur Grundschule, Bezug zur Unterrichtsgestaltung, Bezug zur Englischlehrerin, Spaß und Freude am Unterricht. In dieser Klasse gibt es keine negativen Antworten. Zwei Schüler*innen nehmen in ihrer Bewertung Einschränkungen vor. Aus diesem Teil des Fragebogens lassen sich keine Vergleiche zwischen den Klassen ziehen. Alle Klassen stehen dem Englischunterricht in der 5. Klasse im Allgemeinen positiv gegenüber. Die meisten Antworten finden sich jeweils in den Kategorien ‚Bezug zur Unterrichtsgestaltung‘ und ‚Spaß und Freude am Unterricht‘. In der Versuchsklasse wird die positive Einstellung zur Arbeit mit den dramapädagogischen Methoden verdeutlicht. Die Ergebnisse der 5b bestätigen erneut die im Vergleich zu den anderen Klassen negativere Einstellung zum Englischunterricht.

Im Allgemeinen ist die Einstellung der Schüler*innen zum Theater, auch im Unterricht, positiv. Die Schüler*innen spielen gern Theater (Mittelwert 5d: 1,70, Mittelwert 5a: 1,74, Mittelwert 5b: 1,95) und haben Spaß beim Theaterspielen (Mittelwert 5d: 1,48, Mittelwert 5a: 1,54, Mittelwert 5b: 1,81), auch wenn dieses im Unterricht erfolgt (Mittelwert 5d: 1,45, Mittelwert 5b: 2,05, Mittelwert 5a: 2,18). In allen Klassen gibt der Großteil der Schüler*innen an, dass Theater gespielt wird (5d: Ja= 21, Nein = 1/5b: Ja = 18, Nein = 3/5a: Ja = 21, Nein = 3). Die Ausführungen, was genau beim Theaterspielen gemacht wird, unterscheiden sich jedoch, was auf die Lehrkräfte zurückzuführen ist. In der 5d führen die Schüler*innen meist Szenen und Theaterstücke an und ergänzen dies durch Pantomime und Proben. Einige Schüler*innen betonen die Arbeit in der Tischgruppe. Für andere Schüler*innen steht das Üben von Text oder das Einfinden in die Rolle im Vordergrund. Ein*e Schüler*in hebt theaterästhetische Mittel hervor: „Wir stehen nicht mit dem Rücken zum Publikum, sprechen laut und deutlich. Wir müssen Papomime [sic] (Gutes Gesicht (was zur Sprache passt))“. Und für zwei Schüler*innen steht die Aufführung im Vordergrund („Wir haben bis zur Aufführung nur geübt und das war cool“, „Wir haben vor den Eltern ein Stück vorgeführt“). In der 5b geben die Schüler*innen an, dass sie hauptsächlich in ihren Tischgruppen Dialoge oder Szenen aus dem Buch spielen. Ein*e Schüler*in betont ihr*sein Missfallen an diesen Methoden und gibt an, dass er*sie sich langweilt. Auch die Schüler*innen der 5a beschreiben das Theaterspielen als ein Spielen von Szenen und Dialogen aus dem Buch. Einige Schüler*innen führen an, dass es um ein Nachspielen geht. Ein*e Schüler*in führt theaterästhetische Mittel an: „Wir haben [G]esten und Requisiten“. Es wird deutlich, dass in den Vergleichsklassen mit Theaterspielen hauptsächlich ein Nachspielen von Dialogen aus dem Buch gemeint ist. Inwieweit dieses Theaterspiel in einen dramapädagogischen Prozess eingebunden wird, bleibt offen. An einer Stelle wird jedoch der Einsatz von Gesten und Requisiten angemerkt.

Hinsichtlich der Einbindung des Theaterspiels in einen dramapädagogischen geben die Schüler*innen an, dass im Unterricht Theaterübungen eingesetzt werden. Dabei ist in der 5d die Zahl der positiven Antworten am höchsten (5d: Ja = 17, Nein = 4/5b: Ja = 11, Nein = 11/5a: Ja = 14, Nein = 4).[93] Besonders interessant ist an dieser Stelle, welche Übungen im Unterricht eingesetzt werden. Die Ergebnisse werden in der folgenden Tabelle 14 verdeutlicht. Mehrfachnennungen waren möglich.

93 Die Ergebnisse lassen erkennen, dass diese Frage nicht von allen Schüler*innen beantwortet wurde.

Übung	5d	5b	5a
Pantomime	10	1	4
Aufwärmübungen	2	3	2
Übungen für die Stimme	7	3	7
Spiele, in denen man etwas darstellen muss	10	9	8
Übungen für die Sprache (wurde von dem*der Schüler*in ergänzt)		1	

Tabelle 14 Im Englischunterricht der 5. Klasse eingesetzte Theaterübungen im Vergleich

Die Ergebnisse zeigen, dass in allen Klassen eine Varianz an Übungen zum Einsatz zu kommen scheint, wobei die Aufwärmübungen am wenigsten ausgewählt werden. Der Begriff ist jedoch auch am uneindeutigsten und wurde den Schüler*innen im Vorfeld nicht erklärt.

Ebenso interessant ist die Frage, ob und ggf. wobei die Übungen den Schüler*innen helfen. Die Mehrheit der Schüler*innen, die den Einsatz der Übungen im Unterricht bestätigt haben, geben an, dass ihnen die Übungen im Unterricht helfen. Die Anzahl ist in der Versuchsklasse erneut am höchsten (5d: Ja = 15, Nein = 2/5b: Ja = 9, Nein = 2/5a: Ja = 8, Nein = 5). In der 5d geben die Schüler*innen an, dass ihnen die Übungen bei der Aussprache sowie beim Sprechen helfen. Hinzu kommt die Verbindung zur Körpersprache, die gleichzeitig trainiert wird und bei eventuellen Verständnisschwierigkeiten helfen kann („Bei der [e]nglischen Aussprache und wenn man was nicht weiß macht man dazu [Z]eichen (Papumime [sic])“, „beim Englisch sprechen und [d]er Bewegung“, „um Wörter richtig auszusprechen“). Die Übungen vermitteln den Schüler*innen ein Gefühl von Sicherheit und nehmen ihnen die Aufregung z.B. vor einer Aufführung („Bei Lampenfieber“, „Vor der größten [A]ufführung“). Die Übungen unterstützen beim Schauspielern und bei theaterspezifischen Elementen („Das[s] ich besser Theater spielen kann“, „Um auch ein bisschen zu Schauspielern“, „lauter sprechen“) und gleichzeitig beim Lernen der Fremdsprache („Das ich es besser lerne“, „das[s] man Wörter besser versteht“). Auch in der 5b geben die meisten Schüler*innen eine Verbesserung der Aussprache und des Sprechens der Fremdsprache an („Alles richtig auszusprechen“, „Die helfen mir besser Englisch zu sprechen“, „Dann kann ich mich besser unterhalten!“). Ergänzt wird dies durch „[b]eim Sätze bilden" und „beim Vokabeln lernen" bzw. „Neue Vokabeln". Zwei Schüler*innen führen theaterspezifische Aspekte an („Beim Üben", „Beim Theaterspielen"). Die Schüler*innen der 5a führen an, dass ihnen diese Übungen sowohl beim Sprechen („Beim Englisch [R] eden", „Bei der Aussprache", „Die Englische Aussprache hinzukriegen", „Zum Aussprechen, [z]um Vokabeln") als auch allgemein beim Lernen helfen („Ich kann dabei besser lernen", „Um Englisch zu lernen!"). Einige Schüler*innen geben an, dass die Übungen und besonders die körpersprachlichen Elemente sie beim Verstehen unterstützen („Um die Sachen zu verstehen, die man vorspielt" (Anmerkung der Autorin: hat Pantomime angekreuzt)", „Die [e]nglische [S]prache besser zu verstehen", „dann kann mann den [S]inn des Stückes verstehen und mit den [S]inn kann mann auche [sic] es leichter merken"). Das über die Sprache hinausgehende Potenzial der Übungen wird demnach in allen Klassen erkannt, auch wenn nur in der Versuchsklasse die aufführungsbezogenen Elemente genannt werden, was darauf zurückzuführen ist, dass diese Klasse an einem Theaterstück, das zur Aufführung gebracht wurde, arbeitete.

Die sich anschließenden Aussagen sollten nur von den Schüler*innen beantwortet werden, die bereits auf Englisch bzw. im Englischunterricht Theater gespielt haben. Es kann jedoch nicht ausgeschlossen werden, dass auch andere Schüler*innen diese Fragen beantwortet haben. Da die Antworten jedoch auch als ‚Ich würde gern …' verstanden werden können, wurden diese Fragebögen nicht aussortiert. Im Vergleich zu den allgemeinen Aussagen zum Theaterspielen werden die Aussagen, die sich auf das Theaterspielen auf Englisch beziehen, schlechter bewertet. Es gibt jedoch eine Ausnahme bei der Aussage ‚Beim Theaterspielen, beim Spielen von kleinen Szenen und Dialogen/in Theaterübungen verbessere ich mein Englisch'. Die Aussage ‚Ich spiele gern Theater, Dialoge, Szenen etc. auf Englisch' wird von der Versuchsklasse 5d und der Vergleichsklasse 5a ähnlich bewertet (Mittelwert 5d: 1,90, Mittelwert 5a: 1,91). Die 5b liegt, dem vorherigen Trend folgend, dahinter (Mittelwert 5b: 2,36). Ähnlich ist das Ergebnis für die Aussage ‚Theaterspielen, das Spielen von kleinen Szenen und Dialogen oder Theaterübungen im Englischunterricht machen Spaß'. Hier bewertet die Versuchsklasse am besten, die anderen beiden Klassen liegen leicht (5a) bzw. in der 5b etwas weiter darüber (Mittelwerte: 5d = 1,52, 5b = 2,19, 5a = 1,73). Interessant ist, dass die Vergleichsklassen die Aussage ‚Beim Theaterspielen, beim Spielen von kleinen Szenen und Dialogen/in Theaterübungen verbessere ich mein Englisch' ähnlich bewerten (Mittelwerte: 5b = 1,95, 5a = 1,96).

Diese Ergebnisse zeigen, dass das Theaterspielen in der Fremdsprache die Schüler*innen vor Herausforderungen stellt, die zunächst zu einer vermehrten Anstrengung und somit eventuell zu weniger Freude am Theaterspielen führen können. Das Potenzial zur Verbesserung der Kompetenzen in der Fremdsprache wurde von der Versuchsklasse besser erkannt als in den Vergleichsklassen, was darauf hindeutet, dass Methoden zunächst erfahren und reflektiert werden müssen, um ihre Wirkung zu erkennen. Auch bei jungen Lernenden kann demnach nicht davon ausgegangen werden, dass spielerische, handlungsorientierte und ganzheitliche Methoden automatisch auf Zustimmung stoßen und zum gewünschten Lernerfolg führen.

Anschließend wurden die Schüler*innen gebeten, das Potenzial, das sie dramapädagogischen Methoden zuschreiben, um die zuvor genannten

Kompetenzbereich	5d	5b	5a
a. Englisch lesen	1,75	2,21	2,00
b. Englisch schreiben	2,48	3,95	2,68
c. Englisch sprechen	1,33	1,37	1,45
d. Englisch hören/verstehen	1,81	2,05	1,81
e. die Aussprache	1,57	1,80	1,95
f. neue englische Vokabeln lernen	2,30	2,42	2,10
g. vor anderen Englisch sprechen	1,55	1,81	2,00
h. neue englische Vokabeln verwenden	1,95	2,22	2,11
i. englische Lieder singen	1,57	2,85	2,55
j. einen englischen Dialog führen	1,85	1,81	1,82
k. etwas auf Englisch vorlesen	2,05	1,95	2,15
l. mich auf Englisch unterhalten	1,62	1,76	2,05
m. einen Dialog/eine Szene vorspielen	1,48	1,42	1,64
n. Selbstbewusstsein	2,24	1,86	2,05
o. Mimik (Gesichtsausdruck)	2,20	2,47	2,16
p. Gestik (Körpersprache)	1,80	2,15	2,05

Tabelle 15 Mittelwerte im Vergleich – Potenzial dramapädagogischer Methoden zur Förderung fremdsprachiger Kompetenzen

fremdsprachigen Kompetenzen zu trainieren, einzuschätzen. Das Potenzial wurde einzeln nach den bereits zuvor aufgeführten Fertigkeitsbereichen des Englischunterrichts abgefragt. Ergänzt wurden diese durch drei theaterspezifische Bereiche, nämlich, Selbstbewusstsein', ‚Mimik' und ‚Gestik' (s. Tabelle 15).

Ein Vergleich der Ergebnisse zeigt, dass alle Klassen den Methoden ein großes Potenzial in den Bereichen ‚Englisch sprechen' und ‚einen Dialog/ eine Szene vorspielen' zuschreiben. Diese Aspekte des Kommunizierens in der Fremdsprache sind eng mit dem Theaterspielen verknüpft und legen daher ein Potenzial der Methoden in diesen Bereichen nahe. Tendenziell bewertet die Versuchsklasse das Potenzial der Methoden in den verschiedenen Bereichen besser als die Vergleichsklassen. Bei dem Item ‚Selbstbewusstsein' fällt die Bewertung beider Vergleichsklassen besser aus als die der Versuchsklasse. Interessant ist, dass die bisher eher als skeptisch erscheinende Vergleichsklasse 5b eine positivere Einschätzung des Items ‚Selbstbewusstsein' vornimmt, was darauf hindeuten kann, dass die Klasse sich generell weniger zutraut und daher das Potenzial der ganzheitlichen Methoden insbesondere in diesem Bereich sieht.

Die Schüler*innen erhielten die Möglichkeit, die Items zu ergänzen. In der 5d erweitern einige Lernende das Potenzial um „Pampomime [sic]", „mich in die Lage von der Rolle rein versetzen", „laut sprechen", „[b]ewegen". Die Schüler*innen der 5b ergänzen „sich das zu trauen", „sp[ä]ter in England unterhalten" und „Teamarbeit". In der 5a wird das Item „schauspielerische Fähigkeiten" hinzugefügt. Auch hier fällt auf, dass allein in der 5b ein Item, das sich auf das Selbstvertrauen bezieht, hinzugefügt wird. In allen Klassen werden ansonsten kommunikative oder theaterspezifische Komponenten ergänzt.

Die meisten Schüler*innen erachten das, was sie beim Theaterspielen lernen, für wichtig. Die Aussage ‚Das, was ich beim Theaterspielen, (vor)spielen von Dialogen, Szenen etc. im Englischunterricht lerne, ist wichtig' bewertet die Versuchsklasse am besten, das schlechteste Ergebnis wird erneut in der 5b erzielt (Mittelwerte: 5d = 1,61, 5b = 2,00, 5a = 1,88). Dies lässt sich vermutlich erneut auf die vielfältigeren Erfahrungen, die die Versuchsklasse mit den Methoden zu Beginn des Unterrichts in der 5. Klasse machen konnte, zurückführen.

Die Schüler*innen wurden auch gebeten zu spezifizieren, wobei ihnen die Methoden helfen. Die Ergebnisse zeigen erneut, dass sie den Methoden das größte Potenzial im Bereich des Sprechens und in der Förderung der Aussprache zusprechen. Teilweise gehen die Antworten der Schüler*innen über die rein sprachlich-kommunikativen Kompetenzen hinaus und den Methoden wird das Potenzial zum Training der Körpersprache und damit der Fähigkeit zu paraphrasieren zugeschrieben. Die Antworten der Schüler*innen bestätigen die vorherrschende Meinung, dass dramapädagogische Methoden das Kommunizieren in der Fremdsprache trainieren und unterstützen können. Sie zeigen aber auch, dass sie ein Potenzial haben zur Förderung der Aussprache und des handlungsorientierten Wortschatzerwerbs und Anwendens neuer Vokabeln, das es noch tiefer zu erforschen und zu belegen gilt. Gleiches gilt für die Bedeutung des Zusammenhangs von positiven Emotionen und Lernen, das im Theorieteil unter Rückbezug auf Sambanis (2013) bereits diskutiert wurde sowie für die Tatsache, dass die Methoden das Selbstvertrauen der Schüler*innen stärken können. Von mehreren Schüler*innen wird die Erzeugung einer fremdsprachigen Atmosphäre, in die sich die Schüler*innen hineinfühlen können, erwähnt. Hinzu kommen fächerübergreifende Kompetenzen, wie die Vorbereitung auf das Sprechen vor Publikum oder das Trainieren der Fähigkeit, Texte auswendig zu lernen. Bei einigen Antworten steht die Verbesserung oder Erleichterung des Lernens im Vordergrund, andere beziehen sich auf das Potenzial der Methoden für das soziale Lernen. Aus diesen Ergebnissen gilt es in Kapitel 7.3 Implikationen für den Fremdsprachenunterricht abzuleiten.

Zusätzlich zu den bisher ausgewerteten Fragen wurde jeder Fragebogenteil mit einer Mindmap begonnen, um es den Schüler*innen zu ermöglichen, Assoziationen, die sie mit den Themenbereichen „Mein Englischunterricht in der 5. Klasse“ und „Theater“ haben, frei zu äußern. Die Antworten der Schüler*innen wurden in Kategorien eingeordnet. Eine tabellarische Übersicht aller Antworten inklusive ihrer Häufigkeit findet sich im Anhang. Die Antworten der Schüler*innen zeigen, dass sie auch spontan Angaben zum Potenzial der dramapädagogischen Methoden machen, noch bevor ihnen die Items des Fragebogens präsentiert werden. An dieser Stelle wird bereits das Potenzial zur Förderung der Aussprache und zum Lernen neuer Vokabeln benannt. Auch das Einbringen von Bewegungen und Emotionen in den Unterricht und in die Kommunikation wird von den Schüler*innen hervorgehoben. Außerdem werden auch bereits Aspekte des sozialen Lernens erwähnt. In der Bewertung der Theaterarbeit überwiegen positive Assoziationen. Die

Schüler*innen bringen Spaß und Freude, die sie im Umgang mit den Methoden empfinden, zum Ausdruck. Diese positiven Assoziationen werden von den Schüler*innen an verschiedenen Stellen zum Ausdruck gebracht, wenn es um den Einsatz dramapädagogischer Methoden im Englischunterricht geht.

*7.2.3 Interviews mit Schüler*innen der Versuchsklasse*

Mit elf Schüler*innen aus der Versuchsklasse 5d wurden im Februar 2012 Interviews durchgeführt. Die Schüler*innen haben sich freiwillig dazu gemeldet. Vom Aufbau und Ablauf sind diese Interviews angelehnt an die, die mit den ehemaligen Schüler*innen der Projektgrundschule geführt wurden[94]. Alle dieser Interviews wurden narrativ begonnen und dann leitfadengestützt fortgeführt. Der Aufbau der Interviews kann dem Leitfaden im Anhang entnommen werden. Dort finden sich auch die bei der Auswertung gebildeten Kategorien inklusive Ankerbeispielen. Diese Interviews werden unter Rückbezug auf die Erfahrungen der ehemaligen Projektgrundschüler*innen ausgewertet, da auf diese Weise Antworten von Schüler*innen, die in der 5. Klasse dramapädagogischen Englischunterricht erfahren haben, mit denen verglichen werden können, bei denen dies nicht der Fall war.

Im narrativen Teil der Interviews waren die Schüler*innen dazu aufgefordert zu berichten, wie sie den Schulwechsel von der Grundschule auf die weiterführende Schule erlebt haben. Dabei wurde ein besonderes Interesse am Englischunterricht gezeigt. Als Anhaltspunkt wurde den Schüler*innen der Zeitpunkt genannt, als sie sich überlegen mussten, auf welche Schule sie nach den Sommerferien gehen würden. Daraufhin sollten sie erzählen, wie sie den Englischunterricht bis heute erlebt haben. Die Antworten der Schüler*innen zeigen, dass ihnen sehr schnell klar war, auf welche Schule sie gehen wollten. Die Wahl wurde durch ältere Geschwister an der Schule, Freund*innen, die ebenfalls die weiterführende Projektschule besuchen wollten, oder aber positive Eindrücke beim Tag der offenen Tür beeinflusst. Den Schulwechsel haben die meisten Schüler*innen als positiv erlebt, entweder, weil der Englischunterricht auf der neuen Schule ähnlich ist wie in der Grundschule, oder aber, weil sie im Englischunterricht der Grundschule

94 Zitate sind mit der Interviewnummer der entsprechenden Audiodatei gekennzeichnet.

schlechte Erfahrungen gemacht haben. Zu diesen zählen die Schüler*innen viele Wiederholungen, strenge Lehrer*innen, negative Rückmeldungen, unruhige Klassen, häufige Lehrerwechsel und Vokabeltests, die auch unangekündigt geschrieben wurden.

Den Englischunterricht in der 4. Klasse verbinden die Schüler*innen – entweder spontan oder auf Nachfrage[95] – zum Teil mit Spaß (PEG2) und Methoden, die ihnen gut gefallen haben (PEG1). Dazu zählen Lieder, Spiele und der Einsatz von CDs sowie von Wort- und Bildkarten. Einige Schüler*innen berichten auch davon, dass sie Theater gespielt haben oder z.B. in Rollen Interviews durchgeführt haben. Mehrere Schüler*innen berichten vom Einsatz kurzer Filme, die zum Lehrwerk *Playway* gehören (GSPE1). Diese werden von den Schüler*innen auch zu einem späteren Zeitpunkt noch einmal erwähnt, wenn es darum geht, was sie aus dem Unterricht der Grundschule vermissen.

Die Einsprachigkeit des Unterrichts empfinden die Schüler*innen als eine Schwierigkeit des Englischunterrichts in der Grundschule (GSNE1). Den Englischunterricht in der 5. Klasse nehmen alle der befragten Schüler*innen, anders als die ehemaligen Projektgrundschüler*innen, als positiv war (EWS). Einige Schüler*innen äußern zwar, dass der Unterricht durch den vermehrten Gebrauch der Fremdsprache etwas schwieriger sei (WSNE), jedoch wird dies nicht negativ konnotiert, da der Unterricht noch genauso viel Spaß mache wie in der Grundschule (vgl. Interview 2). Die Schüler*innen haben teilweise das Gefühl, mehr im Unterricht zu verstehen und fühlen sich, insbesondere dann, wenn sie in der Grundschule negative Erfahrungen gemacht haben, besser („In der 5. Klasse macht Englisch lernen Spaß, es ist angenehm und man lernt auch viel" (Interview 7), und vgl. Interview 4, Interview 11). Auch in dem freien Interviewteil heben einige Schüler*innen bereits den Einsatz der dramapädagogischen Methoden im Englischunterricht der 5. Klasse hervor (EWS6). Der Unterricht macht den Schüler*innen Spaß, sie lernen, besser Englisch zu lesen und zu schreiben, verbessern durch die Theatermethoden ihre Aussprache und lernen die Vokabeln ihrer Meinung nach besser, da diese u.a. durch die Verknüpfung mit der entsprechenden Szene und das häufige Lesen besser abgespeichert und Bedeutungen ver-

95 Erschien es im Verlauf des Interviews als passend, wurden einige Nachfragen bereits in den narrativen Teil gezogen, um die Schüler*innen zum weiteren Erzählen zu motivieren.

standen werden können (DPSK, DPWK, DPPE; vgl. Interview 1, Interview 3, Interview 4, Interview 6, Interview 7, Interview 8, Interview 9, Interview 11). Der Text aus dem Theaterstück ist bei den Schüler*innen nachhaltig verankert und kann im Interview teilweise noch rezitiert werden (vgl. Interview 9). Teilweise empfinden sie jedoch die Vokabeln, die sie zu den Szenen lernen mussten, als zu umfangreich (EWS4; Interview 9). Ein Schüler merkt an, dass er es schade findet, dass nun erst einmal nicht mehr an einem Theaterstück gearbeitet wird: „Mit Spaß Englisch zu lernen gefällt mir. Und mit Theater spielen“ (Interview 8). Ein*e Schüler*in erwähnt, dass das Theaterspielen ihr*ihm das Lernen erleichtert, indem durch das Spielen, die Bewegungen und Gesten Äußerungen unterstützt und Bedeutungen klarer werden (vgl. Interview 1, Interview 4). Das Theaterspielen hilft den Schüler*innen dabei, mit Betonung zu sprechen und sich in Situationen und Figuren hineinzuversetzen:„[...] ich kann das wirklich spielen und nicht nur denken, wie sich die Personen fühlen, sondern spüren, spielen und hineinversetzen und dann kann man das besser lernen, weil man sich das besser merkt“ (Interview 4). An dieser Stelle sei die Äußerung eines Schülers hervorgehoben, die verdeutlicht, dass die Schüler*innen sehr gut abschätzen können, dass ihre Fähigkeiten noch limitiert sind, dass sie aber dennoch altersangemessen gefördert werden wollen und das Theaterspielen als eine geeignete Methode in diesem Kontext wahrgenommen wird:

> Ich hab immer das Gefühl, man macht dann, was ja auch so ist, man macht dann was so für die Kleinkinder, was die dann lernen, um die englische Sprache auch so n bisschen besser kennenzulernen. Und ich fand das dann mit dem Theaterspielen halt sehr gut, weil das dann für mich auch nicht mehr so war wie, ja wir üben jetzt alles nochmal, was diese Kleinkinder da in England lernen (Interview 8).

An den freien Teil des Interviews und Nachfragen, die sich aus diesem ergaben, wurden weitere Fragen angeschlossen. Sollten Fragen aus diesem Teil schon zuvor beantwortet worden sein, wurden diese nicht erneut gestellt.

Im Allgemeinen kann festgestellt werden, dass die Sprache und der Englischunterricht den Schüler*innen Spaß machen (WSPE, WSKE). Es wurde angemerkt, dass die Lehrer*innen nett seien (vgl. Interview 8), und den Schüler*innen gefällt die spielerische und ganzheitliche Ausrichtung des

Unterrichts. Sie haben das Gefühl, die Inhalte gut zu verstehen, und „man weiß, was man zu tun hat“ (Interview 7). Der Englischunterricht wird in den Antworten der Schüler*innen gleich von Beginn an als positiv dargestellt („alle nett, guter Start, da wusste ich schon, dass der Englischunterricht mir bisschen gut gefallen würde; nett gemacht, nicht so streng wie vorher; nicht immer täglich Englisch-Hausaufgaben“ [Interview 9]). Die Schüler*innen haben sich „schnell eingewöhnt“ (Interview 4) und haben die Atmosphäre als angenehm erlebt (Interview 4, Interview 3). Für einige Schüler*innen war die Einsprachigkeit des Unterrichts schwierig (WSNE10; Interview 2), doch auch wenn sie nicht alles verstehen und manchmal unsicher waren, nahmen sie mit einem positiven Gefühl am Unterricht teil: „Fühle mich meistens mittelmäßig, weil ich die meisten Sachen nicht verstehen kann, aber ein bisschen. Und ich fühl mich im Englischunterricht gut, dass es Spaß macht und richtig viel was bringt“ (WSNE1b; Interview 7). Außerdem wurde positiv angemerkt, dass nicht gleich Vokabeltests geschrieben wurden (Interview 8).

Es sollte jedoch auch erfragt werden, was sie im Unterricht und zu Beginn der 5. Klasse als schwierig wahrgenommen haben. Ähnlich wie für die Schüler*innen der Projektgrundschule spielt auch für die Schüler*innen der 5d die soziale Komponente des Schulwechsels eine wichtige Rolle. Die Schüler*innen waren aufgeregt, mit wem sie in eine neue Klasse kommen würden und auch die Lehrer*innen mussten sie erst kennenlernen (WSNE1a; Interview 10). Die Schüler*innen berichten, dass es für sie wichtig war, schnell neue Freund*innen zu finden (Interview 10), und es als angenehm empfunden haben, wenn sie schon Freund*innen aus der Grundschule an der Schule oder noch besser in der gleichen Klasse hatten (vgl. Interview 5, Interview 9). Einige Schüler*innen waren zunächst schüchtern (Interview 9), hatten das Gefühl, sich einleben zu müssen (Interview 6) oder fühlten sich, als würden sie in einem neuen Land ankommen, in dem sie noch niemanden kannten (Interview 4). Darüber hinaus war es schwierig, dass im Unterricht mehr Englisch gesprochen wurde (WSNE10; Interview 2) und ein*e Schüler*in hatte das Gefühl, über die Sommerferien einiges vergessen zu haben (WSNE12; Interview 8).

Ebenso wie die Schüler*innen der Projektgrundschule und die Schüler*innen, die an der Fragebogenstudie teilgenommen haben, wurden die Schüler*innen der 5d gefragt, was das Wichtigste ist, das sie bis jetzt im Englischunterricht gelernt haben. In den Antworten der Vergleichsklassen im

Fragebogen wurden bei dieser Frage am häufigsten Vokabeln genannt, die Schüler*innen der Projektgrundschule zählten grammatikalische Strukturen auf, nannten neue Wörter, die Aussprache, das ABC, schreiben und Englisch sprechen. Auch in den Interviews der 5d werden konkrete Unterrichtsinhalte genannt (WUG), so z.B. die Zeit. Begründet wird dies damit, dass es bei einem Aufenthalt im englischsprachigen Ausland wichtig sein könnte, in der Lage zu sein, nach der Zeit zu fragen (Interview 11). Andere Unterrichtsinhalte werden zwar genannt, jedoch gleich als weniger wichtig (Hobbys, Interview 5) oder komplett unwichtig (Inhalte der Federmappe, Interview 8) deklariert. Darüber hinaus werden auch in diesen Interviews Vokabeln bzw. die Aussprache und Bedeutung von Vokabeln und Sätzen genannt (WSK; Interview 1, Interview 9, Interview 10). Ein*e Schüler*in begründet die Antwort damit, dass „es Wörter sind, die überall reinpassen" (Interview 10). Darüber hinaus wurden Phrasen wie „Hallo, wie geht es dir?" erwähnt (Interview 8). In diesen Antworten schwingt bereits die kommunikative Bedeutung der gelernten Vokabeln mit. Diese wird von einer*einem Schüler*in noch betont, wenn er*sie sagt, dass „Englisch flüssig schreiben und sprechen" das Wichtigste sei, das er*sie gelernt hat, und dies auf das Lernen der Vokabeln und deren Verwendung zurückführt (Interview 2). Eine*e weitere*r Schüler*in gibt an, dass er*sie gelernt hat, sich mit anderen zu unterhalten (Interview 4). Auch das Theaterspielen wird an dieser Stelle genannt, da die Schüler*innen das Gefühl haben, durch die Methoden mit Spaß und besser bzw. mehr zu lernen (Interview 6, Interview 8). Ein*e Schüler*in antwortet, dass er*sie gelernt hat „dass […] Englisch [auch] mit Spaß […] gelernt werden kann. Das konnte ich in meiner 4. Klasse überhaupt nicht lernen" (Interview 9). Der Englischunterricht in der 5. Klasse ist für die befragten Schüler*innen sowohl hinsichtlich des Lernerfolgs als auch hinsichtlich der Lernatmosphäre positiv konnotiert. Dies stellt einen grundlegenden Unterschied zu den Interviews mit den Projektgrundschüler*innen dar.

Als Antwort auf die Frage, was sie nun bereits besser können als in der Grundschule, nennen die Schüler*innen sprachliche Kompetenzen (LZSK), wie die Aussprache und die Bedeutung von Wörtern (Interview 1), Englisch sprechen (Interview 4, Interview 7) bzw. über Hobbys sprechen (Interview 5) und die Rechtschreibung. Die Verbesserung der Aussprache und Rechtschreibung wird dabei auf das Theaterspielen zurückgeführt („Vielleicht durchs Theaterspielen, weil da lernst du die Aussprache und gleichzeitig wie's geschrieben wird. Das find ich gut" [Interview 8]). Auch von den Schüler*innen der 5d werden Vokabeln genannt (Interview 6, Interview 9) und die Schüler*innen geben an, dass sie diese brauchen, um Sätze zu formulieren bzw. um Englisch zu sprechen (Interview 7). Ein*e Schüler*in, die*der bereits in der Grundschule Vokabeln gelernt hat und dort schlechte Erfahrungen gemacht hat, gibt an, dass er*sie die Vokabeln nun besser lernen kann (Interview 9). Darüber hinaus geben die Schüler*innen an, dass sie weitere Kompetenzen erworben haben, wie Lernmethoden und thematische Kenntnisse und, dass sie ihre mündliche Mitarbeit (Interview 10) verbessern konnten (LZWK). Zwei Schüler*innen geben an, dass sie „alles" besser können (Interview 2, Interview 11). Die Antworten unterscheiden sich nicht grundsätzlich von denen der Projektgrundschüler*innen, jedoch zeigt sich ein geringerer Fokus auf die Vokabeln im Unterschied zu den Vergleichsklassen aus der Fragebogenstudie.

Hinsichtlich der Aspekte, die sie noch verbessern müssen, nennen die Schüler*innen zum einen sprachliche Kompetenzen (VPSK) „Vokabeln besser lernen und besser Sätze sagen" (Interview 1), die mündliche Mitarbeit (Interview 2), Englisch schreiben (Interview 4) oder die Aussprache (Interview 11). Teilweise werden explizite Themen – das mit den Räumen, „In the room are..." (Interview 5) – oder grammatikalische Strukturen – there is/there are (Interview 8) – genannt. Ein*e Schüler*in möchte sein*ihr Vokabular erweitern (Interview 8). Zum anderen werden auch hier weitere Kompetenzen (VPWK), wie lernmethodische Kompetenzen, dramapädagogische Kompetenzen sowie die Arbeitshaltung und die mündliche Mitarbeit benannt. Zwei Schüler*innen möchten ihr Vorgehen beim Abschreiben und Lernen der Vokabeln verändern (Interview 6, Interview 9). Theaterspezifische Kompetenzen, wie das Schauspielern und die Betonung, werden von einem*einer Schüler*in genannt (Interview 6). Ein*e Schüler*in merkt an, dass er*sie sich in „eigentlich [...] allem" verbessern muss, da er*sie in Englisch immer besser werden muss, auch wenn er*sie jetzt gut sei (Interview 10). Auch diese Antworten unterscheiden sich nicht von denen der Projektgrundschüler*innen. Im Unterricht wurden dramapädagogische Methoden – Pantomime, Wörter im Kreis umherwerfen, Linienimprovisation, Raumlauf, Activity – explizit zur Wortschatzarbeit eingesetzt, da sie oft im Rahmen der Diskussion um den Schulwechsel auftaucht. Zur Evaluation der eingesetzten Übungen wurde den Schüler*innen ein kurzer Fragebogen ausgeteilt[96], in dem sie angeben sollten, welche Übungen ihnen gut und welche ihnen nicht so gut gefallen haben. Im Interview wurde auf diesen rekurriert, um nach den Gründen für das Gefallen bzw. Nichtgefallen zu fragen. Die meisten Antworten der Schüler*innen fallen positiv aus (DPSK, DPWK, DPPE). So geben sie an, dass die Pantomimeübungen ihnen helfen, weil Wörter vorgemacht werden (Interview 1, „da konnte man zeigen, was man da überhaupt sagt“ [Interview 9]) und die Bewegungen einem helfen, „wenn man mit jemandem spricht, der nur Englisch kann“ (Interview 2). Mimik und Gestik helfen den Schüler*innen, den Text zu verdeutlichen (Interview 7, Interview 9). Darüber hinaus machen die Übungen, nicht nur die Pantomime, den Schüler*innen Spaß (Interview 5, Interview 8, Interview 10, Interview 11). Die Kreisübung wurde von den Schüler*innen als Alternative zum Vokabellernen empfunden (Interview 1). Die Schüler*innen können sich die Wörter so besser merken (Interview 6) und trainieren die Aussprache (Interview 3). Werden in den Übungen z.B. Wörter gemalt oder an Gesten bzw. Gehwege („wenn man da hinläuft“ [Interview 1]) geknüpft, erleichtert dies den Schüler*innen den Lernprozess. Es ist besser, als die Wörter nur zu sagen (Interview 3) oder aufzuschreiben (Interview 4). Durch die Übungen, das Einüben der Szenen und das Theaterstück verbinden die Schüler*innen mit den Wörtern Erfahrungen, Gefühle und Bilder, die es ihnen ermöglichen, die Vokabeln nachhaltiger zu lernen (Interview 8). Die Schüler*innen unterstützen damit die Ausführungen von Michaela Sambanis (2013) zum Vokabellernen, die im Theorieteil angeführt wurden. Einige Übungen haben den Schüler*innen nicht so gut gefallen. Dazu zählen beispielsweise die Linienimprovisation (Interview 1), der Raumlauf (Interview 8) oder Pantomime (Interview 11). Bei der Kreisübung wurden teilweise Schüler*innen ausgelassen, was ebenfalls negativ angemerkt wird (Interview 2).

Auch in diesen Interviews wurden die Schüler*innen bezüglich des Potenzials, das sie den dramapädagogischen Übungen und dem Theaterspielen zuschreiben, befragt. Einige Aspekte sind bereits in der Auswertung des narrativen Teils der Interviews angeklungen. Die o.g. Übungen lieferten den Schüler*innen Unterstützungsangebote durch Gesten, und in den Szenen ka-

96 Dieser diente hauptsächlich der weiteren Unterrichtsplanung und wird daher nicht ausgewertet.

men Realia hinzu (Interview 1). Darüber hinaus heben die Schüler*innen erneut den Spaß hervor, den die Übungen ihnen brachte, und dass man aber auch viel dabei lernt. Besonders für Schüler*innen, die nicht so gut in Englisch sind, kann dies eine Erleichterung und Hilfe sein (Interview 1). Auch das Vokabellernen und die Aussprache werden erneut benannt (Interview 4, Interview 8). Hinzu kommt, dass die Schüler*innen in den Übungen ein Sprachgefühl entwickeln können – „und das so n bisschen zu verknüpfen und die Sätze, nicht selbst zu bilden, sondern bisschen zu wissen, wie werden Sätze gebildet, weil wir sagen ja im Deutschen zum Beispiel manchmal ‚Ja, was sagt die Uhr?' und ich glaub nicht, dass man im Englischen sagen kann ‚What say the clock?'" (Interview 8).

Das Theaterspielen im Allgemeinen hat den Schüler*innen Spaß gemacht (Interview 2, Interview 11). Positiv bewertet wurden die selbstständige Rollenverteilung (Interview 2, Interview 10), das Üben sowie die Ausgestaltung der Rollen (Interview 10). Negativ (DPNE) bewertet wurden die Lautstärke beim Üben (Interview 9, Interview 2), Uneinigkeiten bei der Rollenverteilung (Interview 7) sowie der Druck und die Nervosität, die bei der Aufführung entstehen können (Interview 5, Interview 9). Ein*e Schüler*in merkt an, dass er*sie es nicht so gut fand, dass bei der Aufführung kaum jemand Kostüme trug (Interview 10). Das Potenzial des Theaterspielens zum Lernen der Fremdsprache sehen die Schüler*innen in einer verbesserten Merkleistung – „dass man sich die Sachen einfacher merken, wenn man es spielt, ist es leichter, als wenn man es nur aufschreibt, man weiß es, man hat es gespielt und dann bleibt es im Kopf" (Interview 4) –, in den Bereichen des Lesens (Interview 2) und Schreibens sowie in einer Verbesserung des Sprechens (Interview 4, Interview 7). Dabei werden zum einen das Auswendig-Sprechen (Interview 7) und zum anderen die Fähigkeit, „so zu reden, wie die wirklich in England reden" (Interview 4) erwähnt. Beide Aspekte tragen zu einem spontanen und authentischen Gebrauch der Fremdsprache bei. Darüber hinaus nennen die Schüler*innen, dass sie gelernt haben, Wörter zu verstehen (Interview 7, Interview 10, Interview 11) – „weil man die Sätze immer wieder sprechen muss und da kann man die Wörter, die man nicht so gut versteht, auch lernen" (Interview 10) – und richtig auszusprechen (Interview 5, Interview 11). Die Schüler*innen nennen zudem eine Steigerung des Selbstbewusstseins – „Texte richtig zu lesen und ein bisschen mehr aus mir raus zu kommen" (Interview 2) – sowie den Umgang mit Lampenfieber und Fehlern (Interview 5, Interview 6, Interview 10). Zusätzlich zu diesen persönlichen Kompetenzen, die für eine kommunikative Kompetenz in der Fremdsprache und die Stärkung des Selbstkonzepts von Bedeutung sind, konnten auch soziale Kompetenzen – „Teamarbeit" – durch die Arbeit in Gruppen trainiert werden (Interview 11).

Im weiteren Verlauf sollte evaluiert werden, ob die Schüler*innen sich vorstellen können, regelmäßig im Unterricht mit dramapädagogischen Methoden zu arbeiten oder ob sie eher projektartig eingesetzt werden sollten. Der Hintergrund dieser Frage ist die Vermutung, dass die Methoden eventuell nur aus dem Grund positiv bewertet werden, dass sie neu und ungewohnt sind und sich nach einer Zeit ein Gewöhnungseffekt einstellen könnte. Die befragten Schüler*innen aus der 5d beantworten die Frage, ob sie sich vorstellen könnten, im Unterricht regelmäßig Theater zu spielen, alle mit ‚Ja'. Sie begründen ihre positive Einstellung damit, dass sie dann noch flüssiger sprechen und lesen lernen (Interview 2), dass sie in den Spielen bzw. den dramapädagogischen Übungen etwas lernen und es ihnen gleichzeitig Spaß macht (Interview 3, Interview 9: „Weil man da auch besser lernen kann, ohne dass man's bemerkt", Interview 11: „Ja, weil ich ja gut lerne, wenn's mir Spaß macht."), sie sich Wörter besser merken könnten (Interview 4) bzw. sie neue Wörter lernen (Interview 10), es ihnen Spaß macht (Interview 5, Interview 6, Interview 8, Interview 10). Ein*e Schüler*in hebt zusätzlich den motivationalen Effekt, den die Übungen haben können, hervor: „Man lernt mit Spaß und es gibt einen Reiz, das so schön wie möglich der Klasse oder noch besser den Eltern vorzuführen" (Interview 8). Einen Gewöhnungseffekt vermuten die Schüler*innen nicht. Sie nehmen an, dass es Veränderungen gibt, diese aber positiv sind (Interview 11) und der Spaß an den Übungen erhalten bleibt (Interview 5), u.a., da die Methoden auf neue Inhalte und damit z.B. auch auf einen neuen Wortschatz angewendet werden (Interview 3, Interview 4, Interview 8). Die Schüler*innen vermuten, dass sich der Lerneffekt vertieft und sie die Vokabeln und die Aussprache dann noch besser lernen würden (Interview 7, Interview 9). Zwei Schüler*innen benennen zusätzlich zu den sprachlichen Aspekten – „mehr englische Sprache und mehr neue Wörter" – auch die schauspielerischen Fähigkeiten, die weiterhin trainiert werden würden (Interview 6, Interview 7). Eine Antwort lässt einen Rückschluss auf die Ausbildung der Kompetenz im Umgang mit den Methoden zu, da die*der Schüler*in angibt, dass er*sie sich wünschen würde, „dass es manchmal Streit gibt" (Interview 7). Leider wird diese Antwort im

Interview nicht weiter erläutert. Trotz all der positiven Bewertungen lässt sich in einem Interview eine Tendenz zur Wahrnehmung der Methoden als nette Abwechslung zum Unterricht und beispielsweise zum Abschreiben von der Tafel erkennen (Interview 6), und ein*e andere Schüler*in gibt an, dass man die Methoden nicht dauerhaft einsetzen sollte, um auch noch andere Dinge machen zu können (Interview 10). Die Schüler*innen sprechen hier den wichtigen Aspekt der methodischen Vielfalt in der Unterrichtsgestaltung an, der selbstverständlich auch auf die Anfangszeit in der 5. Klasse zutrifft.

Im letzten Teil des Interviews waren die Schüler*innen aufgefordert, retrospektiv ihren Unterricht in der 4. Klasse zu bewerten (VEUG, VEPF). Dafür wurden sie zunächst gebeten, Unterschiede zwischen dem Englischunterricht in der 4. und 5. Klasse zu benennen. Einem*einer Schüler*in fällt die Beantwortung dieser Frage nicht leicht und er*sie gibt an, dass „mitten im Schuljahr die Englischlehrerin gewechselt [hat]“ (Interview 10). Von einigen Schüler*innen wird der Unterschied, dass sie in der Grundschule kein Theater gespielt haben, angeführt (Interview 3, Interview 6, Interview 7, Interview 11). Andere Schüler*innen finden, dass der Unterricht in der 5. Klasse mehr Spaß macht und die Lehrer*innen netter sind (Interview 1, Interview 4, Interview 9). Teilweise wird der Unterricht auch als einfacher empfunden, u.a. auch, weil es weniger Hausaufgaben gibt (Interview 1) oder weniger Tests geschrieben werden (Interview 9). Ein*e Schüler*in gibt an, dass der Unterricht in der Grundschule einfacher war, was für sie*ihn selbstverständlich ist (Interview 5). Einige Schüler*innen berichten, dass in der 4. Klasse das Singen von Liedern typisch für den Englischunterricht war (Interview 3, Interview 5, Interview 6), und ein*e Schüler*in führt ein Spiel an, dass ihm*ihr besonders in Erinnerung geblieben ist (Interview 8). Andere Schüler*innen haben einen Englischunterricht erlebt, der kaum spielerisch war (Interview 7, Interview 9), sondern eher schriftbasierte Kompetenzen, wie das Lesen und Schreiben fokussierte (Interview 7, Interview 11), und eine theoretische Auseinandersetzung mit der Sprache forderte – „hier [Anmerkung der Verfasserin: in der 5. Klasse] mehr spielen im Englischunterricht eingebracht, da [Anmerkung der Verfasserin: in der 4. Klasse] gleich schon das mit dem Theoretischen und das war mir irgendwie blöde da“ (Interview 9). Als Neuerungen im Englischunterricht geben die Schüler*innen neben dem Theaterspielen das vermehrte Sprechen der Fremdsprache (Interview 2), die Vokabeln (Interview 6) sowie den Einsatz von Gruppenarbeit (Interview

5) an. Außerdem wird angemerkt, dass der Lernerfolg in der 5. Klasse größer ist – „ich finde hier lernen wir mehr“ (Interview 8). Für eine*e Schüler*in ist Englisch seit der 5. Klasse das Lieblingsfach (Interview 6), was auf eine positive Einstellung zum Fach und zum Unterricht schließen lässt.

Anschließend sollte auch in diesen Interviews evaluiert werden, welches Potenzial die Schüler*innen dem Englischunterricht in der 4. Klasse zuschreiben (VENV). Aus diesem Grund wurde die Frage gestellt, ob sie in der 4. Klasse etwas gelernt haben, das in der 5. Klasse für sie nützlich ist. Von den meisten Schüler*innen werden konkrete Themen oder grammatikalische Phänomene genannt, die in der 5. Klasse wiederholt und aufgegriffen wurden. Hierzu zählen die Präpositionen (Interview 3), die Lebensmittel (Interview 4), Haustiere (Interview 5) die Hobbys (Interview 6) und die Uhrzeit (Interview 11). Darüber hinaus werden Vokabeln (Interview 1) und einzelne Phrasen, z.B. ‚What's your name?‘ (Interview 4) genannt. Außerdem benennen die Schüler*innen fremdsprachliche Kompetenzen wie das Schreiben (Interview 2, Interview 7), das Sprechen (Interview 10) und das Bilden von Sätzen (Interview 1) sowie Metakompetenzen wie das Merken von Vokabeln (Interview 1) und das Bearbeiten von Aufgaben (Interview 10). Eine*e Schüler*in fasst zusammen, dass er*sie in der Grundschule „alle Grundkenntnisse [gelernt hat], sonst müsste [er*sie] hier jetzt nochmal ganz von vorne anfangen“ (Interview 8). Es zeigt sich also, dass es sinnvoll ist, an Inhalte aus der Grundschule anzuknüpfen und auch Kompetenzen zu Beginn der 5. Klasse zu evaluieren. Noch stärker sollten in der Grundschule Kompetenzen so trainiert werden, dass die Schüler*innen alle mit dem Gefühl, dass sie eine solide Basis für den weiteren Fremdsprachenerwerb aufgebaut haben, in die 5. Klasse gehen. Dabei geht es nicht nur um den Erwerb bestimmter fremdsprachlicher Kompetenzen, vorranging im Bereich der Mündlichkeit – von den Schüler*innen wird das Sprechen und das Bilden von Sätzen genannt –, aber auch im Umgang mit ausgewählten schriftlichen Genres sowie den Erwerb von und den Umgang mit sprachlichen Mitteln. Gleichermaßen geht es auch um motivationale Aspekte und die Stärkung der Selbstwirksamkeit.

In der Reflexion des Unterrichts wurde ersichtlich, dass die Schüler*innen mit dem bisherigen Englischunterricht in der 5. Klasse zufrieden sind (WEUG, WEWW). So wünscht sich ein*e Schüler*in explizit, „dass es auch so bleibt, wie es jetzt ist“ (Interview 7). Wenn sie sich etwas für den Unterricht wünschen können, ist es in den meisten Fällen, dass sie weiterhin und noch öfter Theater spielen wollen (Interview 2, Interview 5, Interview 7, Interview 8, Interview 11). Die Schüler*innen begründen dies damit, dass ihnen die Methoden Spaß machen und dass sie dabei gut lernen können (Interview 6, Interview 7, Interview 8, Interview 11). Ein*e Schüler*in führt noch einmal aus, was er*sie in diesem Zusammenhang gelernt hat, so gibt er*sie an, dass er*sie die Aussprache und die Rechtschreibung verbessern konnte, sein*ihr Vokabular erweitert hat und „dass man auch mehr weiß, was man sagt und was man irgendwie wo einsetzt" (Interview 8). Das Theaterspielen gefällt den Schüler*innen jetzt besser als in der Grundschule, da der Text nicht nur abgelesen wird und Kostüme integriert werden (Interview 2). Weitere Wünsche sind, sich selbst im Unterricht zu verbessern und bei Meldungen öfter dran genommen zu werden (Interview 10) sowie weiterhin die Gelegenheit zu erhalten, in Gruppen zu arbeiten (Interview 11). Aus dem Unterricht in der Grundschule vermissen die Schüler*innen entweder nichts – „Nö, eigentlich macht es jetzt viel mehr Spaß" (Interview 11) – oder die Filme[97] (Interview 1, Interview 4).

Diese positive Bewertung des Unterrichts zeigt sich auch in der Vergabe der Smileys. Anders als in den Interviews mit den Projektgrundschüler*innen, bewerten die Schüler*innen der 5d alle den Unterricht in der 5. Klasse besser als in der 4. Klasse. Es lässt sich bei keinem*r Schüler*in weder ein Motivationsverlust noch Frustration oder eine negative Einschätzung der eigenen Kompetenzen feststellen.

Name	**Smiley-Auswahl**	**Begründung**
Interview 1	:-)	etwas gelernt und auch ein bisschen Spaß
	:-D	sehr viel Spaß mit dem Theater und Unterricht leichter
Interview 2	:-)	teilweise Spaß gemacht, aber nicht so ganz toll
	:-D	hier macht das mehr Spaß Was genau? -> weil wir hier mehr Englisch sprechen
Interview 3	:-)	es war gut es wurde etwas gelernt
	:-D	„Ich find es hier auch gut, eigentlich noch besser und ich finde hier kann ich besser lernen als da."

97 Diese gehören zum Material des Lehrwerks *Playway*.

Name	Smiley-Auswahl	Begründung
Interview 4	:-(	„Ich war da immer nah am Weinen." Mitschüler*innen haben Sachen versteckt.
	:-) oder :-D	glücklich und ich fühl mich wohl Lehrer sind netter hier wird mir auch gesagt, was ich gut gemacht habe und nicht nur, was ich schlecht gemacht habe
Interview 5	:-)	Englisch generell macht mir Spaß
	:-D	„weil es halt schon mehr Spaß macht, vor allem mit dem Theater"
Interview 6	:-)	„weil mir der Unterricht hier besser gefällt"
	:-D	„weil mir der Englischunterricht sehr gut gefällt und weil's mein Lieblingsfach ist"
Interview 7	:-(	„weil der Unterricht nicht ganz so geworden ist, wie er werden soll" hatte fast gar nichts mehr mit Englischunterricht zu tun, Aufgaben wurden nicht gemacht, hat meistens nicht so richtig geklappt eigentlich sollen Kinder aufpassen, aber so war es nicht Gesicht ist nicht zufrieden
	:-)	fröhlich Englischunterricht ist sehr gut, man lernt viel und es klappt besser
Interview 8	malt selbst (s. Anhang)	geschlossene Augen, müde, wenig Action
	:-D	der offene Mund, Theater spielen und viel melden
Interview 9	malt selbst (s. Anhang)	„Na toll, schon wieder Englisch." Gelangweilt, weil schon wieder Englisch ist und ich mag eigentlich nich so Englisch.
	:-) oder :-D	„Mir gefällt der Unterricht einfach, heißt das für mich."
Interview 10	malt selbst (s. Anhang)	Unterricht ist gut
	:-) oder :-D	es ist besser
Interview 11	Vermutung: :-)	„Da hat's mir auch Spaß gemacht, nur die Lehrerin war ziemlich streng." Was genau? -> „dass wir auch mit der Uhrzeit und so machen"; vorher hat die Lehrerin diese angeschrieben
	Vermutung: :-D	„Da sind auch die Lehrerinnen netter und es macht mir mehr Spaß."

Tabelle 16 Bewertung des Englischunterrichts in der 4. und 5. Klasse durch Schüler*innen der 5. Klasse

Nur zwei der Schüler*innen haben Anmerkungen. So verdeutlicht ein*e Schüler*in, wie glücklich er*sie an der neuen Schule ist: „Ich war traurig als ich von der Schule weg musste und jetzt frag ich mich wieso." Ein*e andere*r Schüler*in merkt an, dass man die Schüler*innen noch mehr dazu motivieren könnte, Vokabeln zu lernen. Auch diese Anmerkungen bestätigen das positive Bild, das die Schüler*innen vom Englischunterricht in der 5. Klasse gezeichnet haben. Sie sind zufrieden und motiviert. Den dramapädagogischen Methoden schreiben sie eine lernförderliche Wirkung in verschiedenen, für die kommunikative Kompetenz relevanten Bereichen zu.

7.2.4 Beobachtungen in der weiterführenden Schule

Aus den Beobachtungen während der gemeinsamen Arbeit sowie am Rande der Interviews und in den Rückmeldungen der Eltern wird das Potenzial der dramapädagogischen Arbeit, das die Schüler*innen bereits beschreiben, noch unterstützt und teilweise ergänzt. So wird in den Interviews deutlich, dass die Schüler*innen teilweise Sätze auswendig aufsagen, die gar nicht zu ihrem eigenen Text gehörten und noch nicht einmal in den Szenen vorkamen, in denen sie spielten. Diese Tatsache weist auf das Potenzial hin, dass die Methoden auch im Bereich des (Zu)Hörens haben, und es zeigt, wie stark die Schüler*innen durch die Arbeit mit Theatertexten involviert werden. Gleiches zeigt sich, wenn eine Schülerin im Interview versucht, sich eine Wortbedeutung zu erschließen und dabei den Kontext der Szene verwendet und ebenso die Gestik, die dazu gelernt wurde, ausführt. Darüber hinaus konnte bei mehreren Schüler*innen festgestellt werden, wie das Selbstvertrauen und das Vertrauen in die fremdsprachlichen Kompetenzen wuchs. So haben Schüler*innen, die im Unterricht eher zurückhaltend und ruhig waren, in den Szenen und auf der Bühne laut gesprochen und überzeugend geschauspielert. Die Mutter eines leistungsstarken, aber zurückhaltenden Schülers gab nach der Aufführung die Rückmeldung, dass sie es toll fand, dass wir ihren Sohn „dazu gebracht" haben, auf der Bühne zu stehen und vor einem Publikum Englisch zu sprechen, da er sonst immer so schüchtern sei. Aber auch weniger leistungsstarke Schüler*innen konnten beim Theaterspielen Erfolge feiern, wenn sie nach anfänglichen Schwierigkeiten mit dem Text in ihrer Betonung und Körpersprache immer besser wurden, die Aufführung sehr gut meisterten und am Ende auch ihren Text gut beherrschten.

7.3 Bedeutung der Ergebnisse für den Schulwechsel und Diskussion der Ergebnisse

Es gibt eindeutig Indizien dafür, dass der Einsatz dramapädagogischer Methoden und die Arbeit mit Drama-Aktivitäten in der 4. und 5. Klasse den Schulwechsel von der 4. zur 5. Klasse positiv beeinflusst. Daraus ergibt sich die Frage nach möglichen Konsequenzen für die Gestaltung des Englischunterrichts in der Grundschule sowie in der weiterführenden Schule

7.3.1 Diskussion der Ergebnisse

Die Auswertung der Fragebögen und der Interviews zeigt, dass die Schüler*innen im Allgemeinen den dramapädagogischen Methoden ein lernförderliches Potenzial in den für den Schulwechsel relevanten Bereichen Förderung mündlicher Kompetenzen sowie Wortschatzerwerb und teilweise auch in den Bereichen des Lesens und Schreibens zuweisen. Darüber hinaus werden die Methoden als motivierend und altersangemessen erlebt. Diese Komponenten wurden jedoch nicht in einem objektiven Testverfahren überprüft. Die Ergebnisse basieren auf Selbsteinschätzungen der Lernenden. In dieser Studie ging es nicht darum zu belegen, dass die Schüler*innen ihre fremdsprachlichen Kompetenzen verbessert haben, sondern, dass sie den Schulwechsel positiv erleben und im Englischunterricht ohne Einbrüche weiterlernen können. Die Schüler*innen sollen motiviert und mit einem gestärkten Selbstwertgefühl an ihren fremdsprachlichen Kompetenzen arbeiten. Diese Eindrücke sind sehr subjektiv und lassen sich daher nicht mit objektiven Testverfahren erfassen.

Aus verschiedenen Gründen war keine Prä- und Post-Evaluation möglich, die validere Ergebnisse geliefert hätte. Zum einen konnten nicht alle Schüler*innen aus der 4. Klasse der Projektgrundschule in die 5. Klasse begleitet werden. Es konnten daher nur einige Schüler*innen sowohl zu ihren Erfahrungen in der 4. als auch in der 5. Klasse befragt werden. Von diesen Schüler*innen hat nur eine Schülerin auch in der 5. Klasse dramapädagogische Methoden erlebt. Die Versuchsgruppe ist damit sehr klein. Die interviewten Schüler*innen aus der 5d der weiterführenden Projektschule wurden nicht bereits im Unterricht der 4. Klasse befragt. In der Auswertung der Interviews können lediglich ihre Erinnerungen herangezogen werden. Ein direkter Vergleich zwischen diesen beiden Gruppen ist nur begrenzt möglich.

Implikationen, die aus diesen Vergleichen gezogen werden, können nicht ausschließlich auf die Gestaltung des Unterrichts und den Einsatz der dramapädagogischen Methoden zurückgeführt werden. Es handelt sich nicht nur um andere Schüler*innen, mit anderen Voraussetzungen und Eigenschaften, auch die Rahmenbedingungen (Schule, Lehrer*in etc.) waren verschieden. Gleiches gilt für die Daten aus den Fragebögen. Auch hier ist kein direkter Vergleich zwischen den Daten aus der 4. Klasse und den 5. Klassen möglich. Es können lediglich Tendenzen abgelesen werden. Die Parallelklassen der 5d wurden zwar mit dem gleichen Fragebogen befragt, jedoch wurde der Unterricht nicht begleitet. Um aussagekräftige Ergebnisse zu erhalten, hätten in dieser Zeit in den Vergleichsklassen keinerlei dramapädagogische Methoden stattfinden dürfen. An dieser Stelle beeinflusst auch die unterrichtende Lehrkraft die Ergebnisse. Es bleibt zu reflektieren, ob die Ergebnisse aus dem Vergleich der 5. Klassen auf die dramapädagogischen Methoden bezogen werden können, da diese ebenso gut in Zusammenhang mit der Lehrkraft oder der Zusammensetzung der Klasse stehen können.

Methodisch ist zu diskutieren, dass die Daten ausschließlich mit jungen Lernenden erhoben wurden. Diese Teilnehmer*innen-Gruppe bringt ganz eigene Anforderungen mit sich, die sich nicht immer mit denen der empirischen Arbeit vereinbaren lassen. So war es nicht einfach, alle zu untersuchenden Aspekte in einem Fragebogen unterzubringen, der dem Alter der Studienteilnehmer*innen angemessen war. Rückblickend betrachtet hätte der Fragebögen kürzer sein müssen, um zu verhindern, dass einige Schüler*innen ihn nur teilweise oder aber flüchtig ausfüllen und damit zu generalisierenden Antworten tendieren, indem sie beispielsweise alle Antwortmöglichkeiten ankreuzen. Als gewinnbringend zu beurteilen ist die Kombination aus geschlossenen und offenen Fragestellungen, da auf diese Weise das individuelle Erleben des Englischunterrichts besser abgebildet werden konnte.

Auch der narrative Ansatz der Interviews war für die jungen Schüler*innen nicht ganz einfach. Oft wussten sie nicht, was sie erzählen sollten und haben nur schwer in längere Erzählungen hineingefunden. Aus diesem Grund waren öfter Nachfragen nötig, die die Interviews teilweise stärker strukturiert und gelenkt haben, als es vorgesehen war. Während des Interviews können daher Fehler, beispielsweise durch eine zu hohe Einmischung der Interviewerin, passiert sein, die in Interviews mit erwachsenen Studienteilnehmer*innen hätten vermieden werden können (vgl. Hermanns 2013: 360 ff., Hopf 2013: 359).

Die Auswahl der Schüler*innen zu den Interviews basierte auf freiwilligen Meldungen, um einer zufälligen Auswahl möglichst nahezukommen. Allerdings kann nicht ausgeschlossen werden, dass sich gerade die Schüler*innen gemeldet haben, die beispielsweise besonders zufrieden mit der Gestaltung des Englischunterrichts waren, und den Einsatz der dramapädagogischen Methoden aus diesem Grund positiv beurteilten.

Die Interviews wurden anonym ausgewertet, um den Schüler*innen zusichern zu können, dass sie frei und ohne Rückwirkungen auf die eigene Person ihre Meinung äußern können. Im Nachhinein ist zu fragen, ob eine Befragung unter Zuhilfenahme von Codes, die eine Zuordnung der Fragebögen aus der 4. Klasse zu den Interviews aus der 5. Klasse (bei den Projektgrundschüler*innen) ermöglichen, sinnvoll gewesen wäre. Durch Fallstudien hätten die Entwicklungen einzelner Schüler*innen in der Zeit des Schulwechsels eingehender betrachtet werden können.

Sowohl in den Interviews als auch in den Fragebögen wurde versucht, das Gütekriterium der Offenheit zu wahren. Im Hinblick auf das Potenzial der dramapädagogischen Methoden ging es beispielsweise nicht darum, allein das in der Literatur bekannte Potenzial zu evaluieren, sondern ebenso neue Aspekte, die die Schüler*innen mit den Methoden in Verbindung bringen, aufzunehmen bzw. zu eruieren, welche der in der Literatur aufgeführten Potenziale tatsächlich auch von den Schüler*innen benannt werden. Aufgrund der Rolle, die die Autorin dieser Arbeit auch im Unterricht spielte, kann jedoch nicht ausgeschlossen werden, dass die Befragten sozial erwünscht antworteten. Aufgrund der langen Zeit, die in beiden Klassenstufen gemeinsam im Unterricht verbracht wurde, kann davon ausgegangen werden, dass im Sinne eines Arbeitsbündnisses ein gutes Verhältnis zwischen Forscherin und Schüler*innen entstanden ist, das zu wahrheitsgemäßen Antworten führte (vgl. Steinke 2013: 320). Die Kontrollklassen hatten im Englischunterricht keine Berührungspunkte mit der Forscherin.

In der Rolle als unterrichtende Lehrkraft konnte die Forscherin eine besondere Beziehung zu den Lernenden aufbauen. Ob Methoden gut funktioniert haben, weil sie von der Forscherin durchgeführt wurden, die eventuell überzeugter von den Methoden und motivierter bei ihrem Einsatz war, kann an dieser Stelle nicht ausgeschlossen werden. Sowohl in der Grundschule als auch in der Gesamtschule wurde darüber hinaus teilweise im Team unterrichtet oder es waren mehrere Personen, dann in unterstützender Funktion, im Raum anwesend. Alle unterrichtenden Personen unterscheiden sich in ihren persönlichen Merkmalen, in ihren Haltungen, ihren Lehrer*innenpersönlichkeiten und in ihrem Unterrichtsstil. Auch ein Einfluss dieser individuellen Faktoren auf den Verlauf der Stunden lässt sich nicht ausschließen. Es besteht die Möglichkeit, dass Stunden oder Methoden anders verlaufen wären, wenn sie immer von derselben Lehrkraft unterrichtet worden wären. Während die Forscherin als Lehrkraft oder in unterstützender Funktion im Klassenraum, konnte nicht ausgeschlossen werden, dass quasi nebenbei die Rolle der Beobachterin eingenommen wurde. Durch eine kriteriengeleitete teilnehmende Beobachtung als integrierter Teil des Forschungsdesigns, die eventuell durch ein Team an Beobachter*innen oder durch eine umfassendere Videodokumentation und deren anschließende Auswertung hätte erfolgen können, hätten noch umfassendere Daten gesammelt werden können.

In der Auswertung der Interviews können sowohl beim Transkribieren der Dateien (vgl. Kowal/O'Connell 443 f.) als auch in der Interpretation der Daten Fehler passiert sein. Die Auswertung der Daten ist durch die Wahrnehmung der Transkribierenden beeinflusst (vgl. ebd.: 446) und kann daher nicht als rein objektiv betrachtet werden. An dieser Stelle wäre ein Abgleich der Kategorien und Schlussfolgerungen mit einer außenstehenden Person nötig gewesen.

7.3.2 Hinweise für die methodische Gestaltung des Englischunterrichts

Ein erklärtes Ziel dieser Arbeit ist es, einen Weg zu finden, der den Schüler*innen ein erfolgreiches und motivierendes Erlernen und Weiterlernen der Fremdsprache Englisch ermöglicht. Dramapädagogische Methoden werden dabei als geeignetes Mittel zur Umsetzung dieses Ziels erprobt. Die zugrunde liegende Hypothese, dass der Einsatz dramapädagogischer Methoden dafür sorgt, dass die Lernenden den Übergang als weniger einschneidend erleben und ein Motivationsverlust ausbleibt, konnte durch die Ergebnisse aus den Fragebögen und Interviews bestätigt werden.

Für den Anfangsunterricht Englisch und die mit dem Schulwechsel verbundene Übergangsproblematik, die in Kapitel 2 dieser Arbeit dargestellt wurde, ist festzustellen, dass ein ganzheitlicher und handlungsorientierter (Fremdsprachen)Unterricht für ein erfolgreiches Fremdsprachenlernen sowohl in der Grundschule als auch in der weiterführenden Schule notwendig ist, um den Bedürfnissen der Schüler*innen in beiden Klassenstufen gerecht zu werden. In der Grundschule kommen spielerische und ganzheitliche Methoden dem natürlichen Bewegungsdrang der Schüler*innen nach. In den weiterführenden Schulen bewegen sich die Schüler*innen im Unterricht zu wenig und zu langes Sitzen wirkt sich negativ auf die Konzentration und Motivation der Schüler*innen aus (vgl. Interviews mit den Projektgrundschüler*innen und Kapitel 4.3). Darüber hinaus sind ein sprachliches Handeln und der aktive Gebrauch der Fremdsprache nötig, damit die Schüler*innen zur Kommunikation in der Fremdsprache befähigt werden. Dazu zählen neben den verbalen Aspekten der Kommunikation ebenso die nonverbalen. Diese können durch dramapädagogische Methoden gefördert werden. Gleiches gilt für die Schulung einer Kompetenz zum Umgang mit Kommunikationsschwierigkeiten, indem von den Schüler*innen in solchen Fällen Gesten verwendet werden. Dies wurde insbesondere in den Interviews mit den Schüler*innen der 5d bestätigt.

Ein Vorteil, den viele der befragten Schüler*innen nannten, ist die Freude, die ihnen die Arbeit mit den dramapädagogischen Methoden und an dem Theaterstück sowohl in der 4. als auch in der 5. Klasse bereitet hat. Durch die Arbeit mit Dramamethoden entwickelten die Schüler*innen Spaß beim Lernen, wurden ganzheitlich angesprochen und in den Lernprozess involviert. Auf diese Weise wurde der Erwerb fremdsprachlicher Strukturen erleichtert. Tselikas (1999) spricht noch weitere Vorteile der dramapädagogischen Arbeit an:

> Dramapädagogisches Lernen stellt eine effektivere und lustvollere Art des Lernens dar durch das Ansprechen der natürlichen menschlichen Anlagen und die Aktivierung des gesamten Wesens. Es entstehen grö[ß]ere Spontaneität, Flexibilität und Natürlichkeit im Ausdruck, mehr Lust an der fremden Sprache, Aktivierung des gesamten Wissensrepertoires, selbstsicheres Auftreten, Überwindung der Ängste, die mit dem Ausdruck in der fremden Sprache zusammenhängen, bessere Artikulation, Erweiterung des kulturellen Wissens nicht nur auf der kognitiven Ebene, kulturell adäquate Gestik, Mimik usw. (ebd.: 59).

Viele dieser Aspekte konnten in der Arbeit mit den Schüler*innen beobachtet werden. In den Interviews mit den ehemaligen Schüler*innen der Projektgrundschule bestätigten sie, dass der Unterricht in der 5. Klasse ihnen weniger Spaß macht und sie weniger positiv anspricht. Für die Schüler*innen der 5d an der weiterführenden Projektschule konnte ein gegenläufiger Trend beobachtet werden. Sie beurteilten den Unterricht in der Grundschule schlechter und als weniger motivierend als in der 5. Klasse. Daraus folgt, dass bewegtes und ganzheitliches Lernen noch stärker in den Unterricht der weiterführenden Schulen Einzug erhalten sollte, um auf diese Weise eine methodische Kontinuität auszubilden. Dass dramapädagogische Methoden eine geeignete Wahl für diese Aufgabe sind und sich in beiden Klassenstufen auf altersangemessene Art und Weise einsetzen lassen, formulieren die Schüler*innen in den Interviews selbst. Es geht dabei also beispielsweise nicht unbedingt darum, dieselben Lieder zu singen, die die Kinder aus der Grundschule kennen – dies wird ihnen sicherlich schnell langweilig.

In dem Zitat von Tselikas zeigt sich zudem das Potenzial der dramapädagogischen Methoden auf der personalen und affektiven Ebene und damit in einer Umsetzung des im Theorieteil diskutierten weiten Kompetenzbegriffs (vgl. Kapitel 3.6.2). Das konnte in den Interviews, durch Beobachtungen während der Studie und die Rückmeldung von Eltern bestätigt werden und kann nicht nur für den Schulwechsel und die Stärkung des Selbstkonzepts genutzt werden, sondern auch für die Ausbildung einer umfassenden kommunikativen Kompetenz. In der Schule geht es noch zu oft um die alleinige Ausbildung kognitiver Fähigkeiten und beispielsweise weniger um den Erwerb praktischer Fertigkeiten. Drama-Aktivitäten sind auch gerade deshalb für den Anfangsunterricht sinnvoll und nützlich, da sie den Schüler*innen die Möglichkeit sowie die Mittel zur Kommunikation geben. Die Schüler*innen werden zu einem eigenständigen Handeln und Kommunizieren in der Fremdsprache befähigt (vgl. Kapitel 3.6.2). Neben der Bereitstellung von sprachlichen Mitteln gewinnen auch nonverbale Fähigkeiten an Bedeutung, und es werden Kontexte für den Sprachgebrauch hergestellt – beides Komponenten, die den Spracherwerb erleichtern. Dramamethoden stellen für den Anfangsunterricht eine Bereicherung dar, da sie eine neue und weitere Form der Auseinandersetzung mit der Fremdsprache bieten und darüber hinaus die Methodenkompetenz der Schüler*innen erweitern.

Beim Übergang der Schüler*innen in die weiterführenden Schulen ist zu bedenken, ob ein Methodenwechsel zwingend notwendig ist, da sich Drama-Aktivitäten beispielsweise auch im Literatur- und Grammatikunterricht anwenden lassen. Der Bereich der Grammatik- und Vokabelarbeit spielt im Englischunterricht der 5. Klasse eine erheblich größere Rolle als noch in der 4. Klasse. Besonders in diesen, den Schüler*innen noch unbekannten

Bereichen des Fremdsprachenunterrichts ist die Fortführung grundschulgemäßer, den Schüler*innen bekannter und vertrauter, Methoden sowie eines ganzheitlichen Umgangs mit der Fremdsprache von essentieller Bedeutung. Den Schüler*innen kann so der Zugang zu diesen strukturellen und formorientierten Bereichen des Fremdsprachenunterrichts erleichtert werden. Die Schüler*innen bestätigen diese Fokusverschiebung auf die Arbeit mit dem Lehrbuch und die damit einhergehende grammatische Progression sowie auf eine verstärkte Vokabelarbeit in den Fragebögen und Interviews. Der Einsatz von dramapädagogischen Methoden in diesem Kontext ermöglicht es den Lernenden, in einem ihnen bekannten methodischen Setting, das ihnen einen motivierenden Umgang mit der Sprache sowie ein aktives und freudvolles Lernen (s.o.) ermöglicht, mit den neuen Ansprüchen des Unterrichts umzugehen. Gleichzeitig erfahren die Schüler*innen durch den Einsatz von Dramamethoden „[…] eine neue Abfolge von Unterricht, die ihre Bedürfnisse und Lernschwierigkeiten mit einschließt“ (Wettemann 2007). Hinzu kommt, dass von den Schüler*innen der Versuchsklasse positiv bemerkt wurde, dass zunächst keine Vokabeltests geschrieben wurden und Klassenarbeiten (*skill checks*) an Formate der Grundschule angenähert wurden. Dies unterstützt die in Kapitel 3.6.2 formulierte Empfehlung.

Insbesondere in der Reflexionsphase können die Erfahrungen, die die Lernenden in dramapädagogischen Kontexten mit der Fremdsprache machen, nachbesprochen werden. Auch junge Lernende können ein Bewusstsein für Lernprozesse entwickeln und ihre persönlichen Erfahrungen mit den Übungen zum Ausdruck bringen. Auf diese Weise kann eine Metaebene des Lernens in den Unterricht integriert werden, die im Kontext des spielerischen Lernens oftmals fehlt. In dieser Phase kann gleichzeitig auch an der Frustrations- und Fehlertoleranz der Lernenden gearbeitet sowie ihr Selbstvertrauen gestärkt werden. Beide Aspekte sind für die Förderung der freien und spontanen Kommunikation in der Fremdsprache von Bedeutung. Junge Lernende sind meist recht unbefangen, wenn es um Äußerungen in der Fremdsprache geht, und haben wenig Angst davor, Fehler zu machen. Diese Tatsache lässt sich mit dem der Dramapädagogik zugrunde liegenden Fehlerverständnis gut vereinbaren (vgl. Kapitel 4.2 und 4.3) und stellt eine Gelegenheit dar, in einem behutsamen und bewussten Umgang mit der Gefahr einer entstehenden Fremdsprachenverwendungsangst (vgl. Kapitel 3.5.3) umzugehen. Für junge Lernende sollte die Fehlertoleranz, auch in der 5. Klasse, um eine

Erstsprachentoleranz[98] erweitert werden. Ist es Ziel des frühen Fremdsprachenunterrichts, eine erhöhte Sprechbereitschaft zu erreichen und damit einhergehend ein Vertrauen in das individuelle fremdsprachliche Können und Kommunikationsvermögen auszubilden, sollte dem Lehren und Lernen sowohl ein Fehlerverständnis zu Grunde gelegt werden, das die Lernenden zu einem angstfreien Agieren in der Fremdsprache anregt, als auch eine Offenheit gegenüber Äußerungen in der Erstsprache vorherrschen. Nur so können Schüler*innen auch im Anfangsunterricht zu einem kreativen und spontanen sowie risikobereiten Umgang mit der Fremdsprache angeregt werden. Bedingt durch das begrenzte Vokabular und den eingeschränkten Umfang der zur Verfügung stehenden sprachlichen Mittel ist die Erstsprache auch im Fremdsprachenunterricht – und sei es nur in den Köpfen der Lernenden – gegenwärtig. Neue Vokabeln werden meist automatisch still übersetzt und an bekannte Wörter angeknüpft, in kommunikativen Notsituationen ist auch die Verwendung der Erstsprache ein Weg, diese zu bewältigen, besonders wenn klar ist, dass alle anderen im Raum dieselbe Sprache sprechen und verstehen. Der kommunikative Erfolg und das Aufrechterhalten des Dialogs sind dabei wichtiger als ein Verhindern von sprachlichen Äußerungen in der Erstsprache. So können auch schon Sprachanfänger*innen vorsichtig mit der Fremdsprache experimentieren und improvisieren.

An dieser Stelle wird deutlich, dass die bereits in Kapitel 4.3 im Kontext der Förderung der Sprechbereitschaft genannten Aspekte (gemeinsames Aufwärmen, Schaffen einer angenehmen und wertschätzenden Atmosphäre, Fehler- und Erstsprachentoleranz, Einfinden in die Fremdsprache, die Rolle und den dramapädagogischen Kontext) ihre Gültigkeit auch und gerade in der Arbeit mit jungen Lernenden an Bedeutung gewinnen. Oftmals werden sie jedoch vernachlässigt, wenn der Fokus allein auf der Sprachproduktion liegt. Der Förderung bzw. dem Aufrechterhalten der Sprechbereitschaft sollte im Anfangsunterricht ein bedeutendes Maß an Aufmerksamkeit geschenkt werden, da sie gewissermaßen als Grundsteinlegung für die weitere Kommunikation in der Fremdsprache betrachtet werden kann. Auch aufgrund der Bedeutung der mündlichen Beteiligung in einem hauptsächlich mündlich gestalteten Unterricht sollten möglichst viele Schüler*innen zum Ausprobieren

98 Siehe hierzu auch das Konzept der funktionalen Mehrsprachigkeit (vgl. z.B. Hu 2017).

ihrer verbalen fremdsprachlichen Fertigkeiten motiviert werden. Dramapädagogische Methoden können hier einen entscheidenden Beitrag leisten, da sie zum einen die Lernenden in ihrer Spielfreude ernst nehmen und ihnen zum anderen Kompetenzerlebnisse in der Fremdsprache ermöglichen. Diese Kompetenzerlebnisse können zum Aufrechterhalten von Sprechbereitschaft und Motivation beitragen.

Bereits im Jahr 1996 schlugen Kahl und Knebler eine Fortführung grundschulgemäßer Methoden und eine veränderte Schwerpunktsetzung in den zu fördernden Kompetenzen, weg von einem rein systematischen Zugang zur Sprache, vor, um den Motivationsverlust zu Beginn der 5. Klasse zu vermeiden (vgl. ebd.: 63, 110; Mayer 2006: 221, 226). Aus entwicklungspsychologischer Sicht ist ein verstärkt systematischer Zugang zur Fremdsprache zu Beginn der 5. Klasse nicht sinnvoll (vgl. Büchner/Koch 2001: 16f.).

Sollen zu Beginn der 5. Klasse neue formorientierte Unterrichtsinhalte vermittelt werden, die sich die Schüler*innen auch selbst wünschen, sollte dies in einem ganzheitlichen und handlungsorientierten Unterrichtskontext erfolgen. Darüber hinaus zeigt sich in der Studie von Kahl und Knebler (1996) auch, dass die Motivation der Schüler „immer dann abnimmt, wenn die Lehrkräfte ihren Unterricht stark auf Grammatik konzentrieren" (Mayer 2006: 226). Vergleichbar mit der Rolle der Schrift heißt dies jedoch nicht, dass junge Lernende nicht eventuell von einer Bewusstmachung grammatikalischer Strukturen als Unterstützung im Lernprozess profitieren können (vgl. Teubner 2006: 62). Ein rein kognitiver, systematischer Zugang zur Fremdsprache ist damit jedoch nicht gemeint. Basierend auf den Ergebnissen dieser Studie lassen sich folgende Notwendigkeiten für den Unterricht in der 5. Klasse formulieren. Es muss ein Umdenken sowohl hinsichtlich der Arbeit mit Vokabeln als auch hinsichtlich des Umgangs mit dem Lehrbuch stattfinden. Hinzu kommt eine Erweiterung des Repertoires an Methoden im Umgang mit Lehrbuchdialogen. All diese Implikationen lassen sich auf die Unterrichtsgestaltung und damit auf die Lehrpersonen zurückführen, die eine entscheidende Rolle im Kontext des Schulwechsels von der Grundschule auf die weiterführende Schule spielen. Dieser Aspekt wird zum Ende dieses Kapitels aufgegriffen.

Aus diesen Ergebnissen folgt, dass der Unterricht sich zwar in der Schwerpunktsetzung und im Anspruch verändern kann und sollte, auch um die Erwartungen der Schüler*innen zu erfüllen, im Bereich der methodischen

Gestaltung jedoch möglichst kaum Veränderungen zeigen sollte. Rituale sowie ein spielerischer und ganzheitlicher Zugang zur Fremdsprache lassen sich auch im Unterricht der 5. Klasse realisieren. Das Schulbuch dient dabei als Zusatzmaterial, das nicht Kapitel für Kapitel abgearbeitet werden muss. Sinnvoller erscheint eine Fokussierung von inhaltlichen Kontexten und Geschichten, in die die Arbeit mit sprachlichen Strukturen, Vokabeln und Texten integriert wird. Die Schüler*innen wünschen sich darüber hinaus die Möglichkeit, kooperativ in Gruppen zu arbeiten.

Ein weiteres Ziel dieser Arbeit ist, die kommunikative Kompetenz der Lernenden umfänglich und ganzheitlich bereits in der Grundschule zu fördern (vgl. die Ausführungen zum weiten Kompetenzbegriff). Dies kann jedoch nur dann geschehen, wenn die Schüler*innen in fremdsprachlichen Rollen aktiv – verbal, nonverbal und schriftlich – kommunizieren. Auch die Inhalte spielen dabei eine Rolle, da sie zur Aktivierung der Schüler*innen, zur Lernmotivation und somit zum Lernerfolg beitragen. Dramapädagogische Aktivitäten bieten die Möglichkeit, eine Vielzahl von Inhalten und Themen in den Unterricht zu integrieren. Auf diese Weise werden echte Sprechanlässe geschaffen, in denen die Schüler*innen in fremdsprachliche Rollen schlüpfen und die fremde Sprache in authentischen Kommunikationssituationen gebrauchen. Aus diesem Grund haben die Schüler*innen das Gefühl „so zu reden, wie die wirklich in England reden“ (Interview 4), können sich besser mit der fremden Sprache identifizieren, sich in diese hineinfühlen und haben das Gefühl, etwas für spätere fremdsprachige Kommunikationssituationen zu lernen. Die Schüler*innen werden sowohl in ihrer kommunikativen als auch performativen Kompetenz (vgl. Kapitel 4.1 und Kapitel 4.3) geschult. Dem Ziel der Kommunikationsfähigkeit kommen die Schüler*innen näher, indem sie lernen, in „unvorhersehbaren Situationen“ (Wettemann 2007) zu agieren und zu sprechen (vgl. ebd.). Die erworbene Sprache wird in Kontexte eingebettet „[…] und [kann] dadurch besser behalten werden“ (ebd.). In diesen neuen Kontexten können sich die Schüler*innen als Sprecher*innen der fremden Sprache wahrnehmen und ausprobieren. Auf diese Weise ist ihnen ein unbefangener und kreativer Gebrauch der Sprache möglich, der für Spaß am Lernen und Sprechen der Sprache sorgt. Dadurch steigt einerseits die Motivation der Lernenden für den Fremdsprachenunterricht und andererseits bekommen die Schüler*innen die Möglichkeit, sich auf eine andere, neue Art und Weise mit der fremden Sprache auseinanderzusetzen, sie zu erleben und sich mit ihr zu identifizieren. Darüber hinaus gehört in der dramapädagogischen Arbeit das Üben und Auswendiglernen zum Lernalltag, besonders wenn es sich um szenische Darstellungen handelt (vgl. Schafhausen 1995: 22). Die Schüler*innen lernen auf diese Weise sprachliche Strukturen auswendig, die ihnen in anderen Kontexten und Sprechsituationen zur Verfügung stehen können (vgl. Bland 2007: 6). Denn bereits in den „quasi-reale[n] Situation[en]“ (Doms 2008: 49) im Unterricht, werden die Schüler*innen dazu herausgefordert, selbstständig mit dem vorher geübten Sprachmaterial umzugehen.

Auf diese Weise kann der Tatsache begegnet werden, dass die Lernenden als Sprachanfänger*innen kaum fremdsprachliche Fähigkeiten mitbringen und sich dennoch wünschen, in der Fremdsprache kommunizieren zu können. Im Unterricht ist es oft schwierig, diesem Wunsch nachzukommen, da die Lernenden zunächst Grundkenntnisse erwerben müssen, bevor ihnen eine Kommunikation gelingen kann. Aus diesem Grund besteht „[e]ine der Hauptschwierigkeiten insbesondere für Anfängerinnen und Anfänger […] darin, dass die fremde Sprache nur zu oft als blo[ß]er Lernstoff erscheint und der lebendige, ganzheitliche Bezug zur Sprache fehlt“ (Tselikas 1999: 67). Wettemann (2007) legt in seinem Artikel dar, dass ein dramapädagogischer Ansatz den Schüler*innen auch im Anfangsunterricht die Möglichkeit geben kann, mit Hilfe von „wenigen, einfachen und auswendig gelernten Ausdrücken und Sätzen vertraute Situationen [zu] bewältigen […]“ (ebd.). Für Sprachanfänger*innen besteht laut Wettemann der Input hauptsächlich aus chunks, „die in kreativen und ganzheitlichen Übungsformen automatisiert und integriert werden“ (ebd.). Er betont dabei die Relevanz des Gebrauchs von Sprache, da nur auf diese Weise „vorhandene Kenntnisse aktiviert, vertieft, neu miteinander in Verbindung gebracht und automatisiert“ (ebd.) werden können. Die Schüler*innen müssen also auch im Anfangsunterricht die fremde Sprache in möglichst vielfältigen Situationen selbst verwenden. Dramamethoden bieten hierfür eine hervorragende Basis, da sie unterschiedlichste Kontexte im Klassenzimmer erzeugen können.

Ein großer Vorteil der Arbeit mit Dramamethoden liegt daher darin, dass ein Übergang von der von Sprachanfänger*innen oft verwendeten formelhaften Sprache hin zu einem freien und kreativen Sprachgebrauch und somit einer Kommunikationsfähigkeit in der Fremdsprache erleichtert werden kann. Ein formelhaftes Sprechen entspricht in der dramapädagogischen

Arbeit dem Auswendiglernen und Reproduzieren von Texten, aus dem im weiteren Verlauf der freie Sprachgebrauch beispielsweise in Improvisationen folgen kann. Der Erwerb der Kommunikationsfähigkeit in der Fremdsprache, das „Miteinander-reden-Lernen, d.h. der Aufbau interaktiver und kommunikativer Kompetenz“ (Schülein/Zimmermann 2002: 259) sowie der Aufbau einer performativen Kompetenz (vgl. Kapitel 4.1, Kapitel 4.3 und Kapitel 5.4.3) können besonders gut in einem ganzheitlichen und handlungsorientierten Ansatz erfolgen, denn „Gesprächsfähigkeit entwickelt sich bei Schüler*innen nur in der handelnden Bewältigung unterschiedlichster Gesprächssituationen“ (ebd.).

In Bezug auf Kapitel 4 dieser Arbeit lässt sich herausstellen, dass der Einsatz von dramapädagogischen Methoden besonders bei der Förderung der Aussprache, der Intonation sowie des Ausdrucks von Emotionen als Bestandteile einer kommunikativen Kompetenz nützlich sein kann (vgl. auch Kapitel 4.3.3 und Interviews). Die fehlerhafte Aussprache der Schüler*innen ist oft ein Grund für Hemmungen in der Sprachproduktion. Daher ist „[d]er Aspekt, da[ss] in der fremden Rolle (Aus-) Sprechbarrieren abgebaut werden können, [...] ein gewichtiges lernpsychologisches Argument für die Anwendung dramapädagogischer Methoden“ (Schewe 1993: 175). Die Schüler*innen müssen die Sprache aktiv nutzen, um das Sprechen zu lernen. Daher ist eine Aktivierung der Lernenden durch eine handlungsorientierte Lernumgebung notwendig, die sie motiviert und persönlich anspricht. Auf diese Weise kann die Sprache außerdem in echten Sprechhandlungen mit Bedeutung gefüllt werden, denn „[i]n den dramapädagogischen Umsetzungen wird die Bedeutung des Gelernten für alle im ‚Hier- und-Jetzt‘ erfahrbar“ (Wettemann 2007). Im Fremdsprachenunterricht treffen Personen mit eigenen Gedanken, Emotionen und Einstellungen aufeinander. Mit der Hilfe von Drama-Aktivitäten lernen die Schüler*innen, Einstellungen und Gefühle auszudrücken und eigene Erfahrungen mit ihnen zu sammeln.

Der Wortschatz der Schüler*innen kann durch Dramamethoden auf vielfältige Weise erweitert werden. So bleibt er nicht auf Nomen beschränkt, da die Schüler*innen in *action songs, warm-up actvities* und anderen Drama-Aktivitäten mit unterschiedlichen Strukturen und Formulierungen in Berührung kommen. Außerdem wird die Syntax der Lernenden verbessert, indem ihnen beispielsweise durch das Auswendiglernen von Texten und das gemeinsame Singen von englischsprachigen Liedern Satzkonstruktionen an die Hand gegeben werden, die sie in zukünftigen Sprechsituationen verwenden können. Durch den Einsatz der dramapädagogischen Methoden können sie ein Bewusstsein dafür entwickeln, wofür, d.h. in welchen kommunikativen Situationen, sie die Vokabeln oder die grammatikalischen Strukturen brauchen – z.B. um zu verstehen, was sie oder ihre Mitschüler in den Dialogen sagen. Des Weiteren erhalten die Schüler*innen die Möglichkeit, mit der Sprache zu spielen und auf diese Weise Hemmungen im Umgang mit ihr zu verlieren. Die Kommunikationsbereitschaft sowie das Selbstvertrauen und Vertrauen in die eigenen fremdsprachlichen Fähigkeiten – Aspekte, die besonders für das Sprechen der Fremdsprache essentiell sind, da Mut und Risikobereitschaft nötig sind, um in der fremden Sprache zu sprechen – können gesteigert werden. Die Schüler*innen erhielten die Möglichkeit, selbstständig Äußerungen zu planen und zu korrigieren, indem sie sich intensiv und vielfältig mit dem zu sprechenden Text beschäftigten. Auf diese Weise konnte ein Sprachbewusstsein angebahnt werden.

Im Englischunterricht der Grundschule liegt der Schwerpunkt auf der Förderung der mündlichen Fertigkeiten und die Verwendung der Sprache wird sich – gemäß der im Kerncurriculum verankerten Ziele – auf das Hörverstehen und das Sprechen konzentrieren. Im Rahmen dieser Arbeit hat sich jedoch gezeigt, dass eine Auseinandersetzung mit dem Schriftbild nicht nur von den Schüler*innen eingefordert wird, sondern auch im Kontext des Schulwechsels und der Ausbildung von Kontinuitäten im Englischunterricht von der 4. in die 5. Klasse von Bedeutung ist. Wie die Arbeit in der 4. und 5. Klasse gezeigt hat, sind die Schüler*innen mit einiger Unterstützung sehr wohl in der Lage, englische Texte zu lesen, und das Erkennen der Unterschiede im Schriftbild kann ihnen zur Verbesserung der Aussprache nützlich sein. Die Schüler*innen haben mit Begeisterung die Texte der Szenen gelesen und auswendig gelernt. Durch die Skripte, die den Text in gedruckter Form darboten, war es möglich, dass die Schüler*innen sich gegenseitig bei Ausspracheproblemen oder Schwierigkeiten beim Lernen des Textes unterstützten. Im Unterricht der Sekundarstufe I gewinnen die Kompetenzen Lesen und Schreiben an Gewichtung. Gleiches gilt für die Arbeit mit dem fremdsprachigen Wortschatz und mit grammatikalischen Strukturen. Das Potenzial dramapädagogischer Methoden insbesondere zum Lernen neuer Vokabeln sowie zur Bedeutungserschließung wurde von den Schüler*innen sowohl in den Fragebögen als auch in den Interviews benannt (vgl. hierzu auch Kapitel 4.3). Aber auch die Förderung der schriftbasierten Kompetenzen, insbesondere des Lesens und der Rechtschreibung findet beispielsweise in den Interviews der 5d Erwähnung.

Ein wichtiger Vorteil des dramapädagogischen Arbeitens ist, dass die Schüler*innen in besonderem Maße in ihrem Können bestätigt werden. Auf diese Weise erwerben sie ein erhöhtes Selbstvertrauen und gewinnen Vertrauen in die eigene Kommunikationsfähigkeit. Schüchterne Schüler*innen verlieren oft ihre Hemmungen und sprechen freier (vgl. Beddall 2006: 4). Die Übernahme einer Rolle trägt zum unbeschwerten Umgang mit der Sprache bei, denn „[i]m Schutz der Rolle fühlen sich die Lerner freier und haben beispielsweise weniger Angst, beim Sprechen Fehler zu machen oder neue verbale und nonverbale Handlungsalternativen auszuprobieren" (Wettemann 2007). In einem dramapädagogischen Unterricht ist es Aufgabe der Lernenden, ganzheitlich zu kommunizieren. Sie verwenden und erkennen eine Vielzahl von Gesichtsausdrücken, Gesten sowie Wörtern. Auf diese Weise entwickeln sie ein Selbstvertrauen, das sie in Kommunikationssituationen außerhalb des Klassenzimmers unterstützen wird (vgl. Holden 1981: 7).

Die Ergebnisse der Studie zeigen, dass die Schüler*innen der 4. Klasse in den dramapädagogischen Methoden insbesondere ein Potenzial sehen, um ihre Aussprache zu schulen und ihren Wortschatz zu erweitern. Dabei wurde er in *chunks* gelernt und in bedeutungsvolle Kontexte eingebettet. Die Schüler*innen trainierten ihre Sprechkompetenz, konnten aber auch an die Schriftsprache herangeführt werden und lernten in der Auseinandersetzung mit den Skripten das Lesen. Die Schüler*innen äußerten aber auch den Wunsch, die schriftbasierten Kompetenzen und besonders das Schreiben noch weiter zu verbessern. Diesem Aspekt sollte auf altersangemessene Weise im Grundschulunterricht verstärkt Beachtung beigemessen werden. Deutlich wurde, dass den in Kapitel 5.1 dargestellten Anforderungen nach einer Steigerung von Motivation und Lernfreude, einer positiven Lernatmosphäre, in der die Fremdsprache und der Englischunterricht mit positiven Emotionen und Erlebnissen verknüpft werden, sowie nach einer Stärkung des Selbstvertrauens sowie der Selbstwirksamkeit der Lernenden nachgekommen werden konnte. Darüber hinaus haben die Lernenden eine Methodenkompetenz erworben, die es ihnen ermöglicht hat, im Unterricht der 5. Klasse selbstbewusst und eigenständig mit der Erarbeitung von Dialogen umzugehen, aber die gleichzeitig auch dazu führte, dass sie Probleme in der Umsetzung der

Methoden in der 5. Klasse feststellen konnten, wenn ihre Erfahrungen dort nicht denen aus der Grundschule entsprachen. Darüber hinaus fehlten einigen Projektgrundschüler*innen das Theaterspielen sowie die Themenorientierung und sie hatten teilweise weniger Spaß am Unterricht.

In der 5. Klasse konnte aufgrund der Umstände der Studie keine unmittelbare Fortführung der Methoden beobachtet werden. Eine Ausnahme stellt die Erfahrung von Jella dar, die für eine gewisse Zeit auch zu Beginn der 5. Klasse dramapädagogische Methoden im Englischunterricht erlebt hat. Von ihr wurde im Interview bestätigt, dass der Unterricht zunächst gar nicht anders war als der der 4. Klasse, und sie konnte daher von keinen großen Umschwüngen berichten. Sie hat demnach keinen Bruch zwischen dem Englischunterricht der Grundschule und dem der weiterführenden Schule empfunden. Allein die Unsicherheiten im Sozialgefüge haben sie, ebenso wie alle anderen Schüler*innen auch, beschäftigt. Darüber hinaus konnten die Schüler*innen der 5d das Potenzial der Methoden ebenso in den Bereichen der Ausspracheschulung und des Wortschatzerwerbs bestätigen. Die Schüler*innen benutzten die Szenen und Methoden zur Bedeutungserschließung und haben mit Hilfe des Textes ihre Rechtschreibung trainiert. Grammatik- und Vokabelarbeit erfolgten gerahmt von Szenen, die den Schüler*innen den Zugang erleichterten. Die Schüler*innen hatten im Vergleich zu den anderen Klassen nicht das Gefühl, als würde ihr Unterricht von Vokabeln dominiert werden. Im Kontext der Übergangsproblematik ist besonders erfreulich, dass die Schüler*innen motiviert und mit Freude im Unterricht gelernt haben und sich immer mehr in der Fremdsprache zutrauten. Die Schüler*innen der 5d hatten oft das Gefühl, dass sie im Unterricht der 5. Klasse mehr lernen und das in einer angenehmen und wertschätzenden Atmosphäre. Die dramapädagogischen Methoden ließen sich den Ansprüchen des Unterrichts in der Sekundarstufe anpassen und wurden von den Schüler*innen als altersangemessen wahrgenommen.

7.3.3 Ausbildung einer Übergangskompetenz der Lehrkräfte

Der Erfolg des Schulwechsels hängt in großem Maße von den unterrichtenden Lehrkräften ab. Dies wurde an verschiedenen Stellen deutlich und auch die Schüler*innen haben ihre Englischlehrer*innen sowohl in den Fragebögen als auch in den Interviews mehrfach erwähnt. Für eine kontinuierliche Gestaltung des Englischunterrichts über die Schulformen hinweg ist ein Umdenken in der Konzeption von Unterricht und dem Einsatz von Methoden notwendig. Um in beiden Klassenstufen Raum für handlungsorientiertes und ganzheitlichen Lernen zu schaffen sowie den unterschiedlichen Lernenden Raum für individuelles Lernen und einen kompetenz- und fähigkeitsselbstkonzeptstärkenden Umgang mit der Fremdsprache zu ermöglichen, reicht es nicht, den, in diesem Fall dramapädagogischen, Methoden Zeit in der Unterrichtsplanung einzuräumen. Vielmehr geht es darum, dass die Lehrer*innen beider Schulformen die notwendigen Einstellungen, Haltungen und Fertigkeiten mitbringen, um die in einem dramapädagogischen Setting erwünschten offenen und kreativen Lernszenarien umzusetzen und entstehen zu lassen. Die Lösung der Übergangsproblematik wird beeinflusst durch das Selbstverständnis der beteiligten Englischlehrer*innen, ihre Einstellungen und Haltungen und erfordert daher die Ausbildung einer Übergangskompetenz der Lehrkräfte.

Oftmals sind es die Lehrer*innen der Sekundarstufe I, die dem Englischunterricht der Grundschule skeptisch gegenüberstehen, eine wenig positive Einstellung zu ihm haben und dadurch zu Problemen beim Schulwechsel beitragen (vgl. Burwitz-Melzer/Legutke 2004: 3). Obwohl wissenschaftliche Studien dem frühen Fremdsprachenunterricht beachtliche Erfolge nachweisen konnten (vgl. Keßler 2009: 160, Evening-Studie) und die Gründe für die Vorverlegung des Fremdsprachenunterrichts u.a. sowohl aus der Hirnals auch aus der Zweitsprachenerwerbsforschung kommen (vgl. u.a. Keßler 2009: 158), hält sich in der Schulpraxis eine gewisse Skepsis, die meist in persönlichen Empfindungen, Überzeugungen und Einstellungen der Lehrkräfte begründet zu sein scheint. Entscheidend ist, dass diese recht unmittelbar Einfluss auf die Gestaltung des Unterrichts zu Beginn der 5. Klasse nehmen, insbesondere dann, wenn es um die Arbeit mit Vokabeln und Grammatik geht.

Die Einstellung der Lehrenden zum Unterricht der Grundschule wird zunächst darin deutlich, dass die Gründe für die Übergangsproblematik für sie oftmals bei den (Lern)Voraussetzungen liegen, die die Lernenden mitbringen und die den Unterricht zu Beginn der 5. Klasse erschweren (vgl. Kapitel 3.7). Die Suche nach Gründen beginnt dabei also nicht im eigenen Unterricht, sondern bei den Lernenden selbst sowie bei ihrer fachlichen Vorbereitung. Von vielen Lehrkräften der weiterführenden Schulen wird die Heterogenität nicht als Chance zu einem binnendifferenzierten Arbeiten oder als Basis für ein kooperatives Lernen gesehen, sondern als ein Problem, das sie vor zusätzliche Herausforderungen stellt. Aus ihrer Sicht sind sie nun diejenigen, die dafür sorgen müssen, dass alle Schüler*innen auf einen Stand kommen. Neben einer grundsätzlichen Einstellung zum Lehren und Lernen, die individuelle Lernprozesse erschwert, wird darin eine Erwartungshaltung sichtbar, die der Grundschule die bereits in Kapitel 2 kritisierte zuliefernde und dienende Funktion zuweist.

Hinzu kommt, dass Methoden aus der Grundschule nur schwer einen Platz im Unterricht der 5. Klasse finden können, gelten sie doch als zu kindlich, zu spielerisch und den Lernzielen der Sekundarstufe nicht angemessen. Meist werden im Englischunterricht der weiterführenden Schulen „[v]iele der Methoden, Arbeitsformen, Routinen und Rituale, mit denen die Kinder aus der Grundschule vertraut sind, […] durch andere Methoden und Arbeitsformen ersetzt" (Mayer 2006: 219). Dies mag daran liegen, dass die Lehrer*innen weder aus ihrer Ausbildung noch aus dem Unterrichtsalltag mit den Arbeitsweisen und Methoden der Grundschule vertraut sind (vgl. Böttger 2009: 46f.).

Darüber hinaus werden oftmals Methoden eingesetzt, die zwar vermeintlich die Anforderungen nach Kontinuität erfüllen, die sich jedoch als ungeeignet herausstellen, da die Schüler*innen (in ihrer Wahrnehmung) zu alt für die eher kindlichen Methoden geworden sind bzw. neue und komplexere Methoden einfordern (s.o.). Ein solcher, im Grunde gut gemeinter Einsatz grundschulgemäßer Methoden führt dann im schlimmsten Fall ebenfalls zu einer Demotivierung und Frustration der Lernenden. Beim Einsatz dramapädagogischer Methoden hingegen ist die notwendige und eingeforderte Komplexitätssteigerung gut möglich.

Die Probleme beginnen meist jedoch bereits bei einer grundlegend verschiedenen Auffassung von ‚gutem Unterricht'. So berichten Michael Legutke und Wiltrud Lortz in der *Merry-Go-Round*-Studie davon, dass im Unterricht der Grundschule als positiv herausgestellt wurde, wenn die Schüler*innen sich in der Unterrichtskommunikation gegenseitig halfen und bei Kommunikationsproblemen unterstützten. Eine Tatsache, die in einer offenen kooperativen Unterrichtsgestaltung kein Problem darstellt (vgl. Legutke 2000: 46f.). Diese in der Studie als positiv bewertete „soziale[…] Dimension der Verstehens- und Sprechleistungen" (ebd.: 50) wurden von Lehrer*innen der weiterführenden Schulen für den Unterricht am Gymnasium allerdings als problematisch bezeichnet. Die Lernenden würden auf diese Weise „zum Vorsagen erzogen und [entwickeln] dabei Leistungsillusionen [...], die notwendigerweise Enttäuschungen nach sich ziehen müßten[sic!], wenn überprüfbare Einzelheiten, die das Gymnasium fordert, nicht erbracht werden können" (ebd.). Interessanterweise werden an dieser Beobachtung gleich mehrere Aspekte der Übergangsproblematik deutlich. Zum einen zeigt sich die Fokussierung im Englischunterricht der weiterführenden Schulen auf testbare Fertigkeiten, die möglichst als Individualleistungen und nicht in kooperativen Settings erbracht werden. Darüber hinaus zeigt sich eine Defizitorientierung, die oftmals zu Beginn der 5. Klasse festzustellen ist. Lehrer*innen der 5. Klasse stellen zunächst all das fest, was die Schüler*innen noch nicht können und deuten dies als Versäumnis des Englischunterrichts der Grundschule.

Zur Lösung der Übergangsproblematik sind es daher eher die Überzeugungen und Haltungen der Lehrkräfte, bei denen angesetzt werden muss – viele Möglichkeiten der Ausbildung von Kontinuität sind auf ihre Mitarbeit und ihren Einsatz angewiesen – als die Perspektive der Schüler*innen, die beispielsweise in der Studie von Ute Wagner (2009) fokussiert wird. Hier wurde festgestellt, dass die begleiteten Schüler*innen den Übergang als weniger einschneidend erleben, als es die theoretische Diskussion und die in den Schulen zu beobachtenden Ausgangssituationen – z.B. dann, wenn der beobachtete Unterricht in der Grundschule und in den weiterführenden Schulen nicht den fachdidaktischen Forderungen und Prinzipien, die für einen guten Fremdsprachenunterricht gelten sollten, entspricht – vermuten lassen (vgl. Wagner 2009: 327). Dies führt zu, meines Erachtens, falschen Schlussfolgerungen, die die Schulen und Lehrkräfte aus ihrer Verantwortung zur Gestaltung und Unterstützung des Schulwechsels entlassen. Veränderungen im bisherigen Unterricht wären nicht nötig, wenn die Schüler*innen mit den Schwierigkeiten, die ihnen begegnen, irgendwie zurechtkämen. Ein problemloser Übergang ist in diesen Fällen nicht auf Unterstützungsangebote der Schulen zurückzuführen, sondern liegt in dem „individuelle[n] Vermögen zur Anpassung" (ebd.: 328) der Lernenden begründet. In der Studie haben die vier Schüler*innen, die von Ute Wagner beobachtet wurden, selbst Mechanismen entwickelt, die ihnen den Schulwechsel erleichtern. Auch wenn dies in der Studie nicht diskutiert wird, kann davon ausgegangen werden, dass die betreffenden Lernenden, zumindest in Teilen, über eine Art von Übergangskompetenz verfügen, die sie zu einer erfolgreichen Bewältigung der beim Schulwechsel entstehenden Anforderungen befähigt. Persönlichkeitsmerkmale wie ein hohes Maß an Flexibilität und Selbstbewusstsein auf Seiten der Lernenden gelten dann als notwendige Voraussetzung zum Gelingen des Übergangs (vgl. ebd.: 121). Sie sollen sich an Veränderungen anpassen und sich über Leistungseinbrüche selbst hinweghelfen. Von einer Lösung der Problematik kann in diesem Fall jedoch nicht gesprochen werden.

Darüber hinaus kann nicht davon ausgegangen werden, dass alle Kinder die gleichen Voraussetzungen mitbringen, um erfolgreich mit der Situation des Schulwechsels umzugehen oder in gleichem Maße über Strategien verfügen, die ihnen dabei helfen, sich in einem Unterricht der 5. Klasse zurechtzufinden, der weder ihre vorherigen Kompetenzen aufgreift noch in einer ganzheitlichen Ausrichtung an Methoden der Grundschule anknüpft (vgl. Wagner 2009: 327 f.). Aus diesem Grund soll als Ergebnis dieser Arbeit die Verantwortung zum Gelingen des Schulwechsels nicht auf die Lernenden und ihre Anpassungskompetenz übertragen werden. Viel mehr als die Schüler*innen sind es die Lehrer*innen beider Schulformen, die eine Art Übergangskompetenz entwickeln müssen. Diese Übergangskompetenz befähigt die Lehrkräfte, die Schüler*innen dabei zu unterstützen, den Schulwechsel im Fach Englisch erfolgreich zu meistern.

Für eine kompetente Gestaltung des Schulwechsels müssen Lehrer*innen der weiterführenden Schulen über Wissen, Fertigkeiten und Einstellungen verfügen, die idealerweise schon im Studium ausgebildet werden (vgl. Börner 2008: 294 ff.). Zum Bereich des Wissens zählen Kenntnisse über Inhalte und Methoden des Grundschulunterrichts. Die bisherigen Ausführungen haben deutlich gemacht, dass oftmals in den Klassen zu Beginn der Sekundarstufe I ein Bewusstsein für die methodisch-didaktischen Unterschiede und für Möglichkeiten, damit umzugehen, geschaffen werden muss. Besonders in der methodischen Gestaltung des Unterrichts in der 5. Klasse besteht für die Lösung der Übergangsproblematik Handlungsbedarf. Außerdem müssen die Lehrkräfte unterrichtspraktisches Können entwickeln, damit sie dieses Wissen über grundschulgemäße Methoden, Prinzipien, Sozialformen und Routinen in ihrem Unterricht entsprechend den eigenen Lernzielen praktisch umsetzen können. Darüber hinaus müssen sie in der Lage sein, Vorwissen der Schüler*innen zu diagnostizieren (s.o., vgl. auch Kolb 2011: 168), Heterogenität erkennen, annehmen und positiv nutzen können.

Die Studie von Annika Kolb zeigt, dass eine Öffnung des Unterrichts der Sekundarstufe I für Methoden und Prinzipien des Primarbereichs möglich ist. Sie konnte feststellen, dass an Hauptschulen oder von jungen Lehrer*innen an Gymnasien bereits eine stärkere Annäherung an Methoden der Grundschule erfolgt (vgl. ebd. 2011: 169). Bedingung ist, dass sich Lehrkräfte regelmäßig aus- und fortbilden lassen (wollen) (vgl. Kolb 2011: 168), um nicht nur für den eigenen Unterricht, sondern auch im Hinblick auf den Unterricht der jeweils anderen Schulform neue Kenntnisse und methodische Einblicke zu erwerben und auf dem möglichst aktuellsten Stand fremdsprachendidaktischer und methodischer Entwicklungen zu bleiben.

Diese allgemeinen Ausführungen zeigen bereits, wie umfangreich eine Übergangskompetenz für die Lehrkräfte ist. Für den Englischunterricht ergeben sich zudem fachspezifische Anforderungen, bei deren Bewältigung die Lernenden von den Lehrkräften unterstützt werden müssen. In der Beschreibung der fachspezifischen Ansprüche, die der Schulwechsel an die Lernenden stellt, werden zunächst Definitionen von Übergangskompetenz aus anderen Bereichen betrachtet. Darüber hinaus werden die von den Schüler*innen erlebten Brüche herangezogen, um zu definieren, in welchen Bereichen die Lernenden vor Herausforderungen gestellt werden. Wird in diesen Bereichen mit Hilfe der Lehrkräfte für die Schüler*innen Kontinuität hergestellt, kann der Schulwechsel zu einem kompetenzsteigernden Erlebnis werden, das die Schüler*innen sowohl fachlich als auch persönlich fördert. Die Lehrkräfte beider Schulformen sollten ein Bewusstsein für die Bedeutung des Schulwechsels auf die Person, das Selbstkonzept und die Leistungen der Lernenden entwickeln und die Auswirkungen kennen. Sind sie sich der verschiedenen Faktoren, die auf die Lernenden in dieser Zeit einwirken und die sie als Lehrende selbst beeinflussen können, bewusst, können sie daraus Konsequenzen für ihren eigenen Unterricht ziehen.

Übergangsprozesse sind für die kindliche Persönlichkeitsentwicklung dann fruchtbar, wenn folgende Bedingungen gewährleistet sind:
- kognitive Strukturiertheit
- Bereitschaft und Fähigkeit zur Exploration
- konkretes Wissen über die Situation hinter der Schwelle
- Überzeugung, die neue Situation meistern zu können
- Fähigkeit, die Potenziale der jeweiligen Handlungssituation zu erkennen und zu nutzen

- Fähigkeit, den Übergang mit Hilfe anderer Kinder und verständnisbereiter Erwachsener zu reflektieren und in die vorhandenen Konzepte einzuordnen (vgl. Carle 2007: 20).

So gilt es also, den Schüler*innen Strukturen zu bieten bzw. sie in Lernprozessen zu unterstützen und ihnen Lernstrategien an die Hand zu geben. Ihnen sollte verdeutlich werden, welches Wissen und welche Kompetenzen sie aus dem Unterricht der Grundschule mitbringen und wie sie diese in der weiterführenden Schule nutzen können. Zudem gilt es, sie zum Erforschen der neuen Situation zu ermutigen, sie zu informieren, sie zu bestärken und zu ermutigen – d.h. auch, ihr (Fähigkeits)Selbstkonzept zu stärken, mit ihnen Handlungsstrategien zu entwickeln und ihnen die Möglichkeit zur Reflexion zu bieten. Auch im Fach Englisch muss das Schulkind sein Selbstkonzept überdenken, überarbeiten und anpassen. In diesem Prozess sollte es von den betreffenden Lehrkräften unterstützt werden.

Aus ihrer Arbeit mit Erwachsenen heraus hat Martina Nohl (2009) eine Übergangskompetenz definiert, die sich auf Situationen bezieht, die (junge) Erwachsene beispielsweise beim Eintritt in das Berufsleben oder bei beruflichen Neuorientierungen zu bewältigen haben. In diesem Kontext hat sie folgende Dimensionen der Übergangskompetenz definiert:

Orientierungskompetenzen:
- ressourcenorientierte Handlungskompetenz
- Selbstmanagementkompetenz
- Entscheidungskompetenz

Bewältigungskompetenzen:
- Stresskompetenz
- Ressourcenkompetenz
- Anpassungskompetenz

Berufsbiographische Gestaltungskompetenzen:
- Biographische Kompetenz
- Salutogenetische Kompetenz
- Autogenetische Kompetenz

Nicht alle diese Dimensionen lassen sich auch auf die Arbeit mit jungen Lernenden übertragen. Im Vergleich zur Übergangskompetenz, die Martina Nohl definiert hat, sollen sich die folgenden Ausführungen zur Übergangssituation beim Schulwechsel von der Primar- in die Sekundarstufe nur auf den Teil der Bewältigungskompetenzen, die unmittelbar im Ereignis des Schulwechsels zum Tragen kommen, beschäftigen. Sicherlich spielen auch Aspekte der Orientierungskompetenzen bzw. der schulbiographischen Gestaltungskompetenzen eine Rolle, jedoch sind die meisten dieser Aspekte bereits im Vorfeld des eigentlichen Schulübertritts akut und werden aufgrund des Alters der Schüler*innen gemeinsam mit den Eltern bewältigt. Zu diesen Punkten zählen:

Orientierungskompetenzen:
- Entscheidungskompetenz: Auf welche weiterführende Schule gehe ich? Was bedeutet das für meine weitere schulische Laufbahn? Welches Schwerpunktprofil wähle ich – Musikklasse, naturwissenschaftlicher Zweig, bilingualer Unterricht?

Schulbiographische Gestaltungskompetenzen:
- Bedeutung der Wahl der Schule für die eigene weitere Schullaufbahn
- Einfluss des Profils der Schule auf die eigene Weiterentwicklung und Interessenförderung, auch im Bereich Englisch
- Welche Möglichkeiten bietet die Schule im Fach Englisch (Austausch, Theater-AG, bilinguale Unterrichtsangebote etc.)?

Die Dimension der Bewältigungskompetenzen, die von Martina Nohl definiert wird, soll im Folgenden detaillierter aufgeschlüsselt werden und an die Ansprüche und Bedürfnisse junger Lernender angepasst werden. Wird die Übergangskompetenz für das Fach Englisch als Bewältigungskompetenz definiert, lässt sie sich noch einmal entsprechend den Bereichen, in denen die Schüler*innen Veränderungen und Brüche erfahren und bewältigen müssen[99], in die folgenden Dimensionen aufteilen: persönliche Dimension,

99 Es handelt sich dabei um die in Kapitel 3.5 angeführten Brüche nach Hacker (1988: 8 in: Büchner/Koch 2001: 17 f.).

soziale Dimension und fachliche Dimension. Die Beziehungsbrüche und die Brüche im Sozialgefüge lassen sich dabei der persönlichen und sozialen Dimension der Übergangskompetenz zuordnen. Brüche in den Lernformen, in der Verhaltensregulierung und im Erwartungshorizont gehören zur fachlichen Dimension der Übergangskompetenz. Bei der Entwicklung der Übergangskompetenz sollen die Lernenden von den Lehrernden unterstützt werden. Für eine kompetente Bewältigung des Schulwechsels müssen die Lernenden auf verschiedenen Ebenen Kompetenzen entwickeln. Die Dimensionen der Übergangskompetenz sowie die jeweils dazugehörigen Aspekte der jeweiligen Dimension sind in der folgenden Tabelle dargestellt:

	persönliche Dimension	**soziale Dimension**	**fachliche Dimension**
	das persönliche Erleben des Übergangs wahrnehmen und reflektieren eine entsprechende Verhaltensregulierung (Anstrengung, Motivation, Demotivation, Frustration) vollziehen ihr Selbstkonzepts bzw. ihr verändertes Selbstbild im Fremdsprachenunterricht (dem neuen schulischen Kontext entsprechend) verändern und anpassen	neue Freundschaften schließen sich in die neue Klassengemeinschaft einfinden sich auf neue Lehrer*innen einstellen mit zunehmender Anzahl verschiedener Lehrkräfte umgehen	
affektiv	Neugier und Offenheit der neuen Schule und dem neuen Unterricht gegenüber entwickeln positive Erwartungshaltungen entwickeln und aufrechterhalten mit negativen Erwartungen und Erfahrungen umgehen		positive Einstellung zur Fremdsprache und Freude an der Fremdsprache aufrechterhalten positive Einstellung zum Fremdsprachenunterricht entwickeln und aufrechterhalten selbstbewusst mit der Fremdsprache umgehen

	persönliche Dimension	**soziale Dimension**	**fachliche Dimension**
motivational-volitional	Motivation zum Weiterlernen der Fremdsprache aufrechterhalten Lernprozess überwachen, regulieren und organisieren neue Rolle des Faches erkennen und annehmen		motiviert sein, die Fremdsprache weiterzulernen bereit sein, eigene fremdsprachliche Kompetenzen weiterzuentwickeln
kognitiv und sprachlich	fremdsprachliches Fähigkeitsselbstkonzept anpassen und weiterentwickeln		bereit sein, neue Methoden und Lernformen auszuprobieren und ihre Methodenkompetenz weiterzuentwickeln fremdsprachliche Kompetenzen weiterentwickeln neue Unterrichtsanforderungen bewältigen

Tabelle 17 Dimensionen der Übergangskompetenz bei Schüler*innen

Bei der Ausbildung der für den Übergang notwendigen Kompetenzen werden die Schüler*innen von den Lehrenden unterstützt, indem diese:

	persönliche Dimension	**soziale Dimension**	**fachliche Dimension**
	Raum für das persönliche Erleben des Schulwechsels schaffen, indem sie mit den Lernenden über deren Erfahrungen sprechen und diese reflektieren.	kooperative Lernsituationen ermöglichen eine gute Klassenatmosphäre schaffen Möglichkeiten zum Kennenlernen und zum Entstehen neuer Freundschaften schaffen	

	persönliche Dimension	**soziale Dimension**	**fachliche Dimension**
		Kontakt zu alten Klassenkamerad*innen und Freund*innen ermöglichen neue Lehrkräfte vorstellen, mit der jeweils anderen Schulform kooperieren wenn möglich, die Anzahl von neuen Lehrkräften langsam erhöhen	
affektiv	bei den Lernenden eine Neugier und Offenheit der neuen Schule und dem neuen Unterricht gegenüber entwickeln [Grundschule], diese Neugier und Offenheit nutzen und bewahren [weiterführende Schule] positive Erwartungshaltungen entwickeln [Grundschule], aufrechterhalten und nutzen [weiterführende Schule] die Lernenden bei eventuell negativen Erwartungen unterstützen, helfen diese abzubauen, Strategien vermitteln, um mit diesen umzugehen; negative Erwartungen abfragen und reflektieren		positive Einstellung zur Fremdsprache und Freude an der Fremdsprache aufrechterhalten positive Einstellung zum Fremdsprachenunterricht entwickeln und aufrechterhalten Schüler*innen im selbstbewussten Umgang mit der Fremdsprache fördern

	persönliche Dimension	soziale Dimension	fachliche Dimension
motiva-tional-volitional	die Lernenden in ihren fremdsprachlichen Kompetenzen bestätigen Möglichkeiten schaffen, in denen die Schüler*innen in ihren Persönlichkeiten, ihren individuellen Fähigkeiten und Kompetenzen, ihren Talenten sowie in ihrem Selbstbewusstsein gestärkt werden		über Unterrichtsorganisation, und -gestaltung in der Klasse informieren bekannte Methoden einsetzen zu neuen Methoden und Lernformen ermutigen, Methodenkompetenz weiterentwickeln
kognitiv und sprachlich	Kompetenzen diagnostizieren und weiterentwickeln Kompetenzerlebnisse ermöglichen		fremdsprachliche Kompetenzen aus der 4. Klasse nutzen fremdsprachliche Kompetenzen weiterentwickeln Kompetenzerleben aufrechterhalten neue Unterrichtsanforderungen deutlich machen und reflektieren

Tabelle 18 Dimensionen der Übergangskompetenz bei Lehrkräften

Die Lehrenden benötigen demnach Kompetenzen, die für die Bewältigung des Übergangs notwendigen Kompetenzen bei den Lernenden auszubilden und den Übergang so zu gestalten, dass er für die Lernenden bewältigbar wird. Eine grundlegende Voraussetzung ist dabei eine Offenheit der jeweils anderen Schulform gegenüber sowie eine Bereitschaft sich mit dieser auseinanderzusetzen. Hinzu kommt eine Offenheit gegenüber spielerischen und ganzheitlichen Lernformen. Für die Lehrkräfte heißt dies ggf. auch, von eigenen Vorstellungen und festgefahrenen Mustern Abstand nehmen zu können. Von den Lehrkräften der weiterführenden Schulen kann z.B. eine gewisse

Bereitschaft zur Auseinandersetzung mit spielerischen und kreativen Methoden erwartet werden, die eventuell nicht zu ihrem ständigen Methodenrepertoire gehören. Lehrkräfte in beiden Klassenstufen sollten ein gewisses Maß an Kreativität und eine eigene Spielfreude mitbringen. Auf diese Weise kann eine den jungen Lernenden angemessene lockere und humorvolle Unterrichtsatmosphäre geschaffen werden. Diese ermöglicht es den Lehrenden, einen besseren persönlichen Zugang zu den Lernenden zu finden und auf diese Weise ihre Bedürfnisse, Wünsche und Ängste nachzuvollziehen (vgl. hierzu auch bereits die Forderungen von Börner 2008: 294 ff.).

Die Lehrenden sollten in der Lage sein, ihre eigenen Haltungen und ihr eigenes Handeln regelmäßig zu reflektieren und festgefahrene Unterrichtsmuster regelmäßig kritisch zu hinterfragen. Hierzu zählt auch eine Reflexion, des eigenen Selbstverständnisses. Die Lehrkräfte benötigen ein Rollenverständnis, das sie selbst nicht in den Mittelpunkt von Unterrichtsarrangements stellt. Entsprechend sehen sie sich selbst und ihre Rolle weniger als Vermittler*in von Wissen als vielmehr als Begleiter*in von Lernprozessen. Als Folge Bildes von ihrer eigenen Rolle im Unterricht kann es den Lehrkräften leichter fallen, die Gestaltung des Unterrichts ein Stück weit aus der Hand zu geben. Nicht nur in der Zeit des Schulwechsels ist es sinnvoll, die Lernenden am Fortschreiten und Ausgang des Unterrichts zu beteiliegn. Die Lehrkräfte müssen demnach in der Lage sein, sich von eigenen Vorstellungen zu lösen, eine Offenheit gegenüber den Vorstellungen, Wünschen und Bedürfnissen ihrer Lerner*innen mitbringen, improvisieren können und gegebenenfalls von vorhandenen Vorstellungen und ggf. von den Vorgaben des Lehrbuchs abweichen. Die Lehrenden brauchen ein Bewusstsein für die Bedeutung von Flexibilität, Kreativität und Improvisation im Unterricht und sollten in der Lage sein entsprechend zu agieren (vgl. Elis, Mehner, Haack 2015: 329 f.).

Um den Schüler*innen einen guten Übergang zu ermöglichen, brauchen die Lehrkräfte Wissen und Techniken, um individuelle Lernwege zu ermöglichen, die den Lernenden Gelegenheit geben, ihre individuellen Talente und Kompetenzen in den Unterricht einzubringen. Die Lehrenden brauchen eine Diagnosekompetenz, die es ihnen ermöglicht, die Kompetenzen der Lernenden zu erkennen, wertzuschätzen und individuell Stärken zu fördern. Auf diese Weise können Selbstkonzepte der Lernenden weiterentwickelt und gestärkt werden. Die Lehrenden brauchen Wissen über verschiedene Wege zur Differenzierung und müssen in der Lage sein, mit heterogenen Lerngruppen umzugehen. Von der kritisch zu betrachtenden Vorstellung, dass zu Beginn der 5. Klasse alle Schüler*innen auf einen Stand gebracht werden müssen bzw. eine homogene Lerngruppe geschaffen werden muss (vgl. z.B. Demircioglu 2008: 61), kann auf diese Weise Abstand genommen werden.

Das Potenzial dramapädagogischer Methoden im Englischunterricht der 4. und 5. Klasse ist zunächst auf Seiten der Lernenden anzusiedeln. Es können auf diesem Wege grundschulgemäße Unterrichtsprinzipien alters- und lernzielgerecht weitergeführt werden. Dramapädagogische Methoden ermöglichen es, Kompetenzen integrativ, d.h. nicht isoliert und getrennt voneinander, zu fördern. So können auch beispielsweise schon junge Lernende kontextualisiert schriftliche Kompetenzen erwerben. Darüber hinaus lässt sich ein umfassender Kompetenzbegriff in beiden Schulstufen umsetzen. Auf diese Weise wird bereits jungen Lernenden eine ganzheitliche kommunikative Kompetenz zugesprochen, deren Förderung sie auch in ihrem Fähigkeitsselbstkonzept positiv bestärkt. Im Fremdsprachenunterricht werden so neben den fremdsprachlichen auch persönliche Kompetenzen geschult, die die Lernenden nicht nur für eine angstfreie Kommunikation in der Fremdsprache benötigen, sondern die ihnen ebenso dabei helfen, mit den Herausforderungen des Schulwechsels zurechtzukommen. Ihre Motivation für den Fremdsprachenunterricht, ihre Freude am Umgang mit der Fremdsprache und ihre positive Haltung der Fremdsprache gegenüber werden aufrechterhalten.

Es lässt sich allerdings vermuten, dass die Dramapädagogik auch zur Ausbildung von Kompetenzen auf Seiten der Lehrkräfte beiträgt[100]. Es kann angenommen werden, dass dramapädagogische Methoden die Lehrenden in der Ausbildung einer Übergangskompetenz – und damit im Umgang mit den von ihnen wahrgenommenen Schwierigkeiten des Schulwechsels – sowohl auf der Ebene der Einstellungen und Haltungen als auch auf den Ebenen des Wissens und des praktischen Könnens bzw. der unterrichtlichen Handlungen unterstützen können. In einer Folgestudie wäre es interessant zu untersuchen, ob und wie Lehrer*innen durch den Einsatz dramapädagogischer Methoden eine Haltung zum Lehren und Lernen entwickeln können, die eine Fortführung grundschulgemäßer Methoden und Prinzipien möglich macht, da sie

100 Mit dem Potenzial dramapädagogischer Methoden in der Lehramtsausbildung beschäftigt sich Adrian Haack in seiner Dissertation (2018).

durch Offenheit, Kreativität, Improvisationsbereitschaft und Flexibilität gekennzeichnet ist. Ebenso könnte untersucht werden, ob die Lehrenden auf diese Weise in der Lage sind, mit heterogenen Lerngruppen umzugehen und eine angstfreie Atmosphäre zu schaffen, in der sowohl die Erwartungen als auch die Ängste der Lernenden ernst genommen werden. Auf diese Weise würde den Lernenden die Möglichkeit gegeben, ihre individuellen Kompetenzen zu zeigen, ihr Wissen und Können würde wahrgenommen, genutzt und wertgeschätzt werden. Interessant wäre auch, inwieweit die Lehrenden im Umgang mit dramapädagogischen Methoden einen Zugang zu spielerischem Lernen erwerben, der sie das Potenzial dieser Methoden auch zur Förderung fremdsprachlicher Kompetenzen unter Berücksichtigung eines weiten Kompetenzbegriffs erkennen lässt.

8 Fazit

Der Schulwechsel von der Primar- in die Sekundarstufe stellt auch nach vielen Jahren Grundschulunterricht sowohl die Lernenden als auch die Lehrenden weiterhin vor Probleme. Diese Situation führt dazu, dass der Englischunterricht der Grundschule in Frage gestellt wird und in manchen Bundesländern nicht nur eine Reduzierung der Lernjahre, sondern gar eine Abschaffung des frühen Fremdsprachenunterrichts diskutiert wurde (vgl. Rohde et al. 2018: 32). Als Folge wurde, entgegen wissenschaftlicher Erkenntnisse und Empfehlungen, z.B. der Frühbeginn in Baden-Württemberg und Nordrhein-Westfalen von der 1. auf die 3. Klasse zurückverlegt[101]. Dieser Entwicklung gilt es entgegenzuwirken. In mehreren Studien konnte der Erfolg des Grundschulenglischunterrichts belegt werden, und auch die Verfasserin konnte während der Studie und in ihrem eigenen Englischunterricht in zwei 5. Klassen feststellen, wie motiviert, begeistert und kompetent die jungen Lernenden die fremde Sprache lernen und verwenden. Zwei Ansatzpunkte zur Lösung der Übergangsproblematik sind deutlich geworden. Zum einen müssen schulformübergreifende methodisch-didaktische Prinzipien und Arbeitsweisen etabliert werden. Hinzu kommt, dass das Selbstkonzept und die Selbstwirksamkeit der Lernenden beim Schulwechsel eine größere Rolle spielen müssen. Daher geht es zum anderen um die Ausbildung der Lehrkräfte beider Schulformen. Für die Grundschule bedarf es qualifizierter Lehrkräfte, die den Unterricht entsprechend den etablierten Kompetenzstandards für das Ende der vierten Jahrgangsstufe gestalten. Darüber hinaus müssen die Lehrkräfte der weiterführenden Schulen verstärkt auch in der Arbeit mit jungen Lernenden ausgebildet werden und eine Übergangskompetenz entwickeln.

Als Voraussetzung für eine Lösung der Übergangsproblematik bei dem Schulwechsel von der Primar- in die Sekundarstufe im Fach Englisch ist es notwendig, sich der Bedeutung des Übergangs aus einer pädagogischen und entwicklungspsychologischen Perspektive bewusst zu werden. Nur so kann die Komplexität der sich für die Lernenden ergebenden Veränderungen

101 Vgl.: https://www.anglistik.uni-wuppertal.de/fileadmin/anglistik/Fachdidaktik/Frisch/Stellungnahme_zum_Masterplan_Grundschule_NRW_Nov2020.pdf.

nachvollzogen werden. Insbesondere die Auswirkungen auf das Fähigkeitsselbstkonzept der Schüler*innen sind für ein erfolgreiches und motiviertes Weiterlernen der Fremdsprache von Bedeutung. Als Konsequenz aus den Unterschieden im Englischunterricht der Primar- und Sekundarstufe ergibt sich eine Forderung nach Kontinuität, die aus verschiedenen Gründen, die in Kapitel 2 erläutert wurden, bisher nicht erreicht werden konnte. Möglichkeiten zur Lösung der Übergangsproblematik liegen in dem besonderen Potenzial dramapädagogischer Methoden zur Ausbildung von Kontinuität, insbesondere in einem kompetenzorientierten Unterricht mit jungen Lernenden am Übergang von der 4. in die 5. Klasse. Die beschriebene Studie im Englischunterricht einer 4. und 5. Klasse stellt eine Möglichkeit zur praktischen Umsetzung des dramapädagogischen Potenzials dar.

Durch Auswertung der Fragebögen und Interviews konnte belegt werden, dass durch den Einsatz dramapädagogischer Methoden schulformübergreifend methodisch-didaktische Kontinuitäten ausgebildet werden können. Darüber hinaus lassen sich die Methoden in beiden Klassenstufen einsetzen, um kommunikative Kompetenzen zu schulen. Dies gilt auch für schriftbasierte Kompetenzen und den Umgang mit sprachlichen Strukturen wie in der Grammatik- und Wortschatzarbeit. Schüler*innen, die im Englischunterricht der 4. Klasse dramapädagogische Methoden erfahren haben, schreiben den Methoden insbesondere ein Potenzial bei der Förderung des Sprechens und Lesens in der Fremdsprache zu. Insbesondere haben die Schüler*innen eine Verbesserung ihrer Aussprache und ihres Wortschatzes wahrgenommen. Außerdem konnte die nonverbale Kommunikation der Lernenden gefördert werden. Dies stützt die These, dass dramapädagogische Methoden geeignet sind, kommunikative Kompetenzen im Sinne eines weiten Kompetenzbegriffs zu schulen. Darüber hinaus geben die Schüler*innen an, die für den Übergang und insbesondere für den Englischunterricht in der 5. Klasse bedeutungsvollen Aspekte des kooperativen Arbeitens und selbstständigen Lernens sowie ihre Konzentrationsfähigkeit verbessert zu haben. Sie zeigen ebenfalls ein zunehmendes Selbstvertrauen und verfügen über ein positives Fähigkeitsselbstkonzept, auch wenn das Vertrauen in die fremdsprachliche Sprechkompetenz teilweise noch stärker gefördert werden kann. Der selbstbewusste und freie Umgang mit der Fremdsprache in Dialogen oder im Unterrichtsgespräch kann ebenso wie das Lesen von fremdsprachigen Texten als übergangsrelevante Kompetenz bewertet werden. Es zeigt sich an dieser

Stelle, dass sowohl dem Selbstkonzept als auch der Fremdsprachenverwendungsangst im Kontext des Übergangs größeres Interesse gewidmet werden sollte. Auch das Erlernen, Erschließen und Anwenden von englischsprachigem Wortschatz gilt aus Sicht der Schüler*innen als eine übergangsrelevante Kompetenz. Auch wenn die Förderung der Schreibkompetenz der Meinung der Schüler*innen nach noch nicht ausreichend erfolgte, kann über den Umgang mit den Skripten eine sinnvolle Auseinandersetzung mit der Schriftsprache erfolgen. Die positive Bewertung der Lernenden beschränkt sich dabei nicht allein auf die Arbeit an den Szenen oder dem Theaterstück. Die eingesetzten Aufwärmübungen helfen den Lernenden beim Einfinden in die Rolle, verbessern ihre Aussprache und wiederholen Wortschatz. Die Schüler*innen profitieren vom möglichst regelmäßigen Einsatz kleiner Methoden, die zu einem häufigen Phasenwechsel und einer Methodenvielfalt beitragen können. Sie haben Freude an den Aktivitäten und bestätigen das motivationale Potenzial nicht nur für den Unterricht, sondern ebenfalls für die Sprachproduktion. Die Methoden sorgen dafür, dass die Lernenden Spaß im Unterricht haben, und sie geben an, dass ihnen das beim Lernen hilft. Die Schüler*innen blicken dem Unterricht in der 5. Klasse zum größten Teil positiv und mit einem gestärkten Vertrauen in ihre fremdsprachlichen Kompetenzen entgegen. Sie wünschen sich eine Fortführung der Methoden der Grundschule und hoffen, in der 5. Klasse ihren Wortschatz zu erweitern und sich im Schreiben und Lesen zu verbessern. Sorgen bereiten ihnen die Annahme, dass der Unterricht schwieriger werden wird, der anstehende Lehrer*innenwechsel und die vermuteten methodischen Veränderungen.

Eine dieser Schüler*innen, die im Englischunterricht der 5. Klasse ebenfalls einen Unterricht erlebt hat, in den dramapädagogische Methoden integriert werden, beschreibt den Unterricht zwar als herausfordernder und schwieriger, die methodische Kontinuität wird jedoch als positiv hervorgehoben. Es müssen keine größeren Umstellungsprozesse erfolgen (vgl. Brunsmeier 2018). Die Brüche im Sozialgefüge, das Schließen neuer Freundschaften und das Gewöhnen an neue Lehrkräfte beschäftigt die Schülerin in dieser Zeit dennoch. Im Englischunterricht sieht sich die Schülerin mit einem steigenden Anforderungsniveau und einer zunehmenden Bedeutung der Vokabelarbeit konfrontiert. Damit kann sie jedoch umgehen, da sie in einem Kontext aus bekannten und altersangemessenen Methoden erfolgen (vgl. ebd.). Bei den Schüler*innen, die in der 5. Klasse einen Unterricht erfahren, der nicht dramapädagogisch ausgerichtet ist, lässt sich teilweise ein Motivationsverlust feststellen. Bedingt wird er zum einen durch ein Nichterkennen der Kompetenzen der Schüler*innen und zum anderen durch eine formorientierte Unterrichtsgestaltung. Der Unterricht macht den Lernenden weniger Spaß und sie empfinden die Methoden als weniger motivierend. Insbesondere die Arbeit mit dem Lehrwerk, das viele Sitzen und die Vokabelarbeit werden von den Lernenden als negativ empfunden. In der Folge verbinden die Schüler*innen den Unterricht mit weniger positiven Erlebnissen, woraus Motivationsverlust und Leistungsabfall resultieren. In einigen Klassen wird zwar mit Dialogen gearbeitet, jedoch nicht so, wie es die Schüler*innen aus dem Englischunterricht der Grundschule gewohnt sind. Die Schüler*innen bestätigen, dass sowohl im Umgang mit den dramapädagogischen Methoden als auch in der Vokabelarbeit ein Umdenken in den weiterführenden Schulen stattfinden muss. Rückblickend wird der Englischunterricht der 4. Klasse von sechs der neun interviewten Schüler*innen besser bewertet als der Englischunterricht der 5. Klasse. Das Hauptargument der Schüler*innen ist, dass ihnen der Englischunterricht in der 4. Klasse u.a. wegen der dramapädagogischen Methoden mehr Spaß gemacht hat und sie größere Freude am Lernen hatten. Der Englischunterricht in der 5. Klasse ist ihrer Meinung nach wenig motivierend und anstrengender.

Bei den Schüler*innen, die in der Grundschule nicht verstärkt mit dramapädagogischen Methoden im Englischunterricht gearbeitet haben, werden im Rahmen der vorliegenden Arbeit zwei Gruppen unterschieden. In der Versuchsklasse wurden im Englischunterricht der 5. Klasse wiederholt und in verschiedenen Kompetenzbereichen dramapädagogische Methoden eingesetzt, in den Vergleichsklassen nicht. In allen drei Klassen wurde eine Evaluation mittels Fragebögen durchgeführt, in der Versuchsklasse wurde diese Erhebung durch Interviews ergänzt. Zusammenfassend lässt sich herausstellen, dass alle Klassen mit ihrem Englischunterricht in der 5. Klasse zufrieden sind. Herausragende Unterschiede gibt es zwischen den Klassen nicht. Auffällig ist allerdings der starke Fokus der Vergleichsklasse auf die Vokabelarbeit im Unterricht, die auch in den Interviews der ehemaligen Projektgrundschüler*innen angeklungen ist. Interessant ist außerdem, dass die Lernenden der Versuchsklasse differenzierter beschreiben können, was sie im Englischunterricht der 5. Klasse gelernt haben und diese Lernerfolge auch auf andere, teilweise außerschulische, Bereiche übertragen können. Aspekte wie die Erfahrung, dass

Unterricht auch Spaß machen kann, und die Förderung sozialer Kompetenzen werden ausschließlich in der Versuchsklasse benannt. In den Interviews und den freien Antworten des Fragebogens zeigt die Versuchsklasse darüber hinaus ein größeres Selbstvertrauen im Hinblick auf das Sprechen der Fremdsprache, was eine geringere Fremdsprachenverwendungsangst vermuten lässt. Die Schüler*innen der 5. Klassen schreiben den dramapädagogischen Methoden ein Potenzial zur Schulung der Kommunikationsfähigkeit in der Fremdsprache zu. Ebenso erwähnen sie, wie die Schüler*innen der 4. Klasse, das Potenzial der Methoden zur Förderung der Aussprache und des handlungsorientierten Wortschatzerwerbs und Anwendens neuer Vokabeln. Die Schüler*innen weisen außerdem darauf hin, dass die Methoden sie beim Lernen unterstützen. Sie lernen besser und das Lernen macht ihnen Spaß. Einige Schüler*innen benennen außerdem die Erzeugung einer fremdsprachigen Atmosphäre, in die sich die Schüler*innen hineinfühlen können.

Beim Vergleich der verschiedenen 5. Klassen fällt auf, dass die Fragebögen auch in den Vergleichsklassen keine deutlich wahrzunehmende Übergangsproblematik zum Ausdruck bringen. Dies mag auf die Schulform und besonders der Arbeit an der integrativen Gesamtschule zurückzuführen sein. Auffällig ist allerdings die unterschiedliche Einschätzung der Kompetenzen, die die Schüler*innen ihrer Meinung nach bereits gut beherrschen und derer, die sie noch weiter ausbauen müssen. So schätzt sich die Versuchsklasse gut ein, wenn es darum geht, einen Dialog oder eine Szene vorzuspielen oder die Fremdsprache zu sprechen. Die Schüler*innen würden allerdings gern ihre Kompetenz im Schreiben verbessern. In den Vergleichsklassen schätzen sich die Schüler*innen am besten im Lernen neuer Vokabeln ein und würden die Fremdsprache gern besser sprechen können. Die Dominanz der Vokabelarbeit ist oft Teil der Diskussion im Rahmen der Übergangsproblematik, da sie die Schüler*innen der 5. Klasse vor Herausforderungen stellt und oft zu negativen Erfahrungen führt. Aus dem Vergleich der Klassen lässt sich allgemein ableiten, dass auch gerade leistungsschwächere Klassen vom Einsatz dramapädagogischer Methoden profitieren können. Außerdem zeigt sich an verschiedenen Stellen die Bedeutung einer Einbettung der Methoden in einen dramapädagogischen Prozess, die auch von den Lehrkräften ein gewisses Maß an methodischer Kompetenz erfordert. Die Schüler*innen profitieren von den Erfahrungen, die sie in diesem Prozess machen können und erhalten die Möglichkeit, sie zu reflektieren.

Die Schüler*innen der Versuchsklasse blickten in den Interviews teilweise kritisch auf ihren Unterricht in der 4. Klasse zurück. Alle benennen aber auch Elemente, wie z.B. Filme, Lieder und Spiele, die ihnen Spaß gemacht haben. Den Englischunterricht in der 5. Klasse beschreiben die Schüler*innen als positiv. Sie fühlen sich wohl und lernen mit Spaß. Das motivationale Potenzial der dramapädagogischen Methoden beschränkt sich demnach nicht auf die 4. Klasse, sondern setzt sich in der 5. Klasse fort. Die Schüler*innen ergänzen an dieser Stelle das Potenzial der Methoden zur Förderung der Rechtschreibung und betonen, dass ihnen durch den Einsatz der dramapädagogischen Methoden das Lernen und Anwenden neuer Vokabeln erleichtert wird. Außerdem unterstützen die Methoden die Schüler*innen bei der Entwicklung eines Sprachgefühls. Anders als die Schüler*innen der Projektgrundschule bewerten die Schüler*innen der Versuchsklasse den Unterricht in der 5. Klasse durchweg positiver als in der 4. Klasse. Dieses Ergebnis bestätigt die Forderung, dass zur Lösung der Übergangsproblematik nicht nur in den weiterführenden Schulen angesetzt werden muss. Auch in den Grundschulen muss der Unterricht regelmäßig evaluiert und reflektiert werden.

Die Ergebnisse dieser Studie sind vor dem Hintergrund der spezifischen Erhebungsmodalitäten zu bewerten. Die Evaluation des Potenzials der Methoden erfolgte durch Fragebögen und Interviews in Form einer Selbsteinschätzung von Seiten der Schüler*innen. Diese Perspektive liefert wichtige Einsichten in die Thematik, da die Probleme beim Übergang von der Primar- in die Sekundarstufe auch von den Schüler*innen wahrgenommen und formuliert werden. Es wäre es jedoch sinnvoll gewesen, die gleichen Schüler*innen in einer größer angelegten Studie sowohl im zweiten Halbjahr der 4. Klasse als auch im ersten Halbjahr der 5. Klasse zu begleiten. Im Setting dieser Studie gab es zu viele Variablen, die die Erfahrungen der Schüler*innen beeinflussten, sodass der angestrebte Vergleich der Klassen in der Fragebogenevaluation kaum möglich war. Es müsste dafür gesorgt werden, dass die Klassen im Englischunterricht der Grundschule und der weiterführenden Schule begleitet werden, dass der Unterricht durch Hospitationen und Gespräche mit den Lehrkräften evaluiert wird und die Erfahrungen der Lernenden in Interviews abgebildet werden. Die Fragebögen erwiesen sich aufgrund des Alters der Schüler*innen als ein eher schwieriges Erhebungsinstrument. Durch die Einbeziehung einer Kontrollgruppe, in deren Unterricht nicht dramapädagogisch gearbeitet wurde, hätte sich eine Kausalität zwischen den Ergebnissen der Fragebögen und

Interviews, d.h. der Verbesserung der Erfahrungen der Schüler*innen in der Zeit des Schulwechsels und der dramapädagogischen Arbeit im Englischunterricht feststellen lassen. Es bleibt offen, ob die Erfahrungen der Lernenden, die an der Studie teilgenommen haben, generalisiert werden können. In einer weiteren Studie wäre es aufschlussreich zu untersuchen, ob die Erfahrungen der Lernenden schulformspezifisch sind und welche Unterschiede sich zwischen Gesamtschulen und Gymnasien ergeben.

Trotz dieser Einschränkungen konnten mit der vorliegenden Studie klare Tendenzen gezeigt werden, die dramapädagogische Methoden als geeignetes Mittel für die Herstellung von Kontinuität im Englischunterricht darstellen. Es lassen sich Prinzipien des grundschulgemäßen Unterrichts fortführen, indem ein Umdenken im Englischunterricht der weiterführenden Schulen angeregt wird. Eine notwendige Voraussetzung ist, dass nicht nur der Englischunterricht der Grundschule die Schüler*innen auf ein formorientiertes Lernen (vgl. Grundschulmagazin Englisch 1/2018) vorbereitet, sondern der Englischunterricht der weiterführenden Schulen ein Stück weit vom formorientierten Ansatz abrückt und bedeutungsorientierte Phasen des Lernens ermöglicht. In beiden Klassenstufen sollte ein ganzheitlicher und handlungsorientierter Ansatz des Fremdsprachenlehrens und -lernens umgesetzt werden, in dem schülerorientierte und kreative Methoden zum Einsatz kommen, die die Schüler*innen aktiv in den Lernprozess involvieren. Gleiches gilt für ein Umdenken im Hinblick auf die eingesetzten Testverfahren weg von schriftlichen Klassenarbeiten und Vokabeltests hin zu mündlichen Testformaten zu Beginn der 5. Klasse.

Weiterhin weisen die Ergebnisse der Studie darauf hin, dass sowohl in der 4. als auch in der 5. Klasse kommunikative Kompetenzen ganzheitlich zu fördern sind. Die Schüler*innen wünschen sich bereits in der 4. Klasse frei Englisch zu sprechen und wollen schreiben. Es gilt demnach, dass bereits in der 4. Klasse das freie und spontane Sprechen in ganzheitlichen Kontexten angebahnt und das fremdsprachige Schreiben in sinn- und bedeutungsvolle Situationen integriert werden sollte. Im Rahmen von Inszenierungen sind die Lernenden immer wieder mit Schreibaufgaben konfrontiert. Sie lesen die zu inszenierenden Texte, schreiben sie ab und werden teilweise auch selbst schriftsprachlich produktiv, indem sie eigene Dialoge verfassen. Sprachliche Strukturen und *chunks* werden dabei eingebettet in Dialoge und Geschichten eingeführt, sodass sie von den Schüler*innen quasi nebenbei gelernt und leichter erinnert werden. Durch die Einbettung von Dialogen und Szenen in einen dramapädagogischen Prozess können sowohl Elemente nonverbaler Kommunikation in den Lernprozess integriert werden, als auch ein affektiver und persönlicher Zugang zu fremdsprachlichen Kommunikationssituationen geschaffen werden, der bei den Lernenden zu einem authentischen und bedeutungsvollen Einsatz der Fremdsprache – der ansonsten oftmals älteren Lernenden vorbehalten ist – führen kann. Gleiches gilt für die Integration von Reflexionsphasen in den Unterricht, die es auch jungen Lernenden ermöglicht, sich auf einer Meta-Ebene mit sprachlichen und kommunikativen Lernprozessen auseinanderzusetzen.

Die Studie gibt Hinweise darauf, dass die Lernenden durch den kontinuierlichen Einsatz dramapädagogischer Methoden Sicherheit im Umgang mit der Fremdsprache erwerben. Durch sich wiederholende Prozesse und Übungen und durch die Arbeit in Gruppen, entwickeln die Lernenden Routinen und übernehmen zunehmend Verantwortung für ihren Arbeits- und Lernprozess. Gemeinsam mit anderen inszenieren sie eigenverantwortlich Unterrichts- und Kommunikationsprozesse. Die positiven Emotionen, wie Freude und Spaß, die die Schüler*innen in Bezug auf den Einsatz dramapädagogischer Methoden äußern, übertragen sie auch auf das Fach Englisch und die Sprache. Die Ergebnisse der Studie deuten demnach darauf hin, dass gemeinsam mit der Lernfreude die Motivation der Lernenden zum Erwerb und Gebrauch der Fremdsprache gefördert wird. Darüber hinaus lässt sich ableiten, dass die positiven Rückmeldungen von Zuschauenden innerhalb oder außerhalb des Klassenzimmers, die Lernenden in ihrem Fähigkeitsselbstkonzept bestärkt.

Um die Heterogenität zu Beginn der 5. Klasse aufzufangen, sind Methoden notwendig, die es den Lernenden ermöglichen, nach eigenen Vorlieben, Talenten und Interessen zu arbeiten. Ebenso ist ein Arbeiten auf verschiedenen Schwierigkeitsniveaus und unter Rückgriff auf unterschiedlich ausgeprägte Unterstützungsangebote zu ermöglichen. Bei dramapädagogischen Methoden kann sowohl nach oben als auch nach unten differenziert werden und die Schüler*innen können durch z. B. die Auswahl von Rollen oder den Umfang des Textes entsprechend ihren Kompetenzen und Persönlichkeiten in die Arbeit integriert werden. In Phasen der Gruppenarbeit können Schüler*innen individuell gefördert werden, und die Verbindung von sprachlichen Strukturen mit Handlungen und Bewegungen können den Lernenden bei Verstehens- oder Kommunikationsproblemen helfen.

Die Ergebnisse der Studie deuten darauf hin, dass zur Lösung der Übergangsproblematik ein schulformübergreifender methodischer Ansatz notwendig ist, der Kooperationen zwischen den Schulformen und eine Fortführung von Methoden ermöglicht. Ein Ansatz, der sich dramapädagogischer Methoden bedient, kann beides leisten. Die Erarbeitung von Szenen oder kurzen Theaterstücken ermöglicht eine Kooperation auf verschiedenen Ebenen. So können Schüler*innen der jeweils anderen Schulform zu einer Aufführung eingeladen werden, im Unterricht hospitieren und gemeinsam an Szenen arbeiten, sowie an Theater-AGs an der weiterführenden Schule teilnehmen. Gleichzeitig ist der Einsatz dramapädagogischer Methoden in vielfältigen Bereichen des Fremdsprachenunterrichts möglich. Die Methoden können somit über viele Lernjahre hinweg, auch in formorientierten Phasen des Unterrichts eingesetzt werden. Der Englischunterricht fühlt sich für die Schüler*innen vertraut an, er ist weiterhin kommunikativ, handlungsorientiert und ganzheitlich. Langfristig werden bis hin zur Oberstufe nicht nur methodische Kompetenzen im Hinblick auf dramapädagogische Methoden ausgebildet, sondern auch fremdsprachliche kommunikative Kompetenzen auf ganzheitliche Art und Weise erweitert. Erhalten dramapädagogische Methoden einen festen Platz im Unterrichtsgeschehen (vgl. auch Berndt 2003: 6) können die Schüler*innen in der regelmäßigen Auseinandersetzung mit den Methoden positive Erfahrungen im Umgang mit der Fremdsprache machen, die ihnen Gelegenheit zum Selbstwirksamkeitserleben eröffnen. Es kann davon ausgegangen werden, dass die Lernenden auf diese Weise ein die Lernjahre überdauerndes Vertrauen in die eigenen fremdsprachlichen Fähigkeiten gewinnen und ein langfristiges positives Fähigkeitsselbstkonzept entwickeln.

Damit das Potenzial der Methoden genutzt werden kann, müssen die Lehrer*innen Kompetenzen im Umgang mit den Methoden erwerben. Um erfolgreich dramapädagogisch zu arbeiten, bedarf es mehr, als die Schüler*innen aufzufordern, einen Dialog auswendig zu lernen oder ein Rollenspiel vor der Klasse zu zeigen. Dies hat sich auch bei den Schüler*innen aus den beiden Versuchsklassen gezeigt, bei denen sich trotz der Vorerfahrungen der Lehrkräfte mit den Methoden Gefühle der Unsicherheit entwickelt haben. Lehrkräfte müssen in der Lage sein, sensibel mit den Methoden umzugehen, die Schüler*innen entsprechend vorzubereiten und zu unterstützen und ihnen ggf. ‚Notausgänge‘ aus Übungen zu ermöglichen.

Dramapädagogische Methoden sollten daher nicht nur in den Schulunterricht, sondern auch in die Lehre an Universitäten und in die zweite Phase der Lehrer*innenausbildung integriert werden – auch, um den Lehrer*innen das Potenzial der Methoden zum kontinuierlichen Lernen der Fremdsprache über die Schulformen hinweg nahezubringen.

Die Bedeutung des Schulwechsels für die Entwicklung und die Lernkarriere der Schüler*innen muss den Lehrkräften ebenso bewusst gemacht werden wie die Rolle, die sie in diesem Zusammenhang spielen. Zur Lösung der Übergangsproblematik müssen die Lehrkräfte eine Übergangskompetenz entwickeln. Bereits in der Ausbildung sollten die angehenden Lehrer*innen auf die Notwendigkeit der Kooperation zwischen den Lehrkräften der unterschiedlichen Schulformen hingewiesen werden. Zudem sollten methodisch-didaktische Konzepte der jeweils anderen Schulform Einzug in die Ausbildung finden. Die Lehrkräfte sollten in der Lage sein, ihren Unterricht so zu gestalten, dass die Lernenden die notwendigen Kompetenzen in der Fremdsprache zuverlässig entwickeln, die entsprechenden Lernziele erreichen und ihre Methoden dem Entwicklungsstand und den Bedürfnissen der Lernenden entsprechend ausgewählt werden. Nur so besteht die Möglichkeit Frustration der Schüler*innen zu vermeiden – sowohl beim Eintritt in die 5. Klasse als auch rückblickend in Bezug auf den Unterricht der 4. Klasse. Darüber hinaus kann auf diese Weise das hohe Motivations- und Begeisterungspotenzial der Sprache und eines handlungsorientierten und kommunikativen Unterrichts genutzt werden[102].

Zusammenfassend ist Folgendes festzuhalten: Es bestehen berechtigte Vermutungen, dass der kontinuierliche Einsatz dramapädagogischer Methoden zur Lösung der Übergangsproblematik, d.h. zur Ausbildung von Kontinuität beim Wechsel von der Primar- in die Sekundarstufe, signifikant beiträgt. Allerdings müssten auch die unterrichtenden Lehrkräfte im Einsatz dramapädagogischer Methoden geschult und ihre Perspektive mit einbezogen werden, da Lehrkräfte auch hinsichtlich der von ihnen ausgewählten Methoden eine entscheidende Rolle beim Übergang von der 4. zur 5. Klasse

102 Die Versuchsklasse fragte die Englischlehrerin im Verlauf des Schuljahres wiederholt, ob sie erneut Theater spielen könnte und auch aus anderen Klassen wurde berichtet, dass die Schüler*innen nach der Theatereinheit regelmäßig Theaterstunden einforderten.

spielen[103]. In diesem Kontext gilt es, das Konzept der Übergangskompetenz weiter auszuformulieren und zu überprüfen. Interessant und relevant bleibt darüber hinaus die Überprüfung der Wirkung der Methoden auf das Fähigkeitsselbstkonzept sowie die Evaluation der Rolle, die es im Englischunterricht und ganz besonders in der Zeit des Übergangs spielt. Wünschenswert für die zukünftige Lehrer*innenausbildung beider Schulformen ist die schulformübergreifende Sensibilisierung für die Bedeutung von Kontinuität im Englischunterricht, ebenso wie ein Überdenken des methodisch-didaktischen Ansatzes im Fremdsprachenunterricht der weiterführenden Schulen und eine Einbindung dramapädagogischer Methoden in Unterrichtsgestaltung, Curricula und Lehrbücher.

103 Vgl. Tressel 2017 hinsichtlich einer Studie zu den Einstellungen von Gymnasial- und Grundschullehrkräften zum Schreibunterricht der Grundschule im Fach Deutsch. In der Arbeit wird die Bedeutung der Lehrenden inklusive ihrer Vorstellungen und Überzeugungen für die Gestaltung des Unterrichts am Übergang herausgearbeitet. Ein Ergebnis der Arbeit ist, dass die Vorstellungen und Überzeugungen hinsichtlich des Schreibunterrichts in der Grundschule eng mit den Überzeugungen zum Texteschreiben im Allgemeinen und der Entwicklung von Schreibkompetenzen verknüpft sind (vgl. ebd.: 276).

9 Bibliographie

Ahrens, Rüdiger; Eisenmann, Maria; Merkl, Matthias (Hrsg.) (2008). *Moderne Dramendidaktik für den Englischunterricht*. Heidelberg: Universitätsverlag Winter.

Almond, Mark (2005). *Teaching English with Drama: How to use drama and plays when teaching – for the professional English language teacher*. London: Modern English Publishing Ltd.

Anderson, Michael (2012). *MasterClass in Drama Education. Transforming Teaching and Learning*. London: Continuum International Publishing Group.

Arens, A. Katrin; Seeshing Yeung, Alexander; Nagengast, Benjamin; Hasselhorn, Marcus (2013). „Relationship between self-esteem and academic self-concept for German elementary and secondary school students". *Educational Psychology* 4/33, 443–464.

Aust, Kirsten (2010). Entwicklungsverläufe akademischer Selbstkonzepte und schulischer Leistungen nach dem Übergang in differentielle Lernumwelten der Sekundarstufe I. Dissertation an der Universität Göttingen. [online veröffentlicht unter: http://hdl.handle.net/11858/00-1735-0000-0006-AF15-0] (10.10.2019).

Ball, Juliane; Lohaus, Arnold; Miebach, Christiane (2006). „Psychische Anpassung und schulische Leistungen beim Wechsel von der Grundschule zur weiterführenden Schule". *Zeitschrift für Entwicklungspsychologie und Pädagogische Psychologie* 3/38, 101–109.

Beddall, Fiona (2006). *Drama in the Classroom*. London: Scholastic Ltd.

Behr, Ursula; Kierepka, Adelheid (2005). „Anregungen für die Gestaltung des Übergangs von Klasse 4 in Klasse 5". *PRAXIS Fremdsprachenunterricht* 2/3, 18–21.

Berndt, Rolf-Peter (2003). *Staging Foreign Language Learning: Inszenierung als Methode im Fremdsprachenunterricht (Performing)*. Berlin: Cornelsen.

Bidlo, Tanja (2006). *Theaterpädagogik: Einführung*. Essen: Oldib Verlag.

BIG-Kreis (Hrsg.) (2009). *Fremdsprachenunterricht als Kontinuum. Der Übergang von der Grundschule in die weiterführenden Schulen*. München: Domino Verlag.

BIG-Kreis (Hrsg.) (2015). *Der Lernstand im Englischunterricht am Ende von Klasse 4 – Ergebnisse der BIG-Studie*. München: Domino Verlag.

Blanckenburg, Max von; Haack, Adrian (2016). „Get your point across! Mit dramapädagogischen Verfahren monologisches Sprechen und language awareness fördern". *Der fremdsprachliche Unterricht Englisch* 50/142, 32–37.

Bland, Janice (2006). „Staging English: CLIL in Action". In: Schlüter, Norbert (Hrsg.). *Fortschritte im Frühen Fremdsprachenlernen*. Berlin: Cornelsen, 124–132.

Bland, Janice (2007). „Why do Drama". *Grundschulmagazin Englisch*. Heft 4/2007, 6–8.

Bleyhl, Werner (2000). „Vorlesen und Hören". In: Bleyhl, Werner (Hrsg.). *Fremdsprachen in der Grundschule: Grundlagen und Praxisbeispiele*. Hannover: Schroedel, 36–42.

Bludau, Michael (2000). „Szenisches Spielen – ein Weg zu ganzheitlichem Sprachhandeln". *Fremdsprachenunterricht* 44, 53/1, 15–17.

Blondin, Christiane; Candelier, Michel; Edelenbos, Peter; Johnstone, Richard M.; Kubanek-German, Angelika; Taeschner, Traute (1998). *Fremdsprachen für die Kinder Europas. Ergebnisse und Empfehlungen der Forschung*. Berlin: Cornelsen.

Bollinger, Hannelore (1999). *Spielend lernen: Theater im Englisch- und Französischunterricht*. Wiesbaden: Hessisches Landesinstitut für Pädagogik. (Kulturelle Praxis Heft 7)

Bolton, Gavin (1993). *A Brief History of Classroom Drama: British and Other English-speaking Influences*. In: Schewe, Manfred; Shaw, Peter (Hrsg.). *Towards Drama as a Method in the Foreign Language Classroom*. Frankfurt a.M.: Peter Lang, 25–41.

Bonnet, Andreas; Breidbach, Stephan (2013). „Blut ist im Schuh: Wie gut kleidet der Kompetenzbegriff die literarisch-ästhetische Bildung beim Tanz auf dem Hofball der Standardisierung?". In: Grünewald, Andreas; Plikat, Jochen; Wieland, Katharina (Hrsg.). *Bildung – Kompetenz – Literalität. Fremdsprachenunterricht zwischen Standardisierung und Bildungsanspruch*. Seelze: Klett/Kallmeyer, 20–35.

Börner, Otfried (2000). „Übergang in die Klasse 5". In: Bleyhl, Werner (Hrsg.). *Fremdsprachen in der Grundschule: Grundlagen und Praxisbeispiele*. Hannover: Schroedel, 99–103.

Börner, Otfried (2004). „Bridging the Gap". *Der Fremdsprachliche Unterricht* 38/69, 10–14.

Börner, Otfried (2008). „Englisch in der Klasse 5: Lust oder Frust?“. In: Böttger, 289–299.

Börner, Otfried; Edelhoff, Christoph (Hrsg.) (2013). *Camden Market 1. Teacher's Manual und Lösungen*. Braunschweig: Westermann.

Bos, Wilfried; Pietsch, Marcus (Hrsg.) (2006). *KESS 4 – Kompetenzen und Einstellungen von Schülerinnen und Schülern am Ende der Jahrgangsstufe 4 in Hamburger Grundschulen*. Münster: Waxmann.

Böttger, Heiner (Hrsg.) (2008). *Fortschritte im frühen Fremdsprachenlernen. Ausgewählte Tagungsbeiträge Nürnberg 2007*. München: Domino.

Böttger, Heiner (2009). *Englischunterricht in der 5. Klasse an Realschulen und Gymnasien*. Nürnberg: Friedrich-Alexander-Universität Erlangen-Nürnberg.

Böttger, Heiner (2010 [2005]). *Englisch lernen in der Grundschule*. 2. Auflage. Bad Heilbrunn: Klinkhardt.

Brunsmeier, Sonja (2019). „Der Übergang von Klasse 4 nach 5 aus der Sicht von Schülerinnen und Schülern“. In: Kolb, Annika; Legutke, Michael K. (Hrsg.). *Englisch ab Klasse 1 – Grundlage für kontinuierliches Fremdsprachenlernen*. Tübingen: Narr, 155–187.

Bruse, Svenja (2008). *Spielen und Bewegen: Elemente für eine entwicklungsfördernde Lernkultur der Grundschule*. Marburg: Tectum Verlag.

Büchner, Peter; Koch, Katja (2001). *Von der Grundschule in die Sekundarstufe. Band 1: Der Übergang aus Kinder- und Elternsicht*. Opladen: Lese + Budrich.

Buff, Alex (1991). *Persönlichkeitsentwicklung im Umfeld des Übertritts in die Sekundarstufe I unter besonderer Berücksichtigung des Selbstkonzepts*. Dissertation an der Universität Zürich. Zürich: ADAG Administration und Druck AG.

Bundesverband Theater in Schulen e.V. (2012). „Theaterunterricht in allen Schulen“. *Zeitschrift für Theaterpädagogik* 28/61, 64.

Burke, Ann F.; O'Sullivan, Julie (2002). *Stage by Stage: A Handbook for Using Drama in the Second Language Classroom*. Portsmouth, NH: Heinemann.

Burwitz-Melzer, Eva; Legutke, Michael (2004). „Die Übergangsproblematik“. *Der Fremdsprachliche Unterricht* 38/69, 2–7.

Butterfield, Tony (1989). *Drama through Language through Drama*. Oxfordshire: Kemble Press.

Cameron, Lynne (2003). „Challenges for ELT from the expansion in teaching children“. *ELT Journal* 57, 105–112.

Carle, Ursula (2007). „Brücken bauen am Übergang – theoriebasierte Zugänge“. In: Carle, Ursula; Grabeleu-Szeczes, Dana; Leverman, Simone (Hrsg.). *Sieh mir zu beim Brückenbauen – Kinder in Bildungs- und Übergangsprozessen wahrnehmen, würdigen und fördern*. Berlin: Cornelsen Scriptor, 13–24.

Caspari, Daniela (2016). „Grundfragen fremdsprachendidaktischer Forschung“. In: Caspari, Daniela; Klippel, Friederike; Legutke Michael K.; Schramm, Karen (Hrsg.). *Forschungsmethoden in der Fremdsprachendidaktik. Ein Handbuch*. Tübingen: narr, 7–21.

Cook, Guy (2000). *Language Play, Language Learning*. Oxford: Oxford University Press.

Czerny, Gabriele (2010). *Theater-SAFARI: Praxismodelle für die Grundschule*. Braunschweig: Westermann.

Czerny, Gabriele (2012). „Theaterspielen – Geschichten verkörpern“. *Zeitschrift für Theaterpädagogik* 28/61, 18–20.

Czerny, Gabriele; Dieterle, Eva; Feigl, Arne; Fischer, Hans-Joachim (2012). „Interventionsstudien zur Evaluierung der theaterpädagogischen Schulpraxis“. *Zeitschrift für Theaterpädagogik* 28/61, 38–39.

Czisch, Fee (2008). „Kinder spielen Rollen“. *Die Grundschulzeitschrift* 218/219, 24–29.

Daig, Isolde (2006). *Male Gender Role Dysfunction: Selbstdarstellung, Geschlechterrollenstress und Gesundheitsrisiko bei Männern im Altersvergleich*. [online verfügbar unter: https://refubium.fu-berlin.de/handle/fub188/11058] (10.11.2019).

Dausend, Henriette; Nickel, Susanne (2017). „Tap'n Talk – Differenzierte Förderung von Sprachproduktion durch tabletgestützte Lernaufgaben“. Chilla, Solveig; Vogt, Karin (Hrsg.). *Heterogenität und Diversität im Englischunterricht*. Frankfurt a. M.: Peter Lang, 179–203.

Debour, Eckhard (2011). „Die Gruppe als Ziel“. In: *Schultheater* 4, 8–12.

Delius, Katharina (2016). „Bon Appetit, Everybody!“. *Der Fremdsprachliche Unterricht Englisch*. 50/142, 38–41.

Delius, Katharina; Surkamp, Carola (2015). „Ästhetisches Erleben am außerschulischen Lernort Theater: Die Förderung fremdsprachlicher Diskursfähigkeit im Rahmen eines Theaterbesuchs“. In: Hallet & Surkamp, 117–142.

Demircioglu, Jenny (2008). *Englisch in der Grundschule: Auswirkungen auf Leistungen und Selbstbewertung in der weiterführenden Schule*. Berlin: Logos.

Deutscher Kulturrat (2009). „Kulturelle Bildung in der Schule". [online verfügbar unter: https://www.kulturrat.de/positionen/kulturelle-bildung-in-der-schule/] (11.10.2019).

Diehr, Bärbel; Frisch, Stephanie (2008). *Mark their words. Sprechleistungen im Englischunterricht der Grundschule fördern und beurteilen*. Braunschweig: Westermann.

Diehr, Bärbel; Frisch, Stephanie (2012). „Lesemotivation in der Fremdsprache: Erkenntnisse aus der Begleitforschung zum 1. Vorlesewettbewerb Englisch für Schülerinnen und Schüler der Klasse 4". In: Böttger, Heiner; Schlüter, Norbert (Hrsg.). *Fortschritte im Frühen Fremdsprachenlernen: Ausgewählte Tagungsbeiträge Eichstätt 2011*. München: Domino, 10–19.

Diehr, Bärbel; Rymarczyk, Jutta (Hrsg.) (2010). *Researching Literacy in a Foreign Language among Primary School Learners: Forschung zum Schrifterwerb in der Fremdsprache bei Grundschülern*. Frankfurt, Main: Lang.

Dinkelaker, Jörg; Herrle, Matthias (2009). *Erziehungswissenschaftliche Videographie: Eine Einführung*. Wiesbaden: VS Verlag für Sozialwissenschaften.

Doff, Sabine; Klippel, Friederike (2007). *Englisch Didaktik: Praxishandbuch für die Sekundarstufe I und II*. Berlin: Cornelsen Scriptor.

Domkowsky, Romi (2008). *Erkundungen über langfristige Wirkungen des Theaterspielens: eine qualitative Untersuchung*. Saarbrücken: VDM Verlag Dr. Müller.

Domkowsky, Romi (2011). Theaterspielen – und seine Wirkungen. Dissertation an der Universität der Künste Berlin. [online verfügbar unter: https://opus4.kobv.de/opus4-udk/frontdoor/index/index/docId/25] (10.10.2019).

Domkowsky, Romi; Walter, Maik (2012). „Was kann Theater? – Ergebnisse empirischer Wirkungsforschung". *Scenario: Journal for Drama and Theatre in Foreign and Second Language Education* VI/1, 102–125. [online verfügbar unter: http://publish.ucc.ie/scenario/2012/01/domkowskywalter/07/de] (10.10.2019).

Doms, Christiane (2008). „At the zoo: Förderung des kreativen Umgangs mit Sprache". *Die Grundschulzeitschrift* 22/220, 48–51.

Doms, Christiane (2010), „Lost in Transition? Herausforderungen des Übergangs bewältigen". *Grundschulmagazin Englisch* Heft 4/2010, 7–8.

Doyé, Peter (2005). „Das Fremdsprachenlernen in der Grundschule als integraler Bestandteil der Grundbildung". *Fremdsprachen Lehren und Lernen* 34, 111–124.

Drese, Karin (2004). „Lernstandsfeststellungen in der Grundschule und ihre Konsequenzen für die Lehrkräfte der Sekundarstufe I". *Der Fremdsprachliche Unterricht* 38/69, 22–29.

Drese, Karin (2008). Einschätzung der Sprechleistung von Lernern im Englischunterricht der Grundschule. Dissertation an der Universität Gießen. [online verfügbar unter: http://geb.uni-giessen.de/geb/volltexte/2008/6338/] (10.10.2019)

Dreßler, Constanze; Kolb, Annika; Kollmann, Sabine; Legutke, Michael K. (Hrsg.) (2016). *Herausforderung Übergang: Kontinuität im Englischunterricht. Handreichungen für die Praxis in Klassen 4 und 5*. Braunschweig: Diesterweg.

Edelenbos, Peter; Johnston, Richard; Kubanek, Angelika (2006). *The main pedagogical principles underlying the teaching of languages to very young learners. Languages for the children of Europe. Published Research, Good Practice & Main Principles*. Strasbourg: European Commission.

Elis, Franziska (2013). „Bilderbücher in Klasse 5 ‚Leonardo the Terrible Monster': Visuelle Kompetenz fördern und Kontinuität im Englischunterricht schaffen". *Praxis Fremdsprachenunterricht Englisch* 6, 4–8.

Elis, Franziska (2015). „Mit dramapädagogischen Methoden sprachliche und kommunikative Kompetenzen fördern". In: Hallet & Surkamp, 89–115.

Elis, Franziska (2016a). „And Now: Act It Out. Lehrbuchdialoge in einem dramapädagogischen Prozess inszenieren". *Der Fremdsprachliche Unterricht Englisch* 50/142, 10–16.

Elis, Franziska (2016b). „Methodisch-didaktische Kontinuitäten am Übergang von der Primar- in die Sekundarstufe: dramapädagogische Verfahren im Englischunterricht der 4. und 5. Klasse". In: Betz, Anica; Schuttkowski, Caroline; Stark, Linda; Wilms, Anne-Kathrin (Hrsg.). *Sprache durch Dramapädagogik handelnd erfahren: Ansätze für den Sprachunterricht*. Baltmannsweiler: Schneider Verlag Hohengehren, 47–61.

Elis, Franziska; Blanckenburg, Max von; Haack, Adrian (2016). „Methode im Fokus. In die dramapädagogische Arbeit ein- und aussteigen“. *Der Fremdsprachliche Unterricht Englisch* 50/142, 24 + Methodenkarten.

Elis, Franziska (2017). „Kreativität“. In: Surkamp, 177–179.

Elsner, Daniela (2010). *Englisch in der Grundschule unterrichten*. München: Oldenburg.

Engel, Gaby; Groot-Wilken, Bernd; Thürmann, Eike (Hrsg.) (2009). *Englisch in der Primarstufe – Chancen und Herausforderungen*. Berlin: Cornelsen.

Ertelt, Barbara (2007). „Driven to despair! Schüler spielen Schule – von der Probe zur Premiere“. *Grundschulmagazin Englisch* Heft 4/2007, 17–20.

Europarat (Hrsg.) (2001). *Gemeinsamer Europäischer Referenzrahmen: lernen, lehren, beurteilen*. Berlin: Langenscheidt.

Even, Susanne (2003). *Drama Grammatik: Dramapädagogische Ansätze für den Grammatikunterricht Deutsch als Fremdsprache*. München: Iudicium.

Fäcke, Christiane (2013). „‚Weiche Kompetenzen‘ als Prüfstein zur Integration von Bildung und Standards“. In: Grünewald, Andreas; Plikat, Jochen; Wieland, Katharina (Hrsg.). *Bildung – Kompetenz – Literalität: Fremdsprachenunterricht zwischen Standardisierung und Bildungsanspruch*. Seelze: Klett/Kallmeyer, 36–46.

Fauser, Peter (1992). „Kontinuität als Anspruch. Schulpädagogische Überlegungen zum Übergang von der Grundschule in die Sekundarstufe I“. In: Hameyer, Uwe; Lauterbach, Roland; Wiechmann, Jürgen (Hrsg). *Innovationsprozesse in der Grundschule: Fallstudien, Analysen und Vorschläge zum Sachunterricht*. Bad Heilbrunn, Obb.: Klinkhardt, 330–352.

Filipp, Sigrun-Heide (1990). „Lebensereignisforschung – eine Bilanz“. In: Filipp, Sigrun-Heide (Hrsg.). *Kritische Lebensereignisse*. München: Psychologie Verlags Union, 293–326.

Fleming, Mike (2003 [1994]). *Starting Drama Teaching*. Second Edition. London: David Fulton Publishers.

Flick, Uwe; von Kardorff, Ernst; Steinke, Ines (Hrsg.) (2013). *Qualitative Forschung. Ein Handbuch*. 10. Aufl. Hamburg: Rowohlt.

Flick, Uwe; von Kardorff, Ernst; Steinke, Ines (2013). „Was ist qualitative Forschung? Einleitung und Überblick“. In: Flick et al., 13–29.

Freie und Hansestadt Hamburg (2007 [2004]) (Hrsg.). *Rahmenplan Englisch: Bildungsplan achtstufiges Gymnasium Sekundarstufe I*. überarbeitete Fassung. [online verfügbar unter: https://www.hamburg.de/contentblob/2536322/8ce57bad729659ebd8adb4e1016aa64b/data/englisch-gy8-sek-i.pdf] (11.10.2019).

Freudenau, Tanja (2018). „What's your secret word? Arbeiten mit Wörterbüchern in Jahrgangsstufe 3/4". *Grundschulmagazin Englisch* Heft 1/2018, 15–18.

Frisch, Stefanie (2013). *Lesen im Englischunterricht der Grundschule. Eine Vergleichsstudie zur Wirksamkeit zweier Lehrverfahren*. Tübingen: Narr.

Frisch, Stefanie (2014). „Reading revisited. Der bewusste Umgang mit dem Schriftbild." *Grundschulmagazin Englisch* Heft 4/2014, 33–34.

Frisch, Stefanie (2015). „Imitative and Productive Language Use: Zur Entwicklung der Sprechfähigkeit". *Grundschule Englisch* 51, 6–7.

Frisch, Stefanie (2020). "'No matter what – keep that hand moving.' Schreiben im Englischunterricht der Grundschule". *Grundschule Englisch* 72, 2–5.

Fritz, Jürgen (2004). *Das Spiel verstehen. Eine Einführung in Theorie und Bedeutung*. Mannheim: Juventa.

Gedicke, Monika (2000). „Rollenspiele im Fremdsprachenunterricht – eine Möglichkeit zur Förderung realitätsbezogener Kommunikationsstrategien?" *Fremdsprachenunterricht* 44, 53/1, 22–25.

Gerngross, Günter (2004). „Für einen sanften Übergang: Wortschatzvermittlung und -festigung in den Klassen 3 bis 6". *Der fremdsprachliche Unterricht Englisch* 38/69, 30–33.

Gesing, Harald (Hrsg.) (1997). *Pädagogik und Didaktik der Grundschule*. Neuwied: Luchterhand.

Green Line 1 (2006). Lehrbuch. Stuttgart: Klett.

Greenfader, Christa Mulker; Brouillette, Liane (2013). „Boosting Language Skills of English Leaners through Dramatization and Movement". *The Reading Teacher* 3/67, 171–180.

Grotjahn, Rüdiger; Raatz, Ulrich; Wockenfuß, Verena (2004). Das Projekt „Tests and Attidude Scales for the Year Abroad" (TESTATT): Theoretische Basis und einige empirische Resultate" In: Börner, Wolfgang; Vogel, Klaus (Hrsg.). *Emotion und Kognition im Fremdsprachenunterricht*. Tübingen: Narr, 128–148.

Haack, Adrian (2010). „KünstlerInnen der improvisierten Aufführung. Performative Fremdsprachendidaktik aks Teil des Lehramtsstudiums". In:

Scenario: Journal for Drama and Theatre in Foreign and Second Language Education IV/1, 35–53. [online verfügbar unter: https://journals.ucc.ie/index.php/scenario/article/view/scenario-4-1-4/pdf-de] (21.07.2021).

Haack, Adrian (2018). *Dramapädagogik, Selbstkompetenz und Professionalisierung. Performative Identitätsarbeit im Lehramtsstudium Englisch*. Metzler: Stuttgart.

Hacker, Helmut (1988). „Übergänge fordern uns heraus". *Die Grundschule* 10/20, 8–10.

Haferkamp, Hannah; Heils, Nicole (2011). „My School Week. Der Einsatz von Spielen für einen gelungenen Grundschulübergang". *Praxis Englisch* 5, 8–15.

Hallet, Wolfgang (2008). „*Staging Lives*. Die Entwicklung performativer Kompetenz im Englischunterricht". In: Ahrens et al., 387–408.

Hallet, Wolfgang (2010). „Performative Kompetenz und Fremdsprachenunterricht". *Scenario: Journal for Drama and Theatre in Foreign and Second Language Education* IV/1, 4–17. [online verfügbar unter: http://research.ucc.ie/scenario/2010/01/hallet/02/de] (10.10.2019).

Hallet, Wolfgang (2011). *Lernen fördern: Englisch. Kompetenzorientierter Unterricht in der Sekundarstufe I*. Seelze: Klett/Kallmeyer.

Hallet, Wolfgang; Königs, Frank G. (Hrsg.) (2010). *Handbuch Fremdsprachendidaktik*. Seelze-Velber: Klett/Kallmeyer.

Hallet, Wolfgang; Surkamp, Carola (Hrsg.) (2015). *Handbuch Dramendidaktik und Dramapädagogik im Fremdsprachenunterricht*. Trier: WVT

Hardt, Barbara (2005). „Englischunterricht in der Grundschule auf der Grundlage der Vorerfahrung der Kinder". In: Doyé, Peter (Hrsg.). *Kernfragen des Fremdsprachenunterrichts in der Grundschule*. Braunschweig: Westermann, 171–183.

Haß, Frank (Hrsg.) (2006). *Fachdidaktik Englisch*. Stuttgart: Klett.

Haß, Frank (2012). „Fertigkeitsentwicklung im kompetenzorientierten Englischunterricht". In: Hallet, Wolfgang; Krämer, Ulrich (2012). (Hrsg.). *Kompetenzaufgaben im Englischunterricht: Grundlagen und Unterrichtsbeispiele*. Seelze: Klett/Kallmeyer, 20–29.

Haß, Frank; Henseler, Roswitha; Meinecke, Birgit (2014). „Methode im Fokus: Wortschatz (erfolgreich) üben". *Der fremdsprachliche Unterricht Englisch* 48/131, 10–11.

Heckel, Brigitte (1996). „Der Übergang von der Grundschule zur Sekundarstufe“. *Deutschunterricht* 5/49, 226–230.

Hedge, Tricia (2000). *Teaching and Learning in the Language Classroom*. Oxford: Oxford University Press.

Hellwig, Karlheinz (1995). *Fremdsprachen an Grundschulen als Spielen und Lernen: Dargestellt am Beispiel Englisch*. Ismaning: Huber.

Helmke, Andreas; Schrader, Friedrich-Wilhelm; Wagner, Wolfgang; Nold, Günter; Schröder, Konrad (2008). „Selbstkonzept, Motivation und Englischleistung“. In: DESI-Konsortium (Hrsg.). *Unterricht und Kompetenzerwerb in Deutsch und Englisch. Ergebnisse der DESI-Studie*. Weinheim u.a.: Beltz, 244–257.

Hempel, Stephanie; Schnorr, Mirja (2011). „‚Können wir heute mal was spielen?‘ Vom Nutzen des Spiels im Englischunterricht.“ *Praxis Englisch* 2, 6–7.

Henseler, Roswitha; Meinecke, Birgit (2014). „Toolkit Recycling Vocabulary“. Materialheft in: *Der fremdsprachliche Unterricht Englisch* 48/131.

Henseler, Roswitha; Obst, Inga (2015). „Keep Talking. Mündliche Kompetenzen in Klasse 5 überprüfen“. *Der fremdsprachliche Unterricht Englisch* 49/133, 12–21.

Hering, Wolfgang (1979). *Spieltheorie und pädagogische Praxis*. Düsseldorf: Schwann.

Hohmann, Heinz-Otto (2003). „Entwicklung der Sprechfertigkeit im fortgeschrittenen Fremdsprachenunterricht“. *Fremdsprachenunterricht* 6/47, 332–337.

Holden, Susan (1981). *Drama in Language Teaching*. Harlow: Longman.

Holl, Edda (2011). *Sprach-Fluss: Theaterübungen für Sprachunterricht und interkulturelles Lernen. Deutsch als Fremdsprache*. Ismaning: Hueber.

Hollbrügge, Birgit; Kraaz, Ulrike (2004a). *Ginger 2: Handreichungen für den Unterricht*. Berlin: Cornelsen.

Hollbrügge, Birgit; Kraaz, Ulrike (2004b). *Ginger 2: Activity Book*. Berlin: Cornelsen.

Hopf, Christel (2013a). „Qualitative Interviews – ein Überblick“. In: Flick et al., 349–360.

Hopf, Christel (2013b). „Forschungsethik und qualitative Forschung“. In: Flick et al., 589–600.

Hoppstädter, Jürgen; Hoppstädter, Uwe (2005). „Get your class moving“. *Der fremdsprachliche Unterricht Englisch* 39/74, 8–11.

Hu, Adelheid (2017a). „Mehrsprachigkeit“. In: Surkamp, 246–248.

Hu, Adelheid (2017b). „Mehrsprachigkeitsdidaktik“. In: Surkamp, 248–250.

Huber, Ruth (2003). *Im Haus der Sprache wohnen: Wahrnehmung und Theater im Fremdsprachenunterricht*. Tübingen: Niemeyer.

Hutz, Matthias (2018). „Focus on Form – The Lexico-Grammar Approach”. In: Surkamp, Carola; Viebrock, Britta (Hrsg.). *Teaching English as a Foreign Language. An Introduction*. Stuttgart: Metzler, 133–158.

Jaekel, Nils; Schurig, Michael; Florian, Merle; Ritter, Markus (2017). „From early starters to late finishers? A longitudinal study of early foreign language learning in school“. *Language Learning* 67, 631–664.

Jäger, Anja (2011). „Improvisationen auf literarischer Grundlage zur Förderung von Interkulturellen Kommunikativen Kompetenzen“. In: Küppers et al., 164–179.

Jelic, Vlado (2012). Das Theater mit dem Englischbuch: Systematische Förderung mündlicher Kompetenzen mit dramapädagogischen Lehrverfahren. Dissertation an der Rheinisch-Westfälischen Technischen Hochschule Aachen. [online verfügbar unter: https://publications.rwth-aachen.de/record/64323] (11.10.2019)

Jünemann, Ina; Rudolph, Berit (2011). „Englischunterricht im Übergang. Brücken bauen: Eine Chance und Herausforderung“. *Schulverwaltung. Niedersachsen* 22, 300–302.

Kahl, Peter W. (1998). „Neue Perspektiven für den Englischunterricht im 5. und 6. Schuljahr nach Einführung des Grundschul-Fremdsprachenlernens“. *ENGLISCH* 2, 49–56.

Kahl, Peter W.; Knebler, Ulrike (1996). *Englisch in der Grundschule – und dann? Evaluation des Hamburger Schulversuchs „Englisch ab Klasse 3“*. Berlin: Cornelsen.

Karbowska Hayes, Suzanne (1984). *Drama as a Second Language: A Practical Handbook for Language Teachers*. Cambridge: National Extension College Trust.

Kelle, Udo; Erzberger, Christian (2013). „Qualitative und quantitative Methoden: kein Gegensatz“. In: Flick et al., 299–308.

Keller, Stefan (2013). *Kompetenzorientierter Englischunterricht*. Berlin: Cornelsen.

Kempe, Andy; Winkelmann, Ulrike (1998). *Das Klassenzimmer als Bühne: dramenpädagogische Unterrichtseinheiten für die Sekundarstufe*. Donauwörth: Auer.

Keßler, Jörg-Ulrich (2017). „Begin at the beginning. Warum Englischunterricht ab Klasse 1 bleiben sollte!“. *Grundschulmagazin Englisch* Heft 4/2017, 37–38.

Keßler, Jörg-Ulrich (2009). „Englisch ab Klasse 1: Zu Früh? Zu wenig erforscht? Wirkungslos? – Zu wichtig!“. *Schule NRW* 4, 158–161. [online verfügbar unter: http://www.ku.de/fileadmin/130104/Presse/SchuleNRW042009.pdf] (10.10.2019).

Keßler, Jörg-Ulrich (2006). „Englischerwerb im Anfangsunterricht der Primar- und Sekundarstufe: Plädoyer für ein empirisch fundiertes Übergangsprofil“. In: Pienemann, Manfred; Keßler, Jörg-U.; Roos, Eckhard (Hrsg.). *Englischerwerb in der Grundschule. Ein Studien- und Arbeitsbuch*. Paderborn: Ferdinand Schöningh, 159–184.

Kessler, Benedikt; Küppers, Almut (2008). „A Shared Mission: Dramapädagogik, interkulturelle Kompetenz und holistisches Fremdsprachenlernen“. *Scenario: Journal for Drama and Theatre in Foreign and Second Language Education* II/2, 3–24. [online verfügbar unter: http://research.ucc.ie/scenario/2008/02/kesslerkueppers/02/de] (11.10.2019).

Kieweg, Werner (2004). „Der Übergang: Zäsur oder Kontinuität? Vorschläge zur Leistungsstanderhebung“. *Der Fremdsprachliche Unterricht* 38/69, 34–41.

Kieweg, Werner (2006). „Kommunikative Grammatikübungen. Sprechaktkompetenz als Lernziel“. *Der fremdsprachliche Unterricht Englisch* 40/82, 2–8.

Kieweg, Werner (2014). „Das Üben üben“. *Der fremdsprachliche Unterricht Englisch* 48/131, 2–8.

Kleer, Gabriele (2014). „Leseförderung am Übergang zur Klasse 5“. *Deutschunterricht* 67, 20–25.

Klein, Kerstin (2018). „The little spotty ladybird. Eine Lektüre zum Abschluss des vierten Schuljahres“. *Grundschulmagazin Englisch* Heft 1/2018, 27–30.

Klemisch, Ingo; Sensenschmidt, Karin (1991). „Der Übergang im Fach Mathematik aus der Sicht der Sekundarstufe I“. *Der Mathematikunterricht* 3/37, 28–36.

Kleppin, Karin (2010). „Fehler, Fehlerkorrektur, Fehlerbewertung". In: Hallet & Königs, 224–228.

Klippel, Friederike (2016). „Spiel". *Praxis Fremdsprachenunterricht Englisch* 3/16, 15–16.

Klippel, Friederike (2000). *Englisch in der Grundschule: Handbuch für einen kindgemäßen Fremdsprachenunterricht*. Berlin: Cornelsen Scriptor.

KMK (= Sekretariat der Ständigen Konferenz der Kultusminister der Länder in der Bundesrepublik Deutschland) (Hrsg.) (2013). *Fremdsprachen in der Grundschule – Sachstand und Konzeptionen*. [online verfügbar unter: https://www.kmk.org/fileadmin/Dateien/veroeffentlichungen_beschluesse/2013/2013_10_17-Fremdsprachen-in-der-Grundschule.pdf] (14.12.2019).

KMK (= Sekretariat der Ständigen Konferenz der Kultusminister der Länder in der Bundesrepublik Deutschland) (Hrsg.) (2004). *Bildungsstandards für die erste Fremdsprache (Englisch/Französisch) für den Mittleren Schulabschluss*. [online verfügbar unter: https://www.kmk.org/fileadmin/Dateien/veroeffentlichungen_beschluesse/2003/2003_12_04-BS-erste-Fremdsprache.pdf] (11.10.2019).

Koch, Katja (2001). *Von der Grundschule in die Sekundarstufe. Band 2: Der Übergang aus Sicht der Lehrerinnen und Lehrer*. Opladen: Leske + Budrich.

Koch, Katja (2004). „Der Übergang von der Grundschule in die weiterführenden Schulen – ein weitgehend ungelöstes Problem". In: Helsper, Werner; Böhme, Jeanette (Hrsg.). *Handbuch der Schulforschung*, Wiesbaden: Springer VS, 549–565.

Koenig, Michael (2010). „Lehrwerkarbeit". In: Hallet & Königs, 177–182.

Kolb, Annika (2009). „*To be continued?* Der Übergang von der Primar- zur Sekundarstufe aus der Perspektive von Lehrkräften". In: Lütge, Christiane; Kollenrott, Anne Ingrid; Ziegenmeyer, Birgit; Fellmann, Gabriela (Hrsg.). *Empirische Fremdsprachenforschung – Konzepte und Perspektiven*. Frankfurt a.M.: Peter Lang, 85–98.

Kolb, Annika (2011). „Kontinuität und Brüche – der Übergang von der Primar- zur Sekundarstufe aus der Perspektive der Lehrkräfte". *Zeitschrift für Fremdsprachenforschung* 1,145–175.

Kolb, Annika (2012). „Teaching English in primary school". In: Eisenmann, Maria; Summer, Theresa (Hrsg.). *Basic Issues in EFL Teaching and Learning*. Heidelberg: Winter, 31–42.

Kolb, Annika (2018). „Kontinuiät im Englischunterricht“. In: Porsch, Raphaela (Hrsg.). *Der Übergang von der Grundschule auf weiterführende Schulen*. Münster: Waxmann, 275–292.

Kolb, Annika; Mayer, Nikola (2009). „Ganzheitlich, spielerisch und mit viel Bewegung. Keine Brüche am Übergang im Fremdsprachenunterricht zwischen den Schulstufen – das europäische PRI-SEC-CO Projekt“. *Daktylos* 2/14, 12–13. [online verfügbar unter: https://www.ph-heidelberg.de/fileadmin/user_upload/vw/presse/daktylos/daktylos_02_09.pdf] (11.10.2019).

Kolb, Annika; Mayer, Nikola (2010). „Mehr Kontinuität! Englischkenntnisse aus der Grundschule weiterentwickeln“. *Der fremdsprachliche Unterricht Englisch* 44/103, 2–9.

Kolb, Annika; Mayer, Nikola; Stotz, Daniel (2012). „Bridging Tasks“. *Grundschulmagazin Englisch* Heft 6/2012, 7–8.

König, Lotta; Surkamp, Carola (2010). „Theatlerlleben: Vom dramatischen Text zum Bühnenstück“. *Praxis Fremdsprachenunterricht* 3, 11–14.

Kowal, Sabine; O’Connell, Daniel C. (2013). „Zur Transkription von Gesprächen“. In: Flick et al., 437–446.

Kronisch, Inge (2018). „I never smoke a cigarette. Präsens spielerisch trainieren“. *Grundschulmagazin Englisch* Heft 1/2018, 11–14.

Kugler-Euerle, Gabriele (2005). „Englischlernen als Kontinuum ¬– Didaktik des Übergangs oder Übergangsdidaktik?“. *Praxis Fremdsprachenunterricht* 3, 13–17.

Kugler-Euerle, Gabriele (2008). „Englischlernen im Übergang von Grundschule und Gymnasium: Was bringen die Kinder aus der Grundschule mit? Wie lernen sie weiter?“. In: Böttger, 276–280.

Kunz, Detlef (1994). „Selbständiges Lernen im Englischunterricht: Vorschläge zu Realisierung im Kontext des Alltags der Sekundarstufe I“. *Die neueren Sprachen* 5/93, 483–502.

Kunze, Ingrid (2014). „Übergänge gestalten im Deutschunterricht“. *Deutschunterricht* 67, 4–8.

Küppers, Almut (2009). „Eine Blumenwiese im Klassenzimmer: Die Dramapädagogik fördert Fantasie, Vorstellungskraft und Kreativität“. *Praxis Englisch* 5, 48–49.

Küppers, Almut; Walter, Maik (2012). „Theatermethoden auf dem Prüfstand der Forschung: Einführung in die Themenausgabe“. *Scenario: Journal for Drama and Theatre in Foreign and Second Language Education* VI/1,

1–9. [online verfügbar unter: http://publish.ucc.ie/scenario/2012/01/kuepperswalter/01/de] (10.10.2019).

Küppers, Almut; Schmidt, Torben; Walter, Maik (Hrsg.) (2011). *Inszenierungen im Fremdsprachenunterricht. Grundlagen, Formen, Perspektiven.* Braunschweig: Schroedel/Diesterweg/Klinkhardt.

Kurtz, Jürgen (1997). „Improvisation als Übung zum freien Sprechen". *ENGLISCH: Zeitschrift für Englischlehrerinnen und Englischlehrer* 3/32, 87–97.

Kurtz, Jürgen (1998). „Kooperatives Sprechhandeln im Englischunterricht: Die Improvisation ‚Once upon a time'". *ENGLISCH: Zeitschrift für Englischlehrerinnen und Englischlehrer* 2/33, 41–49.

Legutke, Michael K. (1998). „Handlungsraum Klassenzimmer and beyond". In: Timm, 93–109.

Legutke, Michael K. (2000). „Fremdsprachen in der Grundschule: Brennpunkt Weiterführung". In: Riemer, Claudia (Hrsg.). *Kognitive Aspekte des Lehrens und Lernens von Fremdsprachen.* Tübingen: Narr, 38–54.

Legutke, Michael K. (2014). „Mündlichkeit – eine Herausforderung für den Englischunterricht in der Phase des Übergangs von der Grundschule zur weiterführenden Schule". In: Burwitz-Melzer, Eva; Königs, Frank G.; Riemer, Claudia (Hrsg.). *Perspektiven der Mündlichkeit: Arbeitspapiere der 34. Frühjahrskonferenz zur Erforschung des Fremdsprachenunterrichts.* Tübingen: Narr, 137–146.

Legutke, Michael K.; Lortz, Wiltrud (Hrsg.) (2002). *Englisch ab Klasse 1. Das hessische Merry-Go-Round-Projekt. Analysen und Berichte.* Berlin: Cornelsen.

Lutzker, Peter (2007). *The Art of Foreign Language Teaching. Improvisation and Drama in Teacher Development and Language Learning.* Tübingen: Francke.

Mahr-George, Holger (1999). *Determinanten der Schulwahl beim Übergang in die Sekundarstufe I.* Wiesbaden: VS Verlag für Sozialwissenschaften.

Maley, Alan; Duff, Alan (1982 [1978]). *Drama Techniques in Language Learning: A resource book of communication activities for language teachers.* 2. Auflage. Cambridge: Cambridge University Press.

Marschollek, Andreas (2007). „Erwartungen von Viertklässlern an den Englischunterricht der Klasse 5". In: Kierepka, Adelheid; Klein, Eberhard;

Krüger, Renate (Hrsg.) (2007). *Fortschritte im Frühen Fremdsprachenunterricht – Auf dem Weg zur Mehrsprachigkeit*. Tübingen: Narr, 137–142.

Mayer, Nikola (2006). „Fremdsprachenunterricht als Kontinuum – Der Übergang von der Grundschule in die Sekundarstufe". In: Gehring, Wolfgang (Hrsg.) (2006). *Fremdsprachenunterricht heute*. Oldenburg: BIS-Verlag, 215–233.

Mayr, Johannes; Hofer, Margit; Huemer, Gabriele (1992). „Schul-Zeit am Übergang von der Grundschule zur Sekundarstufe". *Erziehung & Unterricht* 9/142, 494–500.

Mayring, Philipp (2007). *Qualitative Inhaltsanalyse: Grundlagen und Techniken*. Weinheim: Beltz.

Mayring, Philipp (2013). „Qualitative Inhaltsanalyse". In: Flick et al., 468–475.

Ministerium für Schule und Weiterbildung des Landes Nordrhein-Westfalen (Hrsg.) (2012). *Englisch als Kontinuum – von der Grundschule zur weiterführenden Schule: Handreichung für den fortgeführten Englischunterricht in der Sekundarstufe I*. [online verfügbar unter: https://www.schulentwicklung.nrw.de/cms/upload/egs/Englisch_als_Kontinuum.pdf] (24.10.2019).

Mindt, Dieter (2008). „Fortschritte im frühen Fremdsprachenlernen von 2000 bis heute und Perspektiven für die Zukunft". In: Böttger, 12–22.

Mitzlaff, Hartmut; Wiederhold, Karl A. (1989). „Gibt es überhaupt ein Übergangsproblem? Erste Ergebnisse aus einem Forschungsprojekt". In: Portmann, Rosemarie; Wiederhold, Karl A.; Mitzlaff, Hartmut (Hrsg.). *Übergänge nach der Grundschule*. Frankfurt a.M.: Arbeitskreis Grundschule e.V., 12–41.

Moschner, Barbara; Dickhäuser, Oliver (2006 [1998]). „Selbstkonzept". In: Rost, Detlef H. (Hrsg). *Handwörterbuch Pädagogische Psychologie*. 3., überarbeitete und erweiterte Auflage. Weinheim: Beltz, 685–692.

Mückel, Wenke (2014). „Grammatikunterricht – Besonderheiten am Primarstufenübergang". *Deutschunterricht* 67, 14–19.

Müller, Judith (2018). „The little woodpecker. Ein eigenes pocketbook erstellen". *Grundschulmagazin Englisch* Heft 1/2018, 23–26.

Müller-Hartmann, Andreas; Schocker-von Ditfurth, Marita (2004). *Introduction to English Language Teaching*. Berlin: Klett.

Neelands, Jonothan; Goode, Tony (2000). *Structuring Drama Work*. Cambridge: Cambridge University Press.

Neubert, Bernd (2013). „Den Übergang gestalten! Inhaltliche Vernetzungen von Grundschule und Sekundarstufe als wichtige Bedingung für die Anschlussfähigkeit". *Grundschulunterricht Mathematik* 4/60, 4–6.

Niedersächsisches Kultusministerium (Hrsg.) (2000). *Vom Fremdsprachenlernen in der Grundschule zum Fremdsprachenunterricht im Sekundarbereich I. Handreichungen für den Übergang*. Hannover: Schroedel.

Niedersächsisches Kultusministerium (Hrsg.) (2006a). *Kerncurriculum für die Grundschule Schuljahrgänge 3–4: Englisch*. [online nicht mehr verfügbar]

Niedersächsisches Kultusministerium (Hrsg.) (2006b). *Kerncurriculum für das Gymnasium Schuljahrgänge 5–10: Englisch*. [online nicht mehr verfügbar]

Niedersächsisches Kultusministerium (Hrsg.) (2015). *Kerncurriculum für das Gymnasium Schuljahrgänge 5–10: Englisch*. [online verfügbar unter: https://db2.nibis.de/1db/cuvo/datei/en_gym_si_kc_online.pdf] (10.10.2019).

Niedersächsisches Kultusministerium (Hrsg.) (2018). *Kerncurriculum für die Grundschule Schuljahrgänge 3–4: Englisch*. [online verfügbar unter: http://www.db2.nibis.de/1db/cuvo/datei/2018-06-25_kc_englisch_gs_druckfassung.pdf] (10.10.2019).

Nix, Christoph; Sachser, Dietmar; Streisand, Marianne (2012). „Vorwort". In: Nix, Christoph; Sachser, Dietmar; Streisand, Marianne (Hrsg.). *Theaterpädagogik*. Berlin: Theater der Zeit, 9–13.

Nowoczien, Jessica (2012). *Drama in the Classroom: Dramenarbeit im Englischunterricht der Sekundarstufe I im Hinblick auf Gendersensibilisierung und interkulturelle Kommunikation*. Frankfurt: Peter Lang.

Ntelioglou, Burcu Y. (2008). *Crossing Borders. Drama in the Second Language Classroom*. Saabrücken: VDM Verlag.

O'Connor, Peter (2008). „Drama for Inclusion". In: Anderson, Michael; Hughes, John; Manuel, Jacqueline (Hrsg.). *Drama and English Teaching: Imagination, Action and Engagement*. Oxford: Oxford University Press, 136–148.

Orange Line 1 (2005). Lehrbuch. Stuttgart: Klett.

Passon, Jenny (2015). „Auf dem Weg zu performativen Fremdsprachenkompetenz: Eine Darstellung theater- und dramapädagogischer Ansätze". In: Hallet & Surkamp, 69–85.

Pfitzer, Petra (2006). *Kindgemäßes Fremdsprachenlernen: Zur Theorie und Praxis des Frühbeginns Englisch*. Frankfurt a. M.: Peter Lang.

Phillips, Sarah (1999). *Drama with Children*. Oxford: Oxford University Press.

Piepho, Eberhard (2000). „Bridging Gaps: Oral proficiency in English – Man muss lernen, miteinander zu reden und einander zuzuhören". *Fremdsprachen Frühbeginn* 5, 5–9.

Porter Ladousse, Gillian (1987). *Role Play*. Oxford: Oxford University Press.

Porsch, Raphaela (2016). „Fachfremd unterrichten in Deutschland: Definition – Verbreitung – Auswirkungen". *DDS – Die Deutsche Schule* 1/108, 9–32.

Rampillon, Ute; Reisener, Helmut (2005). „Lernen, Sprache und Bewegung". *Der fremdsprachliche Unterricht Englisch* 39/74, 2–5.

Rat für Kulturelle Bildung e.V. (Hrsg.) (2017). *Wenn. Dann. Befunde zu den Wirkungen kultureller Bildung*. [online verfügbar unter: https://www.rat-kulturelle-bildung.de/fileadmin/user_upload/pdf/RKB_02_ABSCHLUSSBERICHT_08_WEB.pdf] (21.07.2021).

Reckermann, Julia; Bechler, Sabrina (2018). „I can read it by myself! Selbstständiges und gemeinsames Lesen fördern". *Grundschulmagazin Englisch* Heft 1/2018, 19–22.

Reinersdorff, Uta von (2004). „Die Fertigkeitsbereiche Hörverstehen und Sprechen in der frühen Sekundarstufe I". *Der Fremdsprachliche Unterricht* 38/69, 42–46.

Reisener, Helmut (2005). „Das Klassenzimmer als Bühne". *Der Fremdsprachliche Unterricht Englisch* 39/74, 20–22.

Rittelmeyer, Christian (2010). *Warum und wozu ästhetische Bildung? Über Transferwirkungen künstlerischer Tätigkeiten. Ein Forschungsüberblick*. Oberhausen: Athena.

Rittelmeyer, Christian (2011). „Über Transferwirkungen künstlerischer Tätigkeiten. Ein Einblick in Methoden und Ergebnisse der internationalen Forschung". In: Kirschenmann, Johannes; Lutz-Sterzenbach, Barbara (Hrsg.). *Kunst.Schule.Kunst. Modelle, Erfahrungen, Debatten*. München: kopaed, 237–256.

Rohde, Andreas; Caruso, Celestine; Hofmann, Judith; Schäfer, Ulla (2018). „Übergang von der Primar- zur Sekundarstufe: The difficult path from meaning to form". *Grundschulmagazin Englisch* Heft 1/2018, 31–34.

Ronke, Astrid (2005). Wozu all das Theater? Drama and Theater as a Method for Foreign Language Teaching and Learning in Higher Education in the United States. Dissertation an der Universität Berlin. [online verfügbar unter: http://opus.kobv.de/tuberlin/volltexte/2005/1042/] (10.10.2019).

Ronke, Astrid (2009). „Dramapädagogische Übungen und Theaterspiel im Fremdsprachenunterricht“. In: Jung, Udo (Hrsg.). *Praktische Handreichung für Fremdsprachenlehrer*. 5. Auflage. Frankfurt am Main: Lang, 105–112.

Roos, Jana (2006). „Frühes Fremdsprachenlernen – eine Standortbestimmung“. In: Pienemann, Manfred; Keßler, Jörg-U.; Roos, Eckhard (Hrsg.). *Englischerwerb in der Grundschule. Ein Studien- und Arbeitsbuch*. Paderborn: Ferdinand Schöningh, 24–32.

Roos, Jana (2007). *Spracherwerb und Sprachproduktion: Lernziele und Lernergebnisse im Englischunterricht der Grundschule*. Tübingen: Gunter Narr Verlag.

Roos, Jeanette; Schöler, Hermann (Hrsg.) (2013). *Transitionen in der Bildungsbiographie: Der Übergang vom Primar zum Sekundarbereich*. Wiesbaden: Springer VS.

Rost-Roth, Martina; Bülow, Andreas; Mengele, Heike; Wlossek, Isabella (2015). „Inszenierte Mehrsprachigkeit in drama- und theaterpädagogischen Settings im Regel- und Projektunterricht. Empirische Analysen zu sprachlich und kulturell heterogenen Kontexten von Herkunftssprachen und Deutsch als Fremdsprache – Das Forschungsdesign“. In: Rösch, Heidi; Webersik; Julia (Hrsg.). *Deutsch als Zweitsprache – Erwerb und Didaktik*. Stuttgart: Klett, 249–262.

Rück, Heribert (2004). *Fremdsprachen in der Grundschule. Französisch und Englisch*. Landau: Knecht.

Rymarczyk, Jutta (2008). „Früher oder später? Zur Einführung des Schriftbildes in der Grundschule“. In: Böttger, 170–182.

Sambanis, Michaela (2013). *Fremdsprachenunterricht und Neurowissenschaften*. Tübingen: Narr.

Schafhausen, Helmut (Hrsg.) (1995). *Handbuch Szenisches Lernen: Theater als Unterrichtsform*. Weinheim: Beltz Verlag.

Schewe, Manfred (1993). *Fremdsprache inszenieren: Zur Fundierung einer dramapädagogischen Lehr- und Lernpraxis*. Oldenburg: Carl von Ossietzky Universität.

Schewe, Manfred (1998 [1992]). „Dramapädagogisch Lehren und Lernen". In: Jung, Udo O.H. (Hrsg.). *Praktische Handreichungen für Fremdsprachenlehrer*. 2., verbesserte und erweiterte Auflage. Frankfurt am Main: Peter Lang.

Schewe, Manfred (2010). „Dramapädagogik". In: Surkamp, 38–41.

Schewe, Manfred (2015). „Fokus Fachgeschichte: Die Dramapädagogik als Wegbereiterin einer performativen Fremdsprachendidaktik". In: Hallet & Surkamp, 21–36.

Schewe, Manfred (2019). „Drama- und Theaterpädagogik als Wegbereiter einer performativen Literaturdidaktik". In: Lütge, Christiane (Hrsg.). *Handbuch Literaturdidaktik*. Trier: Wissenschaftlicher Verlag, 395–409.

Schmenk, Barbara (2004). „Drama in the Margins? The Common European Framework of Reference and its Implications for Drama Pedagogy in the Foreign Language Classroom. GFL German as a foreign language". *German as a foreign language*. gfl-journal 1, 7–23. [online verfügbar unter: http://www.gfl-journal.de/1-2004/schmenk.pdf] (14.12.2019).

Schmenk, Barbara (2010). „Kommunikative Kompetenz (grammatikalische Kompetenz, Diskurskompetenz, soziokulturelle Kompetenzen, strategische Kompetenzen, pragmatische Kompetenz)". In: Surkamp, 135–137.

Schmenk, Barabara (2015). „Dramapädagogik im Spiegel von Bildungsstandards, GeRS und Kompetenzdiskussion". In: Hallet & Surkamp, 37–50.

Schmid-Schönbein, Gisela (1998). „Anfangsunterricht". In: Timm, 110–126.

Schmid-Schönbein, Gisela (2001). *Didaktik: Grundschulenglisch*. Berlin: Cornelsen.

Schmid-Schönbein, Gisela (2008). *Didaktik und Methodik für den Englischunterricht*. Berlin: Cornelsen Scriptor.

Schmid-Schönbein, Gisela (2010). „Englisch lernen als Kontinuum – *Primary pick-up* im Lehrwerk der Sekundarstufe". In: Appel, Joachim; Doff, Sabine; Rymarczyk, Jutta; Thaler, Engelbert (Hrsg.). *Münchener Arbeiten zur Fremdsprachen-Forschung. Band 25: Foreign Language Teaching – History, Theory, Methods. MAFF – Münchner Arbeiten zur Fremdsprachenforschung 25*. Berlin et al.: Langenscheidt, 123–129.

Schocker-v. Ditfurth, Marita (2004). „Brücken schlagen. Was erwartet die Kinder an den weiterführenden Schulen?". *Primary English* 4, 20–23.

Schramm, Karen (2016). „Empirische Forschung". In: Caspari, Daniela; Klippel, Friederike; Legutke, Michael K.; Schramm, Karen (Hrsg.). *For-*

schungsmethoden in der Fremdsprachendidaktik. Ein Handbuch. Tübingen: narr, 49–58.

Schultes, Theresa (2008). „Halloween in der Grundschule: Rollenspiele als dramatisches Handeln“. In: Ahrens et al., 543–554.

Schwarzer, Nicole. „Theater spielen im Englischunterricht der Grundschule. Ein Praxisbeispiel“. [online nicht mehr verfügbar]

Sirsch, Ulrike (2000). *Probleme beim Schulwechsel*. Münster: Waxmann.

Staatsinstitut für Schulqualität und Bildungsforschung München (Hrsg.) (2009). *Step further. Der Übergang von der Grundschule zu weiterführenden Schulen im Fach Englisch*. Berlin: Cornelsen.

Stiensmeier-Pelster, Joachim; Schöne, Claudia (2008). „Fähigkeitsselbstkonzept“. In: Schneider, Wolfgang; Hasselhorn, Marcus (Hrsg.). *Handbuch der Pädagogischen Psychologie*. Göttingen: Hogrefe, 62–73.

Strunck, Sonja (2018). „The zoo game. Präpositionen spielerisch lernen“. *Grundschulmagazin Englisch* Heft 1/2018, 7–10.

Surkamp, Carola (Hrsg.) (2017 [2010]). *Lexikon Fremdsprachendidaktik. Ansätze – Methoden – Grundbegriffe*. 2., aktualisierte und erweiterte Auflage. Stuttgart: Metzler.

Surkamp, Carola (2012). „Literarische Texte im kompetenzorientierten Fremdsprachenunterricht“. In: Hallet, Wolfgang (Hrsg.). *Kompetenzaufgaben im Englischunterricht*. Seelze: Friedrich, 77–90.

Surkamp, Carola (2013). „Experiencing Plays as Performances: the Theatre as a Place to Learn outside of School“. In: Rymarczyck, Jutta (Hrsg.). *Foreign Language Learning Outside School: Places to See, Learn and Enjoy*. Frankfurt a.M.: Lang, 129–145.

Surkamp, Carola (2014). „Non-Verbal Communication: Why We Need It in Foreign Language Teaching and How We Can Foster It with Drama Activities“. *Scenario: Journal for Drama and Theatre in Foreign and Second Language Education* VIII/2, 12–27. [online verfügbar unter: http://research.ucc.ie/scenario/2014/02/Surkamp/03/en] (10.10.2019).

Surkamp, Carola (2020). „Zur Komplexität der Rolle von Emotionen im Fremdsprachenunterricht und den Potenzialen der Dramapädagogik“. In: Burwitz-Melzer, Eva; Riemer; Claudia; Schmelter, Lars (Hrsg.). *Affektiv-emotionale Dimensionen beim Lehren und Lernen von Fremd- und Zweitsprachen. Arbeitspapiere der 40. Frühjahrskonferenz zur Erforschung des Fremdsprachenunterrichts*. Tübingen: Narr, 224–236.

Surkamp, Carola; Diehr, Bärbel (2015). „Die Entwicklung literaturbezogener Kompetenzen in der Sekundarstufe I: Modellierung, Abschlussprofil und Evaluation". In: Hallet, Wolfgang; Surkamp, Carola; Krämer, Ulrich (Hrsg.). *Literaturkompetenzen Englisch: Modellierung – Curriculum – Unterrichtsbeispiele*. Seelze: Klett/Kallmeyer, 21–40.

Surkamp, Carola; Elis, Franziska (2016). „Dramapädagogik: Spielerisch Sprache lernen." Basisartikel zum Themenheft „Dramapädagogik" von Der fremdsprachliche Unterricht Englisch 50/142, 2–9.

Surkamp, Carola; Nünning, Ansgar (2016 [2006]). *Englische Literatur Unterrichten 1. Grundlagen und Methoden*. 5., aktualisierte und erweiterte Auflage. Seelze-Velber: Kallmeyer.

Taubenböck, Andrea (2007). „Sprache kommt von sprechen: Ein Plädoyer für mehr Mündlichkeit im Englischunterricht". *Der Fremdsprachliche Unterricht* 41/90, 2–7.

Thee, Ira Lotta (2006). *Englischunterricht in der Grundschule unter besonderer Berücksichtigung von Kindern mit Migrationshintergrund*. Oldenburg: BIS-Verlag.

Timm, Johannes-P. (Hrsg.) (1998). *Englisch lernen und lehren. Didaktik des Englischunterrichts*. Berlin: Cornelsen.

Tomlinson, Brian (2015). „Challenging teachers to use their coursebook creatively". In: Maley, Alan; Peachey, Nik (Hrsg.). *Creativity in the English language classroom*. London: British Council, 24–28. [online verfügbar unter: https://englishagenda.britishcouncil.org/sites/default/files/attachments/pub_f004_elt_creativity_final_v2_web-1.pdf] (14.12.2019).

Tressel, Jana (2017). Anknüpfungen an die Grundschule, das heißt Bildergeschichten – eine Interviewstudie zur Sicht von Gymnasial- und Grundschullehrkräften auf den Schreibunterricht der Grundschule. Dissertation an der Universität Lüneburg. [online verfügbar unter: http://opus.uni-lueneburg.de/opus/volltexte/2017/14468/] (08.07.2021).

Treutlein, Anke; Schöler, Hermann (2013). „Veränderung des Fähigkeitsselbstkonzepts durch den Übergang". In: Roos & Schöler, 121–152.

Tschurtschenthaler, Helga (2013). *Drama-based foreign language learning: encounters between self and other*. Münster: Waxmann.

Tselikas, Elektra I. (1999). *Dramapädagogik im Sprachunterricht*. Zürich: Orell Füssli Verlag.

Ulaş, Abdulhak Halim (2008). „Effects of Creative, Educational Drama Activities on Developing Oral Skills in Primary School Children". In: *American Journal of Applied Sciences* 5/7, 876–880.

Urban, Kathrin (2007). „'Winnie the Witch': Vom story telling zum mini-play". *Grundschulmagazin Englisch* Heft 4/2007, 9–12.

Vaßen, Florian (2012). „Theater ± Pädagogik. Korrespondenzen von Theater und (Theater-)Pädagogik". In: Nix et al., 53–63.

Vollmer, Helmut J. (1998). „Sprechen und Gesprächsführung". In: Timm, 237–249.

Vollmuth, Isabel (2000). „Was sagen die Kinder dazu? Fremdsprachenfrühbeginn im Rückblick". In: *FF – Fremdsprachen Frühbeginn* 2, 17–20.

Vollmuth, Isabel (2004). *Englisch an der Grundschule – Wie Handreichungen den Frühbeginn sehen. Eine didaktisch-methodische Analyse*. Heidelberg: Winter.

Vollmuth, Isabel (2011). „Building Bridges. Praktische Beispiele für die Gestaltung des Übergangs". *Grundschulmagazin Englisch* Heft 2/2011, 37–38.

Vollmuth, Isabel (2012). „Englisch lernen als Kontinuum. Wie gestalten Lehrkräfte der 5. Jahrgangsstufe den Übergang?". *Praxis Englisch* 6, 44–46.

Vollmuth, Isabel (2013). „What's new? Neue Materialien für den Übergang Englisch". *Grundschulmagazin Englisch* Heft 4/2013, 37–38.

Wagner, Ute (2009). *Übergang Englisch: Fallanalysen zum Wechsel von der Grundschule zur weiterführenden Schule*. Tübingen: Narr.

Walper, Sabine (2011). „Perspektiven der Entwicklungspsychologie". In: Köhnen, Ralph (Hrsg.). *Einführung in die Deutschdidaktik*. Stuttgart: Springer, 1–36.

Walter, Maik (2012). „Theater in der Fremdsprachenvermittlung". In: Nix et al., 253–267.

Wedel, Heike (2008). „‚Warming Up and Cooling Down': zu einer vernachlässigten Dimension bei der Arbeit mit dramatischen Formen". In: Ahrens et al., 471–492.

Wedel, Heike (2011). „Interkulturelles Lernen inszenieren im bilingualen Unterricht Darstellendes Spiel". In: Küppers et al., 154–163.

Wedel, Heike (2015). „Aufgaben und Übungen für die Vor- und Nachbereitung von Theaterarbeit im Fremdsprachenunterricht". In: Hallet & Surkamp, 307–318.

Weier, Ursula (2008). „Grundformen dramatischer Interaktion im Englischunterricht der Grundschule“. In: Ahrens et al., 523–542.

Weinert, Franz. E. (2001). *Leistungsmessungen in Schulen*. Weinheim u.a.: Beltz.

Wettemann, Ulrich (2007). „Kein trockener Anfängerunterricht mehr! Eine dramapädagogische Modelleinheit für die ersten DaF-Stunden“. *Scenario: Journal for Drama and Theatre in Foreign and Second Language Education* I/1, 66–91. [online verfügbar unter: http://research.ucc.ie/scenario/2007/01/wettemann/04/de] (10.10.2019).

Wiederhold, Karl A. (1991). „Der Übergang von der Grundschule zu den weiterführenden Schulen – ein Problembereich für Kinder, Eltern und Lehrer“. *Der Mathematikunterricht* 3/37, 6–19.

Wiggermann, Dorothee (2007). „Driven to Despair! Schüler spielen Schule – von der Probe zur Premiere“. *Grundschulmagazin Englisch* Heft 4/2007, 13–20.

Wilkening, Monika (2005). „Stationenlernen Englisch beim Einstieg in die Sekundarstufe I“. *Praxis Fremdsprachenunterricht* 3, 22–27.

Wirag, Andreas (2019). „Experimentelle Studien zu Theaterarbeit und Persönlichkeitsentwicklung: Die aktuelle Befundlage“. *Scenario: Journal for Drama and Theatre in Foreign and Second Language Education* XIII/2, 92–108. [online verfügbar unter: https://journals.ucc.ie/index.php/scenario/article/view/scenario-13-2-7/pdf-de] (21.07.2021).

Wirag, Andreas; Surkamp, Carola (eingereicht). „Boon or Burden? Drama Pedagogy Elements and their Relation to Foreign-Language Anxiety in EFL Drama Clubs. Results of a Quantitative Learner Study”. In: Giebert, Stefanie; Göksel, Eva (Hrsg.). *Dramapädagogik-Tage 2020. Conference Proceedings of the 6th Annual Conference on Performative Language Teaching and Learning*.

Zöller, Isabelle; Roos, Jeanette (2013). „Entwicklung der Lern- und Leistungsmotivation beim Übergang auf die weiterführende Schule“. In: Roos & Schöler, 105–120.

Zöller, Isabelle; Treutlein, Anke; Roos, Jeanette; Schöler, Hermann (2013). „Übergang vom Primar- zum Sekundarbereich“. In: Roos & Schöler, 15–43.

10 ANHANG

10.1 Digitaler Anhang (Inhalte der DVD)

10.1.1 Übergangseinheit Teil 1 (4. Klasse)
- 10.1.1.1 Unterricht in der 4 a: Übersicht über die unterrichteten Stunden
- 10.1.1.2 Unterrichtsmaterialien und Videoaufnahmen
- 10.1.1.3 Goodbye-Einheit (Verlaufspläne und Materialien)

10.1.2 Übergangseinheit Teil 2 (5. Klasse)
- 10.1.2.1 Unterricht in der 5 d: Verlaufspläne, Unterrichtsmaterialien und Videoaufnahmen
- 10.1.2.2 Welcome-Einheit zu Orange Line (Verlaufspläne und Materialien)
- 10.1.2.3 Welcome-Einheit zu English G21 (Verlaufspläne und Materialien)

10.1.3 Datenauswertung
- 10.1.3.1 Fragebögen 4. Klasse
- 10.1.3.2 Auswertungstabellen zu den Fragebögen der 4. Klasse
- 10.1.3.3 Fragebogen 5. Klasse
- 10.1.3.4 Auswertungstabellen zu den Fragebögen der 5. Klassen
- 10.1.3.5 Transkripte der Interviews mit den ehemaligen Projektgrundschüler*innen
- 10.1.3.6 Interviewdateien der Schüler*innen aus der 5 d

10.2 Fragebögen und Interviewleitfäden

10.2.1 Fragebogen: 4. Klasse zum Mini Play „Giraffes can't dance"

1. Das Theater spielen hat mir Spaß gemacht. ☐ Ja ☐ Nein

Warum?

2. Ich habe beim Theaterspielen viel gelernt. ☐ Ja ☐ Nein

Nun kann ich:
☐ besser Englisch sprechen
☐ besser Englisch verstehen
☐ besser Englisch lesen
☐ besser Englisch schreiben
☐ mit meiner Körpersprache kommunizieren
☐ mit meinen Kassenkameraden zusammenarbeiten
☐ konzentriert arbeiten
☐ ________________________________
☐ ________________________________
☐ ________________________________
☐ ________________________________
☐ ________________________________

3. Ich würde gern noch einmal auf Englisch Theater spielen. ☐ Ja
☐ Nein

Warum? Wann?

4. Das würde ich gern im Englischunterricht lernen bzw. machen.

5. Das möchte ich noch sagen:

10.2.2 Fragebogen: 4. Klasse zum Ende des Schuljahres

ENGLISCH PORTFOLIO

Name: **Datum:**

Das kann ich AUF ENGLISCH – das nehme ich mit in die 5. Klasse:

	☺ 1	2	😐 3	4	5	☹ 6
1. Ich kann in der neuen Klasse etwas über mich erzählen.	☐	☐	☐	☐	☐	☐
2. Ich kann sagen wie ich heiße.	☐	☐	☐	☐	☐	☐
3. Ich kann sagen wie alt ich bin.	☐	☐	☐	☐	☐	☐
4. Ich kann sagen wann mein Geburtstag ist.	☐	☐	☐	☐	☐	☐
5. Ich kann sagen wo ich wohne.	☐	☐	☐	☐	☐	☐
6. Ich kann über meine Familie (Eltern, Geschwister) sprechen.	☐	☐	☐	☐	☐	☐
7. Ich kann sagen ob ich ein Haustier habe.	☐	☐	☐	☐	☐	☐
8. Ich kann sagen was meine Lieblingsfarbe ist.	☐	☐	☐	☐	☐	☐
9. Ich kann über meine Hobbies sprechen.	☐	☐	☐	☐	☐	☐
10. Ich kann sagen was ich mag.	☐	☐	☐	☐	☐	☐

Was kannst Du noch AUF ENGLISCH über Dich erzählen?

	☺ 1	2	😐 3	4	5	☹ 6
11. Ich kann jemanden aus meiner neuen Klasse nach seinem/ihrem Namen fragen.	☐	☐	☐	☐	☐	☐
12. Ich kann jemanden fragen wie alt er/sie ist.	☐	☐	☐	☐	☐	☐
13. Ich kann jemanden fragen was er/sie mag.	☐	☐	☐	☐	☐	☐
14. Ich kann jemanden fragen was seine/ihre Lieblingsfarbe ist.	☐	☐	☐	☐	☐	☐
15. Ich kann jemanden fragen was seine/ihre Hobbies sind.	☐	☐	☐	☐	☐	☐
16. Ich kann jemanden fragen ob er/sie ein Haustier hat.	☐	☐	☐	☐	☐	☐

Was kannst Du noch AUF ENGLISCH fragen?

	☺ 1	2	😐 3	4	5	☹ 6
17. Ich kann eine mindmap über mich anfertigen.	☐	☐	☐	☐	☐	☐
18. Ich kann ENGLISCHE Sätze über mich aufschreiben.	☐	☐	☐	☐	☐	☐

z.B. diesen hier:

____

19. Ich traue mich mit meinem Partner Englisch zu sprechen.	☐	☐	☐	☐	☐	☐
20. Ich traue mich in der Klasse Englisch zu sprechen.	☐	☐	☐	☐	☐	☐

ENGLISCH PORTFOLIO 2. Teil

Name: **Datum:**

Ihr habt nun die kurze Szene mit Jack, Lisa, Jade und Mr. Green gelernt, Euch ein eigenes Ende ausgedacht und sie vor der Klasse vorgespielt.

	☺ 1	2	😐 3	4	5	☹ 6
1. Das Einüben und Spielen der Szene hat mit Spaß gemacht.	☐	☐	☐	☐	☐	☐
2. Ich habe dabei auch etwas gelernt.	☐	☐	☐	☐	☐	☐

Zum Beispiel:

3. Die Aufwärmübungen (traurig/fröhlich/… gehen, gehen wie der Charakter, „Tip top“) haben mir beim Spielen und Sprechen geholfen.	☐	☐	☐	☐	☐	☐

Warum? warum nicht?

	☺	😐	☹
4. Wenn wir vor der Klasse vorspielen fühle ich mich	☐	☐	☐,

weil

____.

5. Wir haben im Englischunterricht oft Dialoge eingeübt und vorgespielt und auch Theater gespielt.

	1	2	3	4	5	6
Das fand ich gut.	☐	☐	☐	☐	☐	☐
Das hat mir Spaß gemacht.	☐	☐	☐	☐	☐	☐
Ich habe dabei gelernt Englisch zu sprechen.	☐	☐	☐	☐	☐	☐
Das war gut für die Aussprache.	☐	☐	☐	☐	☐	☐
Ich traue mich nun mehr.	☐	☐	☐	☐	☐	☐
Das hat mir geholfen englische Wörter zu lernen. z.B.	☐	☐	☐	☐	☐	☐

____

	1	2	3	4	5	6
Sätze aus den Dialogen und/oder dem Stück kann ich	☐	☐	☐	☐	☐	☐

An diesen Satz kann ich mich erinnern und ich kann ihn auch aufschreiben:

____

	1	2	3	4	5	6
6. Ich finde im Englischunterricht sollte man Dialoge einüben und vorspielen und Theater spielen.	☐	☐	☐	☐	☐	☐

Warum? Warum nicht?

	1	2	3	4	5	6
7. Es hat mit gefallen ein eigenes Ende für die Szene zu finden.	☐	☐	☐	☐	☐	☐
8. Es hat gut geklappt ein eigenes Ende für die Szene zu finden.	☐	☐	☐	☐	☐	☐

Was hat gut geklappt?

____

____

Was hat gut geklappt?

____

____

9. Das ist das wichtigste, das ich im Englischunterricht der Grundschule gelernt habe:

10. Das hat mir im Englischunterricht der Grundschule besonders gut gefallen: (Markiere mit einem Punkt was Du davon gern mit in die 5. Klasse nehmen würdest.)

11. Das würde ich gern im Englischunterricht der 5. Klasse lernen:

12. Das würde ich gern im Englischunterricht der 5. Klasse machen (z.B. mit dem Buch arbeiten, Dialoge spielen, malen, singen, schreiben, lesen, etc.):

Der Englischunterricht in der 5. Klasse wird bestimmt ________________

____________________, weil ____

____.

*10.2.3 Interviewleitfaden: ehemalige Projektgrundschüler*innen (1)*

1. Wie geht es dir? Wie sind die Herbstferien?
2. Wie gefällt dir die 5. Klasse bislang? Die neue Schule? Der neue Unterricht?
3. Was gefällt dir, was gefällt dir nicht so gut?
4. Waren am Anfang auch Sachen schwierig? Hat alles gut geklappt? Was hätte man besser machen können?
5. Und der Englischunterricht?
   - Was ist gut?
   - Was ist nicht so gut?
   - Ist der Unterricht anders als in der Grundschule?
   - Was genau ist anders? Ist das gut oder schlecht?
   - Hast du Wünsche an den Englischunterricht? Welche? Warum?
6. Was ist das wichtigste, das du bislang in Englisch gelernt hast?
7. Gibt es etwas, das du nun schon besser kannst als in der Grundschule? Warum glaubst du kannst du das nun besser?
8. Worin musst du dich noch verbessern? Wie kannst du das machen? Wie kann dein/e Lehrer/in dir dabei helfen?
9. Vergleich mit Grundschule: Was ist besser, was ist schlechter? Warum?
10. In der Grundschule haben wir viel Theater gespielt:
    - Hast Du dabei etwas gelernt, das Du nun in der 5. Klasse gebrauchen kannst? Was genau?
    - Kann man so wie in der Grundschule auch in der 5. Klasse Theater spielen? Warum ja, warum nein? Was lernt man dabei?
11. Englischunterricht in der 4. Klasse: (smiley)
12. Englischunterricht in der 5. Klasse: (smiley)
    - Warum so gewählt?
13. Satz vervollständigen:
    Der Englischunterricht in der 4. bzw. 5. Klasse war/ist

    ______________________, weil ______________________________.

*10.2.4 Interviewleitfaden: ehemalige Projektgrundschüler*innen (2)*

I) Einstieg (Erzählaufforderung)

Ich interessiere mich dafür, wie du den Englischunterricht in der 4. Klasse, den Wechsel auf die neue Schule und den Englischunterricht in der 5. Klasse erlebt hast. Du kannst dir zum Erzählen so viel Zeit nehmen, wie du möchtest. Ich werde dich nicht unterbrechen, sondern mir nur Notizen machen, auf die ich später zurückkomme. Damit wir wissen an welcher Stelle du dich beim Erzählen befindest, habe ich kleine Symbole vorbereitet: für die Grundschule, den Wechsel auf die neue Schule und die 5. Klasse.Vielleicht möchtest du beginnen mit einem Erlebnis in der Grundschule, das dir besonders gut in Erinnerung geblieben ist oder dem Zeitpunkt als das Thema aufkam auf welche Schule du nach den Sommerferien gehen würdest und erzähl dann wie es im Englischunterricht weiterging und erzählst dann weiter bis heute.

II) Interner Nachfrageteil:

Vielen Dank erst einmal. Du hast mir damit schon sehr geholfen.
Du erwähntest als erstes...
Dann hast du erzählt...
Kannst du darüber mehr erzählen? Magst du dazu noch mehr erzählen?

III) Weitere Nachfragen

Vielen Dank! Nun habe ich noch ein paar Fragen, die ich Dir gern stellen würde.

1. Magst du die englische Sprache?
2. Und im Englischunterricht?
3. Was macht ihr im Unterricht? Wie sieht eine typische Stunde aus?
4. Neue Schule, neuer Englischunterricht: Kannst du benennen, was am Anfang schwierig war? Was war einfach? Was lief gut?
5. Macht der Englischunterricht dir Spaß? Wenn ja, was? Was macht keinen Spaß?
6. Hast du Wünsche an den Englischunterricht?
7. Was ist das Wichtigste, das du bis jetzt im Englischunterricht gelernt hast?
8. Gibt es etwas, das du nun schon besser kannst als in der Grundschule? Was?

9. Worin musst du dich noch verbessern?
10. Englischunterricht in der Grundschule:
    - Kannst du Unterschiede zum Englischunterricht in der 4. Klasse feststellen? Wenn ja, welche?
    - Besser? Schlechter?
    - Was hast du dort gelernt, das jetzt in der 5. Klasse wichtig ist?
    - Wie habt ihr gelernt?
    - Was war gut? Was war nicht so gut?
    - Gibt es etwas, das du gern in den Unterricht der 5. Klasse mitgenommen hättest?
11. Im Englischunterricht der 4. Klasse haben wir viel Theater gespielt. Magst du dazu noch etwas erzählen?
12. Hast du dabei etwas gelernt, das du nun im Englischunterricht der 5. Klasse gebrauchen kannst/etwas, das dir hilft?
13. Smileys: wie du den Unterricht findest, wie du dich fühlst
    - Bitte wähle einen Smiley für den Englischunterricht in der 4. Klasse aus und erzähle mir, warum du diesen ausgewählt hast.
    - Bitte wähle nun einen Smiley für den Englischunterricht in der 5. Klasse aus und erzähle mir, warum du diesen ausgesucht hast.
    - Du kannst auch noch einen weiteren malen, wenn kein passender dabei ist.
14. Gibt es noch etwas, das du hinzufügen/erzählen möchtest?
    - zum Englischunterricht in der 4. Klasse
    - zum Schulwechsel
    - zum Englischunterricht in der 5. Klasse
      (noch einmal Abbildungen zeigen)

Vielen Dank für deine Mithilfe! Sag mir doch noch schnell wie alt du bist.

*10.2.5 Interviewleitfaden: Schüler*innen der 5d*

Einstieg (Erzählaufforderung)

*Ich interessiere mich dafür, wie du den Schulwechsel von der Grundschule auf die *[1] hast. Besonders interessiere ich mich für den Englischunterricht. Du kannst dir zum Erzählen so viel Zeit nehmen, wie du möchtest. Ich werde dich nicht unterbrechen, sondern mir nur Notizen machen und später noch auf diese zurückkommen. Das Interview und der Fragebogen sind anonym, das heißt, es wird am Ende nicht erkennbar sein, wer geantwortet hat. Vielleicht möchtest du beginnen mit dem Zeitpunkt als Du Dir überlegen musstest, auf welche Schule du nach den Sommerferien gehen wirst. Und erzähl mir, wie du die Zeit im Englischunterricht bis heute erlebt hast.*

Nun denk einmal ganz an den Anfang des Projekts zurück, noch bevor wir mit dem Proben begonnen haben, an den Tag der Rollenverteilung. Und dann beschreibe mir doch bitte wie du die Arbeit an dem Theaterstück vom ersten Tag an bis hin zum Aufführungstag empfunden hast.

II) Interner Nachfrageteil:

Vielen Dank erst einmal. Du hast mir damit schon sehr geholfen.
Du erwähntest als erstes …
Dann hast du erzählt …
Kannst du darüber mehr erzählen? Magst du dazu noch mehr erzählen?

III) Weitere Nachfragen

Vielen Dank! Nun habe ich noch ein paar Fragen, die ich dir gern stellen würde.

1. Magst Du die englische Sprache? Macht dir Englisch Spaß?
2. Erzähl mir doch noch ein bisschen zum Englischunterricht:
   - Neuer Englischunterricht: Wie war das am Anfang?
     Was war schwierig? Was war einfach/lief gut?

*1 Der Name der weiterführenden Schule wurde zur Anonymisierung gelöscht.

- Macht der Englischunterricht Dir Spaß? Wenn ja, was?
  Was macht keinen Spaß? Wie fühlst du dich im Unterricht?
- Was lernst du?
- Was ist das Wichtigste, das du bis jetzt im Englischunterricht gelernt hast?
- Gibt es etwas, das du nun schon besser kannst als in der Grundschule? Was? Warum?
- Worin musst du dich noch verbessern?
- Wie kannst du gut im Englischunterricht lernen?
- Hast du Wünsche an den Englischunterricht?

3. Theater: Szenen gespielt, Pantomimeübungen gemacht, Aufwärmübungen, Theaterstück
   - Wie war das für dich?
   - Was war gut, was fandest du nicht so gut?
   - Was hast du dabei gelernt?
4. Erinnere dich bitte noch einmal an den kurzen Fragebogen zum Theaterstück, den ihr ausgefüllt habt – es ging dabei um das Vokabellernen. Es gab dort zwei Fragen zu Theaterübungen. Die eine war:
   - Welche Übungen fandest du gut?

☐ Pantomime	☐ Wörter im Kreis umherwerfen
☐ Linienimprovisation	☐ Raumlauf
☐ Activity	☐ ______________________

   - Meine Frage lautet dieses Mal: Warum fandst du diese Übungen gut?
   - Die andere Frage war: Welche haben dir nicht so gut gefallen? Meine Frage ist auch hier: Warum?
5. Könntest du dir vorstellen solche Theaterübungen und -projekte regelmäßig im Englischunterricht zu haben? Warum? Warum nicht?
6. Was kann man dabei im Englischunterricht lernen? Bzw. wobei haben dir diese Übungen geholfen?
7. Glaubst du, dass es sein kann, dass viele diese Übungen nur mögen, weil sie Spaß machen und sie eine Abwechslung zum normalen Unterricht sind?
8. Englischunterricht der Grundschule:
   - Kannst du Unterschiede zum Englischunterricht der 4. Klasse feststellen? Wenn ja, welche?
   - Ist das gut, schlecht?

- Was habt ihr in der Grundschule gemacht? Eine typische Stunde?
- Was hast du gelernt?
- Was hast du dort gelernt, das jetzt in der 5. Klasse wichtig ist?
- Wie habt ihr gelernt?
- Was war gut? Was war nicht so gut?
- Gibt es etwas, das du gern in den Unterricht der 5. Klasse mitgenommen hättest?

9. Smileys: wie du den Unterricht findest, wie du dich fühlst
   - Bitte wähle einen Smiley für den Englischunterricht in der 4. Klasse aus und erzähle mir warum du diesen ausgewählt hast.
   - Bitte wähle nun einen Smiley für den Englischunterricht in der 5. Klasse aus und erzähle mir warum du diesen ausgesucht hast.
   - Du kannst auch noch einen weiteren malen, wenn kein passender dabei ist.
10. Gibt es noch etwas, das du hinzufügen/erzählen möchtest:
    - zum Englischunterricht in der 4. Klasse
    - zum Schulwechsel
    - zum Englischunterricht in der 5. Klasse

Vielen Dank für Deine Mithilfe! Sag mir doch schnell noch wie alt du bist.

10.3 Datenauswertung

*10.3.1 Kategorienbildung Interviews mit ehemaligen Projektgrundschüler*innen*

TEIL 1: Freie Erzählung zur Wahrnehmung des Schulwechsels der Schüler*innen

I: Positive Erinnerungen an den Englischunterricht in der 4. Klasse	II: Negative Erinnerungen an den Englischunterricht in der 4. Klasse	III: Unterschiede Grundschule – weiterführende Schule	IV: Wahrnehmung des Englischunterrichts in der 5. Klasse	V: Andere Erfahrungen beim Schulwechsel
• viele Theaterstücke → Methoden: Dramapädagogik (**PEG1a**)			• auch viel mit Dialogen • manchmal wurde etwas nachgespielt • eine eigene Szene ausdenken → methodische Kontinuität: Dramapädagogik (**EWS1**)	• Empfinden vor dem Übergang: Aufregung → negatives Gefühl: Aufregung (**AESW1**)
• Spaß → Lernatmosphäre (**PEG2**)			• Lehrerin ist fair und unterrichtet nett → Lehrkraft (**EWS2**)	
• dabei (beim Theaterspielen) lernt man viel: Wörter, Aussprache → gute Vorbereitung (**PEG3**)			• viel im Buch → Unterrichtsgestaltung: Material (**EWS3a**)	
			• dauernd Vokabeln abgeschrieben • Vokabeln lernen • öfter Vokabeltests → Unterrichtsgestaltung: Schwerpunktsetzung (**EWS3b**)	

TEIL 2: Nachfragen

Englischunterricht in der 5. Klasse

I: Positive Erlebnisse	II: Negative Erlebnisse	III: Unterrichtsgestaltung	IV: Material und Methoden	V: Kompetenz-erleben
Ronja: • ganz gut, weil: Lehrer sind sehr nett. David: • besonders gut: die Lehrerin → Lehrperson (**WSPE1**)	• Jost: neues soziales Umfeld, Freunde finden • Ronja: soziale Aspekte, Freunde finden, Klasse kennenlernen → Unsicherheit soziale Aspekte (**WSNE1a**)	• Vokabeln werden gelernt • dann wird ein Vokabeltest geschrieben • Arten des Tests: L diktiert • Boris: Vokabeln werden gelernt, um sie besser im Test zu können → Rolle der Vokabelarbeit (**WSUG1**)		David: • gut • alles step by step → Verständnis wird gewähr-leistet (**WSKE1**)
• Wettkämpfe • viel selber machen, wenig abschreiben Merlin: • Dialoge, hauptsächlich im Heft • manchmal werden einige rausgezogen, die einen Dialog erarbeiten und diesen dann vorführen Boris: • das Arbeiten im Heft, manchmal ganz lustig → Methoden (**WSPE2**)	• strenger Lehrer → Lehrkraft (**WSNE2**)	• Grammatik • Regeln und Gramma-tik, um Sätze bilden zu können, um sich dann zu unterhalten → Grammatik (**WSUG2**)		

I: Positive Erlebnisse	II: Negative Erlebnisse	III: Unterrichtsgestaltung	IV: Material und Methoden	V: Kompetenz-erleben
• am Anfang war es noch leicht, einfache Sachen wurden gemacht → kein erhöhter Leistungsdruck (**WSPE3**)	Mirco: • „Unterricht bisschen langweilig“ • der Unterricht ist zu einfach, es werden Dinge gemacht, die er schon kennt • nur dasitzen und Dinge hören, die ihm schon bekannt sind → Schwierigkeitsgrad: zu einfach (**WSNE3**)	• in Partnerarbeit sprechen trainieren, manchmal werden Dialoge vorgespielt; man übt, weil man es auch aufschreibt → Sprechen (**WSUG3**)		
• Tischgruppe, Gruppenaufgaben → kooperatives Lernen (**WSPE4**)	• Methoden machen keinen Spaß • keine Spiele • Dialoge, aber nur Dialoge ist auch nicht gut, wird langweilig aber: die thematischen Kontexte aus der Grundschule fehlen Merlin: • nervig immer im Heft zu arbeiten → Unterrichtsgestaltung (**WSNE4**)	• Einsprachigkeit → Englisch als Unterrichtssprache (**WSUG4**)		

I: Positive Erlebnisse	II: Negative Erlebnisse	III: Unterrichtsgestaltung	IV: Material und Methoden	V: Kompetenzerleben
• Vokabeln lernen und abschreiben, weil man dann neue Sätze bilden kann → Vokabelarbeit (**WSPE5**)	• viel abschreiben • anstrengend • viele Hausaufgaben → Überforderung (**WSNE5**)	• Unterricht, auch Arbeiten, sind schwieriger geworden → Schwierigkeitsgrad (**WSUG5**)		
Mirco: • spielen viel • Bewegung ist gut („rennen rum und so"), dabei stellen sich die SuS gegenseitig Fragen • wenn sie sich bewegen, hat er was zu tun → Bewegung (**WSPE6**)	• Vokabeln, Vokabeltest (erste Note: 3); Vokabeln lernen ist schwierig • Vokabeln abschreiben ist einfach, aber sie dann auch zu lernen war am Anfang sehr schwer → Vokabelarbeit (**WSNE6**)			
Ronja: • ganz gut, weil: Hausaufgaben können in der Schule gemacht werden. Und man lernt sehr viel. • Nachfrage: Warum lernt man sehr viel? → Eselsbrücken zur Unterstützung → Organisatorisches (**WSPE7**)	Boris: • „dauernd, also […] sehr oft wirklich" etwas abschreiben zu müssen → Rolle der Schriftlichkeit (**WSNE7**)			

I: Positive Erlebnisse	II: Negative Erlebnisse	III: Unterrichtsgestaltung	IV: Material und Methoden	V: Kompetenzerleben
Mirco: • hat alles so erwartet, wie es gekommen ist → keine Überraschungen (**WSPE8**)	• David: großer Umschwung • „Weil von der vierten Klasse war es doch 'n schlimmerer Umschwung als ich dachte." → fehlende Kontinuität (**WSNE8**)			
	• Merlin: „kam mir schon alles etwas überraschend vor" • Nachfrage → „dass wir dann alles wieder wiederholt haben, was wir eigentlich schon in der Grundschule gemacht haben" (besonders in Deutsch und Mathe) → Wiederholungen (**WSNE9**)			

Wünsche an den Englischunterricht

I: Unterrichtsgestaltung	II: Weitere Wünsche
• Theaterstücke → Grund: „weil's irgendwie einfach so mal Spaß macht" (Jost) • Ronja: Theaterstück mit Musik • Grund: Hat viel Spaß gemacht, Dialoge werden auswendig gelernt, Aussprache trainiert, tanzen hat Spaß gemacht • Jella: mehr Sketche spielen • Grund: macht Spaß, „ich finde, dass man dann das einfach besser lernen kann" Was? → die Aussprache und die Betonung • Boris: mehr Pantomime, erstmal ohne Ton spielen „wie n Stummfilm sozusagen" → Methoden: Dramapädagogik (**WEUG1a**)	• netter Lehrer, nicht ärgerlich oder schnell wütend → Lehrperson (**WEWW1**)
• weniger Hausaufgaben • keine Strafarbeiten → Hausaufgaben (**WEUG2**)	
• David: Noch mehr miteinander Englisch reden, nicht nur die bili-Kinder dran nehmen, „aber auch nicht immer plötzlich dran nehmen" • Merlin: mehr mündlich sprechen → Schwerpunktsetzung: Sprechen (**WEUG3**)	
• Mirco: kann erst keinen Wunsch formulieren; für ihn müsste es schneller voran gehen, aber er weiß, dass die anderen SuS auch mitkommen müssen; wünscht sich aber interessantere Themen (z.B. Weltall, obwohl er unsicher ist, ob das in den Englischunterricht gehört) → Differenzierung (**WEUG4**)	

Das Wichtigste, das bisher im Englischunterricht der 5. Klasse gelernt wurde

I: Sprachliche Kompetenzen	II: Weitere Kompetenzen
• Boris: Vokabeln → das gab es in der Grundschule nicht bzw. es wurde anders gemacht → mussten nicht abgeschrieben und für einen Test gelernt werden → Vokabeln (**WSK1**)	Wie man Vokabeln lernt. → Lernmethoden (**WWK1**)
mehr Aussprache → Aussprache (**WSK2**)	
• Merlin: schreiben • Nachfrage: Wie gelernt? Durch die Schreibaufgaben, Vokabeln, Grammatik → Schreiben (**WSK3**)	
„Ganz viel Englisch sprechen" (David) → Sprechen (**WSK4**)	
• Grammatik: 1. Person Singular • Regeln → Grammatik (**WSK5**)	

Lernzuwachs (Was kannst du schon besser als in der 4. Klasse?)

I: Sprachliche Kompetenzen	II: Weitere Kompetenzen
Jost: Aussprache → Aussprache (**LZSK1**)	• Jost: sich mehr hereinversetzen → Empathie (**LZWK1**)
• mehr Wörter und „auch wie man das besser aufschreibt" (Jost) • Ronja: das ABC und ein paar Wörter, Vokabeln und dadurch besser verstehen → Vokabeln (**LZSK2**)	
„Aussprache und Rechtschreibung" → Rechtschreibung (**LZSK3**)	
• Sätze schreiben → Schreiben (**LZSK4**)	
• Boris: Sätze bilden → Syntax (**LZSK5**)	
• Mirco: Laute und a/an(?) → Grammatik (**LZSK6**)	

Was muss noch verbessert werden?

I: Sprachliche Kompetenzen	II: Weitere Kompetenzen
• Ronja: schreiben • Merlin: schreiben → Schreiben (**VPSK1**)	• Boris: Vokabeln lernen bzw. zu merken → Lernmethoden (**VPWK1**)
• Mirco: Grammatik (zu Hause sagt er z.B. me and mommy) → Grammatik (**VPSK2**)	• David: mehr melden, nachfragen → Mitarbeit (**VPWK2**)
• Vokabeln → Wortschatz (**VPSK3**)	
• Jost: Aussprache, verstehen • Ronja: Aussprache → Aussprache (**VPSK4**)	
• hören schwierig → Hören (**VPSK5**)	

Vergleich Grundschule – weiterführende Schule

I: Unterricht	II: Persönliche Faktoren	III: Nützliches Vorwissen aus der 4. Klasse
• man muss sich mehr anstrengen • schwieriger, aber man lernt was, jedoch nicht mehr als in anderem Unterricht • nicht mehr so einfach erklärt • 4. Klasse leichter • Ronja: in der 4. Klasse entspannter, in der 5. Klasse muss man aufpassen → höherer Schwierigkeitsgrad in der 5. Klasse (**VEUG1a**)	• gute Lehrerin → Lehrperson (**VEPF1**)	• Alma: Erfahrung aus der 4. Klasse hilft bei den Dialogen → methodische Kompetenz: Dramapädagogik (**VENV1a**)
Mirco: • es fühlt sich anders an, das Gefühl kann er aber nicht näher beschreiben • Unterricht ist aber ein bisschen schlechter als in der Grundschule → Effektivität (**VEUG2**)	• besser: schneller eingelebt → Atmosphäre: positiv (**VEPF2a**)	
David: • sprechen sehr viel Englisch • lesen viel • es wird viel erklärt • viele Theaterstücke → Dialoge, auswendig lernen, vortragen → Unterrichtssprache (**VEUG3**)	• macht nicht mehr so viel Spaß, weil der Unterricht mehr ist wie in Mathe oder Deutsch → Aufgaben im Buch bearbeiten David: • nicht so gut: manchmal wird man einfach dran genommen • 4. Klasse: mehr Spaß; mehr Lernen mit Spaß (Jost) → Atmosphäre: negativ (**VEPF2b**)	

I: Unterricht	II: Persönliche Faktoren	III: Nützliches Vorwissen aus der 4. Klasse
• mehr Vokabeln • besser: Vokabeln → Rolle der Vokabelarbeit (**VEUG4**)	• Unterschiede „eigentlich nicht so gut“ (Jost) → keine Kontinuität: negativ (**VEPF3a**)	
weniger Theater David: • viele Dialoge • 4. Klasse: Theaterstück; Theater → methodische Gestaltung: Theater (**VEUG5a**)	• Merlin: „Eigentlich hab ich nicht so einen großen Unterschied gemerkt.“ • in Englisch eigentlich alles gleich → Kontinuität (**VEPF3b**)	
weniger Spiele → methodische Gestaltung: weniger Spiele in der 4. Klasse (**VEUG5b**)	• Jost empfindet die 4. Klasse als anstrengender, weil der Druck vor dem Wechsel auf die weiterführende Schule zu spüren ist → Druck in der 4. Klasse (**VEPF4**)	
weniger Spiele (5. Klasse) → methodische Gestaltung: mehr Spiele in der 4. Klasse (**VEUG5c**)	Mirco: Am Anfang positives Gefühl, da in den ersten Unterrichtsstunden spaßige Dinge gemacht werden. „Dann wird es langweiliger und langweiliger“ und man macht immer die gleichen Sachen. → fehlende Abwechslung: negativ (**VEPF5**)	
• 5. Klasse: eher auf den Plätzen sitzen bleiben • 4. Klasse: mehr bewegen • 5. Klasse: schlechter → weniger Bewegung, mehr im Heft → methodische Gestaltung: Bewegung (**VEUG5d**)	• schlechter: nicht sicher → Unsicherheit (**VEPF6**)	

I: Unterricht	II: Persönliche Faktoren	III: Nützliches Vorwissen aus der 4. Klasse
David: • CDs, Workbook • 4. Klasse: nicht so viel im Buch gemacht • workbook nicht so viel im Unterricht • Arbeitsblätter → methodische Gestaltung: Materialien (**VEUG5e**)		
• Textaufgaben vorlesen, aufschreiben • 4. Klasse: weniger ins Heft geschrieben → Schwerpunktssetzung: Schriftsprache (**VEUG8a**)		
• besser: mehr mündlich → Schwerpunktssetzung: Mündlichkeit (**VEUG8b**)		
David: • Grammatikregeln Merlin: • Grammatik wird auch ziemlich stark gemacht • finde ich gut, ‚weil dann kann ich endlich mal richtig gut schreiben. Dann irgendwann mal.“ → Schwerpunktssetzung: Grammatik und Regeln (**VEUG8c**)		

Dramapädagogische Arbeit und Übungen

I: Sprachliche Kompetenzen	II: Weitere Kompetenzen	IV: Positive Erfahrungen	V: Negative Erfahrungen
• die Aussprache • Jella: Aussprache • David: wie man Vokabeln ausspricht (besser als wenn man sie nur liest) → Aussprache (**DPSK1**)	• „dass man sich halt mehr so on die Sachen herein versetzen kann" (Jost) • „Und man lernt auch n bisschen wie es wohl so in England in echt is so n bisschen is als Tier oder als Mensch oder wie auch immer" (Alma). → Empathie (**DPWK1**)	• David: gut, dass immer noch Dialoge → „Ich fins's eigentlich besser, weil für die Kinder, die noch nicht so viel Englisch können, prägt sich das besser ein." • Ronja: Manche Mitschüler sind sehr „hibbelig", aber vielleicht wäre es für die auch gerade gut. → Differenzierung (**DPPE1**)	
• „man lernt auch wie man sich unterhält, das ist sehr wichtig" (Alma) → Sprechen (**DPSK2**)	• Sozialkompetenz, Gruppenarbeit • David: Sozialkompetenz, mit den anderen zusammenarbeiten, „nicht immer alleine alles machen wollen" • David: „einander zuhören und nicht Quatsch machen zwischendurch" → kooperatives Lernen (**DPWK2**)	• „wenn wir 'n bisschen mehr Sketche spielen würden auch, dann würden wir nich so die ganze Zeit auf unserm Platz sitzen, dann wäre das mal so ne Abwechslung, weil wir sitzen ja eigentlich so den ganzen Tag auf unsern Sitzplätzen" (Jella). → Abwechslung: Bewegung (**DPPE2**)	
• Jost: „und die Betonung" → Betonung (**DPSK3**)	• Ronja: in der Rolle bleiben • Jost: machen auch in der TG Stücke, aber es sind „keine richtig so mit schauspielern, so was was eigentlich grad so Spaß macht, sondern wir lesen das einfach nur so vor" → methodische Kompetenz: Dramapädagogik (**DPWK3**)		

I: Sprachliche Kompetenzen	II: Weitere Kompetenzen	IV: Positive Erfahrungen	V: Negative Erfahrungen
• Ronja: Englisch verstehen → Wortbedeutung erschließen (**DPSK4**)			
• mehr Wörter • viele Wörter • Ronja: ein paar Wörter • viele neue Wörter • Übungsaspekt, z.B schwierige Wörter → Wortschatz (**DPSK5**)			
• Merlin: „dieses Grundwissen, vom Schreiben her“ Wie gelernt? → durch das im Heft arbeiten, durch das Lesen der Dialoge und das richtige Aussprechen → Schreiben (**DPSK6**)			
• Merlin: Aussprache und wie man es schreibt, da man es liest → Rechtschreibung (**DPSK7**)			

*10.3.2 Kategorienbildung Interviews mit Schüler*innen der 5d*

TEIL 1: Freie Erzählung zur Wahrnehmung des Schulwechsels der Schüler*innen der 5d

I: Positive Erinnerungen an den Englischunterricht in der 4. Klasse	II: Negative Erinnerungen an den Englischunterricht in der 4. Klasse	III: Unterschiede Grundschule – weiterführende Schule	IV: Wahrnehmung des Englischunterrichts in der 5. Klasse	V: Andere Erfahrungen an der weiterführenden Schule
„in der 4. Klasse: sehr sehr oft Lieder gesungen und auch manchmal Theaterspiele gemacht“ → Methoden: Dramapädagogik (**PEG1a**) → Methoden: Lieder (**PEG1b**)	„Englischunterricht war seit der 1. Klasse schlecht, Lehrer haben nur gesagt was schlecht war“ → Lehrkraft (**NEG1**)	„in der Grundschule noch ganz leicht, jetzt immer schwieriger; hier muss mehr Englisch gesprochen werden“ → Schwierigkeitsgrad (**UGW1**)	„Englisch sprechen ist leichter geworden durch die Einsprachigkeit des Unterrichts“ → Englischunterricht ermöglicht Kompetenzerleben (**EWS4**)	„auf der Schule war erstmal alles total fremd und wusste nicht was ich machen sollte“ → Gefühl der Fremdheit (**AWS1**)
„Spaß im Unterricht der Grundschule“ → Lernatmosphäre (**PEG2**)	„Hier ist der Englischunterricht besser als in der Grundschule, weil da haben wir sehr oft das Gleiche gemacht und viele Wiederholungen.“ → Inhalte (**NEG2**)	„In der Grundschule keine Vokabeln gelernt, das ist ganz neu. Oft mit CDs, etwas ange-hört, Lieder gesungen.“ → Methodische Gestaltung des Unterrichts (**UGW2**)	„verstehe mehr und fühle mich auch besser“ „alle nett, guter Start, da wuss-te ich schon, dass der Englischunterricht mir bisschen gut gefallen würde; nett gemacht, nicht so streng wie vorher; nicht immer täglich Englisch-Hausaufgaben“ → positive Lernatmosphäre (**EWS5**)	„erst sehr schüchtern, alle nett, gleich versucht Freunde zu finden, aber das war nicht so leicht“ → neues Sozialgefüge (**AWS2**)

I: Positive Erinnerungen an den Englischunterricht in der 4. Klasse	II: Negative Erinnerungen an den Englischunterricht in der 4. Klasse	III: Unterschiede Grundschule – weiterführende Schule	IV: Wahrnehmung des Englischunterrichts in der 5. Klasse	V: Andere Erfahrungen an der weiterführenden Schule
„viele Sachen gemacht, weiß jetzt schon vieles (Uhrzeit, Farben)“ → gute Vorbereitung (**PEG3**)	„Englischunterricht war nicht so ganz gut, viel gequatscht, nicht viel durchgenommen“ → Lernatmosphäre (**NEG3**)		„Hier fand ich den Englischunterricht bis jetzt ganz gut, wegen den vielen Theaterstücken, die wir gemacht haben. Die haben mir auch sehr gut gefallen.“ „Früher war Englisch mehr ein Ratefach, jetzt hat mir das mit dem Theaterspielen mehr Spaß gemacht und auch mit dem Einüben.“ „Mit Spaß Englisch zu lernen gefällt mir. Und mit Theater spielen.“ → Dramapädagogik: Freude am Theaterspielen (**EWS6a**)	
„In der 3. und 4. Klasse hatten wir eine sehr nette Lehrerin“ → Lehrkraft (**PEG4**)	„ich war eine Katastrophe, weil nie Vokabeln geübt“ → Gefühl des Versagens (**NEG4**)		„durch Theaterstücke lernt man auch wie man das richtig ausspricht“ (Aussprache) „Manche Sachen kann ich mir vom Theater spielen auch gut merken wie sie geschrieben werden, weil man ja dauernd den Text liest. Und wenn man dann was falsch ausspricht, weil man’s so ausspricht wie man’s liest und man darauf dann immer hingewiesen wird, dann kann man sich das, find ich, immer noch besser merken, wie das geschrieben wird.“ (Schreiben)	

I: Positive Erinnerungen an den Englischunterricht in der 4. Klasse	II: Negative Erinnerungen an den Englischunterricht in der 4. Klasse	III: Unterschiede Grundschule – weiterführende Schule	IV: Wahrnehmung des Englischunterrichts in der 5. Klasse	V: Andere Erfahrungen an der weiterführenden Schule
			„Da hat mir der Englischunterricht noch viel mehr Spaß gemacht, weil wir Theater gespielt haben. Das hat mir sehr Spaß gemacht. Dadurch habe ich die Vokabeln noch besser gelernt.“ (Vokabeln) „Was hat dir am besten gefallen? → wie man gelernt hat, so spielerisch gelernt; Theateraufführung: „Da hab ich gemerkt, das ist eine ziemlich gute Übung, um Englisch zu lernen, also auszusprechen. Und hat auch richtig Spaß gemacht die Szenen zu üben.“ Am meisten Spaß gemach? → das Üben (Aussprache) → Dramapädagogik: Potenzial (**EWS6b**)	
			„Applaus, auch wenn kleinere Fehler“ → Dramapädagogik: Kompetenzerleben (**EWS6c**)	
			„nicht so gut → bei den Szenen die Vokabeln, viel zu viel“ → negative Erfahrung (**EWS7**)	

TEIL 2: Nachfragen
Englischunterricht in der 4. Klasse

I: Positive Erlebnisse	II: Negative Erlebnisse	III: Kompetenzförderung	IV: Materialien und Methoden	V: Kompetenzerleben
„Filme waren das einzig Witzige“ → Material und Methoden (**GSPE1**)	Erklärungen nur auf Englisch waren zu schwer → Einsprachigkeit (**GSNE1**)	„der Ansatz vom Englischsprechen, noch nicht Aussprache“ → Sprechen/Mündlichkeit (**GSKF1**)	„im Buch gearbeitet“ → Lehrwerk (**GSM1**)	„wir konnten fast gar nicht anfangen, weil wir noch nicht auf Englisch schreiben und auch noch nichts sagen konnten“ → Defizite (**GSKE1**)
	„war nicht so toll, weil wir nicht so viel durchgenommen haben und es war auch teilweise laut die ganze Zeit“ → Unterrichtsorganisation (**GSNE2**)	„viele Nomen kennengelernt, manchmal Sätze schreiben“ → Schriftlichkeit (**GSKF2**)	„Lieder gesungen“ → Lieder (**GSM2**)	
	„Lehrerin war strenger“ → Lehrperson (**GSNE3**)	„Bildkarten und Vokabeln zuordnen, auf Deutsch übersetzen, abschreiben ins Vokebelheft“ → Vokabeln und Wortschatzförderung (**GSKF3**)	„Wie habt ihr die Aussprache geübt? – Lehrerin hat vorgesprochen und es wurde jemand drangenommen zum Nachsprechen“ → Nach- und Chorsprechen (**GSM3**)	

I: Positive Erlebnisse	II: Negative Erlebnisse	III: Kompetenzförderung	IV: Materialien und Methoden	V: Kompetenzerleben
			„ein paar Spiele gespielt, das fand ich da am besten am Englischunterricht“ → Spiele (**GSM4**)	
			„nicht mit Theaterstücken, eher mit Filmen und Hörspielen“ → Filme und Hörspiele (**GSM4**)	
			„Rollenspiel einüben und vorführen vor der Klasse“ → Dramapädagogik (**GSM5**)	

Englischunterricht in der 5. Klasse

I: Positive Erlebnisse	II: Negative Erlebnisse	III: Inhalte	IV: Material und Methoden	V: Kompetenzerleben
„Lehrer sehr nett, von Anfang an alles gut“ → Lehrperson (**WSPE1**)	„War ziemlich aufgeregt mit wem man in eine neue Klasse kommt, neue Schüler kennenlernen. Man kannte auch die neuen Lehrer nicht. Im Englischunterricht mit den Lehrern das muss auch erstmal klappen.“ → Unsicherheit soziale Aspekte (**WSNE1a**)	„Englischvokabeln, auf Englisch schreiben und wie man das ausspricht“ → sprachliche Kompetenzen (**WSI1**)	„eher mit dem Workbook gearbeitet“ → Lehrwerk (**WSM1**)	„Es macht auch viel Spaß, weil man alles versteht“ → Verständnis wird gewährleistet (**WSKE1**)
„nicht gleich mit Vokabeltest angefangen, sondern erstmal skill check“ → kein erhöhter Leistungsdruck (**WSPE3**)	„fühle mich meistens mittelmäßig, weil ich die meisten Sachen nicht verstehen kann, aber ein bisschen und ich fühl mich im Englischunterricht gut, dass es Spaß macht und richtig viel was bringt“ → Unsicherheit fachliche Aspekte (**WSNE1b**)			„im Englischunterricht schnell eingewöhnt, weil da wurde mir oft gesagt was ich gut gemacht habe“ → Lob (**WSKE2**)
„eigentlich auch ganz einfach“ → angemessener Schwierigkeitsgrad (**WSPE9**)	„schwierig war, dass wir am Anfang fast gleich richtig Englisch sprechen mussten“ → Einsprachigkeit (**WSNE10**)			„Man darf auch mal was auf Deutsch übersetzen“ → Einsatz der Erstsprache (**WSKE3**)

I: Positive Erlebnisse	II: Negative Erlebnisse	III: Inhalte	IV: Material und Methoden	V: Kompetenzerleben
„Spaß gemacht mit dem Theaterstück“ → Dramapädagogik (**WSPE10**)	„Arbeitsblätter“ → Materialien (**WSNE11**)			„gut, dass wir das Thema richtig machen, bis alle Kinder es kapiert haben und dass wir die Sachen wiederholen“ → Schüler*innenorientierung (**WSKE4**)
„Englischunterricht ist besser“ → Unterschiede zur Grundschule (**WSPE11**)	„hatte einiges wieder vergessen nach den Sommerferien“ → Wissenslücken (**WSNE12**)			„wenn ich was weiß und das richtig ist, fühle ich mich stolz, dass ich das gut gemacht habe“ → Stolz (**WSKE5**)
„Lieder machen Ohrwurm“ → Methoden (**WSPE12**)				
„In der 5. Klasse macht Englisch lernen Spaß, es ist angenehm und man lernt auch viel.“ → Atmosphäre (**WSPE13**)				
„war was Neues auch dabei“ → neue Inhalte (**WSPE14**)				
„dass wir immer was unternehmen und sehr viel Englisch machen“ → Abwechslung (**WSPE15**)				

Das Wichtigste, das bisher im Englischunterricht der 5. Klasse gelernt wurde

I: Sprachliche Kompetenzen	II: Unterrichtsgestaltung
„bei der Sprache, Wörter richtig zu lesen, betonen und zu verstehen“ → Vokabeln (**WSK1**)	„Das mit dem Theaterspielen, dass ich dadurch mehr gelernt hab.“ → Methoden (**WUG1**)
„richtig auszusprechen“ → Aussprache (**WSK2**)	„Die Zeit. Wenn ich z.B. mal nach England fahre und meine Eltern sagen, dann treffen wir uns wieder, muss ich ja auch jemanden fragen wie spät es ist.“ → Themen (**WUG2**)
„Englisch flüssig sprechen und schreiben“ → Schreiben (**WSK3**)	„dass es auch Englisch mit Spaß auch gelernt werden kann. Das konnte ich in meiner 4. Klasse überhaupt nicht lernen.“ → Atmosphäre (**WUG3**)
„Auf jeden Fall wie ich mit anderen reden kann.“ → Sprechen (**WSK4**)	

Lernzuwachs (Was kannst du schon besser als in der 4. Klasse?)

I: Sprachliche Kompetenzen	II: Weitere Kompetenzen
„Aussprache und Bedeutung“ → Aussprache (**LZSK1**)	„die Vokabeln kann ich besser lernen“ → Lernmethoden (**LZWK2**)
„Vokabeln, weil wir das öfters machen“ → Vokabeln (**LZSK2**)	„Hobbys“, „Uhrzeiten“ → thematische Kenntnisse (**LZWK3**)
„Aussprache und Rechtschreibung“ → Rechtschreibung (**LZSK3**)	„die mündliche Mitarbeit“ → Mitarbeit (**LZWK4**)
„Englisch reden“, „über Hobbys sprechen“ → Sprechen (**LZSK7**)	

Was muss noch verbessert werden?

I: Sprachliche Kompetenzen	II: Weitere Kompetenzen
„Englisch schreiben“ → Schreiben (**VPSK1**)	„Vokabeln besser lernen“ → Lernmethoden (**VPWK1**)
„das mit den Räumen („In the room are…“)“ → Grammatik (**VPSK2**)	„mündliche Mitarbeit“ → Mitarbeit (**VPWK2**)
„there is/there are und ich möchte mein Vokabular deutlich erweitern“ → Wortschatz (**VPSK3**)	„Bei Theaterstücken noch mehr schauspielern und Betonung und so.“ → Dramapädagogik (**VPWK3**)
„die Aussprache“ → Aussprache (**VPSK4**)	„sofort mich mehr mit den Vokabeln mich besser konzentrieren, schneller alles abschreiben“ → Arbeitshaltung (**VPWK4**)
„besser Sätze sagen“ → Sprechen (**VPSK6**)	

Dramapädagogische Arbeit und Übungen

I: Sprachliche Kompetenzen	II: Weitere Kompetenzen	III: Positive Erfahrungen	IV: Negative Erfahrungen
„Aussprache" → Aussprache (**DPSK1**)	„ich kann das wirklich spielen und nicht nur denken wie sich die Personen fühlen, sondern spüren, spielen und hineinversetzen und dann kann man das besser lernen, weil man sich das besser merkt" → Empathie (**DPWK1**)	„manche sind ja nicht so gut in Englisch und dann ist es für die vielleicht leichter" → Differenzierung (**DPPE1**)	„bei der Aufteilung zum Üben, die anderen Gruppen in der Klasse waren zu laut" → Lautstärke (**DPNE1**)
„Theaterspielen macht mehr Spaß als wenn man die ganze Zeit was abschreibt; dabei lernt man die Aussprache, wie man das Englische richtig spricht und was es bedeutet" „frei sprechen und schauspielern, Bewegungen zum Text" → Sprechen (**DPSK2**)	„Vokabeln, Aussprache und Teamarbeit → weil wir da in Gruppen arbeiten mussten" → kooperatives Lernen (**DPWK2**)	„paar Stunden entspannt Szenen üben und in der TG miteinander besser gesprochen" → Entspannung (**DPPE3**)	„bei der Aufführung waren ein paar Sachen schwierig (andere haben Text vergessen, Positionen einhalten)" → Druck (**DPNE2**)
„mit Betonung sagen" → Betonung (**DPSK3**)	„ein bisschen mehr aus mir raus zu kommen" → Selbstvertrauen (**DPWK4**)	„Ich finde es immer gut Englischunterricht oder Englisch lernen mit Spielen oder Theaterspielen zu verbinden; dann macht es Spaß und man lernt dabei auch was" „Aufführung hat Spaß gemacht" „Mir hat das total viel Spaß gemacht." → Spaß (**DPPE4**)	„Nervosität → so viele Erwachsene im Publikum; fast Text vergessen" → Nervosität (**DPNE3**)

I: Sprachliche Kompetenzen	II: Weitere Kompetenzen	III: Positive Erfahrungen	IV: Negative Erfahrungen
„weil ich dann besser verstehen konnte, was die Wörter bedeuten“ → Wortbedeutung erschließen (**DPSK4**)	„Theaterspielen fand ich gut, lieber noch öfter machen, damit wir dadurch noch mehr Vokabeln lernen können und dann fällt mir das, wenn wir irgendwann mal einen Vokabeltest schreiben, dann auch leichter.“ „weil man das mehrmals ausgesprochen hat und das aufgeschrieben hat, so konnte man auch besser, was sagt man da überhaupt.“ „Wörter rum werfen find ich am besten, weil man sich die Wörter dann merken kann ‚und dann speichert man sich die halt auch'“ „die Szenen vorher: zitiert Text → verknüpfe damit viel, sehe die Bilder und dann weiß ich das noch“ „Bei Theateraufführungen, dann merkt man, ob man mitmacht oder nicht und da weiß man das auch noch in ein paar Monaten, was da ist, was da gesagt wurde und was das bedeutet.“ → langfristiges Lernen (**DPWK5**)	„ganz lustig, wenn man in einer anderen Rolle ist“ → Freude/Witz (**DPPE5**)	„es gab viel Drama, wer welche Person spielt“ → Streit (**DPNE4**)

I: Sprachliche Kompetenzen	II: Weitere Kompetenzen	III: Positive Erfahrungen	IV: Negative Erfahrungen
„Vokabeln lernen. zur Szene Vokabeln abschreiben, „viel besser, dass man sich dann die Vokabeln im Kopf speichern kann sozusagen“ → Wortschatz (**DPSK5**)	„Ich fand das ganz gut mit den Stücken, da konnte ich auch gut die Vokabeln lernen und die Aussprache → gut, weil mit den anderen hab ich mich auf Englisch unterhalten“ → Englisch als Unterrichtssprache (**DPWK6**)	„Ich hab immer das Gefühl man macht dann, was ja auch so ist, man macht dann was so für die Kleinkinder, was die dann lernen, um die englische Sprache auch so ’n bisschen besser kennenzulernen. Und ich fand das dann mit dem Theaterspielen halt sehr gut, weil das dann für mich auch nicht mehr so war wie, ja wir üben jetzt alles nochmal was diese Kleinkinder da in England lernen.“ → Altersangemessenheit (**DPPE6**)	„im Kreis herum laufen (Raumlauf), war ein bisschen „ja, mach ich halt“; hatte keinen Reiz, ich brauche immer einen Reiz“ → Langeweile (**DPNE5**)
„hilft mir beim Texte laut vorlesen und beim Schreiben, weil ich jetzt die Wörter richtig weiß → die Wörter, die im Theaterstück vorkamen (z. B. maybe → wird nicht korrekt übersetzt, aber passt in den Kontext)“ → Schreiben (**DPSK6**)	„Pantomime gut, dann hat man Bewegungen, die einem helfen können → wenn man mit jemandem spricht, der nur Englisch kann“ „Pantomime gut → da konnte man zeigen, was man da überhaupt sagt → zeigen hilft auch den Text zu verdeutlichen; Mimik und Gestik werden verwendet „weil’s auch Spaß gemacht hat, das zu lernen, z. B. mit dem Herumwerfen und der Mimik“ → Kommunikationsstrategien (**DPWK7**)	„das Spielen auf Englisch, versteht man gut, man weiß was man zu tun hat“ → Orientierung (**DPPE7**)	

I: Sprachliche Kompetenzen	II: Weitere Kompetenzen	III: Positive Erfahrungen	IV: Negative Erfahrungen
„Rechtschreibung“ „Vielleicht durch’s Theaterspielen, weil da lernst du die Aussprache und gleichzeitig wie’s geschrieben wird. Das find ich gut.“ → Rechtschreibung (**DPSK7**)	„Wörter im Kreis herumgeben, so ein bisschen wie Vokabellernen“ → Lernstrategien (**DPWK8**)	„mit Theaterstück kann man leichter lernen, weil man das so spielt dann lernt man es besser; wenn man die Bewegungen dazu macht oder drauf zeigt (durch die Gegenstände oder die Bewegungen), aber auch schwierigere Sachen: „Is it something over here?“ und dann schaut man dorthin“ „Pantomime gut, weil man es vormacht“ „Unterstützungsangebote durch Gesten und Realia“ → lernförderlich (**DPPE8**)	
„man muss ein bisschen Mimik rein bringen“ → Körpersprache (**DPSK9**)	„Vokabeln lernen, Aussprache, „und das so n bisschen zu verknüpfen und die Sätze, nicht selbst zu bilden sondern bisschen zu wissen wie werden Sätze gebildet, weil wir sagen ja im Deutschen zum Beispiel manchmal ‚Ja, was sagt die Uhr?‘ und ich glaub nicht, dass man im Englischen sagen kann ‚What say the clock?‘.“ → Sprachegefühl (**DPWK9**)	„erst aufgeregt, aber wenn es gut gespeichert ist, dann geht es mir besser, dann bin ich nicht mehr so aufgeregt“ „Lampenfieber, aber einfach immer weiter gemacht bei einem Fehler; darf man sich nicht anmerken lassen“ → Umgang mit Lampenfieber (**DPPE9**)	

I: Sprachliche Kompetenzen	II: Weitere Kompetenzen	III: Positive Erfahrungen	IV: Negative Erfahrungen
„Texte richtig zu lesen“ → Lesen (**DPSK8**)	„und so zu reden, wie die wirklich in England reden“ → authentischer Sprachgebrauch (**DPWK10**)	„das Üben fand ich eigentlich ziemlich schön; man kann Text lernen und Figuren, die man mit Ton und Mimik und Text wieder ausrichten kann“ → Kreativität (**DPPE10**)	
		„Man lernt mit Spaß und es gibt einen Reiz, das so schön wie möglich der Klasse oder noch besser den Eltern vorzuführen“ → Motivation (**DPPE11**)	
		„Weil man da auch besser lernen kann, ohne dass man's bemerkt. Man denkt nur an das Spielen und Spaß, und kein Englisch; und dann macht man ja das genau“ → Flow (**DPPE12**)	

Wünsche an den Englischunterricht

I: Unterrichtsgestaltung	II: Weitere Wünsche
„wieder mal Theatervorführung machen auf Englisch, weil das hat mir super gefallen, das hat mir auch Spaß gemacht“ „weiter Theater spielen, weil Spaß gemacht und ich glaube ich hab dabei viel gelernt → Aussprache, Vokabular erweitert, „dass man auch mehr weiß was man sagt und was man irgendwie wo einsetzt“, Rechtschreibung ein bisschen. „Sachen mit Spaß zu lernen, find ich am besten.“ → Methoden: Dramapädagogik (**WEUG1a**)	„dass ich selbst besser bin in Englisch“ → persönliche Ziele (**WEWW2**)
„Musik, Lieder auf Englisch zu singen; das hat Spaß gemacht mit der Bewegung dazu, war lustig“ → Methoden: Lieder (**WEUG1b**)	„mehr Klassengemeinschaft in den Pausen und so“ → soziale Ziele (**WEWW3**)
„keine AÜ-Aufgaben“ → Hausaufgaben (**WEUG2**)	„wenn ich mich melde, auch mehr dran zu kommen“ → Mitarbeit verbessern (**WEWW4**)
„Filme“ → Material (**WEUG5**)	
„die Verbindung zum Kunstunterricht und hangman“ → fächerübergreifendes Lernen (**WEUG7**)	

Vergleich Grundschule – weiterführende Schule

I: Unterricht	II: Persönliche Faktoren	III: Nützliches Vorwissen aus der 4. Klasse
„in der 4. war es schon einfacher“ → höherer Schwierigkeitsgrad in der 5. Klasse (**VEUG1a**)	„Lehrer sind netter“ „Lehrer meckern nicht so viel“ → Lehrperson (**VEPF1**)	„Lehrerin hat es vorgesagt und dann mussten wir es alle nachsprechen/kann ich noch nicht so gut, aber das könnte ich hier gebrauchen und Englischaufgaben zu machen“ „Vokabeln merken“ → methodische Kompetenz (**VENV1b**)
„Unterricht nicht ganz so schwer, nicht so viele Hausaufgaben“ → geringerer Schwierigkeitsgrad in der 5. Klasse (**VEUG1b**)	„5. Klasse mehr Spaß“ „hier alle netter und nicht gleich so streng“ → Atmosphäre: positiv (**VEPF2a**)	„Englisch zu sprechen“ → Sprachliche Kompetenzen: Sprechen (**VENV2a**)
„ich find hier lernen wir mehr“ → Effektivität (**VEUG2**)	„dass es auch so bleibt wie es jetzt ist“ „Das ist schwer. Da haben wir mitten im Schuljahr die Englischlehrerin gewechselt.“ → Wunsch nach Kontinuität (**VEPF3c**)	„Bisschen auch schreiben in Englisch“ → Sprachliche Kompetenzen: Schreiben (**VENV2b**)
„reden hier mehr Englisch“ → Unterrichtssprache (**VEUG3**)	„hier wird mir gesagt was ich gut gemacht habe“ → positive Rückmeldung (**VEPF7**)	„bisschen auch Präpositionen“ → Sprachliche Kompetenzen: Grammatik (**VENV2c**)
„Vokabeln“ „hier nur Vokabeln geübt im Unterricht und vielleicht mal aufschreiben; nicht gleich Tests“ → Rolle der Vokabelarbeit (**VEUG4**)	„Anders ist auch, dass es mein Lieblingsfach ist.“ → positive Einstellung zum Fach (**VEPF8**)	„selber mal Sätze bilden“ → Sprachliche Kompetenzen: Syntax (**VENV2d**)

I: Unterricht	II: Persönliche Faktoren	III: Nützliches Vorwissen aus der 4. Klasse
„in der Grundschule keine Stücke“ „Ja, schon, wir haben da überhaupt kein Theater gespielt und mehr Texte, auch längere Texte gelesene. Und wir spielen jetzt mehr Theater.“ → methodische Gestaltung: Theater (**VEUG5a**)		„Ja, die Zeit, die machen wir ja jetzt auch gerade.“ „Vokabeln“ → Wortschatz/Wortfelder (**VENV3**)
„Wir haben auch nicht so viel Spiele in Englisch gemacht, fast gar nichts, nur englisch Sprache und schreiben und manchmal auch arbeiten.“ „hier mehr spielen im Englischunterricht eingebracht“ → methodische Gestaltung: weniger Spiele in der 4. Klasse (**VEUG5b**)		„alle Grundkenntnisse, sonst müsste ich hier jetzt nochmal ganz von vorne anfangen“ → Grundlagen (**VENV4**)
„in der 4. Klasse viel gesungen “ → methodische Gestaltung: Lieder (**VEUG5f**)		
„da gleich schon das mit dem Theoretischen „und das war mir irgendwie blöde da“ → Schwerpunktssetzung: Grammatik und Regeln (**VEUG8c**)		
„keine AÜ-Aufgaben“ → Hausaufgaben (**VEUG9**)		
„keine Gruppenarbeit“ → Sozialformen (**VEUG10**)		

Bereits erschienene Titel in der Reihe

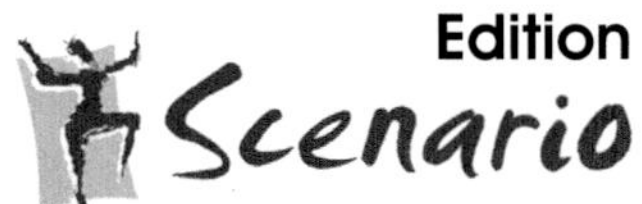

Eine Buchreihe zur Förderung des interkulturellen Dialogs in der Drama- und Theaterpädagogik

herausgegeben von Susanne Even & Manfred Schewe

A book series for the promotion of intercultural dialogue in drama and theatre pedagogy

edited by Susanne Even & Manfred Schewe

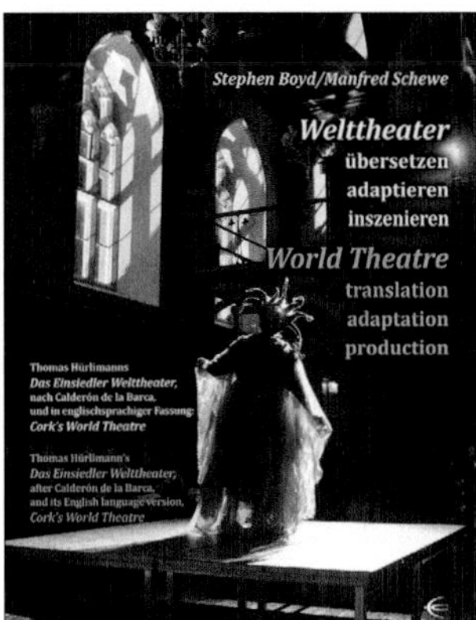

Band 1 ISBN 978-3-86863-083-1
2012 • 14,- Euro
184 Seiten • mit 14 farbigen Fotos

Stephen Boyd / Manfred Schewe

Welttheater – World Theatre

übersetzen adaptieren inszenieren
translation adaptation production

Was ist eigentlich Welttheater? Wer ist daran beteiligt, wo und wie wird es aufgeführt? Die Autoren liefern Anworten, indem sie zunächst den Fokus auf Calderón de la Barcas El gran teatro del mundo (1636) richten – eine ‚literarische Kathedrale', die weltweit Theaterschaffende nach wie vor fasziniert, insbesondere auch in Einsiedeln/Schweiz. Die in dieser Gemeinde entstandene Theatertradition wird näher beleuchtet, unter besonderer Berücksichtigung von Thomas Hürlimanns Das Einsiedler Welttheater (2007), einem Beispiel von Welttheater mit großer Relevanz für Zuschauer von heute. Die Autoren tragen zur Kulturtransfer Diskussion im Bereich Drama und Theater bei, indem sie einen Einblick darin geben, wie das Stück dieses führenden Schweizer Schriftstellers übersetzt und für Aufführungen in Cork/Irland (2010) adaptiert wurde. Durch die parallel zur Originalfassung abgedruckte englische Übersetzung und einen ausführlichen Kommentar möchten die Autoren Hürlimanns Stück auch außerhalb der deutschsprachigen Länder bekannt machen. Am Beispiel des einzigartigen Einsiedler 'Community Theatre'-Modells möchten sie zu einem interkulturellen Dialog über unterschiedliche Formen des Welttheaters anregen – im Feld der Theaterpraxis und auch in Forschung und Lehre.

What actually is world theatre? Who is involved, and where and how is it performed? The authors provide answers by initially focusing on Spanish Baroque playwright, Calderón de la Barca's El gran teatro del mundo (1636). His 'literary cathedral' continues to fascinate theatre makers around the globe, and particularly in Einsiedeln/Switzerland. This community's world theatre tradition is highlighted with special emphasis on Thomas Hürlimann's Calderón-adaptation, Das Einsiedler Welttheater (2007), an example of world theatre that is highly relevant to audiences today. The authors contribute to the discussion of cultural transfer in drama and theatre by providing insights into how this leading Swiss writer's play was translated and adapted for performances in Cork/Ireland (2010). By providing the text of the original play side by side with its English translation, and through their extensive commentary, the authors seek to make Hürlimann's play known beyond the German-speaking countries and, by using the unique Einsiedeln 'Community Theatre'-model as an example, to stimulate an intercultural dialogue about different forms of world theatre – in the field of theatre practice as well as in teaching and research.

Bestellungen über den Buchhandel oder direkt über den

Schibri-Verlag
Milow 59, 17337 Uckerland
Tel. 039753/22757
Mail info@schibri.de

Onlineshop
www.schibri.de

Micha Fleiner

Performancekünste im Hochschulstudium

Transversale Sprach-, Literatur- und Kulturerfahrungen in der fremdsprachlichen Lehrerbildung

Der vorliegende Band versteht sich als Beitrag zum Auf- und Ausbau einer performativen Lehr-, Lern- und Forschungskultur im Bereich der hochschulischen Fremd- und Zweitsprachenvermittlung. Im interdiskursiven Beziehungsgeflecht zwischen Fremdsprache, Ästhetik, Performativität und Hochschuldidaktik wurzelnd, wendet sich die Arbeit der Leitfrage zu, aus welchen Gründen und auf welchen Wegen die universitäre Fremdsprachenlehrerbildung eine fachinhaltliche Bereicherung um kunst-, performance- und improvisationsaffine Formen des Lehrens und Lernens erfahren sollte.

Band 2 ISBN 978-3-86863-171-5 • 2016 • 336 Seiten • 19,- Euro

Die Bände 2 bis 5 sind als E-Book in unserem Onlineshop unter **www.schibri.de/buecher/reihen/edition-scenario** erhältlich.

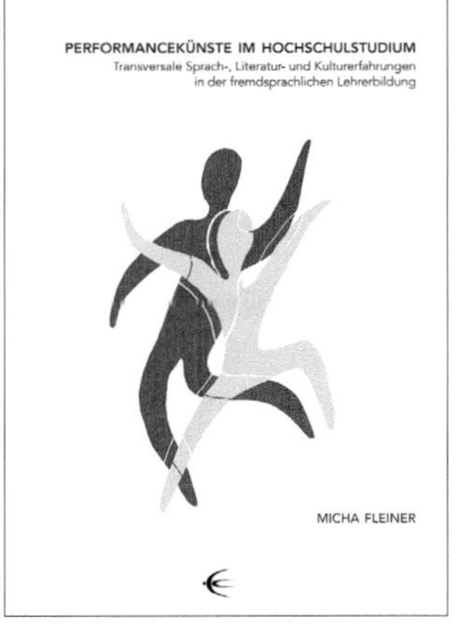

Susanne Even / Manfred Schewe

Performatives Lehren Lernen Forschen – Performative Teaching Learning Research

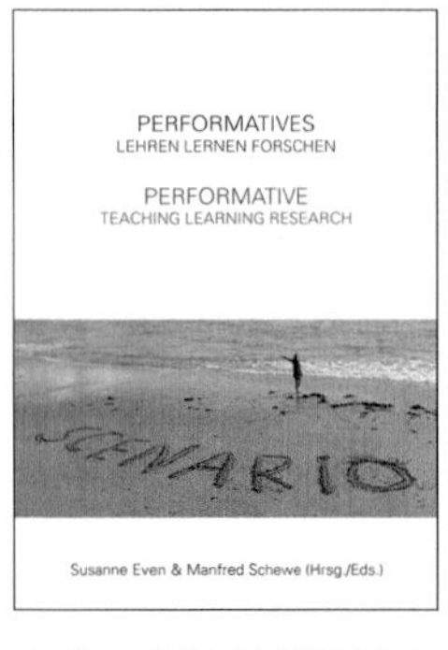

Als ich die Formulierung „performatives Lehren und Lernen" zum ersten Mal hörte, wurde ich an eine Aussage von Wittgenstein erinnert: „Ein neues Wort wirkt wie ein frischer Same, der auf den Grund der Diskussion geworfen wird" – so heißt es einem Beitrag zu diesem Band in der SCENARIO-Buchreihe zur Förderung des interkulturellen Dialogs innerhalb der Drama- und Theaterpädagogik. Sechs Beiträge sind in diesem Band versammelt, jeweils in einer deutschen und englischen Fassung, die performatives Lehren, Lernen und Forschen aus drama- und theaterpädagogischer, allgemeinpädagogischer sowie fremdsprachendidaktischer Perspektive beleuchten. Angesichts der Tatsache, dass das Wort "performativ" in vielen Sprachen geläufig ist, wird – insbesondere in interkulturellen Kontexten – für seine Verwendung plädiert, um Zugänge zum Lehren, Lernen und Forschen zu charakterisieren, die aus dem dynamischen Zusammenspiel von Pädagogik und performativer Kunst entstehen. When I first heard the phrase "performative teaching and learning" I was reminded of a quote from Wittgenstein that "a new word is like a fresh seed thrown on the ground of the discussion." These are the opening words of an article in this volume of the SCENARIO book series, whose goal it is to advance the intercultural dialogue within drama and theatre pedagogy. The six contributions to this anthology, in both English and German, explore performative teaching, learning, and research from multiple perspectives: general education, foreign language didactics, as well as drama and theatre pedagogy. Since the word "performative" features in many languages, we advocate its use – particularly in intercultural contexts – to characterise approaches to teaching, learning, and research that emerge from the dynamic interplay of pedagogy and the performing arts.

Band 3 ISBN 978-3-86863-168-5
2016 • 324 Seiten • 18,- Euro

Alexandra Hensel

Fremdsprachenunterricht als Ereignis

Zur Fundierung einer performativ-ästhetischen Praxis

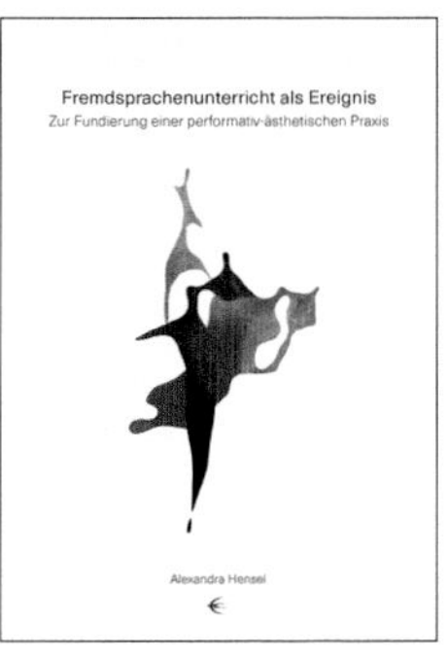

Die Fremdsprachendidaktik befasst sich derzeit intensiv mit der Digitalisierung von Unterricht, aber zusehends wird auch der Weg für eine Performative Lehr-, Lern- und Forschungskultur geebnet: Kunst und Wissenschaft sollen zusammengeführt werden, ästhetischer Ausdruck und Körperlichkeit im Unterricht eine zentrale Rolle spielen. Die vorliegende Arbeit versteht sich als Beitrag zur weiteren Entwicklung einer solchen Lehr, Lern- und Forschungskultur. Die Autorin bezieht sich auf ihre eigene Unterrichtspraxis, speziell auf den von ihr entwickelten Kurs Deutsch lernen durch Theaterspiel. Sie beleuchtet wie durch eine performative Unterrichtsgestaltung die Persönlichkeit von Lernenden gestärkt und effektives Sprachlernen erreicht werden kann. In diesem Kurs, der seit 2008 an der Universität Göttingen fest im Curriculum am Lektorat Deutsch als Fremdsprache verankert ist, erfolgt eine komplexe, künstlerisch orientierte Auseinandersetzung mit Text und Sprache. Der Unterricht wird zu einem ‚Ereignis', d.h. der Inhalt wird nicht nur vermittelt, sondern gemeinsam vom Ensemble der Lehrenden und Lernenden hervorgebracht. Der Unterrichtsansatz, der in diesem Kurs angewandt wird, kann als Modell für schulischen und hochschulischen Fremdsprachenunterricht dienen. Die unterrichtspraktische Handreichung im letzten Kapitel dürfte sowohl für Lehrende als auch Studierende ein wertvoller Impuls sein.

Band 4 ISBN 978-3-86863-213-2
2020 • 288 Seiten • 18,- Euro

Manfred Schewe (Hg.)

81 Sprüche zur Enthärtung unserer Welt – On the Softening of Our World: 81 Sayings

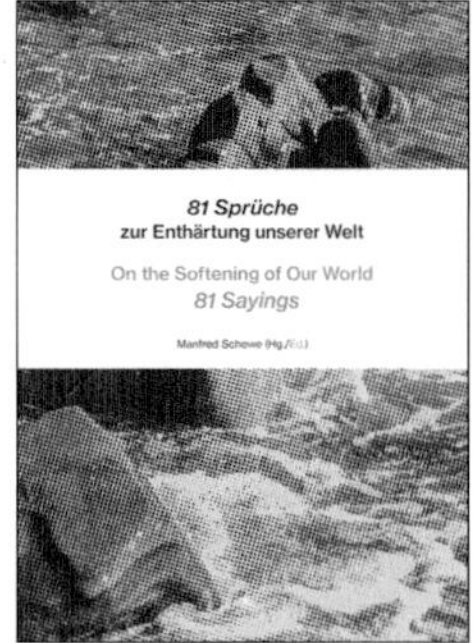

Ein eindrucksvoller Aspekt der kreativen Zusammenarbeit ist die schiere Vielfalt der Beiträge. Die 81 Autor*innen schreiben aus der Perspektive persönlicher Erfahrung, werfen kritische Fragen auf und stärken mit ihren sensiblen Szenarien einer solidarischeren, menschlicheren Welt unsere Zuversicht: Ja, in vielen Bereichen unseres Lebens ließe sich das Harte überwinden! Dieser Band erscheint zweisprachig (Deutsch – Englisch), um einen interkulturellen Dialog über unsere Welt nach Covid-19 anzustoßen; denn je früher über viele Ländergrenzen hinweg eingreifend gedacht, engagiert diskutiert und weise gehandelt wird, desto heilsamer für uns alle.

One impressive aspect of this collective endeavour is the sheer variety of contributions. The 81 authors all write from a perspective of personal experience, raise critical questions, and offer sensitively wrought scenarios of a more caring, more fully human world that serve to boost our courage and confidence: they suggest that yes, in many areas of life it would indeed be possible to overcome what is unhelpfully, dispiritingly hard-set! This volume, published in German and English, aims to initiate an intercultural dialogue about our world after Covid-19. The sooner we engage, across many national borders, in interventional thinking, involve ourselves in interactive discussion, and act with all the wisdom at our disposal, the more we all stand to benefit.

Band 5 ISBN 978-3-86863-227-9 • 2. überarbeitete Auflage 2023 • 238 Seiten • mit 92 farbigen Fotos 22,80 Euro